中文社会科学引文索引（CSSCI）来源集刊

传统中国
经学专辑

《传统中国》编辑委员会 编

《传统中国》编辑委员会

顾　　问：李　庆　詹海云　钱宗武
主　　编：司马朝军

委　　员（以姓氏笔画为序）：

　　　　　　丁四新　清华大学
　　　　　　马　军　上海社会科学院
　　　　　　王志平　中国社会科学院语言研究所
　　　　　　王承略　山东大学
　　　　　　宁镇疆　上海大学
　　　　　　杨逢彬　上海大学
　　　　　　邹振环　复旦大学
　　　　　　汪春泓　香港岭南大学
　　　　　　张　剑　北京大学
　　　　　　陈　致　香港浸会大学
　　　　　　陈才智　中国社会科学院文学研究所
　　　　　　陈文新　武汉大学
　　　　　　陈居渊　复旦大学
　　　　　　范金民　南京大学
　　　　　　周　武　上海社会科学院
　　　　　　周春健　中山大学
　　　　　　徐道彬　安徽大学
　　　　　　傅荣贤　扬州大学
　　　　　　漆永祥　北京大学
　　　　　　廖名春　清华大学

目　录

专稿

陆九渊心学与中国文化的正向精神 …………………………………… 詹海云/001

经子研究

读安大简《诗经》小记 …………………………………………………… 陈鸿森/013
《克殷》"叔振奏拜假"笺释 ……………………………………………… 张怀通/021
儒家父子伦理中的一体与张力关系
　　——《论语》"父在观其志"章疏解 ……………………………… 黄少微/030
试论王船山"心论"的义涵 ……………………………………………… 刘　聪/041
黄佐《庸言》与《近思录》之道统观辨异 ……………………………… 黄　鹤/053
论汪绂的《礼记》学成就及其礼学思想 ………………………………… 王献松/068

史学研究

周代以前的葬俗考辨
　　——以《皇览·冢墓记》为中心 ………………………………… 戴建国/083
论赋体类书的产生与流变
　　——以敦煌文献为中心 …………………………………………… 刘全波/094
由本事以窥作意：论韩愈《毛颖传》的"驳杂无实" ………………… 陈　慧/106

"感其心而受其益"
　　——论书院官师留别诗 …………………………………… 许　虹/117
清代士人家庭生活自叙：以女性忆传为中心 …………………… 石晓玲/131

文献考证

从古写本《群书治要》看今传本《孔子家语》王肃注文存在的问题 …… 王文晖/142

序跋与书评

《晋会要》前言 ………………………………… 邓骏捷　陈　才/150
辨伪与识真
　　——《〈经解入门〉整理与研究》读后 …………………… 杨青华/157

名家学述

何九盈先生学行述论 ……………………………………… 庞光华/166

专稿

陆九渊心学与中国文化的正向精神

□詹海云

摘要：文章主要从宏观与会通的角度，探讨陆九渊学说的成立因缘及其学说要旨的精义，犹如司马谈《六家要旨》的写作方式。特别针对陆九渊的家学对他的影响，陆九渊的内圣外王与本心宇宙及心性简易之学，以及陆九渊讲学异于前人之处展开论述，旨在矫正现代人的多欲无主的弊端。

关键词：心学；圣人人人可能；本心；宇宙；无极太极；心性理之辨

作者简介：詹海云，西南交通大学哲学系特聘教授。

一、南宋心学兴起的背景：论心学的来源

王阳明在《象山全集序》中说："圣人之学，心学也。尧舜禹之相授受曰：'人心惟危，道心惟微，惟精唯一，允执厥中。'此心学之源也。中也者，道心之谓也。道心精一之谓仁，所谓中也。……自是而后有象山陆氏……简易直截，真有以接孟氏之传。……而要其学之必求诸心，则一而已。"①孟子说："学问之道无它，在求其放心而已矣！"②同时要"尽其心"才能"知其性、知天。"③心学是古代圣王与圣人相传之学问，它是宋明心学的第一个来源。

---

① 陆九渊著，钟哲点校：《陆九渊集》附录一，王守仁《序》，中华书局1980年版，第537—538页。
② 孟子曰："仁，人心也；义，人路也。舍其路而弗由，放其心而不知求，哀哉！人有鸡犬放，则知求之；有放心而不知求。学问之道无他，求其放心而已矣。"（《孟子·告子上》第333—334页，朱熹《四书章句集注》，中华书局1983年版）
③ 孟子曰："尽其心者，知其性也。知其性，则知天矣。存其心，养其性，所以事天也。殀寿不贰，修身以俟之，所以立命也。"（《孟子·尽心上》，朱熹《四书章句集注》，中华书局1983年版，第349页）

孟子曾说:"舜何人也,禹何人也,有为者亦若是。"①他又认为"人皆可为尧舜"②,能不能成为尧舜,主要在于有没有心去学做圣人。如果有心,人人可以成为圣人。因此,他的教法就是"圣人,人人可为,人人可能",圣人不是"在我之外"的"另一种人",也不是"圣人是天生的,而一般人是没有此天生的福气"。而成为圣人的方法就在"存(操存涵养)放心(放失的本心)"③,使"本心"不"放失"。这是心学提倡圣人人人可为,人人可能和圣人不异于众人的原因,它是宋明心学的第二个来源。

孔子的学说主旨,不仅是"仁",更重要的是在功夫论上的"无大过"(不犯重错)④。而《易经》中圣人教人之法只在"简易"两字,因为"易则易知(道理简单,就容易使人明白),简则易从(实践简要,就会让人做得到)"⑤。这"简易"二字,正是宋明心学的第三个来源。

北宋理学虽已认识到心性的重要,但是他们学术体系的重心多落在本体论、宇宙论、理气说上,而由此展开的认识论就必须广博读书,研究一事一物之理。这需要长期知识积累的功夫和分析综合等的思考能力。但是不是人人都有读书的机会与读书的能力,书也是读不完的,知识也是追求不尽的。至于哲学中形而上的问题,更是高深得令人生畏,精辨地分析也是需要天分的。王阳明在"研究庭前竹子生长的道理",花了7天仍旧悟不

---

① 滕文公为世子,将之楚,过宋而见孟子。孟子道性善,言必称尧舜。世子自楚反,复见孟子。孟子曰:"世子疑吾言乎?夫道一而已矣。成覸谓齐景公曰:'彼丈夫也,我丈夫也,吾何畏彼哉。'颜渊曰:'舜何人也?予何人也?'有为者亦若是。公明仪曰:'文王我师也,周公岂欺我哉?'今滕,绝长补短,将五十里也,犹可以为善国。《书》曰:'若药不瞑眩,厥疾不瘳。'"(《孟子·滕文公上》第251—252页,朱熹《四书章句集注》,中华书局1983年版)

② 孟子曰:"君子所以异于人者,以其存心也。君子以仁存心,以礼存心。仁者爱人,有礼者敬人。爱人者,人恒爱之;敬人者,人恒敬之。有人于此,其待我以横逆,则君子必自反也:我必不仁也,必无礼也,此物奚宜至哉?其自反而仁矣,自反而有礼矣,其横逆由是也,君子必自反也:我必不忠。自反而忠矣,其横逆由是也,君子曰:'此亦妄人也已矣。如此,则与禽兽奚择哉?于禽兽又何难焉?'是故君子有终身之忧,无一朝之患也。乃若所忧则有之:舜,人也;我,亦人也。舜为法于天下,可传于后世,我由未免为乡人也,是则可忧也。忧之如何?如舜而已矣。若夫君子所患则亡矣。非仁无为也,非礼无行也。如有一朝之患,则君子不患矣。"(《孟子·离娄下》第298页,朱熹《四书章句集注》,中华书局1983年版)

③ 孟子曰:"仁,人心也;义,人路也。舍其路而弗由,放其心而不知求,哀哉!人有鸡犬放,则知求之;有放心而不知求。学问之道无他,求其放心而已矣。"(《孟子·告子上》第333—334页,朱熹《四书章句集注》,中华书局1983年版)子曰:"加我数年,五十以学易,可以无大过矣。"(《论语·述而》第97页,朱熹《四书章句集注》,中华书局1983年版)

④ 如:孔子称赞颜渊"无贰过"(《论语·雍也》),蘧伯玉"欲寡过而未能"(《论语·宪问》),并且说:"加我数年,五十以学易,可以无大过矣。"(《论语·述而》)即可证明。(上述引文分见朱熹《四书章句集注》,中华书局1983年版,第84、155、97页)

⑤ 《周易·系辞上》:"天尊地卑,乾坤定矣。卑高以陈,贵贱位矣。动静有常,刚柔断矣。方以类聚,物以群分,吉凶生矣。在天成象,在地成形,变化见矣。是故刚柔相摩,八卦相荡,鼓之以雷霆,润之以风雨;日月运行,一寒一暑。乾道成男,坤道成女。乾知大始,坤作成物。乾以易知,坤以简能;易则易知,简则易从;易知则有亲,易从则有功;有亲则可久,有功则可大;可久则贤人之德,可大则贤人之业。易简而天下之理得矣。天下之理得,而成位乎其中矣。"(孔颖达:《周易正义》第252页,中国致公出版社2009年版)

出个所以然,他泄气地说:圣人之学于我无分,我不做圣人了。①因此,陆王反对只读书,认为书上知识一来不一定有用,二来和我的道德修养的"补过"与"境界提升"不一定有密切关联(尤其是研究"物"的科学知识)。因此,他们认为程朱以"读书穷理"为达圣人之境的说法是错误的。这是心学兴起的第四个来源。

程朱作圣人的功夫除了"读书穷理",还有"主敬"("进学在致知,涵养须用敬")②。小程解释"敬"为"主一无适"(专心一意,勿胡思乱想。主,为专心。一,指一处。适,是说"往"的意思)。陆象山认为"敬"是在念头"已发"(已发动、已呈现)处下功夫,不是在功夫的根源处——"未发",就加以用心留意,去克除不好的念头,因此,他认为程朱理学的功夫论未到家。这是心学兴起的第五个来源。

总之,陆象山认为程朱"理学",不论是学说宗旨或实践功夫、教人方法都和圣人说法不十分吻合,甚至还都有一些问题。③于是陆象山依照孟子、程颢心学思维的进路,正式提出"心即理"的心学。

二、陆九渊的心学思想形成的因缘

(一) 陆九渊的人生经历是其学说形成的主要因缘

孟子曾说:"读其书而不知其人,可乎?"④要了解陆象山学说的精义,自不能不识其人。

1. 陆九渊的家风与家政是陆九渊学说的根本

陆九渊的先世为舜的后代,本姓妫。战国时被田齐封于平原般县陆乡,号陆侯,因改

---

① 《王阳明年谱》:(明孝宗弘治)五年壬子,学生 21 岁,在越……,为宋儒格物之学……,一日思先儒谓"众物必有表里精粗,一草一木,皆通至理"。官署中多竹,即取竹格之;沉思其理不得,遂遇疾。先生自委圣贤有分,乃随世就辞章之学。(吴光等主编:《王阳明全集》第 1348 页,上海古籍出版社 2011 年版)余按:《传习录》中,门人黄以方记载亭前格竹子事甚详,可参考之。此处说阳明格竹子在 21 岁,应据陈来《年谱笺记》考证,修正为 11—17 岁,随父寓京师时。因王阳明父亲在弘治三年已过世。(参见陈来《有无之境》第 383—384 页)
② 王孝渔点校《二程集》卷十八:"涵养须用敬,进学则在致知"。(第 188 页,中华书局 1981 年版)朱熹《孟子精义》卷三《公孙丑章句上》"公孙丑问曰夫子加齐之卿相章":"伊川曰:主一无适,敬以直内,便有浩然之气。浩然须要实识得他刚大直,不习无不利。"(朱杰人主编《朱子全书》第 7 册第 673 页,上海古籍出版社、安徽教育出版社 2010 年版)
③ 《宋史·陆九渊传》:陆九渊……谓人曰:"闻人诵伊川语,自觉若伤我者。"又曰:"伊川之言,奚为与孔子、孟子之言不类?近见其间多有不是处。"(卷 434,列传 193,儒林四,第 12880 页)
④ 孟子谓万章曰:"一乡之善士,斯友一乡之善士;一国之善士,斯友一国之善士;天下之善士,斯友天下之善士。以友天下之善士为未足,又尚论古之人。颂其诗,读其书,不知其人,可乎?是以论其世也。是尚友也。"(《孟子·万章下》第 324 页,朱熹《四书章句集注》,中华书局 1983 年版)

姓陆。陆九渊的八世（陆希声）、十二世（陆景融、陆景倩）及十四世（陆余庆）祖先，在唐代声名显赫，且贵为朝中重臣。五代末期，陆德迁迁至江西抚州临川县金溪场为金溪陆氏之祖，其后高祖（有程）、曾祖（演）、祖（戬）、父（贺）虽多好学，但不事生产，陆门遂由世家豪族渐渐家道中落。虽然如此，陆门仍然是"食指以千数""蔬畦不盈十亩……聚族三千余指"（《西江陆氏家乘·陆九思传》）。

陆贺生子六人：九思（子疆）、九叙（子仪）、九皋（子昭）、九韶（子美）、九龄（子寿）、九渊（子静）。为解决上千人之生计，陆贺实施儒家家长制的管理方法："一人最长者为家长，一家之事听命焉。"家长"逐年差选子弟，分任家事，或主田畴，或主租税，或主出纳，或主庖爨，或主宾客"。陆家就是在"家齐"之下同心协力，通过"重农、兴商、办药"把整个家族振兴起来。在农业上，实行"深耕易耨"，使农田产量提高四倍，满足了家族的基本生存需要。二哥陆九思专办药店，由于经营得当，陆家有了足够的金钱置办房舍，兴建祠宇，拓展人脉。渐渐陆家就成为"富甲一方"的人家。不仅如此，陆家还制定《家法》《家问》《家规录》等，以管理家塾、礼仪、掌库等事业。陆九渊曾被差选掌库三年，又同二哥学习中药，深知"良药医国"与"执事敬"的道理，这对他的学术主张与治国能力均有帮助。①

陆家在当时朝廷摈斥二程的社会背景下，由陆九皋主讲，陆九韶、陆九龄、陆九渊"相与探讨圣道"，更相为师友，讲论诸子百家、阴阳、星历、五行、卜筮之说。由此可知，陆氏家学不主一家，择善学习。陆九渊有子二人，长子陆持之，著有《戆说》《周易提纲》《诸经杂说》，主讲东湖书院，不仅能发挥象山"自得"之学，且整理象山遗嘱，又能广延朱子门人黄干、饶鲁讲明圣人之学。次子陆循之，亦得象山旨趣，并协助父兄处理荆门事务。

由于陆九渊家族孝悌治家，南宋孝宗、理宗旌表陆氏义门说"代有明儒……合爨二百年。一门翕然，十世仁让。唯尔睦族之道……光于闾里，以励风华"（《敕旌义门西江陆氏族谱》）。

从陆氏家族重振家门，重农兴商办药，讲学齐家睦族的实学实事风范，我们可以知道陆九渊学术渊源是和家风、家政息息相关，也因此使得他的学术主张更有现实成效的支持。所以，陆九渊不是一个空谈的学者，他是有经国济世之才的政治家。

2. 朱子、陆九渊的鹅湖之会是陆九渊学说的成熟关键

南宋孝宗淳熙二年（1175），朱熹与陆九渊在浙学代表人物吕祖谦的安排下，于闽、浙、赣三省交会处的信州铅山（今属江西）鹅湖寺举行了一场治学方法的论辩，参加者还有陆九龄及若干朱陆门人。

朱子探讨理学的方法是"即物而穷其理"（在事上研究道理），要穷理就必须"泛观博

---

① 《陆九渊集》卷36，年谱，中华书局1980年版，第479—480页。

览而后归于约"(即由博学返归守约)。陆九渊认为心学的治学之道是"先发明人之本心,而后使之博览"。朱主向外求索事物之理,故须多读书。陆则掌握本心作得主人后,才开始广泛博览。

在会上,陆九龄首先用诗表达心学的态度是:"孩提知爱长知钦,古圣相传只此心;大抵有基(地基)方筑室(房子),未闻无址忽成岑。留情传注翻蓁塞,着意精微转陆沉。"①(这是批评朱子治学太重读注解,又刻意探讨精微的理气说。陆九龄认为如此会使孔孟的圣人之学"蓁塞"(被一堆茅草堵塞),并且使做人成人之学"陆沉"(如大地陷落)。

陆九渊也认为"孩提(之时)知爱(人)长知钦(敬人)"不只是"古贤"才有。于是作了一首诗:"墟墓兴衰宗庙钦,斯人千古不磨心。涓流(细细的小流水)积至沧溟水,拳石崇成泰华岑。易简功夫终久大,支离事业竟浮沉。欲知自下升高处,真伪先须辨只今。"②在此,"先立乎其大"的"本心"说,是最容易最明白的工夫,只要不断扩充完备,终成可大可久的事业。而朱子留心注解的解经方法是以琐碎细微教人,反而会使人糊涂,或心生畏惧,所以,它的未来只有沉落,因为它于人身心两方面全无"关涉"(即关联性不大)。

鹅湖会后,朱熹认为:二陆兄弟太相信自己"本心"说的主张,认为心是完全的善,不知心有善有不善。(即"心统性情,心中有纯然全善的性,也有可以善可以恶的情"。)

这一场鹅湖之会,使朱陆二人为学次序开始着手的途径不同,完全表露出来。它开启了以后长达几百年的朱陆异同之辩。

3. 荆门新政是陆九渊心学外王的落实与检验

南宋光宗绍兴二年(1191)七月,陆九渊奉诏出知荆门(今湖北)军。一上任,陆九渊即从自小的家政训练中了解荆门当前的种种问题,如财务、户政、住房、道路、农田、守备等。于是他有计划地展开荆门治理的措施。③

---

① 《陆九渊集》卷34,语录上,中华书局1980年版,第427页。
② 同上书,第427—428页。
③ 《宋史·陆九渊传》记载,荆门为次边而无城。九渊以为:"郡居江、汉之间,为四集之地,南捍江陵,北援襄阳,东护随、郢之胁,西当光化、夷陵之冲,荆门固则四邻有所恃,否则有背胁腹心之虞,由唐之湖阳以趋山,则其涉汉之处已在荆门之胁;由邓之邓城以涉汉,则其趋山之处已在荆门之腹。自此之外,间道之可驰,汉津之可涉,坡陀不能以限马,滩濑不能以濡轨者,所在尚多。自我出奇制胜,徼敌兵之腹胁者,亦正在此。虽四山环合,易于备御,而城池阙然,将谁与守?"乃请于朝而城之,自是民无边忧。罢关市吏讥察而减民税,商贾毕集,税入日增。旧用铜钱,以其近边,以铁钱易之,而铜有禁,复令贴纳。九渊曰:"既禁之矣,又使之输邪?"尽蠲之。故事,平时教军伍射,郡民得与,中者均赏,荐其属不限流品。尝曰:"古者无流品之分,而贤不肖之辨严;后世有流品之分,而贤不肖之辨略。"每旱,祷即雨,郡人异之。逾年,政行令修,民俗为变,诸司交荐。丞相周必大尝称荆门之政,以为躬行之效。

一是荆门是古争战之场,是防治金人入侵之要地。所以,他首先修城墙,募义勇,编军籍,强化正规军与地方军,实行保甲制,以保护民众财产与生命。修城墙仅二十天就完成,所费总经费只有原先的六分之一,不仅未伤民财,亦获民心。

二是荆门从前因设关卡,有许多苛捐杂税,可让官吏中饱私囊,陆象山一律废除这些不良的潜规则,同时,又设计了合理的征税办法。

三是设医院以提升百姓健康,这是他家办药的经验。

四是办学校,亲自讲经论道,倡导文风。

五是改革地方民俗,地方遇有节庆,往往运用道教斋醮,祈天求福。陆九渊改用《尚书·洪范》"敛福锡民"一章,并用"皇极五福"教导民众:本心的得失,意念的善恶才是幸福的来源。①

陆九渊将其心学的主张融合于荆门新政,取得了"财丰民和"的效果。南宋文人周必大称其成就乃"(心学)躬行之效"。而陆九渊的"治事以义"的行政原则,更是心学从政的功效来源。

知荆门军一年三个月之后,陆九渊就病逝。朝廷对他进行了表彰,并立祠堂于县学,春秋两季祭祝,又为之建书院,其后人与弟子杨简等整理其著作,发扬其学说,遂使陆学光大起来。

(二) 陆九渊的学说要旨

1. 陆九渊的学术渊源

陆氏家学养成了陆九渊务实的治学态度。除此之外,影响陆九渊的学术形成的还有孟子、大程、禅学与道教。

陆九渊曾说自己是"读《孟子》而自得"②,自得是孟子也是大程教人的方法。他们一致认为为学贵在自得与自觉。孟子说:"自得之则资之深,资之深则取之左右逢其源。"程明道也说"天理二字乃吾自得而来"③,所以,自得是必须用生命去实践体会而来。它是真知实践、受用实感后所达到的境界,更是一种既有实践后的真知,也有会通后的自得自适

---

① 陆九渊有《荆门军上元设厅皇极讲义》一文,说:"谨发明《洪范》敛福锡民一章,以代醮事,亦庶几承流宣化之万一,亦助为善求福之心。《诗》曰:自求多福,正谓此也。"(《陆九渊集》卷23,讲义,中华书局1980年版,第285页)按《尚书·洪范》:"五、皇极:皇建其有极。敛时五福,用敷锡厥庶民。惟时厥庶民于汝极,锡汝保极。凡厥庶民,无有淫朋,人无有比德,惟皇作极。凡厥庶民,有猷有为有守,汝则念之。"(李学勤主编《十三经注疏·尚书正义》第307—308页,北京大学出版社1999年版)

② 《陆九渊集》,卷35《语录下》:"某(陆九渊弟子詹阜民)尝问先生之学亦有所受乎?曰:因读孟子而自得之。"(中华书局1980年版,第471页)

③ 明道尝曰:"吾学虽有所受,天理二字却是自家体贴出来。"朱熹:《孟子精义》卷3,《公孙丑章句上·公孙丑问曰夫子当路于齐章》(朱杰人主编《朱子全书》第7册第683页,上海古籍出版社、安徽教育出版社2010年版)

之乐。

牟宗三说:"试观象山论学书札,其所征引几全是《孟子》语句,其全副生命几全是一孟子生命。"①陆九渊引用《孟子》最多的文章是"圣人先得我心之所同然"章②、"良知良能"章③、"先觉后觉"章④。"先得我心之所同然"即说"圣人不异于众人";"良知良能"则明白发挥每个人都有"不待学而能,不待虑而得的先天的善";"先觉后觉"是说一个士人必须能匡救世风,兴起教育树人的事业。

在北宋末期,由于新旧党争,洛党的学术是被朝廷禁止的。程伊川学生在党争时,甚至不敢承认伊川曾是他的老师。但是,陆氏兄弟在二程学术被禁读时,即讲论他们的理学。不过,在二程之间,陆九渊还是有不同的选择。具体地说,朱子学术和小程近,陆九渊的学术则与明道近。

陆九渊继承明道学术处有:"天理"(他的"心即理"是说"心即天理",先天存有的)、"自得",此外明道的"识仁",仁是四端之总德(分言之,即仁义礼智;合言之,可以仁代表),与仁有上下通(形上形下一贯)、内外通(打破人我限制)的天人合一,物我合一的性质,也是陆九渊所肯定的。在工夫上,程明道主张"识得仁后,不须穷索,不须防

---

① 牟宗三在《从陆象山到刘蕺山》一书中说:"陆象山尝自谓学无所受,因读孟子而自得之……他是专以孟子为主……本人无分解,其所预设之分解尽在孟子。"(台湾学生书局1976年版,第4页)
② 孟子曰:"富岁,子弟多赖;凶岁,子弟多暴,非天之降才尔殊也,其所以陷溺其心者然也。今夫麰麦,播种而耰之,其地同,树之时又同,浡然而生,至于日至之时,皆孰矣。虽有不同,则地有肥硗,雨露之养、人事之不齐也。故凡同类者,举相似也,何独至于人而疑之?圣人与我同类者。故龙子曰:'不知足而为屦,我知其不为蒉也。'屦之相似,天下之足同也。口之于味,有同耆也。易牙先得我口之所耆者也。如使口之于味也,其性与人殊,若犬马之与我不同类也,则天下何耆皆从易牙之于味也?至于味,天下期于易牙,是天下之口相似也,惟耳亦然。至于声,天下期于师旷,是天下之耳相似也,惟目亦然。至于子都,天下莫不知其姣也,不知子都之姣者,无目者也。故曰:口之于味也,有同耆焉;耳之于声也,有同听焉;目之于色也,有同美焉。至于心,独无所同然乎?心之所同然者何也?谓理也,义也。圣人先得我心之所同然耳。故理义之悦我心,犹刍豢之悦我口。"(《孟子·告子上》第329—330页,朱熹《四书章句集注》,中华书局1983年版)
③ 孟子曰:"人之所不学而能者,其良能也;所不虑而知者,其良知也。孩提之童无不知爱其亲者,及其长也,无不知敬其兄也。亲亲,仁也;敬长,义也。无他,达之天下也。"(《孟子·尽心上》,朱熹《四书章句集注》,中华书局1983年版,第353页)
④ 孟子曰:"伊尹耕于有莘之野,而乐尧舜之道焉。非其义也,非其道也,禄之以天下,弗顾也;系马千驷,弗视也。非其义也,非其道也,一介不以与人,一介不以取诸人。汤使人以币聘之,嚣嚣然曰:'我何以汤之聘币为哉?我岂若处畎亩之中,由是以乐尧舜之道哉?'汤三使往聘之,既而幡然改曰:'与我处畎亩之中,由是以乐尧舜之道,吾岂若使是君为尧舜之君哉?吾岂若使是民为尧舜之民哉?吾岂若于吾身亲见之哉?天之生此民也,使先知觉后知,使先觉觉后觉。予,天民之先觉者也;予将以斯道觉斯民也。非予觉之,而谁也?'思天下之民匹夫匹妇有不被尧舜之泽者,若己推而内之沟中。其自任以天下之重如此,故就汤而说之以伐夏救民。吾未闻枉己而正人者也,况辱己以正天下者乎?圣人之行不同也,或远,或近;或去,或不去;归洁其身而已矣。吾闻其以尧舜之道要汤,未闻以割烹也。《伊训》曰:'天诛造攻自牧宫,朕载自亳。'"(《孟子·万章上》,朱熹《四书章句集注》,中华书局1983年版,第311页)

检"①,正与程朱"涵养须用敬,进学在致知"相反,而与陆九渊"易简工夫终久大"相通。

朱子怀疑疑陆九渊学问近于禅宗。陆九渊与佛教徒确有往来,他吸收禅宗"不立文字,直指本心"的教法,提出"尧舜以前有何书可读"②,"若某则不识一个字,亦须还我堂堂地做个人"③。反对只以读书为学。禅宗呵佛骂祖,破除偶像。陆九渊则说"六经注我,我注六经"④。又说:"学苟知本,六经皆我注脚。"⑤禅宗的机锋,活在当下,活泼指点顿悟法门的教法也是陆九渊运用在教学方法上的工具。

虽然如此,陆九渊确实是儒林人物而非佛门中人。其因有二:一是佛主性空、缘起、因果、无执、超越善恶;儒主性善、尽心知性知天、止于至善。二是佛重出世、避世、以生为苦、证入涅槃;儒主经世、济世、乐生、生生。所以,陆九渊只是吸收佛教的亲切处、机锋处,使他的教法更能打动人心。

2. 陆九渊的学术宗旨

(1) 宇宙观:宇宙即是吾心,吾心即是宇宙。陆九渊自小天分奇高。三四岁时,他问父亲:"天地的界限在哪里?"⑥这使得他父亲和兄长大为惊异,决心好好栽培他。13岁时,陆九渊读到古书对"宇宙"的解释"四方上下曰宇,往古来今曰宙"。他大悟说:"宇宙内事,是己分内事。己分内事,乃宇宙内事。"⑦上下四方指的是空间,古往今来指的是时间,宇宙是无边际的。因此,我们的认识也应是无边无际。这说法源自他自己的家庭经验。陆家上上千口人的家,接触的已不是一二人。所以,他早习惯所有人之事都与自己有关。而要治众人之事,必先知众人之心;要知众人之心,必知众人所同然之理(即"将心比心"的意思)。

对于"宇宙"的思考是陆九渊思想的起点。但陆九渊的"宇宙"不止是古书上时空概念如此简单,它还有其他涵义。

---

① 程明道《识仁篇》:学者须先识仁。仁者,浑然与物同体,义、礼、知、信皆仁也。识得此理,以诚敬存之而已,不须防检,不须穷索。若心懈则有防,心苟不懈何防之有? 理有未得,故须穷索。存久自明,安待穷索! 此道与物无对,"大"不足以明之。天地之用皆我之用。孟子言"万物皆备于我",须"反身而诚",乃为大乐。若反身未诚,则犹是二物有对,以己合彼,终未有之,又安得乐!(王孝渔点校《二程集》卷十八,中华书局1981年版,第16—17页)

② 《陆九渊集》,卷36《年谱》:鹅湖之会论及教人,元晦之意,欲令人泛观博览,而后归之约……陆以朱之教人为支离……先生(象山)更欲与元晦辩,以为尧舜之前何书可读……(中华书局1980年版,第491页)

③ 《陆九渊集》,卷35《语录下》:"今人略有些气焰者,多只是附物,元非自立也。若某则不识一个字,亦须还我堂堂地做个人"(中华书局1980年版,第447页)

④ 《陆九渊集》,卷34《语录上》:"或问先生何不著书? 对曰:六经注我,我注六经。"(中华书局1980年版,第399页)

⑤ 《陆九渊集》,卷35《语录下》,中华书局1980年版,第395页。

⑥ 《陆九渊集》,卷36《年谱》,中华书局1980年版,第481页。

⑦ 《陆九渊集》,卷36《年谱》,中华书局1980年版,第483页。

"心"在人的身体内,只是方寸之地,十分的小。可是"心"有思考、想象、综合、分析等等能力。他可以上天入地,四处驰骋,无古无今,跨越时空。因此,宇宙有多大多长,心的认识就可以有多大多长。宇宙间的一切事物被我们所察知,都是因"心"的觉察认知所起的作用。所以,宇宙的事物,就是人们(包含我)分内应努力的事。从这里他看到了"心"(心量)的伟大与浩瀚。他充分地体会到"心"(心思)如果只停留在近处、小处(即小范围、小问题)思考,则见不到"宇宙"之大(浩瀚无穷)。唯有将"心"(心思)的思考范围提升、提高到极广极大之境地。才能超越"小我"(自私自利),完成"大我"(民胞物与,天人合一)。因此,只要心不受障蔽,心的世界就如宇宙般没有穷尽。

陆九渊说:"宇宙不曾限隔人,而人自限隔宇宙。"[①]人们不去享受大世界的自由与幸福,却只占据眷恋自己的私利的小地盘,这实在是一件可惜的事。

另外,宇宙所承担的事,也就是我所应承担的事。宇宙处于不断地在生生变化之中,我也应生生不息,自强自立,效法宇宙如此这般的伟大睿智。因此,惟有认识到自己的生命具有无限可能的潜力,才能真实认识宇宙的真谛,并发挥自己生命的最大能量。

(2)心性论:心即理,本心即天理。陆九渊认为人的心的能量是很大的,它可以大到和宇宙一般。而宇宙内的一切事物都是有天然的规律、秩序,且是平衡、和谐的。人只要认识到此秩序、和谐,则自己内心自会大公无私,社会也必然会走向美与善。

问题是"心如何认识天理",陆九渊说我们首先要真信"本心","心即(是)理",因为"理不在事上",也不在心外。朱子说"在物才是理",把理当成是在外在的事上,故朱子自然鼓励我们要多读书,积累他人的聪明,处事的经验,慢慢地由一件一件事的理中归纳总结,最后才能了解宇宙中一切事物所有的、最终的"理"。但是陆九渊不以为然,他认为理虽在事上,但必须用我的心去认识,去判断它,这个事的理才会显现。也就是说"在物为理"的认识是粗糙的,"心在物(方)为理"的理解才是精确的。这也就是他主张求理要先认识掌握大本的心。

"心即理"说的根本核心在"心"与"理"的解释。陆九渊用"本心"解释"心",用"天理"说明"理"。要了解"本心",先要了解陆九渊"心"的说法。陆九渊认为"心"是至明、至灵、至大、至广,并具足一切的理。一般意义的心常会被私欲所障蔽,它不是陆九渊所说的心。陆九渊的本心是指无障蔽,无污染,具足至善之理的初发心、根本心。它使做人成人的"准则"内在于心,而不是外在的规范。所以,"本心"是自我本具的心,是珍贵的善性,是"人之所以为人"(人的尊严和价值所在)的根据。它洁净光明,禀自天赋(不假外求),人人自有,人人自能,是人真实拥有、真实存在的真心。此"本心"具有能量,依它而行,才

---

① 《陆九渊集》,卷36《年谱》,中华书局1980年版,第483页。

会自动、自主、自发、自强不息去做正确的事。所以,只要认识到"本心",不放失本心,自然所思所行,均合于理(即善)。

"理"是规范、准则、依据、理想、目标,它具有永恒性、普遍性、至善性。理又是不增不减的,不会灭失。(陆九渊说:"理普遍于宇宙,不由得人私意想象创造。"①"理"上加"天"成为"天理"是程明道先说的。"天理"(众理之所以然)一方面区别于物理(按:理原指玉石上的纹理,它是一物一物之理),一方面更强调"天理"的崇高性、权威性、尊严性、客观性、超越性、自然本有性。

陆九渊"心即理"的深意是"准则在我心中,不在心外","我心具足一切的理",所以"圣贤不是由才气,学问而来",在读书上求理,往往不是"逐外而不返(于内心)",就是"百读不通,困惑终身",或者"困在枝节事物上,只见部分而不见全体。"我们只有清楚明白地掌握住(察识、认取)"光明"的"本心",直下承担"本心",由其作主。不欺骗它,不障蔽它,则所作所为自然合于"天理"(真理、善理)。

(3)功夫论:"先立乎其大"与"易简工夫终久大"。陆九渊既认为"理不外吾心",因此,他认为求天理的唯一方法是"反求本心"。所以,他要我们"先立乎其大(大,指本心)"。

要了解什么是"先立乎其大",必须连接它的下一句一起考察。孟子原句说:"先立乎其大,则小者不能夺"。"大"和"小"在孟子处是指"大体"和"小体"。大体是"仁义礼智"的善性(善心),小体是指口腹之欲、名利之心。我们一般人往往只看重"小体"的需要,天天竞逐于此,而忘了我们还有"生,我所欲也,死非我所欲也。所欲有大于生者,则舍生取义"的思考。②所欲,在陆象山看来,就是公私义利之辨。而公私义利之辨往往是在一念之间能否坚持住正确的选择,并且他影响个人一生甚大。当"私""欲""利"一念兴起时,我心自然会知,此时如你由"本心"作主,则经过一番义利之辨的天人、公私交战后,如果选择了正确的"大体"方向,则光明的"本心"不受障蔽。如果选择错误的"小体"方向,则光

---

① 《陆九渊集》卷30《智者术之原论》:"圣人之智,明彻洞达,无一毫私意芥蒂于其间。其于是非利害,不啻如权之于轻重,度之于长短,鉴之于妍丑,有不加思而得之者故。其处大疑,定大论,亦若饥食渴饮,夏葛冬裘焉已耳。虽酬酢万变,无非因其固然,行其所无事,有不加毫末于其间者。夫如是,可谓之术乎?"(中华书局1980年版,第349页)又《陆九渊集》卷34《语录上》:"不曾过得私意一关,终难入德。未能入德,则典则法度何以知之?"(中华书局1980年版,第399页)又《陆九渊集》卷35《语录下》:显仲问云:"某何故多昏?"先生曰:"人气禀清浊不同,只自完养,不逐物,即随清明。才一逐物,便昏眩了。显仲好悬断,都是妄意。人心有病,须是剥落。剥落得一番,即一番清明,后随起来,又剥落,又清明,须是剥落得净尽方是。人心有消杀不得处便是私意,便只去引文牵义,牵枝引蔓,牵今引古,为证为靠。"(中华书局1980年版,第458页)
② 孟子曰:"鱼我所欲也,熊掌亦我所欲也,二者不可得兼,舍鱼而取熊掌者也。生亦我所欲也,义亦我所欲也,二者不可得兼,舍生而取义者也。生亦我所欲,所欲有甚于生者,故不为苟得也;死亦我所恶,所恶有甚于死者,故患有所不辟也。"(《孟子·告子上》,朱熹《四书章句集注》,中华书局1983年版,第332页)

明的"本心"受到伤害,并被障蔽。所以,此处是"壁立万仞",一点隐瞒它不得的。这种工夫(只要"本心"作主,毫无他念)是最简单的,也是最困难的。渡过这关,则所做之事,所读之书,所说之话就不会犯错误了。(也就是不会只图利自己,不会只为名利读书,不会说些情绪不当的话。)当光明普照着天地,所有阴影也就消失了,这就是陆九渊"先立乎其大"的真实意义。

"易简工夫终久大"是出自《易经·系辞传》:"乾以易知,坤以简能。易(平白)则易知,简(简要)则简从。"(这话的意思是乾坤的道理是极其平白易知的,简单易行。)象山心学的特色无它,"本心"做主而已。有人问象山,你的学问就是如此简单吗?象山说只有此两字,再无其他要旨。一般人总认为学问要大要多,才能让人佩服你的深度与广度,但是象山反其道而行,他正要人们多亲身实践体会,产生真实感受,经由实践,不断深化受益,所以,象山的"易简",要人自己做主,自问"本心"还在心中吗?其实不是很容易做到,它需要坚持、有恒,最后成为自然,才会"行所无事",好像"当然"如此做不可。

(4) 本体论:无极太极之辩。陆九渊与朱熹在读书方法上有不同,在本体论上也有不同。"无极而太极"是周敦颐《太极图说》中的首句。朱子认为无极就是太极。太极、无极本是一事,他的意思是太极的极指法则、原理。太是最高的意思,太极二字即是天理。太极指理的真实性与确实存在。无极指理的形上、不可见。因此太极就是无极,无极就是太极。

陆九渊的哥哥陆九韶首先对"无极"两字提出反对,兼及对张载《西铭》"仁者浑然万物同体"的仁体说提出意见。其实,二程对周子《太极图说》也不喜欢,故不言及。陆九渊继承九韶之意,但只对《太极图说》争论,而搁置张载仁体说不谈。

陆九渊与朱子就"无极而太极"的讨论书信,往复七封。[①]主要争论如下:朱子认为"凡有形有象者,都是器;其所以为是器之理者,才是道"。陆九渊不同意"阴阳只是形器,不能是道"。他认为道就是在阴阳的变化中,一切盈虚消长,向背顺逆,存亡得失,出入行藏就是"一阴一阳",而此"一阴一阳的屡迁(即变化)就是道"。(因为《易经》说:"其为道也屡迁。")所以《易经·说卦》说:"立天之道,曰阴与阳。"朱子回复陆九渊说:"凡有气象莫非天,凡有形莫非地。""气是形而下者,道是形而上者。"陆九渊的主张同程明道"一阴一阳之谓道",朱子的说法近于程伊川"所以一阴一阳者是道",主张道是先在、外在,气是后在、附在。"因无极即是无形,太极即是有理",而太极在无物之前、阴阳之外,所以说"太极本无极"。但"太极(虽)在无物之前,未尝不立于有物之后。在阴阳之外,而未尝不行于阴阳之中"。朱子即依此思考,把他的"理先器后"与"理气不离""物物一太极"(物上皆

[①] 朱子象山太极无极说,见于附录二《朱熹答陆九渊书》及《朱熹答陆九韶书》(《陆九渊集》,第549—563页)。

有理)融合在一起,如此一来,理的地位自然就更高了。

朱陆对于道器和形气看法的不同,导致对心性看法不同。陆象山认为形(身体)气(情绪、能量、气场)的心也是理。朱子则认为,心之中虽然有理,但也有气。气有时是能知觉的气,有时是七情的气。所以,心虽有知觉,能认识到理,但不一定能有真知觉(正确知觉到理),只有"性"才是"只是理""全是理"。所以朱子不喜言心,而喜言性。因此,他主张"心统性情"。当心全是性时才是全然的善,而心不只是性,有有善有恶的情时,心就不一定是全然的善,只有化去"情"中之不善,使其全归于善,心才是全善。陆九渊认为心就只是纯然、圆满、具足的善(心即理),心如有障蔽,只要把它去除,就是回复到善了。

(三) 陆九渊学说的影响

依陆九渊的存"本心",先立乎其大,公私义利之辨的学说宗旨,它是鞭辟近里的。方法是较简易,也较贴近于人的理解感受,容易把握的。因为只要"立志""无我",就"与物同体"(与事物没有障蔽),人心便与宇宙合一了。在宋代,朱子后学詹初曾称赞陆象山为"天资极高底人"[1],吴澄也说"陆子有得于道,壁立万仞"[2]。

正因陆九渊善于"识人、知人"的精神、骨髓,所以他一面指点人内心深处隐微的病痛,一面激发人向上奋起的志气,要人"轩昂奋发""提掇大纲"(即先立乎本心),"细细理会,沛然无碍",不要停滞在"卑陋凡下"处。因此,他的学生个个能幡然悔悟,自立,自强,自做主人,多有"卓然自立的气概"。《宋元学案》说陆九渊讲学不同胡瑗的书院,也不同二程私人朋友的讲习,而是公开演讲,聚会讨论。因此,他听课的人数往往成百成千,对当时社会讲学论道风气造成不少正面影响。

以现代心理学语言说,陆九渊无疑是自控力极佳的人。只要认知体会"本心"并确实掌握,不使放失,则时时是本心当家,自不会犯错、再错。在今天这个讲究快餐化时代,心气浮躁,外诱又多,很容易让人随俗浮沉,缺乏对公私义利之严格分辨与操守,陆九渊的学说无疑仍是改变现代人"多欲、无主"及反腐败堕落的良药。

---

[1] 詹初《寒松阁集》卷二:"朱子是个有工夫底人,陆子是个天资极高底人。陆子惟他天资高,所以一觉便见道,再不待到事物上去寻。他心上本来底已明则万物万事之理皆在其中。其于事事物物不过以吾心之理应之耳。朱子却似曾子,是随事精察力行,到一旦豁然贯通时候,乃悟一贯之妙。是朱子见道,自工夫上寸寸铢铢积来得底。陆子自他本然知觉上,一合下便得底。此可见二公之论不同者,乃是二公之资质不同,各就其所得者而言也。就ета人资质用功,所以有敏钝之异。然至其俱能入道处,则又是一般。陆子自知觉上尽见得底固此道,朱子自事物上穷究至贯通处亦是此道,所谓及其成功则一也。然学者用功,若是资质至高底,固应学陆子,若是寻常学者,只当傍朱子作工夫为是。"
[2] 吴澄《吴文正集》卷十六《黄成性诗序》:"陆子有得于道,亦且壁立万仞,非土风然与?"

经子研究

读安大简《诗经》小记

□陈鸿森

摘要: 本文讨论者凡三事:一论《卷耳》"不盈顷筐",安大竹简本"顷"字作"𣂈",此与楚帛书"𣂈"字,并当释为"㪣"字。其二,《鄘风·柏舟》"不谅人只",安大竹简本"谅"字作"京",此字应训为"强",为"强迫"之意;《大雅·大明》"凉彼武王","凉"字同训"强",为"威强"之意。此二字历来旧解,一训为"信",一训为"佐",胥失其旨。其三,《墙有茨》"不可读也","读"字《韩诗》作"𤵻",解为"记述"之意,此较旧解义长。

关键词: 安大竹简本《诗经》;《卷耳》;《鄘风·柏舟》;《墙有茨》

作者简介: 陈鸿森,台湾"中央研究院"历史语言研究所兼任研究员。

2017年,黄德宽教授于《文物》发表《安徽大学藏战国竹简概述》一文[①],文中言及 2015 年春安徽大学入藏一批战国竹简中有《诗经》存简 97 支,其诗国风排列顺序与《毛诗》不尽相同,风诗排序与篇数亦与今诗有异。此为目前所知《诗经》最早之文本,学界殷望其书刊布久矣。去年秋冬间是书于沪上出版,余适客游姑苏,尝从友人借阅数日。年初复从友人颜世铉教授借读一过,炳烛微明,略有所识。今择其稍具条理者三事,以就正于大雅方家云。2020 年 4 月 8 日。

一、《卷耳》"不盈顷筐"

《周南·卷耳》首章云:

采采卷耳,不盈顷筐。嗟我怀人,寘彼周行。[②]

---

① 黄德宽:《安徽大学藏战国竹简概述》,《文物》2017 年第 9 期,第 54—59 页。
② 《毛诗注疏》卷一之二,嘉庆二十年江西南昌府学刊本,第 7 页。

此诗"不盈顷筐"句,毛《传》云:"顷筐,畚属,易盈之器也。"陆德明《释文》云:

    顷,音倾。筐,起狂反。毛云:"顷筐,畚属。"《韩诗》云:"顷筐,敬筐也。"①

据此,则似《毛诗》《韩诗》此文皆作"顷筐"。安徽大学所藏战国竹简本《诗经》(以下简称"安大竹简本")中有此诗,此句作"不溋䥬匡",考释者谓"䥬"字为"倾"之异体字,其说云:

    䥬,简文作"囗",与楚帛书中"囗""囗"当是同一字,从"矢"从"血","倾"字异体。《说文》矢部:"矢,倾头也。"又人部:"倾,仄也。"厂部:"仄,侧倾也。""倾""仄"互训,所以"䥬"字可以从"矢"表"倾"义。"䥬"所从的"血"大概是"益"字的简化(参朱德熙《长沙帛书考释(五篇)》②)。上古音"益""倾"音近,所以"䥬"可以"血(益)"为声符(参徐在国、管树强《楚帛书"倾"字补说》③)。《诗·召南·摽有梅》"顷筐塈之",简本"顷"字"囗",可隶作"迊",从辵,血(益)声。"迊"亦可能是"䥬"字之误写。④

考释者谓此"䥬"字,与楚帛书甲编"山陵备囗""非九天则大囗",二"衊"字同,其说是也。惟帛书"衊"字,诸家所释不一。据《楚帛书诂林》所收各家考释,此字商承祚释"衊",谓同"侐"字,为"安宁静寂之意",饶宗颐先生说同。严一萍释"盛"字。高明则释为"衊"字,谓"即山脉之脉"。陈邦怀释"衊","从血,夭声,读作妖",训"恶",为"伤害"之意。日本林巳奈夫首释此字为"衊",云即"恤"字,训"忧"(1964年)。何琳仪亦释为"衊",谓即"'侐'之异文",通"洫",为"败坏"之意。李家浩、朱德熙亦释"衊",谓即"阤"字之假借,为"崩阤"之意。连劭名同释为"衊",谓"读为仄","即反侧之意"。刘信芳亦释"衊",谓此字"以矢为声,读为矢",为"倾侧"之意。⑤盖此字释"衊",学界已有共识,而其字义训"崩阤""反侧""倾侧",义可会通。

    王宁撰《释楚帛书中的"倾"》,径将此字释为"倾";徐在国、管树强撰《楚帛书"倾"字补说》,⑥引安大竹简本《卷耳》"䥬"字,以证成其说。上引此简考释,即本此说。其说乍见

---

① 陆德明:《经典释文》卷五,上海古籍出版社1985年影印中国国家图书馆藏宋刊宋元递修本,第3页。
② 朱德熙:《朱德熙古文字论集·长沙帛书考释(五篇)》,中华书局1995年版,第203—205页。
③ 徐在国、管树强:《楚帛书"倾"字补说》,《语言科学》17卷第3期,2018年,第244—249页。
④ 黄德宽、徐在国主编:《安徽大学藏战国竹简(一)》,中西书局2019年版,第74—75页。
⑤ 徐在国:《楚帛书诂林》,安徽大学出版社2010年版,第366—370页。按除此所述诸家说外,另有释为"衊"者,谓即"肭"字,或谓"读作逼",此类立异之说,等同自桧,今无取焉。
⑥ 王宁:《释〈楚帛书〉中的"倾"》,复旦大学出土文献与古文献中心网站论文(http://www.gwz.fudan.edu.cn/Web/Show/2103),2013年。徐在国、管树强《楚帛书"倾"字补说》,《语言科学》17卷第3期,2018年,第244—249页。按此二文承颜世铉教授检示,书此志谢。

似是而实非,按简帛文字自有"顷"字,与此"敊"字形体不类,睡虎地秦简《秦律十种》作"頃",《为吏之道》作"頋",并与此异。徐君等径依《毛诗》将此字释"倾",尚有疑义。

今考此字应释"攲"字,"矢"为意符,其旁诸家释为"血"者,则为攲器之形。按慧琳《一切经音义》卷九十"自攲"条云:

> 音欺。《韩诗》云:"攲,倾也。"《玉篇》:"不正也。"《说文》:"攲,侧也。从支,奇声。"①

今本《毛诗》无"攲"字,盖《卷耳》"不盈顷筐",《韩诗》作"攲筐","攲"字训"倾",与《毛诗》字异而义同。顾野王原本《玉篇》危部"攲"字下亦言:

> 攲,丘知反。《说文》:"攲,陲也。"野王案:攲满即覆,中即正,是也。《韩诗》为"攲"字,倾伍不正也。②

顾野王言"《韩诗》为'攲'字"者,盖此诗"不盈顷筐"、《摽有梅》"顷筐塈之",《韩诗》作"攲"字,《慧琳音义》引《韩诗》云:"攲,倾也",二者正可互证。《说文》危部云:"攲,陲也。从危,支声。"段玉裁《注》:"阜部'陲'下云:'攲也',与此为转注。《广韵》云:'攲,不正也。'……宥坐之器曰攲器,虚则攲,中则正,满则覆也。今俗作'敧',又讹'攰'。"③

《释文》引"《韩诗》云:顷筐,攲筐也",此应为陆德明误记。盖此诗如作"顷(倾)筐",人所易解,不得反以僻义之"攲筐"解之,其为误倒,理甚易明。余考陆德明《毛诗音义》,其引《韩诗》说,率凭记忆,故时有误记者,如《秦风·溱洧》"士与女方秉蕑兮",《释文》出"蕑兮",谓《韩诗》云莲也④,实则此文"蕑"字应如毛《传》训"兰也";⑤其训"莲"者,应为《陈风·泽陂》"有蒲与蕑"义训,⑥陆氏误引于《溱洧篇》耳。另如《周颂·武篇》"胜殷遏刘,耆定尔功",《释文》云:"耆,毛音指,致也。郑巨移反,老也。《韩诗》音同郑,云:恶也。"⑦

---

① 释慧琳:《一切经音义》卷九十,台北大通书局1970年影印日本翻刻高丽藏本,第20页。按今《说文》支部云:"攲,持去也。"(段玉裁《说文解字注》三篇下,嘉庆间经韵楼刊本,第21页)
② 顾野王:《原本玉篇残卷》,中华书局1985年影印本,第469页。
③ 段玉裁:《说文解字注》九篇下,第23页。
④ 陆德明:《经典释文》卷五,第26页。
⑤ 《毛诗注疏》卷四之四,第12页。
⑥ 马瑞辰:《毛诗传笺通释》云:"《溱洧》诗《释文》引《韩诗传》曰:'蕑,莲也。'正释《泽陂》诗'有蒲与蕑',为郑《笺》所本,《释文》误移于《溱洧》章耳。据《太平御览》引《韩诗》曰:'秉,执也;蕑,兰也。'是知《韩诗》于《溱洧》'秉蕑'亦训为兰,与《毛诗》同,未尝以'蕑'为莲也。"(中华书局1989年点校本,第423页)
⑦ 陆德明:《经典释文》卷七,第27页。

陆德明谓《韩诗》此"耆"字训"恶",按此诗系称颂武王克殷之功,解为"恶定尔功",则与诗旨相悖矣。马瑞辰谓"耆"字训"恶"者当是《大雅·皇矣》"上帝耆之"章句,①其说是也。余考《慧琳音义》卷八十二引《韩诗》:"耆,大也",②此训"大"者方为"耆定尔功"训义,此俱《释文》称引《韩诗》误忆之例。《卷耳篇》颠倒《韩诗》"敧筐"作"顷筐",是亦其例也。

依上所考,《韩诗》此章应作"敧筐"。简文"𠙹"字,应释作"敧",矢为意符,《说文》矢部:"矢,倾头也。"③其旁学者误释"血"字者,乃敧器之形,所谓"虚则敧,中则正,满则覆"也。而楚帛书之文,亦释"敧"字,云"千有百岁,日月夋(允)生。九州不坪(平),山陵备敧","备敧"即"尽敧"也;"非(彼)九天则大敧,则毋敢叡天霝(令)",谓彼九天大敧,不敢有违天命也。兹以《韩诗》及安大竹简本相参证,帛书此字释为"敧",应较释作"倾"字更有理致也。

二、《柏舟》"不谅人只"

《鄘风·柏舟》云:

> 泛彼柏舟,在彼中河。髧彼两髦,实维我仪。之死矢靡它,母也天只,不谅人只。
> 泛彼柏舟,在彼河侧。髧彼两髦,实维我特。之死矢靡慝,母也天只,不谅人只。④

安大竹简本此诗文字颇多异于今本《毛诗》者,"之死矢靡它""之死矢靡慝"两句,竹简本无"之"字,"慝"字作"弋"。"不谅人只"句,竹简本作"不京人氏"。释者云:

> "京",读为"谅",毛《传》:"谅,信也。"《释文》作"亮",云"本亦作'谅'",盖本《韩诗》。《太平御览》引作"凉"。"谅"为正字,"亮""凉"均为通假字(参袁梅《诗经异文汇考辨证》)。⑤

---

① 马瑞辰:《毛诗传笺通释》云:"《韩诗》'耆,恶也',当为《皇矣》诗'上帝耆之'章句,盖毛、韩《诗》同义,《释文》误引入此章,亦犹'蔄,莲也'本《韩诗·泽陂》章之章句,而《释文》误引入《溱洧》章也。"(第1090页)
② 《慧琳音义》卷八十二,第8页。
③ 段玉裁:《说文解字注》十篇下,第8页。
④ 《毛诗注疏》卷三之一,第1—3页。
⑤ 《安徽大学藏战国竹简》(一),第127页。

按"谅""亮""凉"三字通用,古籍寻常易见,如《论语·宪问篇》:"子张曰:'《书》云:高宗谅阴'"①,《尚书·无逸篇》作"亮阴"②,《汉书·五行志》云:"高宗承敝而起,尽凉阴之哀"③,则作"凉阴",即其例也。注释者据今本《毛诗》,谓竹简本"京"字应读为"谅","谅"为正字,训为"信",历来注家皆作此解。然"谅"字训"信",细绎之,义有可疑。

按此诗"实维我仪""实维我特",毛《传》"仪""特"二字皆训"匹",为"匹偶"之义,则"髡彼两髦"者,乃此女意之所属。"死矢靡它""死矢靡弋(慝)"为自誓之语,即"誓死无他""誓死不渝"也。④味此诗意,女子自道其心已有所属,父母虽欲夺而他嫁,女子则誓不肯屈从也。毛《传》解"母也天只"二句,云:"谅,信也,母也天也,尚不信我。天,谓父也。"朱熹《诗集传》亦言:"谅,信也。"解末句为"何其不谅我之心乎"⑤。按"谅"字释"信",虽为古籍常训,然此女既信誓旦旦,决不他嫁,父母岂犹不信其意?

余意竹简本"京"字、《毛诗》"谅"字俱当读"强"。按《说文》鱼部:"鱬,海大鱼也。从鱼,畺声。"字亦作"鲸",《说文》云:"鲸,'鱬'或从京。"⑥则从"畺"从"京"、音义相近,《说文》人部:"倞,强也。从人,京声。"⑦又《庄子·大宗师》:"禺强得之,立乎北极",《释文》:"简文云:北海神也,一名禺京。"⑧此俱可证古从"京"、从"畺"之字音近,义得通假。"京"字古音属见母,阳部;"谅""倞"属来母,阳部;"强"字则群母,阳部,古音俱近。《说文》力部:"勍,强也。《春秋传》曰:'勍敌之人。'"⑨又弓部:"强,弓有力也。"段《注》:"引申为'凡有力'之称;又叚为'勥迫'之勥。"⑩盖"勍""勥"声义俱同,实同一字,即今"强敌""强迫"之"强"字。

此诗"不京(谅)人只",即"不强人也"。"母也天只"二句,正呼诉父母勿强令其改易他嫁,如此解乃与上文"死矢靡它""死矢靡弋(慝)"自誓之语紧相呼应。"京"字训"强",尚可以《大雅·大明》末章证之:

> 牧野洋洋,檀车煌煌,驷騵彭彭。维师尚父,时维鹰扬。凉彼武王,肆伐大商,会朝清明。⑪

---

① 《论语注疏》卷十四,嘉庆二十年江西南昌府学刊本,第16页。
② 《尚书注疏》卷十六,嘉庆二十年江西南昌府学刊本,第10页。
③ 《汉书》,中华书局1962年点校本,第1410页。
④ 按"之死矢靡慝",毛《传》:"慝,邪也。"此解未确。此文"慝"字,竹简本作"弋",皆"忒"字之假借,《说文》:"忒,更也。"即自誓至死不改变也,说详马瑞辰《毛诗传笺通释》,第167页。
⑤ 朱熹:《诗集传》,中华书局1958年点校本,第28页。
⑥ 段玉裁:《说文解字注》十一篇下,第26页。
⑦ 段玉裁:《说文解字注》八篇上,第9页。
⑧ 陆德明:《经典释文》卷二十六,第21页。
⑨ 段玉裁:《说文解字注》十三篇下,第52页。
⑩ 段玉裁:《说文解字注》十二篇下,第58页。
⑪ 《毛诗注疏》卷十六之二,第9—10页。

《大明》一诗写周邦膺受天命以代商也。末章专写武王兵车声威之盛,甲子朝于牧野一举伐商灭纣之事,以收束全诗。"凉彼武王"句,《释文》云:"凉,本亦作'谅',同力尚反,佐也。《韩诗》作'亮',云'相也'。"① 是《毛诗》作"凉"若"谅",《韩诗》作"亮"。毛《传》"凉"字训"佐",《韩诗》训"相",二者义同,皆为"佐助"之意。朱熹《诗集传》言:"凉,《汉书》作'亮',佐助也。"② 其义亦同。惟如此解,则"凉彼武王"一句上属"维师尚父"为义,其主语为尚父,故郑《笺》解此云:"尚父,吕望也,……佐武王者,为之上将。"孔《疏》述毛、郑之意,解此章曰:

> 牧地之野洋洋然甚宽而广大,于此广大之处,陈檀木之兵车,煌煌然皆鲜明;又驾驷骡之牡马,彭彭然皆强盛。维有师尚父者,是维勇略如鹰之飞扬,身为大将,时佐彼武王,车马鲜强,将帅勇武,以此而疾往伐彼大商,会值甲子之朝,不终此一朝而伐杀虐纣,天下乃大清明,无复浊乱之政。③

依毛、郑、孔此解,尚父俨然成为此战役主帅,此则未免喧宾夺主矣。按此"凉"字亦当训"强","凉彼武王"与"信彼南山"之类句式同,"凉"为形容武王之词,即神武威强之意,"凉彼武王"为下"肆伐大商,会朝清明"二句主语,此三句总结全诗,写天期已至,武王帅师伐灭商纣,周邦应运而代兴也。此章前五句铺述周人兵车之壮盛,副帅之勇武,皆以刻画武王军威声势之强大,故甲子日临敌,"不终朝而天下清明"也(毛《传》语)。毛、郑以来旧解"谅"字训"佐"、训"相",胥失其旨矣。

此义尚可由《鄘风·鹑之奔奔》一诗证之,诗中"鹊之强强"句,竹简本作"竞竞",④ "竞""强"古音同为群母阳部,同音通用。《大雅·抑》:"无竞维人,四方其训之。"郑《笺》即解为:"竞,彊也。"⑤《广雅·释诂》:"倞,强也。"王念孙《疏证》云:"《尔雅》:'竞,彊也。'竞与倞通,倞、竞、强声并相近。"⑥ 正可援此为证。

今以《大明》《鹑之奔奔》二诗相证,此诗"不京(谅)人氏"当训"不强人也",应无疑义。⑦

---

① 陆德明:《经典释文》卷七,第2页。
② 朱熹:《诗集传》,第178—179页。
③ 《毛诗注疏》卷十六之二,第10页。
④ 《安徽大学藏战国竹简》(一),第133页。
⑤ 《毛诗注疏》卷十八之一,第9页。
⑥ 王念孙:《广雅疏证》卷一下,《续修四库全书》本,第9页。
⑦ 按《尚书》"高宗亮阴",《论语·宪问篇》"岂若匹夫匹妇之为谅也",此"亮""谅"字亦当训"强",详拙作《"高宗谅阴"考》,日本京都大学《东方学报》第94册,2019年,第584—614页。

三、《墙有茨》"不可读也"

《鄘风·墙有茨》云：

> 墙有茨，不可埽也。中冓之言，不可道也。所可道也，言之丑也。
> 墙有茨，不可襄也。中冓之言，不可详也。所可详也，言之长也。
> 墙有茨，不可束也。中冓之言，不可读也。所可读也，言之辱也。①

安大竹简本与今本《毛诗》较大之差异有二：其一，"墙有茨"，竹简本"茨"字作"蠢蝥"，三章并同，毛《传》云："茨，蒺藜也。"是二者文异而义同。二则今诗首章，竹简本为第三章；而今诗第三章，竹简本作第一章。

此诗"不可读也"句，竹简本"读"字作"譚"，其"貝"字作"牛"。释者云：

> 譚，从言，犢省声。毛《传》："读，抽也。"《诗集传》："读，诵言也。"《说文·言部》："读，诵书也"，"诵，讽也。"《周礼·春官·大司乐》"讽、诵、言、语"，郑《注》："倍文曰讽，以声节之曰诵。"②

此历引诸说，大抵即以"读诵"为义。按"中冓之言"，毛《传》："中冓，内冓也。"郑《笺》述其义云："内冓之言，谓宫中所冓成顽与夫人淫昏之语。"《汉书·文三王传》："不窥人闺门之私，听闻中冓之言。"颜师古注"中冓"，引"晋灼曰：《鲁诗》以为中夜也"③；《释文》引《韩诗》云：中冓，中夜，谓淫僻之言也④。是《鲁诗》《韩诗》、郑《笺》皆以"中冓之言"为中夜淫私之言。

毛《传》："读，抽也。"段玉裁《毛诗故训传定本小笺》云：

> 抽，当作"籀"，《说文》："籀，读书也。""籀"之义训"抽"，《说文·叙》云："讽籀书九千文"，是也。毛公及《方言》皆用"抽"为"籀"，"抽""籀"，汉之古今字。或假"紬"为"籀"。⑤

---

① 《毛诗注疏》卷三之一，第3—4页。
② 《安徽大学藏战国竹简》（一），第129页。
③ 《汉书》，第2216—2217页。
④ 陆德明：《经典释文》卷五，第15页。
⑤ 段玉裁：《毛诗故训传定本小笺》卷四，经韵楼刊本，第2页。

段氏申毛意,以"抽"字即"籀诵"之谓。胡承珙复本郑《笺》参合段氏之说,谓此"读"字即"抽绎而出之"之意,胡氏并分析此诗三章"道""详""读"三者义涵之别:

> 盖"道"者约言之,"详"者多言之,"读"者反复言之。诗意盖约言之尚不可,况多言之乎?况反复言之乎?三章自有次第。①

然"籀诵""抽绎"中菁淫私之言,终觉于义未谐。而胡氏臆言"三章自有次第"之说,今竹简本首章与第三章互易,不知又将何说焉?盖此句以"读诵"解之,郑玄已觉义有未安,故郑《笺》通之曰:"抽,犹出也。"孔颖达述其义云:

> 此为"读诵",于义亦通。[笺]必以为"抽"者,以"读诵"非"宣露"之义,《传》训为"抽",《笺》申"抽"为"出"也。②

郑玄由"抽"字引申为"出",复由"出"字引为"宣露"之意,然"读"字展转训为"宣露",究觉迂曲。马瑞辰《毛诗传笺通释》别立一说:

> 按《广雅》:"读,说也。""不可读"正当训为"不可说",犹前章"不可道""不可扬"也。③

马氏据《广雅》解"不可读"为"不可说",其义简质易明,惟"不可说"与"不可道"语义重复,不免犹有瑕隙。

考慧琳《一切经音义》卷三十一引《韩诗》云:"牍,执笔操牍也。"④今《诗经》无"牍"字,盖此诗"不可读也",《韩诗》作"牍"字,所言"执笔操牍",即"记述"之意,依竹简本此诗首章训"不可记述",次章云"不可謼也",《毛诗》作"详",《释文》引《韩诗》作扬,扬犹道也⑤。此"扬"字当为"播扬"之意;三章言"不可道也",即"不可谈论"也。三章义各有别,似较毛《传》、郑《笺》为长。《韩诗》此义,范家相《三家诗拾遗》、宋绵初《韩诗内传征》、臧庸《韩诗遗说》、陈乔枞《韩诗遗说考》及王先谦《诗三家义集疏》俱未引及,今人注释《诗经》者亦未经道及。今特抽出之,以备一义。

---

① 胡承珙:《毛诗后笺》,黄山书社1999年版,第236—237页。
② 《毛诗注疏》卷三之一,第4页。
③ 马瑞辰:《毛诗传笺通释》,第169页。
④ 释慧琳:《一切经音义》卷三十一,第23页。
⑤ 陆德明:《经典释文》卷五,第15页。

《克殷》"叔振奏拜假"笺释

□张怀通

摘要：今本《逸周书》中的《克殷》记载了武王于牧野之战胜利后在商都举行的祭社告天典礼，在典礼的开始"叔振奏拜假"，即叔振奏假、拜假，是叔振演奏音乐、拜手稽首以请求神灵降临的仪式。《那》《皋陶谟》可以证明"奏假"，甲骨卜辞可以证明"拜假"。"叔振奏拜假"的证明，还原了武王的祭社告天是一场在舒缓悠扬音乐相伴下的盛大典礼活动。叔振也叫叔振铎，在武王同母十兄弟中排行第六，是曹国的始封之君。铎是一种乐器。其名字与"奏拜假"事迹，或说明曹叔振铎对于音乐有较高造诣，西周礼乐之乐，可能有曹叔振铎的贡献。

关键词：《克殷》；振铎；奏假；拜假；降神；礼乐

作者简介：张怀通，历史学博士，河北师范大学历史文化学院教授、博士生导师。

《克殷》是今本《逸周书》的第三十六篇，记载了武王伐纣——牧野决战、祭社、告天、立武庚、置三监、班师等过程。本文考释的"叔振奏拜假"一句，出现在武王举行的祭社告天典礼的开始阶段。为了便于讨论，现将典礼全文抄录于下：

> 及期，百夫荷素质之旗于王前。叔振奏拜假，又陈常车。周公把大钺，召公把小钺，以夹王。散宜生、泰颠、闳夭皆执轻吕，以奏王。王入，即位于社，太卒之左，群臣毕从。毛叔郑奉明水，卫叔封傅礼，召公奭赞采，师尚父牵牲。尹逸筴曰："殷末孙受，德迷先成汤之明，侮灭神祇不祀，昏暴商邑百姓，其章显闻于昊天上帝。"武王再拜稽首，膺受大命，革殷，受天明命。武王又再拜稽首，乃出①。

叔振，即叔振铎，武王之弟，成王之叔，后来受封于曹，因此后世也称之为曹叔振铎。在这

---

① 朱右曾：《逸周书集训校释》，商务印书馆1940年版，第52—53页。
笔者按："叔振奏拜假，又陈常车"，《史记》作"武王弟叔振铎奉陈常车"；"即位于社"，《史记》作"立于社南"；"太卒之左，群臣毕从"，《史记》作"大卒之左右毕从"；"武王再拜稽首，膺受大命革殷，受天明命"，《史记》作"于是武王再拜稽首曰：'膺更大命，革殷，受天明命。'"见百衲本《史记·周本纪》，商务印书馆1958年版，第69页。通过二者的对比，我们对于武王祭社告天的典礼过程可以有更为细致的了解。

场隆重的典礼中,曹叔振铎的职事有两项,即奏拜假,陈常车。陈常车,就是陈列威仪车辆①,学者没有异议,但奏拜假的含义,学者之间存在较大分歧:(1)潘振认为,"奏,白也。假与格同。白王拜格神祇"②。(2)朱右曾认为,"奏,进。假,嘉也。进白于王,言将拜受天之嘉命也。"③(3)麻爱民认为,"'假'当是'贺'之借字","'奏,进也','拜贺'即拜而贺之","就是康【曹】叔振铎进前拜贺胜利的意思"④。(4)黄怀信认为,"'奏'进也。'假'用同'嘏',大福",意思是"王弟振铎进前拜王大福"⑤。在这四家之外,还有一些学者也进行了解释,但相对而言,较为笼统含混,因此这里不再列举⑥。

这些学者的解释,都有一定的训诂学依据,例如《尚书·西伯戡黎》中的"格人元龟"⑦,《史记·殷本纪》引作"假人元龟"⑧。这证明假与格可以相互通假。再如《诗经·商颂·玄鸟》中的"四海来假"⑨,《大雅·下武》类似的意思而作"四方来贺"⑩。《仪礼·觐礼》"予一人嘉之",郑玄注:"今文……嘉作贺"⑪。这证明假、嘉、贺可以相互通假。又如《诗经·商颂·烈祖》中的"鬷假无言,时靡有争"⑫,《左传》昭公二十年引作"鬷嘏无言,时靡有争"⑬。这证明假与嘏可以相互通假。这些解释,分歧较大,但都言之凿凿,因此给读者造成无所适从的窘况。

笔者认为,以上解释存在着明显的问题,那就是局限于文字训诂,而没有与下文所载武王举行的祭社告天典礼结合起来。割裂与典礼的联系,只在文字训诂的圈子中左冲右突,怎么可能把握真谛?为此,本节尝试从考察商周时代的社祭典礼及其程序入手,结合传世文献对于祭礼内容的记载,对"叔振奏拜假"重新进行解释。

---

① 笔者按:孔晁说:"常车,威仪车也。"但丁宗洛却说:"《周礼》春官司常。《释名》云:'车载曰常,长丈六尺,车上所持也。'八尺曰寻,倍寻曰常,故曰常。观此可见威仪之注未确。"二者观点俱见黄怀信等《逸周书汇校集注》,上海古籍出版社2007年版,第350页。笔者认为,丁氏解释的重点是"常"字,与孔晁的解释并不矛盾。
② 黄怀信等:《逸周书汇校集注》,上海古籍出版社2007年版,第350页。
③ 朱右曾:《逸周书集训校释》,商务印书馆1940年版,第52页。
④ 麻爱民:《〈逸周书〉新读一则》,《文献》2009年第2期。
⑤ 黄怀信:《逸周书校补注译》(修订本),三秦出版社2006年版,第168、169页。
⑥ 例如:孔晁认为,"群臣诸侯应拜假者,则曹叔振奏行也。"陈逢衡认为,"奏拜假者,赞相其礼也。"俱见黄怀信等《逸周书汇校集注》,上海古籍出版社2007年版,第350页。
⑦ 杨筠如:《尚书核诂》,陕西人民出版社1959年版,第122页。
⑧ 〔汉〕司马迁:《史记》,中华书局1982年版,第107页。
⑨ 程俊英、蒋见元:《诗经注析》,中华书局1991年版,第1030页。
⑩ 程俊英、蒋见元:《诗经注析》,中华书局1991年版,第793页。
⑪ 郑玄注、贾公彦疏:《仪礼注疏》,中华书局1980年版,第1089页。
⑫ 程俊英、蒋见元:《诗经注析》,中华书局1991年版,第1027页。
⑬ 杨伯峻:《春秋左传注》,中华书局1990年版,第1419页。

一、商周社祭典礼及其程序

"叔振奏拜假",在武王祭社典礼中无疑居于开始的位置,之后才是典礼的主体内容。主体内容大约由三个仪节组成,一是武王在群臣的簇拥护卫之下"即位于社",二是布置整理祭器、向神灵献祭牺牲,三是由史官向天神控告商王纣的罪恶。像这样的在社祭场所祭祀社神,与此同时也祭祀天神的情况,看似驳杂或矛盾,但确是商周祭社典礼中的一个类型。为了准确理解这一类型在商周时代社祭典礼中的位置,此处不妨将相关材料的选择范围稍微放宽一些,以见其原始宗教的文化背景①。

(1) 癸巳卜,禦于土【社】。 (《合集》32012)

(2) 癸卯,贞:甲辰燎于土【社】大牢。 (《屯》726)

(3) 贞:王告【祰】土【社】。 (《合集》34184)

(4) 壬午卜,燎土【社】,延巫帝。 (《合集》21075)

例(1)(2)(3)中的禦、燎、告【祰】是三种不同祭祀方法。禦,祓除不祥之祭②。燎,燔柴而祭③。告【祰】,或是向社神诉告之祭④。这三例是笔者从众多社祭甲骨卜辞中选择的有代表性的辞例,足以窥见商代后期商人祭祀社神的一般情况。

例(4)是一条记载分别用燎祭之法与巫祭之法连续祭祀社神与天神的卜辞。其中的延字,泐患不清,胡厚宣先生以□标示⑤,陈梦家先生隶作征⑥,姚孝遂先生隶作延⑦。此处采纳后者的观点。征或延,金文作徣⑧。杨树达先生认为,该字相当于《春秋》经传中的"遂",用于"两事之间",表示两件事情前后相继的关系⑨。那么燎土【社】与巫帝就是连续

---

① 笔者按:商代的社,无屋有垣,有内外之别,例如:内土【社】,外土【社】。(《安明》2331)这当是《克殷》所载武王祭社时"王入""乃出"的现实基础与文化背景。
② 徐中舒:《甲骨文字典》,四川辞书出版社1989年版,第167页。
③ 徐中舒:《甲骨文字典》,四川辞书出版社1989年版,第1110页。
④ 笔者按:徐中舒先生说:"甲骨文告、舌、言均象仰置之铃,下象铃身,上象铃舌,本以突出铃舌会意为舌。古代酋人讲话之先,必摇动木铎以聚众,然后将铎倒置始发言,故告、舌、言实同出一源。卜辞中每多通用,后渐分化,各专一义。"见氏著《甲骨文字典》,四川辞书出版社1989年版,第85—86页。
⑤ 胡厚宣:《甲骨文合集释文》,中国社会科学出版社1999年版,第1049页。笔者按:帝字之后,《甲骨文合集释文》有一个"乎"字。
⑥ 陈梦家:《殷虚卜辞综述》,科学出版社1956年版,第577页。
⑦ 姚孝遂等:《殷墟甲骨刻辞类纂》,中华书局1989年版,第463页。
⑧ 例如,虢伯捏簋,《集成》8.4169。
⑨ 杨树达:《䵼白㠱簋再跋》,《积微居金文说》,上海古籍出版社2013年版。

进行的祭祀活动,这正可与《克殷》记载的武王一方面祭祀社神,另一方面向天神报告并接受天命的情形相互印证①。

不惟如此,商末周初还有将社神与祖神合并在一起进行祭祀的现象。例如:

(5) 癸卯卜,贞:彭,裸,乙巳自上甲二十示一牛、二示羊、土【社】燎牢、四戈彘、四戈豭。

(《合集》34120)

(6) 乙卯,武王乃以庶国祀馘于周庙,"翼予冲子……"断牛六,断羊二。庶国乃竟,告于周庙曰:"古朕闻文考,修商人典……"以斩纣身,告于天子【于】稷。用小牲羊犬豕于百神水土,于誓社曰:"维予冲子,绥文考至于冲子……"

(今本《逸周书・世俘》)②

例(5)中的"上甲二十示""二示",是以上甲为代表的二十多位先祖之神;土【社】,即社神;戈,某种地域之称③,四戈,或是四方,与社并列,即《诗经・小雅・甫田》中"以我齐命,与我牺羊,以社以方"的方④。这是对祖神与社(方)神的联祭。例(6)引自今本《逸周书》中的《世俘》。《世俘》是一篇可靠的西周文献⑤,节选的这段记载了武王伐纣胜利后回到镐京于四月乙卯日举行的献俘礼⑥,献祭对象有天神、祖神、社神等。该段引文对于地点的交待不是很清楚,但可以断定的是,武王对于天、祖、社的祭祀是在同一时间同一场域举行,那么这也是一次联祭。由此说明,天、祖、社联祭,是商人周人共同拥有的原始宗教文化传统。

以上6条材料,勾画了商周之际关于社祭的大致概况,在证明《克殷》所载武王祭社告天典礼真实性的同时,也为进一步探讨"叔振奏拜假"在这场盛大典礼中所处的位置与发挥的作用奠定了基础。

大家请注意,上举例(5)所载对于祖、社、戈【方】进行祭祀之前,有两个仪式,彭与裸。首先看彭。为了更加全面地说明"彭"的情况,在此再增添一个类似的辞例:

---

① 笔者按:《礼记・中庸》说:"郊社之礼,所以事上帝也。"(王文锦《礼记译解》,中华书局2001年版,第783页)讲的也是这种社与天合祭的情况。
② 朱右曾:《逸周书集训校释》,商务印书馆1940年版。李学勤:《〈世俘〉篇研究》,《古文献丛论》,中国人民大学出版社2010年版。
③ 徐中舒:《甲骨文字典》,四川辞书出版社1989年版,第1357页。
④ 程俊英、蒋见元:《诗经注析》,中华书局1991年版,第670页。
⑤ 顾颉刚:《〈逸周书・世俘篇〉校注、写定与评论》,《文史》第二辑,中华书局1963年版。
⑥ 张怀通:《〈逸周书〉新研》,中华书局2013年版,第138—148、244—246页。

(7) □【寅】米,酉彡,伐于土【社】。　　　　　　　　　　　（《合集》34188）

二例中的酉彡,是一种祭祀方法,就是传世文献中的祼（灌）祭,朱凤瀚先生说:"酉彡祭的形式是倾撒酒液,其音亦与酒同;酉彡祭往往是其他祭仪进行之前,先要举行的一个必要的仪式,一种先导;酉彡祭这种形式本身虽不含贡献祭品过程,但酉彡祭后一般皆连带着进行用某种方法杀牲、献牲或贡献其他祭品的仪式。"所谓先导,其实质就是祭祀神灵之前的降神仪式。①

其次看𢍏。在卜辞中𢍏一般是"有所祈匄之祭",但也有祭礼先导的用法,徐中舒先生说:"盖𢍏音本与贝相近,后以其读音不显,遂加贝为声符以明之。贝拜古并在祭部故得通假,故卜辞及铜器铭文中𢍏皆有祈匄之意,后世更从手而为捧（拜）。"②其实不待后世,例（5）中的𢍏就可以直接隶定为拜,因为它是捧【拜】的源头③。作为酉彡之后、燎之前的行为,例（5）中的拜,意思应该是拜请祖、社、戈【方】神灵降临④。

酉彡是倾撒酒液以降神的仪式,𢍏是拜手稽首以降神的仪式,这提示我们,在武王祭社告天之前进行的"叔振奏拜假",也应该具有典礼先导,即降神仪式的性质。学者说,"叔振奏拜假"是叔振走向近前,或告武王拜天嘉命,或向武王拜贺,或向武王拜福。这都是祭社告天之后才做的事情,明显与其降神拜神仪式的先导性质相违背,因而不可能正确。

二、商周祭礼的降神仪式

甲骨卜辞对于祭礼的记载词简意略,决定了它可以提供社祭典礼程序的证明,却不能描摹社祭典礼的具体情景。此其一。其二,商人的日常社祭典礼与武王改朝换代的社

---

① 朱凤瀚:《论酉彡祭》,《古文字研究》第二十四辑,中华书局2002年版。笔者按:𢍏字有繁简之别,姚孝遂、胡厚宣、孟蓬生等先生或隶定为奏,或隶定为求。综合参见孟蓬生先生的《释"𢍏"》,《古文字研究》第二十五辑,中华书局2004年版。这个字如何隶定,还有待时间检验,本文暂从徐中舒先生说。但无论是拜、奏、求,对于本文的论证都没有妨碍。是奏,则证明了"奏拜假"之奏;是求,求神必然有拜手稽首的仪式,与拜并不矛盾。
② 徐中舒:《甲骨文字典》,四川辞书出版社1989年版,第1174页。
③ 笔者按:𢍏是拜之义,还可以举出一些辞例,如:（1）……卜,𢍏、祝、册,……毓祖丁惟牡。《屯》2459 （2）辛丑卜,乙巳𢍏昜日。《怀》1575
④ 笔者按:类似的例证还有:（1）甲申卜,贞:酉彡、𢍏,自上甲十示又二牛,小示汎羊。兹用。《合集》34115 （2）叔矢方鼎:唯十又四月,王酉彡、大𥛱、𢍏在成周。咸𢍏。王呼殷厥士,爵叔矢以衮衣、车马、贝卅朋。（西周早期,钟柏生等编:《新收殷周青铜器铭文暨器影汇编》915,台北艺文印书馆2006年版）在其他一些卜辞中𢍏的后面有名词,组成动宾结构,如:戊午卜,宾贞:酉彡、𢍏年于岳、河、夒。《合集》10076。这里的𢍏显然是祈匄祭法,与拜请神灵降临的礼仪有所不同。

祭典礼在内容上必然有较大不同,这就使得各自降神仪式也必然有所不同。这两点要求我们在充分借鉴甲骨卜辞的同时,还应向传世文献中寻找可以与之相互参证的关于祭祀典礼仪式的材料。《诗经·商颂·那》云:

> 猗与那与!置我鞉鼓。奏鼓简简,衎我烈祖。汤孙奏假,绥我思成。鞉鼓渊渊,嘒嘒管声。既和且平,依我磬声。于赫汤孙!穆穆厥声。庸鼓有斁,万舞有奕。我有嘉客,亦不夷怿。自古在昔,先民有作。温恭朝夕,执事有恪。顾予烝尝,汤孙之将①。

这是一首宋国的祭祖乐歌,《国语·鲁语下》云:"昔正考父校商之名《颂》十二篇于周太师,以《那》为首"②,就是指这首诗。《那》的时代有西周中期与春秋早期两种说法③,但无论哪种说法,都承认其渊源有自,反映了商周时代的宗教文化传统。上节已经证明,商周时代有将天、社、祖联祭的现象,所以《那》虽是祭祖乐歌,也可以成为社祭典礼仪式的借鉴。

这首祭祖乐歌记载的典礼仪节主要有四项:(1)奏鼓以降神,(2)表演乐(鼓、管、镛)与舞(万)以悦神,(3)客人助祭,(4)主人主祭。其中的"奏鼓简简,衎我烈祖。汤孙奏假,绥我思成"就是降神的仪式。衎,乐、使……喜乐。奏,奏乐、演奏。假,通徦;在传世文献中假也可由"格"替代,而格通徦;假与格、徦与徦,是至、来之义④。所谓"奏假",就是奏乐

---

① 程俊英、蒋见元:《诗经注析》,中华书局1991年版,第1024页。
② 上海师范大学古籍整理研究所校点:《国语》,上海古籍出版社1988年版,第216页。
③ 程俊英、蒋见元:《诗经注析》,中华书局1991年版,第1023—1026页。
④ 笔者按:对于《那》等诗书篇章中假、格的解释,历代学者多有分歧,本文采纳的是马瑞辰的观点。马瑞辰说:"'汤孙奏假',《传》:'假,大也。'《笺》:'假,升也。汤孙太甲又奏升堂之乐,弦歌之。'《释文》:'假,毛古雅反。郑作格,升也。'瑞辰按:假与格一声之转,故通用。假者,徦之假借;格者,徦之假借。《尔雅·释诂》:'格,至也。'《释言》:'格,来也。'《方言》:'假、徦,至也。邠、唐、冀、兖之间曰假,或曰徦。'郭《注》:'假音驾。徦,古格字。据《说文》'徦,至也,从彳,叚声',知《方言》假当作徦。《广雅·释诂》:'徦,至也。'假亦徦之省借。假又为嘏之假借,音古,故与祖为韵。格字转上声亦音古,故通用。至与致义相成,凡神人来至曰假,祭者上致乎神亦曰假。《尚书》'祖考来格',《商颂》'来假来飨',此神人之来至也。《易·萃象传》'"王假有庙",致孝享也',《尚书》'舜格于文祖',《史记·五帝纪》作'舜乃格于文祖',《祭统》'王假于大庙',《商颂》'以假以享'、'齌格无言'及此诗'汤孙奏假',皆祭者致神之谓也。……《小尔雅》、《说文》并曰:'奏,进也。'上致乎神曰奏假,亦曰登假,杨雄《剧秦美新》曰'登假皇穹'是也。《诗》'汤孙奏假'谓汤之子孙进假其祖,则不得如《毛传》以汤孙为汤矣。假与格皆训至,《尔雅·释言》:'格,来也。'《方言》:'徦,来也。'义亦相通。《传》训假为大,《正义》以为大乐,失之。《笺》训假为升,与《方言》训徦为登义合,然以为奏升堂之乐,则非。"见马瑞辰撰、陈金生点校《毛诗传笺通释》,中华书局1989年版,第1158—1159页。马氏对于自己观点的论证很充分,同时对于其他一些学者的不同看法也进行了有力辩驳,足资取法借鉴。

降神、神悦而至的意思。

大家请注意,《那》的"汤孙奏假",与《克殷》的"叔振奏拜假",在各自的典礼中都是降神的仪式,而用词仅有一字之异,再结合上节所引甲骨卜辞记载的降神仪式中有萃【拜】的仪注,来做一综合推断,笔者认为,所谓"叔振奏拜假",就是叔振奏假与叔振拜假的缩略表达,描写的是叔振铎为武王祭社告天典礼而举行的演奏音乐、拜手稽首以请求神灵降临的仪式。再看《尚书·皋陶谟》:

> 夔曰戛击鸣球,搏拊琴瑟以咏,祖考来格。虞宾在位,群后德让。下管鼗鼓,合止柷敔,笙镛以间,鸟兽跄跄;箫韶九成,凤凰来仪。夔曰:"于!予击石拊石,百兽率舞,庶尹允谐。"①

这段引文所载祭礼的内容,是"帝舜荐禹于天,为嗣"②,仪节是:(1)奏乐以降神,(2)来宾助祭,(3)主人主祭,(3)表演乐舞以悦神。后面的三项仪节大约同时进行,所以描写次序与《那》有所不同,但从总体上看,应该是一样的典礼程序。因此,金德建先生说:"歌辞的本事原属有异,《那》诗所祀为成汤,而《皋陶谟》为舜的时候夔行乐以祭祖考,但是从遣词造语上着想,竟然如此凑巧相像。可以想见原来这个述作《皋陶谟》的人,极有可能就是当初述作《商颂》的人。"③其实二者不必是同一人述作,也有可能是不同的作者参考了相同的祭礼仪节。

其中的"夔曰戛击鸣球,搏拊琴瑟以咏,祖考来格",是奏乐降神的仪式。格,今文《尚书》作"假"④,与来是同义复词,都表示至。《史记》将这句话意译为"于是夔行乐,祖考至"⑤;

---

① 笔者按:本段引文综合采纳了司马迁、顾颉刚、刘起釪等学者的观点而断以己意。见氏著《史记》,中华书局1982年版,第81—82页;《尚书校释译论》,中华书局2005年版,第477页。
② 〔汉〕司马迁:《史记》,中华书局1982年版,第81—82页。笔者按:据上文论证,司马迁的观点与《皋陶谟》的"祖考来格"并不矛盾。另外,商末甲骨卜辞中有奏乐祭天的辞例,例如:(1)贞,帝示若,今我奏、礿,四月。(《英》1286)。(2)……唯五鼓……上帝若,王【受】又又【佑】。(《合集》30388)。可以成为《皋陶谟》等传世文献所载祭祀典礼的参证。
③ 金德建:《〈皋陶谟〉二论》,《苏州大学学报》1984年第3期。笔者按:金先生还说:"《皋陶谟》和《那》彼此因袭之迹,非常显著。必定出于同一类人物的手笔无疑。"又说:"清人姚际恒《诗经通论》卷十八云:'虞庭赓歌,每句用韵,《商颂》多用此体,正见去古未远处。'姚氏的议论正符合我的见解。《商颂》大概出于西周中期宋地的人所作的诗,内容歌颂商的先王。估计当时就是以《商颂》的作者们中间某些部分的人,再来继续造述写作这篇《皋陶谟》,所以至今可见在散文的体裁中,会有这些夹杂歌辞韵语的句子可寻。"金先生的多方考证与阐述,足以使《皋陶谟》与《那》相似的问题成为定论。
④ 皮锡瑞撰,盛冬玲、陈抗点校:《今文尚书考证》,中华书局1989年版,第125页。
⑤ 〔汉〕司马迁:《史记》,中华书局1982年版,第81页。

《白虎通·礼乐》引这句话,以为其性质是"降神之乐……为鬼神举"①,说明这句话所载为降神仪式是学者的共识。以之与《克殷》做一比较,很显然其对应的是"叔振奏拜假"的"奏假"。

"叔振奏拜假"从《那》《皋陶谟》中得到了"奏假"的证明,从商末甲骨卜辞中得到了"拜假"的证明,其总的意思是,曹叔振铎为武王祭社告天典礼而举行演奏音乐、拜手稽首以请求神灵降临的仪式。如此一来,武王的祭社告天就是一场由舒缓悠扬音乐相伴的隆重盛大的典礼②,而不会像此前学者解释的那样,是一个"无声"的寂寥世界③。

毋庸讳言,这些用以证明的材料对于祭祀礼仪的记载较为零散,这是因为记录者要么着眼于典礼大局,对于细节自然有所忽略;要么选择特定的角度,对于视线之外的细节自然也有所忽略,再加以体裁与修辞的种种限制,难免形成破碎支离的现象。但这不能成为否定借此构建的祭祀典礼仪节的理由,因为钩沉索隐以还原史实真相,本来就是历史学的要务,更何况是遥远的先秦史、早已逝去的西周礼制呢!

三、曹叔振铎与西周之乐的关系

《克殷》"叔振奏拜假"的解释已经结束,在此接着谈一谈曹叔振铎其人,以为上文对相关问题探讨的进一步延伸。

曹叔振铎是文王之子,在武王同母十兄弟中排行第六④,大约成王时受封于曹,都陶丘,即今山东定陶,成为曹国的开国之君。但他在推翻商人统治的过程中,似乎没有太大作为,因而其事迹多湮没不彰。《克殷》中的"叔振奏拜假"可能是西周文献记载的曹叔振铎的唯一事迹。尽管如此,我们似乎仍然可以作出以下推测。

曹叔振铎对于音乐可能有较高造诣。"叔振奏拜假",为武王祭社告天典礼而奏乐降

---

① 陈立撰,吴则虞点校:《白虎通疏证》,中华书局1994年版,第116页。
② 笔者按:《周礼·春官·大司乐》云:"六律、六同、五声、八音、六舞,大合乐以致鬼神示,……凡六乐者,一变而致羽物及川泽之示,再变而致蠃物及山林之示,三变而致鳞物及丘陵之示,四变而致毛物及坟衍之示,五变而致介物及土示,六变而致象物及天神。"郑玄注、贾公彦疏、彭林整理《周礼注疏》,上海古籍出版社2010年版,第836、843页。可以成为祭祀典礼中奏乐降神仪式的借鉴。
③ 笔者按:祭神奏乐是周人的文化传统,《世俘》云:"癸丑,荐殷俘王士百人,籥人造,王矢琰,秉黄钺,执戈。王入,奏庸,大享一终,王拜手稽首。王定,奏庸,大享三终。甲寅,谒戎【伐】殷于牧野。王佩赤白旂,籥人奏《武》,王入,进《万》,献《明明》三终。"(朱右曾《逸周书集训校释》,商务印书馆1940年版,第55页)这里仅节选了癸丑、甲寅两天的武王祭祀典礼,其中就有如此繁复的音乐演奏,由此可证,武王于改朝换代之时在商都为祭社告天而演奏音乐,一定必不可少。
④ 〔汉〕司马迁:《史记·管蔡世家》,中华书局1982年版,第1563页。

神,就是明显证据。另外,"叔振"之振,众所周知,是振铎的省略。铎是一种乐器,由铃发展演变而来,形似甬钟,或内中有舌。舌为木质,是木铎,为铜质,是金铎。铎的作用有二,一是宣布法令军令的器具,一是音乐演奏的乐器[①]。曹叔既然以振铎命名,虽然不排除两种职责兼而有之,但由"奏拜假"看,似乎后者的可能性更大一些。

如此一来,我们就应该考虑:(1)《世俘》记载的武王伐纣胜利后在镐京举行献俘礼时的"籥人九终""籥人造""奏庸,大享一终""奏庸,大享三终""籥人奏《武》""进《万》,献《明明》三终""籥人奏《崇禹生开》三终""用籥于天位"等音乐活动[②],是曹叔振铎在主持吗?(2)西周礼乐之乐的形成,曹叔振铎在其中有无作为?周公曾经作诗[③],作志[④],由现有资料看,可能都是文字创作,那么这些诗歌的乐曲是谁谱写的呢?我们认为,与曹叔振铎可能有莫大关系。果真如此,西周的礼乐,在周公之外,或许还有曹叔振铎的贡献!

很遗憾,这个推测目前还不能证明,为此,我们寄望于未来的考古发现。

[①] 朱凤瀚:《中国青铜器综论》,上海古籍出版社 2009 年版,第 381—383 页。马承源:《中国青铜器》,上海古籍出版社 1988 年版,第 292—293 页。易华:《青铜之路:上古西东文化交流概说》,《东亚古物》A 卷,文物出版社 2004 年版。
[②] 朱右曾:《逸周书集训校释》,商务印书馆 1940 年版,第 55、57 页。
[③] 〔周〕周公旦:《𠲖𠲖》《明明上帝》《蟋蟀》,见清华大学出土文献研究与保护中心编、李学勤主编《清华大学藏战国竹简》(壹),中西书局 2010 年版,第 150 页。
[④] 〔周〕周公旦:《周公之颂志【诗】》,也叫《周公之琴舞》,见清华大学出土文献研究与保护中心编、李学勤主编《清华大学藏战国竹简》(叁),中西书局 2012 年版,第 132—133 页。

儒家父子伦理中的一体与张力关系

——《论语》"父在观其志"章疏解*

□ 黄少微

摘要: 在《论语·学而》篇"父在观其志"章的注疏史中,注家主要关注子能否自专及父之道能否改动的问题,这实质涉及父与子之间始终存在的一种"张力",包括父之志与子之志,父之道与改父之道,而"孝"的敬顺无违之特征及其背后的"父子一体"观念,为妥善安置父子之间的张力提供了一条解决之道。关于此,《诗经》《公羊传》《礼记》《白虎通》等儒家经典也给予思想支撑,唐律则在现实生活实践层面给予积极的法律支持。相比现代对于单独个体的权利和自由的强调,以父子关系为基础的家则是传统中国社会构建中的核心。在现代社会重新思考家的位置,有必要在重视父子一体的基础上,直面并妥善安置家庭父子人伦之间的张力。

关键词: 儒家伦理;父子;孝;家;法律

作者简介: 黄少微,中山大学哲学系博士后。

引 言

家庭及其人伦教化是传统中国文化的基本关切点。《尚书·尧典》言:"慎徽五典,五典克从。"又说:"百姓不亲,五品不逊。"对此,《左传·文公十八年》史克解释道:"举八元,使布五教于四方:父义,母慈,兄友,弟恭,子孝。"即以五伦教化民众,并且五伦都指家庭人伦。孟子说:"人之有道也,饱食暖衣,逸居而无教,则近于禽兽。圣人有忧之,使契为司徒,教以人伦:父子有亲,君臣有义,夫妇有别,长幼有序,朋友有信。"(《孟子·滕文公》)人伦使人的生活别于禽兽,五伦中有父子、夫妇、长幼(兄弟)三种家庭人伦。这两种文献对五伦有不同的表述,但也见出无论是在位者的政治教化,还是民众的生活形态,人伦尤其是家庭人伦都是重要的一个面向。本文以《论语·学而》篇"父在观其志,父没观

---

* 本文为中山大学青年教师重点培育项目"郑玄《毛诗·国风笺》的人伦思想研究"(20wkpy97)的阶段性成果。

其行"章为中心,通过梳理其注疏史,并结合《诗经》《公羊传》《礼记》《白虎通》等其他儒家经典的相关论述,以及《唐律》相关的规范,尝试考察中国古代社会中父子间伦理关系,以求揭示出其基本特征:父子之间既同体合一,又内具张力的丰富关系,由此来审视古典社会中人的生活形态及其对今天的意义。

一、子能否自专和改父之道——注疏家的焦点

《论语·学而》第 11 章载:

> 子曰:"父在观其志,父没观其行,三年无改于父之道,可谓孝矣。"

孔子在怎样的情境下讲了这句话,难以考察,对于文本的理解,只能从文本本身出发。但理解文本的第一步——理解文意,便发生了极大的困难。首先,"父在观其志,父没观其行"的"其"指谁?儿子还是父亲?历代注解对此有分歧。其次,在句读上,"三年无改于父之道"是承接"父没观其行"一句而来,还是作为并列的一句出现?以下围绕基础性的文本问题,对历代的注释作一梳理,进而揭示此章的深层意义。

孔安国注说:"父在,子不得自专,故观其志而已也。父没,乃观其行也。"①这里的"其"指向儿子本身。朱子注解也这样认为。②父亲在世,儿子不能自主专行,但志——作为心灵的表达,是能够观察一个人的好恶取向的。父亡,则通过子之行为了解其好恶。则在孔注看来,可通过观察子之志、子之行来判断子是否孝。但子之志、子之行如何表现出了孝?孔注并未明说。

皇侃《论语义疏》说:"此明人子之行也。其,其于人子。志,谓在心未行也,故《诗序》云'在心为志'是也。言人子父在,则己不得专行,应有善恶,但志之在心。在心而外必有趣向意气,故可观志也。父若已没,则子得专行无惮,故父没,则观此子所行之行也。"③皇侃解"其"字也指人子。"其志"指父亲在世时,为人子自己内心真实的志趣。父在时,子行动不得自专,但志趣却可以藏在内心。子有自己的善恶价值判断,并且这种价值判断与选择不一定与父亲相同。这样,子的志趣与表现出来的行动就有可能不同。所以,父在时就不能仅看子的行动,而更要看子的志趣是否合于父道。子之志能够顺承父之

---

① ③ 〔梁〕皇侃:《论语义疏》,中华书局 2013 年版,第 16 页。
② 〔宋〕朱熹:《四书章句集注》,中华书局 2012 年版,第 51 页。

志,才可视为孝。在皇侃的解释里,父在世时,在父之志的顺承上,父与子之间存在一种张力,只是由于父亲在世,子仍选择顺承,未专行。而当父没时,父于子的掌控也随之消逝,子能有自己独立的志,这时"子得专行无惮",其表现出来的行动也与志趣一致。因此,这时只需观察子的行动就可知其是否承顺父之志,"故父没,则观此子所行之行也"。

但此外,对"其"字也有不同解释。宋代学者范祖禹的解说与此相近:"为人子者,父在则能观其父之志而承顺之,父没则能观其父之行而继述之。"①据此,"其"字指父而言。"其志"与"其行"之所以是孝的表现,在于对于父之志与行的承顺与继述。清儒钱大昕也说:"孔子之言,论孝乎?论观人乎?以经文'可谓孝矣'证之,其为论孝,不论观人。夫人而知之也,既曰论孝,则以为观父之志行是也;不论观人,则以为观人子之志行非也。"②也认为"其"指父亲。这里还强调本章的主旨在于论孝,而非论观人,这点是很有道理的。

综合这三种在《论语》注疏史上的经典解释来看,不管"其"指父还是子,子"可谓孝矣"的共同原因,均强调子之"不自专、不专行"这一品性。何以"子不自专"是孝的表现?皇侃对于"父在,观其志"一句的解释可以作为一种回应,当父之志与子之价值标准与选择有所不同时,若子不自专,仍能顺承父之志,这便可视为孝。关于如何才是孝,《论语》中核心的概括是"敬"与"无违"。如:"孟懿子问孝,子曰:'无违。'"(《论语·为政》)"子夏问孝,子曰:'色难。有事弟子服其劳,有酒食先生馔,曾是以为孝乎?'"(《论语·为政》)"色难",包咸解为"承顺父母颜色乃为难也"③。朱子认为"谓事亲之际,惟色为难也。盖孝子有深爱者必有和气,有和气者必有愉色,有愉色者必有婉容,故事亲之际,惟色为难耳"④。无论是指承顺父母之脸色,还是指控制自己的喜怒哀乐所呈现的脸色,均强调对于父母的敬与顺。总之,在《论语》中,孝的核心意义指向敬与顺承。

以上梳理了"其"的指代问题,明确"父没观其行"所以是孝的表现,在于父殁亡之后,子仍能"观其父之行而继述之",不自主专行,不中断、改变父之行。然而,对于父之行的继承是贯穿子之一生,还是限定在特定时间段内?同时,当父之行是恶时,是否子仍须继述之?承接"父在观其志,父没观其行"之后的是"三年无改于父之道"一句。由上文对于"其"的疏解,则"三年无改于父之道"应是作为"父没观其行"的递进性的解释。即,父亲去世之后,子仍继述父之道,三年后,子也可以有所改动。《里仁》篇也有此句,子曰:"三

---

①② 程树德:《论语集释》,中华书局1990年版,第45页。
③ 同上书,第90页。
④ 〔宋〕朱熹:《四书章句集注》,第56页。

年无改于父之道,可谓孝矣。"历代注家有认为《里仁》篇此章是《学而》篇中"复出逸其半",也有认为是"弟子各记其所闻"①。而郑注于《学而》篇此章无注,于《里仁》篇则有注。考虑《论语》的编撰问题②,则《里仁》篇此章应属"弟子各记其所闻"。如王闿运《论语训》言:"此别记居丧之礼,与上观志行者非一时之言。"③结合《学而》与《里仁》中两章的记述,至少,在父殁之后,子若能"三年无改于父之道",便是"孝"的表现。但为何是三年?这个问题,当可从子为父服斩衰三年得到回答,《论语·阳货》就有宰我问三年之丧的讨论。就本章而言,尤值得关注的是这个问题:为何"无改于父之道"是孝?历来对于"三年无改于父之道"多有争议。

孔注:"孝子在丧哀慕,犹若父在,无所改于父之道也。"④孔注将"无改于父之道"的原因归根于孝子的哀慕之心。皇侃疏解道:"子若在父丧三年之内,不改父风政,此即是孝也。所以是孝者,其义有二也:一则哀毁之深,岂复识政之是非,故君薨,世子听冢宰三年也;二则三年之内,哀慕心事亡如存,则所不忍改也。"⑤皇侃同样认可孝子因哀慕之心而不忍改父政,所不同的是,皇侃为父政之非的改变留下退路——由冢宰来修改父政之非。此章皇侃的疏解,父与子之间始终存在一种张力,贯穿到他对孔注的"孝子在丧哀慕"的疏解中:"或问曰:'若父政善,则不改为可;若父政恶,恶教伤民,宁可不改乎?'答曰:'本不论父政之善恶,自论孝子之心耳。若人君风政之恶,则冢宰自行政;若卿大夫之恶,则其家相、邑宰自行事,无关于孝子也。"⑥据此,在父丧之中,孝子只管思念悲痛去,父政的是非由大臣来整顿就行了。这个解释颇具智慧,在一定程度上妥善安顿了父子之间的张力。这也表明,三年丧制并非单独的制度,而是与冢宰制度相结合。换言之,古时的礼制是作为一个完整的系统而被设计的,这样,诸多具体礼制之间可以相辅相成,以化解单一礼制规定极端化所可能带来的弊端。

《汉书·五行志》:"京房《易传》曰:'干父之蛊,有子考无咎。子三年不改父道,思慕不皇,亦重见先人之非也。'"颜师古注:"言父有不善之行,当速改之。若惟思慕而已,无所变易,是重显先人之非也。一曰:'三年之内但思慕而已,不暇见父之非,故不改也。'"⑦据前说,若孝子只顾思慕不改父道,只会更突显父道之非,因此,父之道若有不善,子当改之。宋人甚至怀疑此章的真实本旨。《翟氏考异》:"欧阳永叔疑此语失夫子本旨。设问曰:'衰麻之服,祭祀之礼,哭泣之饰,哀思之心,所谓三年而无改也。若其世守其宗庙,遵

---

① ③ 程树德:《论语集释》,第274页。
② 刘伟:《编纂的权力——以〈论语〉为例》,《城市国学讲坛》2015年第7辑。
④ ⑥ 〔梁〕皇侃:《论语义疏》,第17页。
⑤ 同上书,第16、17页。
⑦ 〔汉〕班固:《汉书》,中华书局1962年版,第1473页。

其教诏,虽终身不可改也。国家之利害,社稷之大计,有不俟三年而改者矣,何概云三年无改耶?'"①这是认为,若父政为恶,攸关国家之厉害、社稷之大计,那就应当立即改之,毋须三年之后才改。正如朱子所引尹氏语:"如其道,虽终身无改可也。如其非道,何待三年。"又如游氏语:"三年无改,亦谓在所当改而可以未改者耳。"②

在这样的思路下,要么是直接否定此章中的"三年无改"之说,要么是对于父之"道"的合理性另作调和解说:或认为"道"是应当改,但在实际上可以不改的;或认为既然是"道",则必然是正确的合理的,不须改动,所以才有"三年未改"之说,如《论语补注》:"夫子不曰'无改于父之行'而曰'无改于父之道',言道则非不善可知。既非不善,自不必急于更端。"③凡此解释,无非旨在妥善处置父子之间的张力。

此章可谓聚讼纷纭,难定于一。但且不论"父之道"之善恶,试从认同"三年无改于父之道"的态度出发,首先可以肯定的是,"无改于父之道"的适用对象指在位者而言,在位者承续先祖的政权与制度而来;其次,既然子三年无改于父之道是为孝,那么父也必须三年无改于先祖之道才为孝。层层类推,若每一代继承者都能够无改于父之道,先王之道便也能在后世绵延不断地得到继承发展了。《论语·学而》篇紧随"父在观其志"章之后,记载有子曰:"礼之用,和为贵。先王之道,斯为美。小大由之,有所不行。知和而和,不以礼节之,亦不可行。"(《论语·学而》)这是在讲继承先王之道时,礼与和的关系。夫子显然是认可先王之道的,并且希望先王之道能够被传承下去的。如其言"述而不作,信而好古,窃比于我老彭"(《论语·述而》)。由此可认为,当夫子在说"三年无改于父之道"这句话时,在历史政治层面,夫子预设了"父之道"也是从"先王之道"而来的。通过家庭中坚固的代际传承关系,先王之道能够在一个更长的历史脉络中得到延续发展,毕竟,在夫子看来,古之人、古之道所依托的世界才是一个礼乐秩序恒常稳定的世界,这也就是说,先王之道的传递乃建基于家庭中稳固的父子传承关系,礼法传承的稳定根源于家庭结构的稳定。

二、父子一体与父子张力——儒家经典的延伸

"父在观其志"章深刻揭示了父子之间的张力,其中"三年无改于父之道"尤其是此章争议最多的一处,儒家其他经典对此也有别的解说。子承父道,昭明祖业,在《诗经》中这

---

① 程树德:《论语集释》,第43—44页。
② 〔宋〕朱熹:《四书章句集注》,第51页。
③ 程树德:《论语集释》,第46页。

是值得反复称颂的功绩。如《大雅·皇矣》："维此王季,因心则友。则友其兄,则笃其庆。载锡之光。"郑玄解道："王季之心亲亲,而又善于宗族,又尤善于兄弟大伯,乃厚明其功美,始使之显著也。大伯以上为功美,王季乃能厚明之,使传世称之,亦其德也。"① 又如《大雅·下武》所言"成王之孚,下土之式。永言孝思,孝思维则。"《诗序》赞之："《下武》,继文也。武王有圣德,复受天命,能昭先人之功焉。""继文",郑玄解为"继文王之王业而成之。"② 后王承继先王之业,同样值得歌颂,如《礼记·乐记》对"韶"乐的定义："《大章》,章之也。《咸池》,备矣。《韶》,继也。《夏》,大也。殷周之乐尽矣。"《韶》乐,虞舜之乐名,郑玄认为"《韶》之言绍也,言舜能继绍尧之德。"③ 在这些记叙中,先王之道都是有高贵德性的好的政治制度,后王彰显先王功业,不仅后王,先王也一并被称颂。然而,当先祖之道有非时,后王是否可以毁弃?儒家并不认可这种做法。如《公羊传·文公十六年》所述:

> 秋,八月,辛未,夫人姜氏薨。毁泉台。泉台者何?郎台也。郎台则曷为谓之泉台?未成为郎台,既成为泉台。毁泉台何以书?讥。何讥尔?筑之讥,毁之讥。先祖为之,己毁之,不如勿居而已矣。④

泉台为庄公三十一年所建,其始称郎台。"三十有一年,春,筑台于郎。何以书?讥。何讥尔?临民之所漱浣也。"⑤ 庄公筑郎台被讥,因其无益于民。何休解道:"礼,天子有灵台,以候天地,诸侯有时台,以候四时。登高远望,人情所乐,动而无益于民者,虽乐不为也。"则筑郎台已成庄公在位时执政之非。鲁文公即位后,毁其祖之郎台,公羊家讥之:"但当勿居,令自毁坏,不当故毁,暴扬先祖之恶也。"⑥ 在公羊家看来,鲁庄公筑郎台时已是一恶,然而当其去世,后世子孙即位后不该毁郎台,如此,只会更突显先祖之恶。对待先祖之非,后世子孙合理的做法应该是"不如勿居而已矣",即不刻意地去改动,令其随着历史的更替而在人们的视线中被淡忘。

即便在三年之丧之后,面对先祖之非,公羊家采取的仍是一种消极的不作为的姿态。这种不作为,一方面间接地维护了先祖在后世的威权,另一方面也呈现了继承者对于先祖之道的包容,同时也为继承者执政的正当性留下余地。则这种消极的不作为,实质上

---

① 〔汉〕毛亨传,〔汉〕郑玄笺,〔唐〕孔颖达疏:《毛诗正义》,北京大学出版社1999年版,第1203页。
② 同上书,第1228页。
③ 〔汉〕郑玄注,〔唐〕孔颖达正义:《礼记正义》,上海古籍出版社2008年版,第1495页。
④ 〔汉〕何休解诂,〔唐〕徐彦疏:《春秋公羊传注疏》,上海古籍出版社2014年版,第588—589页。
⑤ 同上书,第333—334页。
⑥ 同上书,第589页。

是在积极地掩饰先祖之非,同时也是继位者权利正当性的间接说明。毕竟,子孙的王位、权利均是继承先祖而来,先祖执政有非,则子孙行权的合理性难免遭受质疑。无论是在位者还是普通民众中的父子关系,子无论是血脉还是精神气质,都是继承父亲而来,如《仪礼·丧服传》所讲述的"父子一体",子是父亲的人格在世上的延续,父亲的品质与行事均会影响、遗留在子孙之中。《白虎通·谏诤》也说:"子谏父,父不从,不得去者,父子一体而分,无相离之法。"即使父母始终不听谏言,与事君可去者不同,因父子一体,子不得去父母。

"父子一体"这一重要观念,与父子"张力"的观念相互补充,并为妥善安置父子之间的张力提供了广阔的空间。"一体"意味着仁爱和关心,"门内之治恩掩义"(《礼记·丧服四制》),家人父子之恩爱有别于君臣之义正辞严。因而,当父行事有非,子理应尽心劝谏,此才为孝。如孔子所言:"事父母几谏。见志不从,又敬不违,劳而不怨。"(《论语·里仁》)父母有非,子当尽心尽力劝谏。"若见父母志不从己谏,则己仍起敬起孝,且不违距于父母之志,待父母悦,乃更谏也。"①《礼记·内则》也有同类表述:"父母有过,下气怡色,柔声以谏。谏若不入,起敬起孝,说则复谏;不说,与其得罪于乡党州闾,宁孰谏。"相比让父母因其非而获罪于乡党,劝谏会是更好的处理方式。劝谏不听,儒者认为,则只有以"号泣"的方式感动父母,如《曲礼》言:"子之事亲也,三谏而不听,则号泣而随之。"郑玄注:"至亲无去,志在感动。"②以"号泣"感动之,这估计也是最无奈的尽孝方式了。在此,父子一体进而以父为尊,是其中的主线,而父子之间的张力得到最低程度的呈现:"号泣"而随之,毕竟表达了子的态度。而这态度所表达出来的张力本身,又是"志在感动"父母,因而实质也为了更好地修复和维持父子一体。

父有非未得罪于乡党时,子当极尽劝谏,而不是声扬父之过错于乡党邻里。父若不听进谏有所不悦时,应当俟其有悦色时再次劝谏;如此若父仍未听谏,则子亦不能去父,当试以"号泣"感动之,以至于"随之"。而当父获罪于乡党时,此时子所做的,仍不是揭露父之过,而是"为父隐"。《白虎通·谏诤》说:"君不为臣隐,父独为子隐何?以为父子一体,荣耻相及。"在家族的代际传递中,父子始终是一体的存在:子不仅继承了父亲的人格,也继承了父亲的权力。从这层面来看,即使父道有非,"三年无改于父之道,可谓孝矣"也有其历史正当性,如曾子曰:"吾闻诸夫子:孟庄子之孝也,其他可能也,其不改父之臣与父之政,是难能也。"(《论语·子张》)子执政,不改父政与父臣,在孔子和曾子看来已是难能之孝了,也由此可以看出孔门对于历史上先王之道的苦心维护。而另一方面,不

---

① 〔梁〕皇侃:《论语义疏》,第92页。
② 〔汉〕郑玄注,〔唐〕孔颖达正义:《礼记正义》,第200页。

改父之道,也预设着父之道曾作为法度而存在,《白虎通·三纲六纪》说:"父子者,何谓也?父者,矩也,以法度教子也。子者孳也,孳孳无已也。"在这里,父子间已经不仅是一种天然的亲属关系,由于父作为礼法的象征,并将这套礼法教授给子,那么子继承父之道,同时也是在继承一种礼法秩序。礼法求恒,并非可随人而改变。

由此可以对《论语》"父在观其志"章有更深的把握,此章彰显了父子之间的人伦张力,其背后则隐含了父子一体的观念,这正是"孝"的敬顺、无违特征的基础。由于父子异辈,在生活方式、观念等方面有所继承的同时,也难免有差异,因此,父子之间的代际张力最明显地展现了家庭人伦中的张力。在"父子一体"的视野下,父子之间的张力可以得到更有序的安置。

三、尊祖隐过与同居共财——《唐律》的支持

从上文的分析来看,虽然历代注家对于"三年无改于父之道"有颇多争议,但无论是《论语》自身的其他条文,还是《公羊传》《礼记》《白虎通》等儒家经典的表述,对于"三年无改于父之道"始终是一种肯定的态度。这些表述,基于"父子一体"的根本思想,在认同父子作为一种天然的伦理关系的基础上,父对于子而言,还具有礼法教化的传承意味;承认父之道存在的合理性,也是承认子自己行权的正当性。这些都是从儒家内部的经典文本来察看。关于此,《唐律》也有其法律上的正面维护与支持,如《唐律》中对"十恶"之七"不孝"的界定:

> 七曰不孝。
> 谓告言、诅詈祖父母父母,及祖父母父母在,别籍、异财,若供养有阙;居父母丧,身自嫁娶,若作乐,释服从吉;闻祖父母父母丧,匿不举哀,诈称祖父母父母死。①

"告言",即告发、控告;"诅詈",即咒骂。咒骂人自然是不道德的事件,毋庸置疑。这里,值得注意的是"告言祖父母父母"一说,即告发父母在法律上属于不孝的行为,同样须受惩罚。这里虽没有指明告发的是父母的什么事情,但从"告言"及"诅詈"的承接用语来看,指向的应该是父母犯有过错的事件。而从《唐律》来看,子若告发父母有罪,子这一行为便被认为"不孝",属十恶之一,子也将受到法律的惩罚。同样的律令也出现于《唐律·

---

① 〔唐〕长孙无忌等:《唐律疏议》,中华书局1983年版,第12页。

斗讼》第345、346、347条：

> 345　诸告祖父母、父母者，绞。
>
> 疏义曰：父为子天，有隐无犯。如有违失，理须谏诤，起敬起孝，无令陷罪。若有忘情弃礼而故告者，绞。①
>
> 346　诸告其亲尊长、外祖父母、夫、夫之祖父母，虽得实，徒二年；其告事重者，减所告罪一等；即诬告重者，加所诬罪三等。告大功尊长，各减一等，小功、缌麻，减二等；诬告重者，各加所诬罪一等。②
>
> 347　诸告缌麻、小功卑幼，虽得实，杖八十；大功以上，递减一等。诬告重者，期亲，减所诬罪二等；大功，减一等；小功以下，以凡人论。③

告发父母、祖父母的惩罚最沉重，处以死刑：绞。随着亲等层级的降低，告发罪的判处也逐渐降低。除了被告发者所犯的是谋反、大逆及谋判以上等危害国家政权稳定性的罪行之外，告发者均须受到不同程度的法律惩处。在《唐律疏议》看来，关于子告发父母所以被判处绞刑是因为"父为子天，有隐无犯"这一背后的思想。这一脉思想实质上与上文所论"三年无改于父之道"的内在理路是相通的。父子一体，子的人格完全为父所吸取，子作为父的人格在世上的延续，父子间荣辱与共。对于父之非，当父在世时，子理所应当尽其能劝谏说服，是为孝。而如果在父亲去世之后，子立即篡改父道，实为声扬父道之非，这不仅不孝，同时也将可能危及自身统治的合法性。

与"三年无改于父之道"思想相应的，是"子之不自专"，这也是注疏家在解"父在观其志，父没观其行"时所尤其强调的一点。子若不自主专行，顺承父道，则自然三年之丧中，也能不改于父道。而在《唐律》中，对于子孙之"自专"，也有其相应的判处。如上文论及对"不孝"的界定："及祖父母父母在，别籍、异财，若供养有阙；居父母丧，身自嫁娶。"同居共财为古人生活的基本形式，只有在父亲或者所有人的同意之下，子才能从家族中分离，独立成户。否则，在未分家之前，所有家庭成员仍处于家庭共同体之中，劳动耕作所得的收入与日常的生活开支，也都向家庭共同体的财产中交纳和支出，个人没有私财。而如果在未经家长或众人的同意下，擅自脱离这一共同体，或者是在家庭共同体中，私自存留自己的财物，在法律上，这都须受到惩罚。《户律婚》对此做出更详细的规定，如其中的155、156、162条：

---

① 〔唐〕长孙无忌等：《唐律疏议》，第432页。
② 同上书，第435页。
③ 同上书，第436、437页。

155　诸祖父母、父母在,而子孙别籍、异财者,徒三年。①

156　诸居父母丧,生子及兄弟别籍、异财者,徒一年。②

162　诸同居卑幼,私辄用财者,十疋笞十,十疋加一等,罪止杖一百。即同居应分,不均平者,计所侵,坐脏论减三等。③

父母在世时与居父母丧时,唐律对于子孙的别籍、异财处以轻重不同的惩罚,而当父母在世时,子孙别籍、异财的惩处尤重。究其缘由,从"同居卑幼,私辄用财者"一条的疏议中也可窥探其一端:"凡是同居之内,必有尊长。尊长既在,子孙无所自专。若卑幼不由尊长,私辄用当家财物者,十匹笞十,十匹加一等,罪止杖一百。"④由此来看,在一个家庭共同体中,子孙不能自主专行,所行均须有尊长的许可。而上文所论及的子之不自专的背后,同样是父子一体的根本思想:父亲在世时(后代或指尚未分家时),子的人格完全为父所吸取,子并非作为独立的个体存在,并没有自己独立的人格与权力,而仅是作为家庭共同体中的一员。

法律最能体现思想观念在现实社会生活中的渗透程度和影响力量。《唐律疏议》为我们真切把握《论语》"父在观其志"章论孝之义,提供了具体生动的案例。孝子的志趣和行动不应孤立地看,而是包含在一个广阔的共同体生活中,与律法上的尊祖隐过、同居共财等共同体及其财物规定问题紧密关联,其背后也都体现了父子一体这一基本观念。而从严格的法律条文中,我们也看到父子之间的张力有所隐藏,当然,这本身也体现了现实世界与思想世界之间的张力。

结　　语

综上可见,在"三年无改于父之道"的争论中,无论是《论语》的言说,还是其他儒家经典的描述,以及成文律法的规定,其中都体现了对当下时段中政治策略的正确性与合理性的考量,但相较而言,他们更关注的是在一个更长的历史脉络中,父祖之道/先王之道的继承,以及礼法制度的恒常与稳定。因而在处理父道之非时,当子之谏言行不通时,父道有非甚至因此即将获罪时,子仍须采取消极的不作为姿态:不告发,不声扬。这种不作为,一方面维护了父之威权,另一方面,也维护了家庭共同体的持久与稳固,以及政权的

---

①②　〔唐〕长孙无忌等:《唐律疏议》,第236页。
③④　同上书,第240页。

正当性。由此可见,在传统中国社会的构建中,子不是作为独立的个体存在的,子作为父的人格的延伸,背后指向的仍是以家庭为整体的单位。这也就是伦理本位或家庭本位,而有别于现代尤其是西方世界以个体为中心的生活和思考方式。

今天,在全球化和反全球化浮沉互见的时刻,家庭人伦及其教化的作用唤起了人们的重新关注,但要在现代社会考量家的位置和意义,必须一方面重新重视父子一体(兄弟一体、夫妇一体)的基本观念,另一方面正视家庭父子人伦之间的张力。而如何在父子一体的基础上妥善安置父子张力,就标示了礼法制度和文化的内在力量。在这方面,传统儒家文化无疑可以给我们提供重要的参照和启发。

试论王船山"心论"的义涵

□ 刘　聪

摘要：王船山身处明清易代之际，基于政治时局的刺激，对宋明理学的流弊有许多批评。他在先儒思想的基础上，对"心"有了一些新的理解。他对宋明理学"心"论的扬弃和推进主要体现在"心即神明，尽心知性"、"心为化理，非即心即理"、"心有其术，术能易心"三个方面。船山通过反对心为"神明之舍"的说法，拉近了心性间的距离，扭转了传统以心为舍，以打扫心舍、保持心之虚明的工夫路径，而以思和持志正心为工夫，主张尽心而知性，反对知性而后能尽心之说。船山反对阳明"心即理"说，而以心为化理，强调心与性之间的差别，否定圆满具足的现成良知说，强调后天工夫的重要性。船山对心术关系的论述，一方面显示了他对道德实践结果的重视，另一方面打通了知识与道德之间的壁垒，体现了二者间既相互区别又相互联系的复杂关系。

关键词：王船山；心；神明；理；术

作者简介：刘聪，中山大学哲学系中国哲学专业博士研究生。

"心"与"理"一直是宋明理学的核心概念和中心议题，船山在对宋明理学的反思中，对"心"有一些新的诠释，以与其理气观和工夫论相融通，从而尽力避免包括程朱理学和阳明心学在内的宋明理学在流行中所产生的一些弊端。船山主张"因心而得理"，对心的作用极为重视，他在扬弃先儒"心论"的同时，围绕自己对"心"的诠释，建立起自己的理论体系。具体而言，他主要从三个方面推进了宋明理学有关"心"的理论诠释，这三个方面分别是：心即神明，心能成性；心为化理，非即心即理；心有其术，术能易心。船山通过对"心"的创造性诠释，一方面相较于朱子，拉近了心与性之间的距离；另一方面相较于阳明，强调了心与性之间的区别，否认有完满具足的现成良知之心。另外，他还将心分为初心与术两个层面，强调术的具体运用对于道德实践结果和尽心成性的重要意义。船山在对理学和心学的心性关系的反思过程中对传统的心灵结构也有所改易。以下从这三个方面对此具体展开论述。

一、心即神明,尽心知性

王船山与朱熹一样采纳了张载"心统性情"的说法,他对朱熹心为神明之说也表示认同。但他与朱熹对"心"和心性关系的认识仍有不同之处。朱子"理先气后"的理气观,落实到心性论上难免会有"心""性"有所割裂的问题。① 他对"心"的描述在用语上有时会有所体现,以至于后来崇尚朱子学的人会根据他的某些说法拉大这种裂痕。如其曰:"动处是心,动底是性","康节所谓'心者,性之郛郭'是也。包裹的是心,发出不同底是性,心是个没思量底,只会生。"② 朱子虽然有时以心为神明,使其区别于一般的气,但他又以脏器之心为神明之舍,称其为"心之神明升降之舍"③,认为"人有病心者,乃其舍不宁也"④。他对心的生理性、气质性的一面有所强调。有时,朱子也会由具体的脏器之心的特征引申出统性情之心的功能,直接以心为神明之舍。

> 凡物有心而其中必虚,如饮食中鸡心猪心之属,切开可见。人心亦然。只这些虚处,便包藏许多道理,弥纶天地,该括古今。推广得来,盖天盖地,莫不由此,此所以为人心之妙与? 理在人心,是之谓性。性如心之田地,充此中虚,莫非是理而已。心是神明之舍,为一身之主宰。性便是许多道理,得之于天而具于心者。⑤

朱子由鸡心、猪心中间为空的物质形态推论出人心亦如此,又从人的脏器之心中间部位空虚的形态,直接过渡到广泛意义上的人心之虚以及因其虚所以能具理的特征。人心所具之理便是性,人心之虚便成为了心能具理统性的必要条件。如此一来,保持心之虚空的状态便自然而然地成为一项心性工夫。而这一工夫路径并非朱子独创,而是对以心为精舍,以打扫精舍、保持其虚静从而使神明得以安居的先秦以来传统心论的继承。

---

① 关于朱熹心性与理气关系的问题,学界有两种主要的观点。一种是以钱穆、牟宗三、刘述先、劳思光等人为代表,认为朱熹所言之心为形而下之气,与形而上之理或性属于不同层面。如牟宗三便以此判定朱熹的成德之教为他律道德。另一种观点是以陈来、唐君毅、杨儒宾等人为代表,认为,朱熹所言之心不同于一般的气,具有超越的面向,而非完全不同于理的形而下者。另外,张卫红也持此说,具体可参考张卫红《朱子"心论"的层面与超越性特质——兼与阳明"心论"比较》,《中国文化》第51期。本文主张朱熹所言之"心"虽然具有超越面向,但与性之间仍有所割裂,这也体现在他有时以心为"神明之舍",并且以保持心之虚静、专一为工夫的理论中。
② 〔宋〕黎靖德编,王星贤点校:《朱子语类》,中华书局1986年版,第91页。
③④ 同上书,第87页。
⑤ 同上书,第2514页。

早在《老子》中便有"涤除玄览"①、"致虚极,守静笃。万物并作,吾以观复"②的说法;《管子》中说到"虚其欲,神将入舍。扫除不洁,神乃留处。……洁其宫,开其门,去私毋言,神明若存。纷乎其若乱,静之而自治"③,便是以心为神之舍,以虚心去欲为存神工夫。与此相类,《荀子》中有"虚壹而静"④之说,《周易》中也有"洗心退藏于密"⑤的说法。元代崇尚朱子学的陈新安便吸收了朱子对"心"的传统理解而径直以心为"神明之舍"。而在船山看来,这种说法是有问题的,他强调心即神明,而非神明之舍,心之所以能统性并非因为心具有虚空的器质性特征,身、心与性本为一体,心自然有成性之能。

  《集注》谓心者"人之神明",四字极斩截;新安益之曰"神明之舍",则抑全不识心矣。想来新安病根在错看《太极图》上面一圈,将作轮郭看。先儒画《太极图》时,也只得如此画,如人画月,也须只在四周描一轮郭。究竟日体中边一样赫赫地,何尝有轮廓也!《太极图》中间空白处,与四周一墨线处何异。不成是一匡壳子,如围竹作箍,中间箍著他物在内!今试反求之于此心,那里是他轮郭处,不成三焦空处盛此肉心,里面孔子作包含事理地位耶?一身若虚若实,腑脏血肉,筋骨皮肤,神明何所不行,何所不在,只此身便是神明之舍,而岂心之谓与?⑥

船山肯定朱子在这里以心为神明的看法,反对陈新安以心为"神明之舍"的说法,认为他之所以有此说法,是因为在他看来,若心为神明,便不能具理,"新安意,以心即是神明,则不当复能具夫众理,唯其虚而为舍,故可具理"⑦。船山认为心为神明并不影响其能具理,"以心与理相拟而言,则理又为实,心又为虚,故虽有体而自能涵理也"⑧。心以具理不是一个实体之物装在另一个实体容器里。心不是一个有形状有大小的血肉脏器,理也不是只能放置于壳子中的物件。不过尽管船山为朱子辩护,而专门批评新安,但实际上新安的说法正是源于朱子,只是朱子并不总是强调心为"神明之舍",有时也会以心为神明,但其大体意思并无不同。虽然船山借朱子之说批评朱子后学,但实际上恰是对朱子的批评。船山强调心与理的合一、身与心的合一不是物质性的、空间性的结合,而是本为一体。朱熹所言作为"神明之舍"的心虽然也并非总指生理意义上的脏器之心,但即便是

---

① 高明:《帛书老子校注》,中华书局1996年版,第265页。
② 同上书,第298页。
③ 黎翔凤撰,梁运华整理:《管子校注》,中华书局2004年版,第759页。
④ 王先谦撰,沈啸寰、王星贤点校:《荀子集解》,中华书局1988年版,第396页。
⑤ 〔明〕王夫之:《周易内传》,《船山全书》,第一册,岳麓书社2011年版,第558页。
⑥⑦⑧ 〔明〕王夫之:《读四书大全说》,《船山全书》第六册,岳麓书社2011年版,第126页。

作为具有超越意义的操舍之心,他仍然沿用了"神明之舍"这一与性有距离的称谓,并且将工夫建立在扫除障蔽,保持此"神明之舍"虚静的本然状态以使神明来归的传统解释思路上,尤其是吸收了道家在这方面的工夫理论。在船山看来,这种工夫并不能实现仁义礼智之性,而只能要么导致人成为枯槁之物,要么通过专一、严肃的主敬工夫,使其知觉运动和后天思维之心保持敏锐的状态,与荀子"虚壹而静"所能达到的目标有一致之处。船山对"心"的规定,进一步缩小了心、性间的距离,使心与性统一于天人和合的心官之思的具体活动中。

> 盖曰"心统性情"者,自其所含之原而言之也。乃性之凝也,其形见则身也,其密藏则心也。是心虽统性,而其自为体也,则性之所生,与五官百骸并生而为之君主,常在人胸臆之中,而有为者则据之以为志。①

性、心、身本为一体,心为神明,非有形之物,性亦非身心以外之实体。心虽为性之所生,而为性之用,但心非一成不变之物,一旦发用便不能保证必以性为体,而是可能随处流行,并因此而滞于物不能尽其知能。船山以此而言"性者天道,心者人道",心能否以性为体,尽其神明之用,决定着人能否尽性达情,充分开展其德性生命。心之神明,是人先天具有的,乃天所命于人者。但其于既生之后的具体发用情况,则非天所能决定,而是取决于个人的自主选择和后天学习以及环境的影响。人能尽心知性,但不必然会如此做,也未必能做到极致。但这并不意味着性与心、心与身可以分离,心能穷理也意味着心与物不是完全割裂之二物。在船山那里,性与身心之间是相与为体的关系。

> "与道为体"一"与"字,有相与之义。凡言"体",皆函一"用"字在。体可见,用不可见;川流可见,道不可见;则川流为道之体,而道以善川流之用。此一义也。必有体而后有用,唯有道而后有川流,非有川流而后有道,则道为川流之体,而川流以显道之用。此亦一义也。②

船山认为,若以可见为体,不可见为用,则川流为道之体,道乃川流之用;若以有体才能有用为体用之别,则道为川流之体,川流为道之用。尽管道与川流相与为体是从不同的角度来看才能成立的,但这正可说明道与川流的关系并非简单的即体即用的关系。

---

① 〔明〕王夫之:《读四书大全说》,《船山全书》第六册,岳麓书社2011年版,第400—401页。
② 同上书,第734页。

二者之间的关系与刘梁剑所言之"际"①有可融通之处,二者之间既有相际,又有分际、交际。川流产生于气化之道并为其具体表现,但并非道之本身或其表现的全部。道在船山那里有始、成之别,其始为运化之源头,其成则有赖于其始之能与心、身(形)、物的相互作用。具体过程便是始之道在运化中生物,或曰物在运化之道中产生,而其所生之物在流行不息之道中,不断成长,实现自我,并同时成为道之显现和道之成。以心言之,则心与道为体,心既是道之体,又是道之用,道之在心,则心自有其神明之用以不断实现道之成,而不需要向外法天为道。

> 川流既与道为体,逝者即道体之本然。川流体道,有其逝者之不舍;道体之在人心,亦自有其逝者,不待以道为成型而法之。……言法,则彼为规矩,此为方圆,道在天下而不在己矣。天德乾,地德坤,君子固自有天行之健、地势之坤,而以之自强,以之载物,无所烦其执柯睨视之劳也。……道体自然,如何障塞得?只人自间断,不能如道体何也。天地无心而成化,故其体道也,川流自然而不息。人必有心而后成能,非有以用之,则逝者自如斯而习矣不察,抑或反以此孳孳而起者为跖之徒,未尝碍道不行而人自蹶耳。此固不可以水之塞与不塞为拟,明矣。②

人心为天道之所化,则道之在心自然流行不息,"不舍昼夜",道体自然,不能障塞。目无时不明,耳无时不聪,在家便要事父,在外便要事公卿,这都是道体自然在人心的表现,也是人心自有之神明,无有止息,无所障蔽。但这是就阴阳五行之天道而言。天地无心而成化,气之流行皆不出此道,体物不遗,随在皆适,无需拣择。人虽受天之命,而能继其志,但其性自有不同,因人有心,故需借助心之神明而后成能,此人心之几本不出天道之自然,而非向外法天道以为人道,更非是对道之障蔽。"道大而性小",人心之动皆不外于天道,人之为善为恶皆天道自然之化,天道本无所谓善恶,只是因其能生而有一定之则,人便以之为德。天道无亲,无论是个体之人的善恶、存续还是整个人类的存续都不足以成为其运化之障蔽。但人类既然已经出现,天道便于此而显,能仁能义但又变动不居的心之几,其神明之用的具体情况在决定人道的同时也会影响天道之成。

船山认为心能尽性,虽然人皆有先天之性,但人于既生之后,其所成之性如何则取决于人在具体践履中对心之运用。而心之所以能有成性之用,则源于心有其思,能够思仁义而有得于心,而不同于朱子专一、虚静、严肃的存养工夫。

---

① 参考刘梁剑:《王船山哲学研究》,上海人民出版社2016年版,第3页。
② 〔明〕王夫之:《读四书大全说》,《船山全书》第六册,岳麓书社2011年版,第736页。

乃心唯有其思，则仁义于此而得，而所得亦必仁义。盖人饥思食，渴思饮，少思色，壮思斗，老思得，未尝不可谓之思，而思之不必得，乃不思而亦未尝不得。得之有命。其得不得之一因乎思者，唯仁义耳。此思为本而发生乎仁义，亦但生仁义而不生其他也。释氏"一切唯心造"之说，原以诬天下之诚有者，而非实然。盖思因仁义之心而有，则必亲其始而不与他为应，故思则已远乎非道而即仁义之门矣。是天之与我以思，即与我以仁义也。此从乎成性而言也。①

船山认为人有心官之思，所以能继善成性。天予人以性的同时即予人以心官之思，所以人能通过思而成性，使先天之性能够在后天的实践中不断形著而发为真实的道德事业。人虽皆有思之能，但能否持志正心，发动此心官之思，则在于人自己的工夫实践。正心、诚意、格物、致知皆是通过此心之思来做工夫，不断成就后天之性的。"故'思'之一字，是继善、成性、存存三者一条贯通梢底大用，括仁义而统性情，致知、格物、诚意、正心，都在这上面用工夫，与洪范之以'睿作圣'一语斩截该尽天道、圣功者同。"②"思"在船山这里，与仁义之心紧密联系在一起，但仁义是性，为天事，而"思"为心官，为人事，思非性，但因性而有，可以体天于心而认之，并能执持此心以存之，不使其为耳目之小体所夺。因此，"思"既与仁义之实相关，又有志向、意志之义。船山有时也称此为志心，此志非无定之志向，而是具有志于仁之意欲及意志力的意涵。但人虽有此意志力，却并非自然具足，而仍需后天的力行工夫来保证此心官之思时时处于醒觉和持守的状态中。

基于对"心"不同于"神明之舍"的诠释，船山赋予了正心或存养工夫以先立其大的明明德和未发之中的意义。于此处尽心便可以确立大纲之体，使心之神明处于明觉状态，在感于物之前，心对自身所具的仁义礼智之性便可有切身的领会。如此，在感物之时便能在此心的灌注下诚其意，并根据具体情况格物致知实现已发之和，不断地成就真实的道德事业。船山因此坚持尽心知性的工夫路径，反对朱子知性而后能尽心的说法。如其所言："注谓知性而后能尽心，有说尽心而后能知性以实之，此说为长。……知性者实于己身未发之中、已发之和上体会，如此恻隐羞恶等心，在本体上具足仁义礼智之天德，若不尽吾心以求知，则不著不察，竟不知何者是吾性矣。此心字是心之神明，所谓心之官则思及《书》所云睿作圣者。尽心则静而体之，动而察之，以学问证之，极其思之力，而后知吾性之所诚有。"③船山以心为"神明"，为"思"，为"志"，此心必然定向于仁义，只是需要持

---

① 〔明〕王夫之：《读四书大全说》，《船山全书》第六册，岳麓书社2011年版，第1091页。
② 同上书，第1092页。
③ 〔明〕王夫之：《四书笺解》，《船山全书》第六册，岳麓书社2011年版，第358—359页。

守此心,避免此主宰之心失其本位而受制于外,并在此基础上于具体的道德践履中穷理而不断成就其性。

二、心为化理,非即心即理

船山在天道论中指出,天无形体,不可以理言,不可以善言,可以称之为诚。未有变合则无条理之可显,但有阴阳之实,乃为气之体也。此体虽尚不可以善言,但实有其善。人与万物皆阴阳五行所化生,此为气之用也。此种气之体用模式在心性论也有同样的运用。

> 气充满于天地之间,即仁义充满于天地之间;充满待用,而为变为合因于造化之无心,故犬牛之性不善,无伤于天道之诚。气充满于有生之后,则健顺充满于形色之中;而变合无恒,以流乎情而效乎才者亦无恒也。①

就天而言,变合之前,阴阳健顺之气充满于天地之间而待用,因无形体故不得称之为性,变合之后则万物之性各有不同。就人而言,有生之后,心之几变合之前,则仁义充满于气质之中而为性,此时之性,船山称之为先天之性,具健顺五常之德而为善。心之几变合无恒,情才之用亦无恒,心能统性而发之于情则性体情用而为善,心不能统性而失其本位,则情、才与物相靡而善恶无恒,此时情、才非性之用,而自为其体。"盖性,诚也;心,几也。几者诚之几,而迨其为几,诚固藏焉,斯心统性情之说也。然在诚则无不善,在几则善恶歧出,故周子曰'几善恶'。是以心也者,不可加以有善无恶之名。张子曰合性与知觉,则知善知恶亦统此矣。"②心作为诚之几,并非至善而无恶,善恶正于此处分别,因此需要于心之几处施以正心之工夫,以确保情才皆为性之用,而其用皆善。

> 乃心统性而性未舍心,胡为其有恶之几也?盖心之官为思,而其变动之几,则以为耳目口体任知觉之用。故心守其本位以尽其官,则唯以其思与性相应;若以其思为耳目口体,任知觉之用为务,则自旷其位,而逐物以著其能,于是而恶起矣。③

---

① 〔明〕王夫之:《读四书大全说》,《船山全书》第六册,岳麓书社2011年版,第1054页。
②③ 同上书,第1106页。

心之官为思,思则思仁义,但于变动之几,心可能会旷其位,而以为耳目口体任知觉之用。当其守其本位,以其思与性相应时,发之于外而为善。当其失其本位,任知觉之用为务时,便会逐物而可能产生恶。对于天而言,变合因于造化之无心,因此虽有不善之物出现,亦不影响天道之诚。人则不同,人既有形体,则性有所定向,情才若不能为性之用,则其发而为不善,失其本然之体也。如此则虽不害于天道之诚,但于人道有亏。因此,船山强调,在天之道天成之,在人之道人成之,人不可以天道为人道,而失其人道之功。船山对心、情有比较清晰的界定,反对以心为性理,情定为恶或定为善的说法。

> 原心之所自生,则固为二气五行之精,自然有其良能,而性以托焉,知觉以著焉。此气化之肇夫神明者,固亦理矣,而实则在天之气化自然必有之几,则但为天之神明以成气变化之妙,斯可云化理已矣。①
>
> 情固是自家底情,然竟名之曰自家,则必不可。盖吾心之动几,与物相取,物欲之足相引者,与吾动之几交,而情以生。然则情者,不纯在外,不纯在内,或往或来,一来一往,吾之动几与天地之动几相合而成者也。释氏所谓心正指此也。②

在船山看来,心虽生于二气五行之精,也是理,但其实只是天之气化自然必有之几,以显天之气化的神明之用,表现气之变化之妙,因此只能称为化理。他以此反对阳明的心即理说,但也并不完全与朱熹所言之心相同,与朱熹相比,更加强调其主性之良能,与阳明相比,又更强调其虚灵的化理之本位以与实理相区分。心的这一特征,使其既具有成性之能,又有失其本位而为知觉运动,不能确保为善的可能。船山对情的定位是既非完全自家的,亦非身外之物,而是吾之动几与天地之动几相互作用的产物。陈来借助西方哲学主客间性的概念理解船山所言之情。③情的这一定位决定了其非可执为善恶,船山认为其在现实中为善为恶取决于时的当值不当值。若要确保其为善,应当通过心官之思志于仁,审时研几以成其合理之用。

---

① 〔明〕王夫之:《读四书大全说》,《船山全书》第六册,岳麓书社2011年版,第1111页。
② 同上书,第1064页。
③ 陈来在《王船山的气善论与宋明儒学气论的完成——以"读孟子说"为中心》(《中国社会科学》,2003年第5期)一文中说到"借用西方哲学的概念来说,船山认为情既不是主体自身(内)的产物,也不是客体自为的存在(外),而具有'主客间性',这种主客间性是在主客的交互活动(往来)中发生形成的。船山甚至认为,情是'吾心之动几'与'天地之动几'相合成的结果,这里的天地之动几应当是指在天之道的变合中产生的不善的气质或存在。"

三、心有其术，术能易心

船山认为仁心自有其术在内，心外无术，尽心则能广术，若仁术未能发挥则仁心有所不尽。术，即仁中自有之周行，人固有之，而非既有仁心，又有此术，分作两事。

> 术者，道也，是四通八达之道。月令"审端经术""术"字，原不但作变通说，乃仁中所自有之周行，千条万绪处处逢原者也。则全此觳觫之牛，岂患与先王乐器必衅之礼通达不去；而老老幼幼不忍人危之心，抑岂必坐困一国，而于王者平祸乱、一天下之道有所阻窒哉！①

船山认为仁心包含仁术在内，人有仁心，意味着人有实现其仁之术，人能够在具体实践中找到恰当的行仁方法，以取得相应的道德事功。只是人虽有此能力，但其发用并不是完满现成的，而是需要实用其力，结合具体情况和以往经验，推断其可能之结果，竭尽其思，综合考虑，最终确定其方案，而非当机直悟所能得。若"仅据石火电光乍见之恻隐，遂欲王追寻之以认为真心"，便是流于异端而不返。船山认为此种见解出自佛氏"最初一念"之说，非圣贤之学，"邪说诬民，充塞仁义"，为害甚大。

> 朱子所谓"察识"者，亦谓察识此爱牛之心，必有全牛之术；则有不忍人之心，必有不忍人之政也。全牛之术，不废衅钟；不忍人之政，正以王天下。唯此最不易自喻，故须颠倒使自察识。盖初心易见，仁术难知，仁中自有之术固难知也。……此仁中纵横八达、随往皆通之术径，王暗合其一，而反为百姓之浮议所动，此孟子所为使之察识者也。察识及此，而后知"是心之足以王"，而后知若王者之"可以保民"。云"足"，云"可"，非但其心之能任之，其术固能成之。所以然者，则有其心而术固具其中也。②

船山强调心含术在内，以明心之全体大用，是为对治以"吾心之起处"为心之全体，以于此处有所得为尽心的思想，认为其已入于异端之说，非圣贤广大笃实之学。术乃本心所固有，但"初心易见，仁术难知，仁中自有之术固难知也"。他将心分为初心和术两个层面，初心易见，但仁术却不容易充分展现。术之难知，在于有一定之术，亦有无穷之术，人

---

①② 〔明〕王夫之：《读四书大全说》，《船山全书》第六册，岳麓书社2011年版，第902页。

的境遇始终处于变动之中,因此要时时践行仁道,其所需之术也要因时因事而发,一时之术有所得,不代表时时都能有所得。"远庖厨是一定之术,以羊易牛是无穷之术",齐宣王"'恩足以及禽兽',术足及也;'功不至于百姓',无其术,则虽有其心而功不至也"。在"以羊易牛"的做法上,齐宣王做到了有术,即能够用其本有之术行仁道;但在"保民而王"的问题上,他没有能够发挥其所固有之术,也就没能尽心之神明之用,实现外王的功业。船山以此说明术的实现并非易事,但人心固有其术,皆有实现的可能。孟子便是以此鼓励齐宣王"可以保民",因其自有仁术,只是需要在术上有所精进,有针对性地充分发挥心之知能,选择正确的方式来解决同时实现王之大欲和保民而王的问题,即通过发政施仁的方式而非发动战争。船山将施行仁术与推恩结合在一起,反对先儒在这个问题上的看法。

> 孟子于此看得天理通透,内外一致,经权一揆,故重与心以有用之权,而非有所为则必有所废,亦非有所欲而无以为,全在天理上显他本色风光,以明万物皆备之全体。诸儒不审,乃谓但不忍一觳觫之心,便足保民而王,而齐王自忘其心,须令自认。此释氏之所谓"才发菩提,即成正觉",更不容生后念,而孤守其忽然一悟之得,保任终身者。乃不见鸢飞鱼跃,察乎上下之诚理。一指之隔,邈若万重山矣!①

在船山看来,许多儒者皆认为,孟子因"以羊易牛"之事认定齐宣王能"保民而王",是因为齐宣王有不忍之心,只要推此真诚恻怛的不忍之心于民,便足以保民而王,而齐宣王自忘此本有之不忍人之心,所以只需使其能认取此心便可,不应使其心有所动念,以遮蔽其先天之良知良能。船山认为这种理解是不对的,此为释氏顿悟之说,不合于孟子"内外一致,经权一揆",重视心之神明之用的万物皆备、全体大用之说。他将推恩与术联系在一起,反对以"亲疏远近"言推。认为"推恩"之推,乃推为,而非推心,即将其仁施诸事物之谓,推之者则为术。通过尽吾心之术,将吾心之仁加之于吾老吾幼,则吾老吾幼必能受其安怀,加之于人之老、人之幼,则人老人幼亦莫不实受其安怀。此即是船山所理解的推恩之义,与先儒之说确有不同。

> "推"字不可添入"亲疏远近"立义。集注换入张子《西铭》一本万殊意,大非所安。君子之爱物,止远庖厨便休,齐王之全牛,亦止舍之便休,何曾不有等杀?所以到此,更不须疑虑爱物之心为顺为逆。所云"推"者,扩充也;所云"扩充"者,则"以不

---

① 〔明〕王夫之:《读四书大全说》,《船山全书》第六册,岳麓书社2011年版,第511页。

忍人之心,行不忍人之政"也。不忍牛之心,以羊易而舍之,则推矣。老老幼幼之心,发政施仁,而使民得仰事俯畜,则推矣。……恩,心也;推之者政也。恩,仁也;推之者术也。善推者,尽其术而常变一致、难易一揆者也。推而不善,则有所穷而遂阻;推而善,则无所求而不得。①

船山认为,推即是扩充之义,"以不忍人之心,行不忍人之政"便是扩充。不忍牛之心,以羊易而舍之,也是推。因此推便是将此心之仁施之于具体的事为中而得其功。在这个过程中,心中固有之术起着重要的作用。若无术则不足以保妻子,无术指不能充分发挥其功能,而非心本无术。船山认为若不以此释推恩,而以由近及远、由亲向疏为推,则难以解释"不推恩无以保妻子"之意。船山对《孟子》此章的诠释,确有其据,能够自圆其说,也可以看出他对术的重视,同时也是对具体的道德事功的重视。就此章内容而言,也表现了他对具体而有效的为政之术的重视,透露出他在明亡的政局刺激下对实学的倾心。不过船山的理论仍不出儒者内圣外王之路数,与功利主义者自非一路,也并非将术完全独立于道德之外以强调其本身的独立价值。

船山在强调心外无术,尽心便自含广术在内,术能广,心才得以尽的同时,也提到了术对心的影响。术不仅能使心之仁得以施行而成就具体的道德事功,也可能会对心之仁有不良之影响,即术能易心。

> 扩而充之者,尽心所本有之术也。如乍见孺子入井时,既有怵惕恻隐之心,则其所以救之者不遗余力可知已。先王于心见全体,则术自无不得其宜,以心之固有夫术也。若矢人之心无异函人,而卒至以伤人为心者,术亦能易心也。心有其术,则上智者当尽其心以行其政。术能易心,则下愚者当正其术以养其心。故云"择",云"莫之御",皆为术言也。若心,则固有之而无待于择,藏之于己,亦何有于御不御哉?心、术元为一贯,而心外无术,故可尽心以广其术,亦可因术以善其心。畏罪而强仁者,何望其见术于心哉?且范围其心于术之中而不习于恶,则亦可以保其国家而免于耻矣。集注"仁道之大"四字,须着眼在一"道"字上。②

船山进一步强调,扩充即尽心所本有之术。见孺子入井,人皆有怵惕恻隐之心,亦会不遗余力去救之。若要使其得救,就需要尽心之术,获得正确的救人方法。若能见心之

---

① 〔明〕王夫之:《读四书大全说》,《船山全书》第六册,岳麓书社 2011 年版,第 904—905 页。
② 同上书,第 948—949 页。

全体,尽心之用,便可广其术而能因时处顺,无不合宜。船山指出,人心皆有其术,因此上智者便应当尽其心以行其政,以达国治、天下平之效。同时,他也意识到,术亦能易心。矢人之心原本与函人无异,但矢本伤人之物,矢人可能会在环境的熏染下以伤人为心。因此船山认为术能易心,主张容易受外物影响的下愚者应当慎重选择其术以养其仁心。并不是所有人都能见术于心,使术能发挥其仁道之用,畏罪而强仁者不会用心于术以尽其仁德之施,也不能使其仁心不受环境的影响而趋于恶。因此为政者应当从人之德性不齐的现实出发,将普通人范围于一般的道德践履活动之中以养其仁心,使其不习于恶,就此可以引申出他对礼的重视与此种观念一脉相通。船山通过分析心术间的关系,尽其心之术,提出治国之方,也是对其理论的运用。船山有关术能易心的表述,体现了他对习在成性中的作用比较重视。能否尽心之术不仅会影响道德活动的实现结果,术之具体实践也可能会使先天的道德情感受到损害或得以重建。所以船山特别关注后天环境和具体的实践活动对成性的影响。同时其对术能易心的论述也体现出知识与道德间在某种意义上也存在着相互影响的可能,并非完全的壁垒分明。

简短的结语

王船山通过对理学和心学有关"心"之论说的反思,一方面强调了心作为神明,对成性的重要意义和独特功能以及心与性相与为体的关系,一方面又强调心作为化理和变合之几,与理相际而非同一的关系,从而彰显出人在成性过程中的主动性及工夫的重要性。另外,船山对心术关系的论述,体现出他的理论所具有经世致用的实学风貌。从船山对"心"的反思和推进,可以看出船山对内圣外王的儒家理想的持守。他对术的重视始终是以道德伦理为出发点和归宿的,尽管其"气外无理"的理气观和"反之于命而一本,凝之为性而万殊"[①]的"一本万殊"说,使得物理从性理中分离出来,具有了一定的独立性,但船山的思想与主客二分的知识论仍有距离,可以说船山的思想理论是对宋明理学的总结,其本人乃一正统的理学家,很难将其称之为启蒙学者。他对"心"的诠释尽管与前人相比有一些推进之处,但仍不出理学心性论的范围,只是顺应理学发展的内在理路和现实需求,针对末流之弊而对原有的理论有所扬弃。

---

① 〔明〕王夫之:《读四书大全说》,《船山全书》第六册,岳麓书社 2011 年版,第 457 页。

黄佐《庸言》与《近思录》之道统观辨异

□ 黄 鹤

摘要：中晚明心学全盛，然朱子学又有何发展与变化？本文试图考察中晚明黄佐理学著作《庸言》与《近思录》在道统问题上的异同。《庸言》深受《近思录》影响，与《近思录》有相类的结构和主题。二著皆论《圣贤》，然黄佐与朱子道统观存在大同大异。黄佐不认同宋代道学诸子具有可与孔孟颜曾并列道统的地位。他在理气论、阳儒阴释、道学风格、心学地位等问题上质疑成说，又以格物致知修正心学末流空疏之弊。黄佐的道统观是回到古圣先贤，在学术上即重返圣学原典。黄佐思想体现了中晚明朱子学新动向。

关键词：黄佐；朱子学；道统；理气；明代儒学

作者简介：黄鹤，中国科学技术大学马克思主义学院讲师。

《庸言》是明代理学家黄佐的理学代表作。黄佐(1490—1566)，字才伯，号泰泉，广州府香山县(今广东中山市)人。正德十五年(1520)进士，十六年授翰林院编修。出任江西提学佥事、广西督学。嘉靖十八年任翰林院编修、左春坊左司谏。历升翰林侍读，执掌南京翰林院。任右谕德兼修撰，迁南京国子祭酒、詹事府少詹事。嘉靖四十五年(1566)卒，赠礼部右侍郎，谥文裕。

黄佐治学以著述为主。其弟子黎民表列黄佐著述有《庸言》等 23 种 420 卷，分属于经学、史学、文学、通历、训诂等广泛领域。①《四库全书》收录黄佐著作计 12 种(4 种著录、8 种存目)，共 240 卷，分布于经、史、子、集四部。黄佐被认为是明代继丘濬、陈白沙之后岭南又一重要学者。

---

① 〔明〕黎民表：《泰泉先生黄公行状》，〔明〕黄佐：《泰泉集》卷首，中山大学图书馆藏清康熙二十一年黄逵卿等刻 60 卷本。

一、黄佐理学宗旨与《庸言》

《明史·黄佐传》评曰:"佐学以程、朱为宗。"①黎民表在《庸言》序中概括其师思想时则说:"先生之学,宗孔孟而黜百家。"②学宗孔孟正是理学各家之所共同,而黄佐对孔孟以来理学的阐释,即如朱子所说,"四子,《六经》之阶梯;《近思录》,四子之阶梯"③,明代理学,乃沿《四书》等时代"新经"路线上溯孔孟。因此黄佐理学论说,大抵在程、朱理论的议题和概念中展开。黄佐《庸言》之《圣贤》卷论道统,其中论朱子时写道:"子朱子曰:天之明命,有生之所同得,非有我之得私也。是以君子之心廓然大公,其视天下无一物而非吾心之所当爱,无一事而非吾心之所当为。虽或势在匹夫之贱,所以尧舜其君、尧舜其民者,未尝不在吾之分内也。道统之传管是矣。道言统者,纪也。纪常理则道常存。"④为常存道而述道统,黄佐与朱子同然。

黄佐自谓其学以"博约"为宗,并以之褒美朱子。黄佐释"博约"曰:"读书以明之,闻见之知,研究此理,博文也;反身以诚之,德性之知,惇庸此理,约礼也。"⑤"博文而约之以礼,即多学而贯之一者也。"⑥博识而一以贯之于道,明理修己而践履,合内外之道,修己以求天下归仁,为黄佐理学宗旨;而其尚朱子"说乐不愠"发扬孔孟之学,克己、志仁以内圣;上孝宗书乃"尧舜其君",作《章句》,陈大一统之道统论,化夷为夏以教官民,种种又见其外王之志,正与博约之旨相合。黄佐论朱子从祀圣人乃义所当然。朱子博大,《庸言》仅论其大旨,所举观点亦大抵不破中晚明学者对理学的通论;而对理解黄佐来说,他所举诸点,尤为体现了黄佐本人的信念。

中晚明理学在后世的研究中隐含着一个问题:朱子学在中晚明是否有发展变化?这个问题有待揭示。朱子与王阳明,代表着理学两大高峰。心学本蕴发于北宋诸子学说,经南宋至中晚明而大放光彩。黄佐与王阳明同时,两人有交集,有激辩,亦有肯定。通常研究者关于这个时期的理学讨论,集中在对王学的阐释上。而朱子学说至此阶段是何状态,有何发展,或将往何方?似乎阳明学大盛即朱子学衰落,自不待言。这个逻辑遮蔽了对中晚明朱子学的认识,而那却是一直延续到近现代的另一条强劲的学术传统。

---

① 〔清〕张廷玉等撰:《明史》卷287《文苑三》,中华书局1974年版,第7366页。
② 〔明〕黎民表:《泰泉先生庸言序》,〔明〕黄佐:《庸言》卷首,《四库全书存目丛书》子部第9册,影印明嘉靖三十一年刻本,齐鲁书社1997年版。
③ 〔宋〕朱熹、吕祖谦纂,张京华辑校:《近思录集释》,岳麓书社2010年版,第1015页。
④ 〔明〕黄佐:《庸言》卷12。
⑤ 〔明〕黄佐:《与郑抑斋书》,《泰泉集》卷22。
⑥ 〔明〕黄佐:《与何燕泉书》,《泰泉集》卷22。

黄佐,以及整个中晚明朱子学,有无继朱子之后的新思考,这些思考是否启发理学新的方向,在相对被忽视的域界中,其思想有没有价值?这引起笔者的兴趣。为避免枝繁干出,本文讨论仅以黄佐为限。《庸言》与《近思录》道统观的异同,恰提供了一个观察点。

《庸言》为黄佐理学理论的集中论著,彰"博约"之旨。黎民表记云:"嘉靖庚寅,先生弃官归养,讲学粤洲之麓。门弟子执业,日录所闻。迄己酉罢讲,裒集十有二卷。先生名之曰《庸言》云。"①"庸言"出典有二,《中庸》有"庸德之行,庸言之谨,有所不足,不敢不勉",朱子曰:"庸,平常也。行者,践其实。谨者,择其可。德不足而勉,则行益力。"②强调君子言行相顾。《周易正义》乾卦九二文言曰:"庸言之信,庸行之谨,闲邪存其诚,善世而不伐,德博而化。"二文用语略别,含义近同。《中庸》与《周易》,正是理学体系的基础。朱子曾论:"庸言庸行,盛德之至","此即圣人之德也。"③黄佐在《庸言》卷十二《圣贤》中论曰:"圣人之道,知而后好,好而后乐。庸言之信,庸行之谨,闲邪存其诚,德进业修,藏而后发,居上位而不骄,在下位而不忧。圣人之道,乾道也。"④《庸言》取意于《易》与《中庸》,盖力行圣人之道。黄佐有诗、礼、乐、史、志诸领域的专著多种,而《庸言》则为理论纲领,统摄诸学。全书始于嘉靖八年被迫辞官返粤,十八年复起出仕,至二十六年被权臣所逼致仕,之后又两年结集成书。《庸言》与黄佐为学历程与坎坷人生相伴而长,是其成熟的思想总结。

二、《近思录》影响下的《庸言》之撰著

并陈二著,可见朱子学乃中晚明学者展开新思想与新创造的基础理论。"《近思录》,四子之阶梯",它不仅是一部便于掌握周张二程思想的合集与注释(以朱子的解释而言),更重要的是朱子通过《近思录》对北宋道学的引用、重申和再阐释,塑造了道学统绪。《近思录》因此具有新经地位。

黄佐少年即习《近思录》。四库馆臣评黄佐说,谓其"明习掌故,博综今古……在明人之中,学问最有根柢"⑤。影响黄佐一生学问的是家学,始自佐祖父黄瑜;黄瑜为陈政⑥门人,陈政曾在广州讲学,授五经。黄瑜曰:"既冠……时番禺东井陈宣之先生以五经授教,

---

① 〔明〕黎民表:《泰泉先生庸言序》,《庸言》卷首。
② 〔宋〕朱熹:《四书章句集注》,中华书局1983年版,第23—24页。
③ 〔宋〕黎靖德:《朱子语类》卷69,中华书局2007年版,第1710页。
④ 〔明〕黄佐:《庸言》卷12。
⑤ 〔清〕永瑢等撰:《四库全书总目》卷172《泰泉集》提要,中华书局2003年版,第1503页。
⑥ 按:陈政(1418—1476),字宣之,番禺人,官云南按察副使。

遂相与馆于广城,卒业其门,而学益进。"①黄瑜与丘濬为友,生平服膺朱子学说,曾刊刻《伊洛渊源录》传世。②家藏宋末元初朱子学者熊禾《性理群书》,黄佐谓"盖元梓刻也",视为珍藏。"《性理群书》四十四卷,宋末勿轩熊氏之所辑也。"《性理群书》为熊禾撰注,《四库全书》所收《性理群书句解》为二十三卷,其书纲目合于黄佐所说的"前集",而无"后集"。③《四库总目提要》称"熊刚大又撰《性理群书》",④当为黄佐家藏"后集"。黄佐家藏《性理群书》前后集的情况为:"前集首刻濂溪、明道、伊川、康节、涑水、晦庵六先生遗像,而次以赞、训、诫、箴、规、铭、诗、赋、序、记、说、录、辩、论、图、书、祭文、行实,凡为汇一十有八。后集则晦庵所编周程张子《近思录》,并觉轩蔡氏模所编朱子《近思续录》,及南轩东莱所编《近思别录》也。熊氏句为之解,较诸《性理大全》有博约之序,而理气无杂扰之说,廓如矣。"⑤黄佐谓"予幼时极好观之",又赞其编纂义精而文详。因逐句解,少年黄佐可以读懂。至黄佐暮年,仍持旧卷在手,慨叹"今前后残缺,尚冀补完,而精力不暇及。"自言四岁受《孝经》,八岁之前在祖父帮助下读《近思录》。由此见黄佐思想所受到的至关重要的影响。另一方面,也反映了明成化、弘治、至嘉靖时期,朱子学影响之全盛。黄佐家庭几代人的学问路向,乃时代共同的思想背景。

《近思录》一书的性质与宗旨,前人有定论:"子朱子纂辑周、程、张四先生之书以为《近思录》,盖古圣贤穷理正心修己治人之要实具于此,而与《大学》一书相发明者也。"⑥《近思录》纲目结构,大体上依三纲八目而展开。朱子以四子之思想著作漫无涯涘,难以掌握,遂以《近思录》指引路径;而诸经中又视《大学》为最基础,曰:"《论》《孟》《中庸》,待《大学》贯通浃洽,无可得看后方看,乃佳。道学不明,元来不是上面欠却工夫,乃是下面元无根脚。"⑦《近思录》大致依《大学》内圣外王为序。《庸言》在结构、思路上类于《近思录》。

---

① 〔明〕黄瑜:《双槐岁抄》,《四库全书存目丛书》子部第239册影印明嘉靖三十八年陆延枝刻本,齐鲁书社1996年版。
② 黄瑜刻本,说见戴扬本《伊洛渊源录》校点说明。戴扬本《校点说明》,见〔宋〕朱熹:《伊洛渊源录》,《朱子全书》第12册,上海古籍出版社2002年版,第913页。
③ 按:黄佐在《性理群书跋》一文中说明:"熊氏名禾,字去非,仕宋参军。入元不复仕,而更名刚大。"《四库全书》所存《性理群书句解》笺为"熊刚大注"(见〔清〕永瑢等撰:《四库全书总目》卷92,《性理群书句解》提要,中华书局2003年版,第787页),而以《勿轩集》的作者熊禾为另一人。二者实为同一人,此为《四库》馆臣之误。
④ 〔清〕永瑢等撰:《四库全书总目》卷94,《御纂性理精义》提要,中华书局2003年版,第797页。
⑤ 〔明〕黄佐:《性理群书跋》,《泰泉集》卷44。
⑥ 〔清〕茅星来:《近思录集注序》,见〔宋〕朱熹、吕祖谦纂,张京华辑校:《近思录集释》,岳麓书社2010年版,第1019页。
⑦ 〔宋〕黎靖德:《朱子语类》卷14,中华书局2007年版,第250页。

试观二者章目：

	第一章	第二章	第三章	第四章	第五章	第六章	第七章	第八章	第九章	第十章	第十一	第十二	第十三	第十四
近思录	道体	为学	致知	存养	克治	家道	出处	治体	治法	政事	教学	警戒	辨别异端	总论圣贤
庸言	学道	修德	求仁	游艺	制礼	审乐	政教	事业	著述	象数	天地	圣贤		

大略而分，《近思录》第一章"道体"论形而上学，第二、三、四、五章为内圣之学，第六至十二章为外王之学。十三章论异端、十四章论道统。《庸言》第一章论形而上学，二、三、四章为内圣之学。五、六两章合内外而述之，既是外王又讲形上之理。七、八章为外王之学。第九章"著述"，实为"辨别异端"。象数、天地两章，为《近思录》所不论，这既有学术路径、思想的差别，也有时代的差别。第十二章"圣贤"，与《近思录》无异，为道统论。

黄佐长于经史，熟知秦汉至宋明学问体例。理学称返归孔孟，北宋诸先生多用语录体。《近思录》既是语录体又加以一定的分题，组成篇章，有机连贯。朱子说本为初入门者读，后来又说《近思录》不易读。就其不易而言，是就《近思录》内涵着完整的理学体系而言。《庸言》可以说是有意识照《近思录》体例和思路展开的，决非偶然具有与《近思录》相类的问题、结构、形式。两部著作的比较研究是有意义的，二者相距三百多年，可以是理学变化的考察范本。惟全面研究非一篇文章所能容纳，故本文仅探讨一个问题，即二著末尾的《圣贤》章。

三、《庸言》与《近思录》道统观之异同

关于道统，伊川说："周公殁，圣人之道不行；孟轲死，圣人之学不传。"伊川提出的是"圣人之道"和"圣人之学"。①"盖自上古圣神继天立极，而道统之传有自来矣"②（《中庸章句序》），道统即"上古圣神"相续之统，朱子用《论语》之《尧曰》三代相授之嘱言之，此道统之传。道统之要在于圣人合德与位，德备而溥世。有道统之后方有道学，孔子"述而不作"，区别了述、作，开启道学。"若吾夫子，则虽不得其位，而所以继往圣、开来学，其功反有贤于尧舜者。"何以孔子其功反贤于尧舜？这是因为道统包含着道体，道统因圣王不复

---

① 〔宋〕朱熹：《四书章句集注》，中华书局1983年版，第385页。
② 本段所引朱子关于道统的论述均见其《中庸章句序》，〔宋〕朱熹：《四书章句集注》，中华书局1983年版，第14—15页。

现而无传,惟道学将传道体之义。"《中庸》何为而作也?子思子忧道学之失其传而作也。"《近思录》第一章《道体》,叶采谓道体乃"道之体统,盖学问之纲领"①,遂为道学精要所在。此后传孔子之学者为颜、曾,再传而子思,再传孟子。之后程夫子等人"续夫千载不传之绪"②,乃道学之统。

《近思录》第十四章"圣贤气象",乃合道统与道学而言之。道学承绪,传承道体,其学有统,也称"道统"。如朱子曰:"人言今人只见曾子唯一贯之旨,遂得道统之传。缘他资质刚毅,先自把捉得定,故得卒传夫子之道。后来有子思、孟子,其传亦永远。"③这个意义上使用"道统"事实上广为流布,如明季刘蕺山著《皇明道统录》,所录为明代理学先生。后世论道学者,圣神意义上的道统作为前提无须多论。历代诸儒从祀所争"道统",实为道学意义上的道统了。

黄佐《庸言》卷十二"圣贤"使用"道统"含义与朱子相同。

《近思录》卷十四"总论圣贤",所列出的圣贤人物依序为:

1. 三代圣王:尧、舜、禹、汤、文王、武王、周公。
2. 圣贤:孔子、颜回、曾子、子思、孟子。
3. 才性不一,于道学有所贡献者:荀卿、杨雄、董仲舒、毛苌、诸葛亮、王通、韩愈。
4. 千古以下,上接孟子之圣贤:周敦颐、程颢、程颐、张载。

《庸言》卷十二"圣贤",所列圣贤人物依序为:

1. 三代圣王贤臣:尧、舜、禹、成汤、文王、武王、周公、皋陶、伯益、伊尹。
2. 圣贤:孔子、颜子、曾子、子思、孟子、有子、公孙尼子。
3. 才性不一,其有补于道学者:老子、庄周、列御寇、荀卿、扬雄、王通、董仲舒、诸葛亮、韩愈。
4. 北宋以来诸先生:周敦颐、程颢、程颐、张载、朱熹、陆九渊。

《近思录》关于三代圣王道统,仅用伊川数语,未多论证。作为理想标的,三代圣王相传续的史实,见于《六经》,又为所孔孟特别强调,载于《论语·尧曰》《孟子·尽心下》。北宋以来由理学家提点出来,成为道学的道统共识,无需更多阐释。宋代道学需要开创新局面,更重要的当然是上溯圣贤、直承孔孟的北宋以来诸子之统。朱子之后,这些论述成为了道统、道学之统的共识。

《庸言》对道统的理解和描述,基本原则继承《近思录》道统观,然而两部著作的论证方式很不一样;朱子皆引述四子,而黄佐则援引五经并作发扬,从三代至程朱,多作专论。

---

① 〔宋〕朱熹,吕祖谦纂,张京华辑校:《近思录集释》卷1,岳麓书社2010年版,第1页。
② 〔宋〕朱熹:《四书章句集注》,中华书局1983年版,第15页。
③ 〔宋〕黎靖德:《朱子语类》卷13,中华书局2007年版,第241页。

关于先秦道家以及秦汉以下、宋代以前诸子,认为其各自有补于道,又有不可列入圣贤之种种因由。此与朱子学亦无大异。

然而,关于北宋以来道统,黄佐论断却与《近思录》不同:"吾尝读程、陆之书矣,言必称孔孟。又读孔孟之书矣,言必称尧舜。又读尧舜之书矣,言必称一。一者,羲画之乾也。大人存诚而天下之道源于此。自伏羲率而下之,皆子孙也;由程、陆等而上之,皆祖弥也。取程、陆一言以立门户,是舍祖弥而师童稚也。"①此论否定了宋代理学诸子具有与古圣先贤并列的地位。

二著述道统皆自三代圣王始。三代而上及伏羲不产生问题,《易》是理学形上学构造的重要文献。诸子莫不论《易》,朱子谓"易,只是一个阴阳之理而已。伏羲始画,只是画此理;文王孔子皆是发明此理"②。黄佐却把宋代道学诸子断言因"直承道统"而获得的与古圣先贤并列的地位置于一旁。伊川论明道曰:"先生生于千四百年之后,得不传之学于遗经,以兴起斯文为己任……盖自孟子之后,一人而已。"③朱子不以伊川一人传孟子绝学之说为然,即推四子;后人于四子后加上朱子;宋末元初如熊禾《性理群书句解》"首列濂溪、明道、伊川、横渠、康节、涑水、考亭遗像并传道支派"④,则是七子。四子加朱熹为五子,最无争议。换言之,此一道统,使宋以下五子(或七子,又或后世心学增入王阳明)得与孔孟及诸子并,入圣贤道统列。黄佐以程、陆为界分判道统,其前为祖弥,程、陆开始及以下为子孙,即否定了北宋以来诸先生据有与古圣贤并列的地位。然而北宋是道学初创时期,其意义正在于道统由诸先生直承,方开新局。由此可见《庸言》与《近思录》道统观存在深刻差别。

四、黄佐对理学诸子的质疑

黄梨洲《泰泉学案》评曰:"先生以博约为宗旨,博学于文,知其根而溉之者也。约之以礼,归其根则千枝万叶,受泽而结实者也。博而反约于心,则视听言动之中礼,喜怒哀乐之中节,彝伦经权之中道,一以贯之而无遗矣。"⑤评价黄佐学术乃根深叶茂之儒学。黄佐出于哪些考虑而否认宋以下诸子可与孔孟并列?这需要从黄佐对理学诸子的质疑来

---

① 〔明〕黄佐:《庸言》卷12。
② 〔宋〕黎靖德:《朱子语类》卷9,中华书局2007年版,第156页。
③ 〔宋〕朱熹:《四书章句集注》,中华书局1983年版,第385页。
④ 〔清〕永瑢等撰:《四库全书总目》卷92《性理群书句解》提要,中华书局2003年版,第787页。
⑤ 〔清〕黄宗羲:《明儒学案》卷51《泰泉学案》,《黄宗羲全集》第8册,浙江古籍出版社2005年版,第516页。

考察其观点。

（一）黄佐气一元论相异朱子理气论

《明史》评黄佐曰："佐学以程、朱为宗，惟理气之说，独持一论。"①黄佐对朱子的理气说，持论相异。

朱子理学有两大框架性的组成，即理气论和心性论。前者属宇宙论、形上学，后者则观照形而下的社会历史人生。在朱子，形上与形下是相互贯通的完整世界。朱子把周濂溪太极、阴阳概念替换为理、气，其一，"'无极而太极'，只是无形而有理"，即无之中有个至极的理；其二，理气不分："太极是五行阴阳之理皆有，不是空底物事"②，太极而下，两仪四象八卦，气而有形，五行阴阳迭运，化生万物。据此，"天下未有无理之气，亦未有无气之理"，"有是理便有是气"③。

在朱子，理在先，理为形而上者。就其根本，"理形而上者，气形而下者。自形而上下言，岂无先后！"④太极主宰，阴阳从而运作；故"未有天地之先，毕竟也只是理。有此理，便有此天地。有理，便有气流行，发育万物"⑤。就事物言，理不离气；就使事物存在的原理而言，理是决定的根源。

理在气先，为黄佐不能同意朱子理气说的首要论题；黄佐不同意朱子对理气关系的看法，也不认为理是创生的根源。黄佐提出万有以气为根本，"盖通天地，亘古今，无非一气而已。气本一也，而分阴分阳"。所谓"气本一也"，特言气之外无他物；气的运动自然显现出的迹象即理，"千条万绪，纷纭缪辖而卒不可乱，有莫知其所以然而然者，是即所谓理也，初非别有一物依于气而立、附于气以行也"⑥，否认"别有一物"的理的存在。黄佐的理气论，理并非气的本源；他的观点为气一元论。黄佐对濂溪《太极图》的解释与朱子不同，"周子为图以明《易》，盖理即气也，一气浑沦名为太极。非谓未有天地之先毕竟是理，而理在气先"⑦。黄佐称《易》乃两仪四象八卦的总名，而太极是众理之总名；"《易》有太极，明万殊之原于一本也"。但黄佐说的"一本"，不是朱子的理，而是气。黄佐平生践履，最服膺朱子格物穷理之说，终生以格物致知为务；但他所穷格之理，乃出气之一本，衍化万物而物各有理，非穷理不能明天道。在形而上的意义上，与朱子所归非一。

黄佐理气论甚受横渠影响。《正蒙》曰："太虚无形，气之本体；其聚其散，变化之客形尔。"气为宇宙本体，也是本源；它自然在运动，而运动显示出变化："太和所谓道，中涵浮

---

① 〔清〕张廷玉等撰：《明史》卷287《文苑传三》，中华书局1984年版，第7366页。
② 〔宋〕黎靖德：《朱子语类》卷94，中华书局2007年版，第2367页。
③ 〔宋〕黎靖德：《朱子语类》卷1，中华书局2007年版，第2页。
④ 同上书，第3页。
⑤ 同上书，第1页。
⑥⑦ 〔明〕黄佐：《原理》，《泰泉集》卷29。

沉、升降、动静相感之性,是生絪缊、相荡、胜负、屈伸之始。"①宇宙本体是气(太虚、太和),气是看不见的。只有当气运动的时候显示为形(象),才出现有形事物,即气的浮沉、升降、相荡、屈伸等。但这些有形、变化的事物与气并非二体,乃"变化之客形"②,本质仍是一体。横渠宇宙论对黄佐有莫大影响,黄佐十几岁时即抄横渠语录,结为《漱芳集》,熟知横渠论说。他坚执气一元论,其初始在此。

黄佐不能同意朱子理气论的第二点则与朱子心性论有关。伊川初提"理一分殊",朱子释之为:"合天地万物而言,只是一个理;及在人,则又各自有一个理。"③由此,朱子从形而上的宇宙论导向形而下的心性论。朱子曰:"天命之性,万理完具;⋯⋯性只是理,万理之总名。此理亦只是天地间公共之理,禀得来便为我所有。"④按伊川与朱子意见,天理在人为性。人生而有形气,理在气中,所以人生而禀赋理,异名谓之性。理的性质是天地万有同一的,纯然无所偏私。性在人身上的表现则是因气而异的,也即因人而异。为什么理(性)到了人就变成各自不同了?朱子用"气"来厘定这一点。"天地初间只是阴阳之气。这一个气运行,磨来磨去,磨得急了,便拶许多渣滓。"⑤这是形而上的世界。及至人,"只是一个阴阳五行之气,滚在天地中,精英者为人,渣滓者为物;精英之中又精英者,为圣为贤;精英之中渣滓者,为愚为不肖。"⑥其实,一般人既非圣贤,又未见得就是愚不肖,朱子的看法是:"理无形,气便粗,有渣滓。"⑦气有渣滓,何以性不同?朱子曰:"气以成形,而理亦赋焉。"⑧即理在气后。人赋形之后赋理,这理陷在了气中。

黄佐认为朱子理气说充满矛盾。《庸言》第九卷中黄佐整理并讨论了朱子理气论的困境:

一是理在气先。

二是理在气后。

三是理气合一。("朱子说天下未有无理之气,亦无无气之理。又说:人之所以为人,其理则天地之理,其气则天地之气。理无迹不可见,故于气观之。"黄佐认为,朱子这一说法可推论出理气合一)

四是理乘气说。(据朱子说"理如日光,气如飞马,理乘气机而动,如日光载鸟背而飞")

五是明确的理气二分:朱子曰:"太极理也,阴阳气也。"

---

① 〔宋〕张载:《正蒙》,《张载集》,中华书局2006年版,第7页。
② 按:太虚、太和为主体,主体无形。主体运动生出物象,张子称为客形。因其不能自主,故曰"客"。
③⑧ 〔宋〕黎靖德:《朱子语类》卷1,中华书局2007年版,第2页。
④ 〔宋〕黎靖德:《朱子语类》卷117,中华书局2007年版,第2816页。
⑤ 〔宋〕黎靖德:《朱子语类》卷1,中华书局2007年版,第6页。
⑥ 〔宋〕黎靖德:《朱子语类》卷14,中华书局2007年版,第259页。
⑦ 〔宋〕黎靖德:《朱子语类》卷1,中华书局2007年版,第3页。

据此,黄佐评价朱子是"理气终不能合一矣"①。

朱子形而上的理气论落实到形而下的社会历史人生世界时,依赖其"理后赋"的解释。在朱子看来理是纯粹的,气则粗,气又有分等。人乃形气,理后赋("理亦赋焉"),"为形气所拘"的是理,理对人没有先天决定的作用,而人因具理,遂有后天改造的基础。这可以解释不同的人有不同的性,就是个体的差别。从而为人的自我修养、明德自新,突破形气之拘提出根据。其目标在于最终使一己之性达到与纯然天理的合一,解释为个人努力向天理归依的过程。所以"后赋"在朱子理论构造中实有存在的必要。

理气二分其实是实践伦理向至善迈进的必要前设。它对现实历史具有很强的解释力。朱子理气论承认恶的存在是形气所有,也就是与生俱来的。虽然如此,还存在着更高、更本质的理,人具有向善的基质,而人的努力将无限接近这纯粹的理。当然,这一逻辑难于说明,为什么无极而太极、纯然至善的天道,其气展开而生五行阴阳,却有了渣滓;又为什么形气成就了,理却后赋焉?

黄佐的气一元论在另一种逻辑上展开。理气无分,直贯于形而下的世界,故可谓"性气一也",理既非在先决定,也非后赋于形气。然而人是否因此生而完美?我们仅能说,人天然具有使自身完美的禀赋。"养性以成己,而气即天地之塞矣。养气以行志,即天地之帅矣。"太和之气至善,客气是太和之气的变象而已,本是一体,所以它无从具有不善的性质。人要自觉养性、养气,性在气中,气在性中。"此即继善之体,命于天者也"②。人固为形气,命受于天,人心自觉此性即上承天而来。这一生机勃勃、万物一体的宇宙根本上是善性的,此于形上形下贯通一体。这一宏大理论包含对人的充分肯定和信心。同时,这个理论在现实世界的走向是深可注意的。如果恶性并不是与生俱来、不是人类本性中的内容,那么根本上来说我们要克服的是什么?是否我们将肯定人已经、及潜在的所有作为?换言之,气一元论必然导出的善一元论是否潜藏着丧失价值目标的危险。黄佐形上理论存在导向这种结论的逻辑可能。然对于现实世界的养性养气,黄佐仍是以圣贤为楷模,"制事制心,胜怠胜欲",克己不已,一息不停。"夫人日役于百为,向晦定息则夜气复而清明之体还焉,及乎旦昼则吾之权度在我矣。""性既能养,则气日刚大。天下之事无不可为,而奚诖误之足介哉!"③要之以孔门圣贤、孟子善养吾心吾气为法度功夫,从而保有天命所赋善性不失。黄佐所说性理,"理者天地人物本然各具、有条不紊者也;性即理具于心者也"④。所谓本然各具之理,黄佐举例说,"尝近取诸身,则耳目视听有聪明之理,

---

① 〔明〕黄佐:《庸言》卷9。
②③ 〔明〕黄佐:《性气说赠莫节推子麟》,《泰泉集》卷28。
④ 〔明〕黄佐:《庸言》卷3。

自吾心名之也。非聪明之理在未有耳目之先、出于视听之后也。"①黄佐对于形上世界之气一元延伸至形下世界的关系,在理论上是自洽的。

黄佐接着提出,"求仁者求全其本心之天理也。得仁则本心之天理全矣。"虽已禀赋仁性(天理),人并非自动觉知,仍须一番功夫。其性质"犹园有桃焉,桃之所以为桃者,根干枝叶华实生理皆藏于核,而为仁,亦犹人之所以为人者"。仁,才是界定所以为人的本质规定。那么,虽长成各异,参差不齐,"然其为桃则举相似也"。并得出结论说:"理气无二,性之相近也。"②

黄佐理气论虽与朱子存在重大差异,仍无妨于其被认定为朱子学者。其根本在于,这两种理气论的背后不惟有共同的价值观,还有一致的功夫进路。生生之仁,在纯然之理,与在浑然之气,皆同一无二,即两种理气论实具有共同价值观。就实践运用来说,黄佐与朱子指向在现实世界实现圣王之道的意志与方法亦相同,即《大学》展开的修己达致天下良治的政治目标。在实现内圣与外王的道路、方法上,黄佐则汲取了朱子所有主要观点,并以之修正心学。

(二) 黄佐与宋代理学诸子的相异之见

《近思录》所列北宋诸子为周濂溪、程明道、程伊川、张横渠,后人加入朱子,此即圣贤道统中的后继者。黄佐对这一圣贤道统说提出质疑,称"取程、陆一言以立门户,是舍祖弥而师童稚也"。观此,黄佐针对的正是朱子所论理学新时代道统人物。一则他不以"祖弥"事之,二则黄佐列入的道学诸先生以"程、陆"并提,显然不排除心学一派。从黄佐的气一元论来看,其学说足与心学相通。然他与王阳明进行了全方位的辩论,堪为中晚明朱子学与心学激辩的范本。黄佐于宋代诸先生受之甚多,推崇朱子,认同横渠大部分理论和实践做法,伊川所说"涵养须用敬,进学在致知",亦黄佐终生学行。即黄佐大端对宋代理学衷心传承。显然,他对宋代理学诸子继承、光大古圣先贤的历史作用决不否认。在道统观问题上,《庸言》不同于《近思录》的关键意见在于宋以来理学诸子未可与古圣贤并列。这就涉及黄佐从相异方面对理学诸先生的思考。

首先,黄佐指出道学一开始就存在形上思想的深刻分歧,即理气关系问题,或理为本质,或气一元论;而形上论的分歧必然发展为现实世界理学运用的分歧。

《庸言》卷十二为《圣贤》,对濂溪《太极图说》的解释与朱子不同。黄佐认为周子理论极好,"周子合《易》、《范》、太极、阴阳、五行为图,与川上之叹、一贯之旨同条共贯"③。气

---

① 〔明〕黄佐:《原理》,《泰泉集》卷29。
② 〔明〕黄佐:《庸言》卷3。
③ 〔明〕黄佐:《庸言》卷12。

运作,吾心辨而名之,即所谓穷理。然后黄佐指出明道和伊川理气论的差别,曰:"明道谓一阴一阳即此是道。伊川则谓一阴一阳非道,所以一阴一阳者,道也。"黄佐认为二程的分歧引发后世理学无尽纷争。伊川理论明显导向有物于天地之先,遂以太极为理、阴阳为气,理乘气机而动。纷纭派别,论争无已,而理学不明。黄佐此论,直攫理学核心矛盾。基于气一元立场,黄佐对伊川提出批评。此亦委婉溯朱子学说之源,前文已论,不再赘述。

第二则涉及朱子所称"圣贤气象"。朱子说:"乐天是圣人气象,畏天是贤人气象。"①黄佐曰:"学者弘于天以廓此心,则可以入圣;畏于天以存此心,则不至作妄。"②黄佐谓二程见周濂溪吟风弄月以归有"与点"气象,而象山肯定明道存此意,伊川则失之。黄佐质疑道:"岂点狂固圣基邪?"他认为孔子称"与点",取其廓大心泰耳,"非有用之学也",道学高论岸然,徒启世人追慕之心。黄佐强调"精微缜密收敛其心为能穷理尽性以至于命"。观此语,又许于伊川朱子而颇不以明道象山为然。朱子不喜人言天道天理,概不欲人诉诸空泛。有所议论便立刻要人去切己近思、格物求理。黄佐责道学之要在穷理践履而非以门派风度自立。黄佐著书名《庸言》,以"庸言之信,庸行之谨"自戒,正与他所批评"点狂"而不够务实相对立。今人来思,从《伊洛渊源录》到《近思录》,道学家已然树立了道学本身千古不磨的形象。然以历史论,"道学"一语终为"理学"所代,除时代、思想而外,亦有教条、门派、学风方面的变化。时至中晚明,黄佐此评或不为过。

第三,黄佐批评宋以来理学存在阳儒阴释的问题。黄佐寄书友人崔洹野谓:"阳儒阴释,自谓超悟,而斥孔子为钝根下乘。殊不知超悟孰若伏羲?"③二人论曰:"二程谓老氏之言,无可辟者,惟释氏之说,衍蔓迷溺至深,故宋儒多取道家言。如周茂叔自无而有,自有归无,乃李筌之《阴符》也。张子厚清虚一大,乃庄周之太虚也。朱子之《调息箴》,乃老聃之玄牝也。矧又注《参同契》《阴符经》,盛传于世邪?"④这段意见把宋代道学五子皆纳入批评。黄佐意不在纠纠于诸子皆出入佛老,而在意老、释在诸子学说中打下的烙印,会把儒学带往何方。如黄佐门人问曰:"张子清虚一大之说,将与吾子同乎?"他回答道:"是不同。"他认为横渠一大之说,可谓理解天,但对阐释"诚敬修乎人以合天"则不足够。黄佐理论形上与形下两个世界时刻贯通不分,其形上说一定要见其落于修己至于天下的形下世界。当他认为形上理论解释形下世界不足够时,黄佐以现实存在来修正形上理论。这体现了很强的实践性,也是黄佐理论构造的路径。

---

① 〔宋〕黎靖德:《朱子语类》卷51,中华书局2007年版,第1226页。
②③ 〔明〕黄佐:《庸言》卷12。
④ 〔明〕黄佐:《与崔洹野书》,《泰泉集》卷21。

黄佐焦心佛老在学理上对儒学的侵蚀。他对道学家及其后学极感忧虑,谓:"今也窃主六祖《坛经》以为圣门衣钵,是犹薙发之僧指其颅曰'吾阙里之幼孙也'!"①若说"剖判藩篱即大家",不分老、释、儒,全为一体,黄佐以为将致天下于昏暗。他认为,想剖判藩篱的人对儒学的内核与特质缺乏认识;不知儒学藩篱之所守而欲去之者,即不知儒。不知者何以去藩篱而为一大家,儒、老、释固有不可互通的价值。自宋以来,理学内部尤其重视以儒学面目出现的异端,黄佐指出宋代道学有涉其间,不乏所谓阳儒阴释者,将带偏理学。

第四,《庸言·圣贤》列入陆象山,是对《近思录》道学统绪的修正。黄佐以此回应《近思录》所划定的宋代道学典范范围,为心学在道学大统中保留了一席地位。

黄佐认为象山始则学于孔子,亦以"知之在先,行之在后,何尝以行为知",切论甚多。至陆子说"学苟知本,六经皆我注脚",黄佐不但未非之,且说:"知本非明善复初之谓乎?"认为其说不可谓错。黄佐既以气一元论为形上立论,自与心学存在可相融通处。但他治学进路谨遵程朱,遂至能为心学提出有意义的修正。即以黄佐"'注我'之云,修本之谓也"一句,足见分野端倪。气化万物而万理出,总之在道。欲明道唯是求理,"理之在天下,由一之万,非安排也;会万而归一,非牵合也。一草一木亦皆有理,不可不察,此即朱子即物穷理之说所自出也。"②所谓"注我",只能以经正己,穷尽物理正己,决非肆己之意决经典之意,臆断物理以称己。此正是格物本意。"注我"本当为修己,"但其流别则至于高虚尔,顿悟为宗,不由渐造。则是容易之易,非乾之'易知'矣。脱略礼法,不知本领,则是苟简之简,非坤之'简能'矣。罔且殆矣。自陷于异端者也,尔何以诵法孔子。"③

这就是黄佐以格物致知要求心学。他与王阳明冲突甚烈。当然,心学的产生和影响,足见理学本身的张力。象山说:"人精神在外,至死也劳攘,须收拾作主宰。"④故陆子常提"自诚""自道""自得""自反",提点人不可"自贼""自暴""自弃""自侮",总之人既自作主张,便须得自己对越于天。象山本人对治学的要求把捉确切,然黄佐所忧,在其理论或导致放逐,师心自用。格物致知,就是黄佐对心学的修正建议。

综观黄佐思想,立于朱子学与心学之间,常见其洞达之处。既辨朱子一派理气难以调和,又见心学一派必流于空疏,对二者皆有建言,堪称独见而有慧识。

《庸言·圣贤》卷据上述四点对理学的批评而提出圣贤道统不能包括宋代诸先生,而这几个问题都深植理学之中,未得解决。故不可"舍祖祢而师童稚"⑤。

---

①⑤ 〔明〕黄佐:《庸言》卷12。
②③ 〔明〕黄佐:《庸言》卷9。
④ 〔宋〕陆九渊:《象山语录》,上海古籍出版社2000年版,第81页。

五、黄佐之圣贤道统观：回到三代与孔孟

黄佐认为道统止于古圣先贤。圣王从伏羲至周公，贤臣至伊尹；圣人为孔孟，及其贤弟子诸人。他提出的圣贤道统重要的意义在于学术上回到原始圣贤的经典。因黄佐极为重视《乐记》，认为此篇与《中庸》相表里，故列入公孙氏，其意在不可少《乐记》。回到三代与孔孟之学为黄佐终其一生的努力，本文不能细述。黄佐对宋代诸先生提出的质疑意见决不是否定他们，相反他对理学前贤皆有深入思考，诚敬如一。但存在的疑思尚未解决，诸先生不可能如古圣贤那样成为无可置疑的千秋楷模。对黄佐而言，一个神圣化的道统不容存疑。而宋以来诸先生的重大论点，理学本身尚且执疑不释。返归三代与孔孟同时既包含理学一以贯之的思想：以三代以来的圣贤作为思想、学术与社会革新的旗帜，高悬道统，以回望过去的方式走向未来；另一方面，又包含从圣学经典来反思理学问题的必有之义。这是黄佐解决他所发现的问题的方向。

黄佐回归圣学经典的治学进路与中晚明学术的转向相应。理学论争到中晚明时期，朱子理学与心学各自思想早已成熟，流风成败，各自互见。学派间的争论亦无可说服对方，而返归原典渐成一种推动学术的方向，预示着思想的时代转向。黄佐可谓得风气之先，他在《大学》的解释上发扬朱子《大学章句》说，但版本争议中却赞成王阳明的古本。黄佐勤于注经，以经典抵抗他所批评的佛、老以及"阳儒阴释"的种种"高虚浮言"。在表达自己想法的同时，黄佐早已身体力行。

《庸言》体例受《近思录》滋养而成，其影响始自黄佐少年。但黄佐在这个形式中要表达的是他自身的时代与思考。再回看黎民表概括其师《庸言》谓"先生之学，宗孔孟而黜百家"，①可谓知其师之论，准确传达黄佐回到圣学、独尊儒术的学术宗旨。黄佐评价朱子最高，曰"夫宋世道学大明，至考亭而极"②。《庸言》《近思录》二著终篇皆以《圣贤》论道统，表达树立何种圣贤道统、继承何种圣贤道统以开创未来的思考与关怀。二者恰成对照，给了后人以探问此一段学术跨越三百余年的思想史论的可凭之迹。

回到本文一开始提出的问题：在中晚明心学全盛的背景下，朱子学是否仍在发展？从《庸言》与《近思录》道统观的比较，见到二者实乃大同大异。这些异同，正展现了心学全盛背景下朱子学的发展。黄佐继承朱子学的世界观与方法论，维护其价值体系。也正是从这样的立场出发，他对理学提出了反思和批评，指出理气论的分歧导致理论混乱和

---

① 〔明〕黎民表：《泰泉先生庸言序》，《庸言》卷首。
② 〔明〕黄佐：《拟薛文清公从祀夫子庙廷议》，《泰泉集》卷27。

门派纷争,以及理论不能自洽带给理学发展的困难;而他超越朱子学之处还在于对心学的认识与吸收。同时黄佐又从朱子学的方法论检讨了心学存在的问题,以格物致知针砭心学已经发生的虚空之病,具有十分对症的理论和实践意义。在探讨了朱子学与心学历史和明代问题情境之后,在道统问题上黄佐高举古圣先贤的旗帜,维护其神圣、完整、不可置疑的万世典范地位。因此不能同意《近思录》把宋代诸子与孔孟并列的道统观。归根到底,黄佐提出了理学进一步发展的方向在于回到经典。这的确是后世理学走上的道路,而黄佐是这一历史动向的早期探索者和理论建构者。

论汪绂的《礼记》学成就及其礼学思想

□王献松

摘要：清代徽州地区，礼学研究蔚为大观，名家辈出，且以考据见长。徽州大儒汪绂著述颇丰，亦精于礼学，曾欲继承朱熹未竟之志，重新整合三《礼》文献，惜未完成。汪绂礼学著作有《礼记章句》《礼记或问》《六礼或问》《参〈读礼志疑〉》四部，其中《礼记章句》以解说经文字句为主，《礼记或问》以阐述《礼记章句》未尽之意为主，二者虽侧重不同，但共同构成了汪绂《礼记》学的体系，充分展现了汪绂礼学研究中"明礼意"的特点。汪绂继承朱熹礼学思想，在其著作中阐述了"礼原于天而制于圣人"和"礼以闲人之性情"的礼学思想，展现了其对礼的来源与作用的认识，而这正是我们进一步探讨汪绂礼学的基础。

关键词：汪绂；徽州礼学；《礼记章句》；《礼记或问》；圣人制礼

作者简介：王献松，历史学博士，安徽大学徽学研究中心助理研究员。

礼学是征实之学，清代学者为救宋元以来学术空疏之弊，多致力于礼学研究，其中尤以徽州学者成就最为突出，刘师培《南北考证学不同论》曰："徽州学派，传播扬州，于礼学咸有专书。"并注云："如江永作《礼书纲目》《周礼疑义举要》《礼记训义择言》《释宫补》，戴震作《考工记图》，而金、胡、程、凌，于《礼经》咸有著述，此徽州学者通三《礼》之证也。"[①]钱穆亦云："徽州之学，成于江永、戴震。江之治学自《礼》入。其先徽歙之间，多讲紫阳之学，远与梁溪、东林相通，永盖承其绪风。东原出而徽学遂大，一时学者多以治《礼》见称。"[②]徽州学者之中，除江永、戴震、程瑶田、金榜、凌廷堪、胡培翚等礼学大家外，另有大儒汪绂（1692—1759，字灿人，号双池，徽州府婺源县人）亦治礼学，著述颇丰，与徽州礼学以考据见长的特色颇有不同。本文即以汪绂《礼记章句》《礼记或问》《理学逢源》等书为中心探讨其《礼记》学成就以及其礼学思想。

---

* 本文为安徽高校人文社会科学研究重点项目"汪绂《礼记章句》整理与研究"（SK2018A0028，依托安徽大学中国哲学与安徽思想家中心）阶段性成果，并得到安徽大学博士科研启动经费项目资助。本文在修订过程中得到徐道彬教授的亲切指导，特致感谢！

① 刘师培：《仪征刘申叔遗书·南北学派不同论》，广陵书社2014年版，第1638页。
② 钱穆：《国学概论》，九州出版社2011年版，第273—275页。

一、汪绂的礼学著作及其学术理想

汪绂学术以朱子学为宗，著述以经学为核心，于六经、《四书》、《孝经》、理学皆有成书，并旁涉天文、地舆、乐律、术数、兵法等。刘师培《近儒学术系统论》曰："徽歙之地，有汪绂、江永，上承施璜、吴慎之绪，精研理学，兼尚躬行，然即物穷理，师考亭格物之说，又精于三《礼》。"①汪绂礼学以阐明礼意为思想宗旨，②其虽精于三《礼》，但著述则集中于《礼记》方面，专著有《礼记章句》《礼记或问》二种，其他礼学著作有《六礼或问》《参〈读礼志疑〉》两部，分别是对朱子《家礼》、陆陇其《读礼志疑》的发明、考订，而其对《周礼》《仪礼》的研究则散见于其他著述（如《理学逢源》《儒先晤语》）之中。

汪绂弟子余元遴（1724—1778，字秀书，号筠溪，徽州府婺源县人）为汪绂所作《汪先生行状》曰："其读《礼》也，以云庄《集说》为平易纯正，然病其或杂引他说，不为折衷；或随手摭援，不顺文义；且其间有择未精、语未详者，乃因云庄之注，搜辑绍闻，参以己意，裁择而删定焉，名曰《礼记章句》。其所以去取之故、是非之辨，《章句》所未能悉载者，又仿朱子《四书或问》之例，著《礼记或问》以尽其说。最后，欲合三《礼》成编，方成《仪礼图式》，疾剧，乃止。至冠、昏、丧、祭，以及乡射、士相见、居乡居家诸仪，尝取朱子《家礼》一书，参之《仪礼》，合宋明诸儒所论异同之不一者，设为问答，以明礼意，为《六礼或问》六卷，凡《家礼》之所省而《仪礼》所存者，辄为商榷而增益之，虽自以为僭逾，而酌古准今、扶世立教之意，亦綦苦矣。"③其《参〈读礼志疑〉跋》又曰："《读礼志疑》者，陆稼书先生读《礼》时有疑而笔之于书者也。先生《文集》盛行，此书罕见，遴壬申夏始得之，而典礼荒疏，末由通晓。甲戌秋，因就正于汪双池先生，适先生是岁应遴之请重著《书经诠义》书成，余暇爱将是书参互考订，缕析条分，凡陆先生之疑而未定者，一旦昭昭而无憾焉。"④可见汪绂在撰著《六礼或问》《礼记章句》《礼记或问》、考辨《读礼志疑》之外，更有继承朱熹未竟之志，重新整合三《礼》文献的学术理想。

重新整合三《礼》文献倡自朱熹，其所编《仪礼经传通解》即其成果，但该书并未修订完成，朱熹去世前仍对此念念不忘。江永、汪绂作为徽州地区传承朱子学的重要学者，二人皆有完成朱熹未竟之业的理想，并有书信来往讨论此事。江永在给汪绂的信中自述其

---

① 刘师培：《仪征刘申叔遗书·左盦外集》，广陵书社2014年版，第4634页。
② 拙文《汪绂〈六礼或问〉与清代朱子〈家礼〉学》（《徽学》第12辑，社会科学文献出版社2019年版）即以"明礼意"为汪绂《六礼或问》的思想宗旨。
③ 〔清〕余龙光：《双池先生年谱》，载《汪双池先生丛书》第48册，广陵书社2016年版，第278—279页。
④ 〔清〕汪绂：《参读礼志疑》，《汪双池先生丛书》第43册，第457页。

治《礼》理想时说:"弟于诸经,《易》为专经,而《礼经》用功尤多,自少即求《仪礼经传通解》,反复切究之。读之既久,觉其中犹有搜罗不备、疏密不伦之遗憾;又观朱子晚岁与门人书,多拳拳于《礼》,庆元庚申三月九日为易簧前一日,犹作书与黄勉斋先生,以修《礼》书为属,其注念于《礼经》如此。窃不自揆,更欲为之增损檃括,以卒朱子之志。"①汪绂在回信中也自述其治《礼》历程,并对江永"卒朱子之志"的行为充满期待:"《礼记》本《仪礼》之传,原不当析而二之,然《仪礼》当实著之日用,而《礼记》中时有精义,尤宜有以嘿成于心;又今学者方以《礼记》专经,而陈注浅陋、吴氏支吾,亦不可不为之更订,是以暂遗《仪礼》而从事《礼记》,亦因学者所习,而寓以挽回之术也。若乃合经传而修之,以卒朱子之志,则弟方迟之有待,亦以刮目于足下,为乐得以观厥成也云尔。"②或许是汪绂对江永《礼书纲目》并不满意,所以他后来也有重新整合三《礼》文献的理想,并作《三〈礼〉分合说》加以论述,曰:

  《周礼》设官分职,所以升治道于大猷;《仪礼》称情立文,所以范斯民于轨物。二者皆周公之书,相为经纬。……《戴记》出于汉儒,其所承孔子之言,尚犹未可尽信,况《王制》《明堂位》《祭法》及《杂记》《丧记》诸篇,又安可反据以疑二经?今圣朝加意经学,特命儒臣纂修三《礼》,是亦必有折衷,而草野童观未尝获睹。然窃谓汉唐礼制,多不足观。《仪礼》正经,无庸损益,《戴记》纯驳相杂,则存其纯而去其驳,合经者存,不合者剔之,庶三《礼》之分者,至圣朝而复合。兹垂世之大典也,犹有进焉者。谓《礼》非诵说之谓,其起而行之,以布之为经、修之为德之书也。程子曰:"有《关雎》《麟趾》之意,而后可以行《周礼》之法。"真西山曰:"有周公之心,然后能行《周礼》。"圣朝重熙累洽,百有余年,正礼乐可兴之会。则法《周礼》遗意以升治道于大猷,修《仪礼》之详以范斯民于轨物,通其变使民不倦,神而化之,使民宜之,而《周礼》《仪礼》之全,亦且于斯复睹,合者以无复分。③

汪绂晚年在与余元邃、洪腾蛟等人的通信中时常述及自己重新编修三《礼》文献的学术宏愿,并为自己恐难得偿所愿而遗憾,如《答余秀书书》曰:"《仪礼》《周礼》二经,当合《戴记》参考,乃能有所抉择,而家贫苦,未能储书,自恐见闻未广,故屡欲从事,辄复阁笔。……顾经书浩烦,心长手短,三《礼》之未能卒业,在朱子且不能无憾,而愚欲尽及朱子之所未

---

① 〔清〕余龙光:《双池先生年谱》,载《汪双池先生丛书》第48册,第116页。
② 同上书,第145—146页。
③ 〔清〕汪绂:《双池文集》,《汪双池先生丛书》第40册,第100—108页。

及,亦毋乃太奢愿矣。九峰、勉斋之事,犹将有望之秀书者。"①又《答余秀书书》曰:"三《礼》之书,久思从事,乃家鲜藏书,无从肆为考悉。若《仪礼经传通解》向尝自友人处借观一过,及今竟无钱可购;即购之,亦难猝得,且老病益侵,而三《礼》烦多,非数岁不能卒事,是以屡欲提笔,辄复中止。昔朱子惓惓三《礼》,而终未及成书,后以付之黄勉斋。愚今日则可付何人也?然而《礼经》之不获折衷也,岂其中或有天欤?"②又《答洪霖雨书》曰:"惟是三《礼》之书,一则苦于家贫不能置书,欲动笔而无可参考,又且老病日侵,心长手短,恐终废阁耳。"③惋惜之情,溢于言表。余元遴之孙余龙光所著《双池先生年谱》载:余元遴在汪绂临终之前曾前往探视,"先生见先祖至,甚喜,握手谈论,犹以三《礼》未修为憾"④。可见,重新整合三《礼》文献是汪绂礼学研究的终极目标,在其心中具有举足轻重的地位。遗憾的是,汪绂的这一学术理想终因礼书卷帙浩繁,自己有心无力,而又天不假年,终于未能完成。

汪绂虽然未能像江永独自完成《礼书纲目》一样,实现其撰成一部整合三《礼》文献的宏愿,而且他于《周礼》《仪礼》也未能撰写专书,但是他对《礼记》所作的系统诠释还是值得肯定的,其研究成果在《礼记》学史上具有重要地位。

二、汪绂的《礼记》学成就

(一)《礼记章句》:句梳字栉诠解《礼记》

注解《礼记》之书,历代皆有,如汉郑玄《礼记注》、南朝皇侃《礼记义疏》、北朝熊安生《礼记义疏》、唐孔颖达《礼记正义》、宋卫湜《礼记集说》、元陈澔《礼记集说》、吴澄《礼记纂言》等,清代为《礼记》作章句者亦有王夫之《礼记章句》、任启运《礼记章句》二书。但汪绂认为这些书多有缺陷,曰:

> 为之注疏,马、郑则多祖纬书,颖达乃一于附会,皇既失之背谬,熊又徒为广烦,而《记》之杂者益杂。朱子既搜集《曲礼》《少仪》《内则》诸篇以为《小学》,而拔《大学》《中庸》登之《四子》,其去取也精矣。元儒陈云庄合集注疏以下,及吕、刘、王、方、马、应诸家之言,以为《礼记集注》,似可为全书折衷,然要多择之未精,语之

---

① 〔清〕汪绂:《双池文集》,《汪双池先生丛书》第40册,第288—289页。
② 同上书,第342—343页。
③ 同上书,第347页。
④ 〔清〕余龙光:《双池先生年谱》,载《汪双池先生丛书》第48册,第250页。

未详。吴草庐则更其篇次、章句,多所纷扰,虽若将为继朱子之志,实则恐未有当于朱、黄之是也。①

顾先儒之治《小戴》者,郑注既祖谶纬,孔疏一于附会,皇、熊漫滥鲜有可观。是无论《戴记》之驳者愈远愈离,即其中之所谓纯者,亦因之而尽驳。宋儒程、张,虽乃时发精义,而未尝统为折衷。朱子既看《仪礼》有序,而欲因经附传,斯记庶几就理,未克成书,以付黄勉斋。然勉斋所手定,又似与朱子旧说稍殊。……外此,则荆国既多矫诬,蓝田未免束缚,方氏附会为多,石梁批剥过当。余若辅氏、饶氏、应氏、吴氏之徒,各有发明。而刘氏时多粹语,陈氏考据详慎,时为特出者欤?独是制科,《戴记》取士。于是士虽名为习礼,徒矜羔雁先资,遂至武林之《集解》,凡遇丧礼,皆尽行删阙是宜乎?云庄之浩然兴叹也,草庐多所纷更果于自用,虽今人有崇事其说者,于鄙意则未敢惬焉。②

汪绂的礼学研究即以《礼记》为切入点,综合各家注本,去粗取精,撰成《礼记章句》十卷。汪绂认为,陈澔《礼记集说》虽然"或杂引他说,不为折衷;或随手撦援,不顺文义。而其间择之未精,语之未详者,亦所时见",但在《礼记》注本之中最为"平易纯正",故"即云庄旧注,略复搜辑绍闻,更参鄙见,斟酌去取,别为《章句》"③。虽然书中"所取用不过数家,深惭孤陋,然前圣作述之心,及高堂生、萧奋、孟卿、后苍、二戴相传说《礼》之意,与夫学《礼》者身心之范,或亦其有得焉,以无戾于先儒也乎?"④吴引孙《礼记章句序》评价此书曰:"先生此书,句梳而字栉,尽扫自来说《礼》诸家矫诬、束缚之病,而归之精当,犹拨云雾而见日月,岂惟缵考亭之余绪,抑实为小戴之功臣也。"⑤

"章句"即"离章辨句"之简称,其文附于经书,以分析经文章节、句读为主,并在此基础上敷陈文意。其体兴起于汉代,与"传"体例略有不同,章太炎《国故论衡·明解诂上》曰:"古之为传,异于章句,章句不离经而空发,传则有异。"⑥朱熹曾作《四书章句集注》,对《论语》《大学》《中庸》《孟子》分章别句,进行注解。汪绂《礼记章句》一书即仿其体例而作。其体例大致如下:

首先,篇目之下,注本篇总章数,并兼及此篇大意和诸家解说。如《礼记章句》书首《曲礼上第一》下注曰:"曲,委曲也。《曲礼》,古《礼经》篇名,盖所言皆礼之委曲节目,汉

---

① 〔清〕汪绂:《理学逢源》,《汪双池先生丛书》第30册,第410页。
② 〔清〕汪绂:《礼记章句》,《汪双池先生丛书》第15册,第14—15页。
③④ 同上书,第16页。
⑤ 同上书,第10页。
⑥ 章炳麟:《章太炎全集·国故论衡先校本》,上海人民出版社2017年版,第70页。

儒拾其遗言,而复杂取经传之言礼者,集以成篇,因遂亦以《曲礼》名之,分为上、下二篇。此篇凡一百有四章。○张子曰:'物我两尽,自《曲礼》入。'"①此外,在篇目注中,汪绂多论及《礼记》各篇作者问题,《曲礼》即汉儒拾古《礼经》遗言,而"复杂取经传之言礼者,集以成篇"。又如《檀弓上第三》引"刘氏"曰:"篇中多言子游,疑是其门人所记。"②《王制第五》曰:"孔氏曰:'《王制》之作,在秦、汉之间。'卢植云:'文帝令博士诸生作。'按:此篇前后串贯,记事有序,是盖一人所作,乃西汉典制文字。但考之三代之制,未必尽合也。东汉马氏以附于《戴记》中。"③

其次,各章之间以○隔断,其经文之下,首列字音,次解字、词、文意,末附诸家论说及作者按语,亦以○隔断。如《曲礼上》"敖不可长,欲不可从,志不可满,乐不可极"之注曰:

> 敖,去声;长,之丈反;从,音纵;乐,音洛。○敖,矜已而慢物也;欲,如饮食、男女之欲。敖者,人之所不可有、不可长,宜杜其渐也;欲者,人之所不能无、不可从,以防其流也。志必期于远大,然当虚于受人,满则招损矣;乐亦人有同情,然当乐而有节,极则生悲矣。主之以敬,则自无四者之累也。○朱子曰:"此篇杂取《诗》《书》精要之语,集以成篇,虽大意相似,而文不连属,此四句不知何书语,又自为一节,皆禁戒之辞。"④

最后,个别章节之末尾,则总论此前数章之意。如《曲礼上第一》第十四章末尾注曰:"自'礼定亲疏'以下至此八章,文虽不属,而意实相承,大要言礼之贯乎人伦事物,而为言行之范围,故人当修身践言以为质,而于伦物交际之间,犹必恭敬、撙节、退让以尽其节文。盖圣人制礼,所以别人于禽兽者,人有礼则安,无礼则危,是以合富贵、贫贱而皆不可不学也。"⑤

汪绂《礼记章句》以解说经文字句为主,力求简明,不尚铺陈,所引诸家注解,以"云庄陈氏"(即陈澔《礼记集说》)为最多。汪绂所引陈说,有直接借以解说经文者,如"若不得谢,则必赐之几杖"一句下引陈澔说曰:"不得谢,谓君不许其致事也。几,所以凭;杖,所以倚。赐之,使自安适也。"⑥有引陈说而加按语以驳正者,如"前有士师,则载虎皮"一句

---

① 〔清〕汪绂:《礼记章句》,《汪双池先生丛书》第15册,第23页。
② 同上书,第109页。
③ 同上书,第225页。
④ 同上书,第24页。
⑤ 同上书,第31页。
⑥ 同上书,第32页。

下引陈澔说曰:"虎,威猛,亦士师之象。士师非所当警备者,而亦举类以示,或禁止暴横之意欤?"汪绂加按语曰:"愚按:《周礼·士师》:'王燕出入,则前驱而辟。诸侯为宾,则跸于王宫。'《大师》:'禁逆军旅者与犯师禁者而戮之。'则士师或因所犯而来施戮,则亦有所当警备也。"①引《周礼》证"士师"亦有警备之责,以驳陈氏"士师非所当警备者"之说。有引陈说而加按语以引申者,如"《诗》《书》不讳,临文不讳"一句下引陈澔说曰:"不因避讳而易《诗》《书》之文,改行事之语,恐有惑于学者,而误于承用也。"汪绂按语曰:"讳者,不敢呼其名,而言语应对之间,亦为之避忌耳。周文王名昌,而武王祭文王之诗曰'克昌厥后',是《诗》《书》初未尝讳也。后世而临文亦讳,且并嫌名、二名而讳之,诐矣。又古者卒哭乃讳,今且生而讳之,又失之甚也。"②陈氏阐述"《诗》《书》不讳,临文不讳"之原因,汪绂则进一步为"《诗》《书》不讳"举证,并批评后世违背"临文不讳"之行为。有引陈说以备一说者,如"食力"一词,汪绂注曰:"食力,以力易食,谓家臣之给奔走。"并引陈说曰:"云庄以为:'食下民赋税之力也。'亦通。"③

(二)《礼记或问》:阐《礼记章句》未尽之意

汪绂在撰成《礼记章句》之后,又撰《礼记或问》八卷,《礼记章句序》中有言:"至其所以去取之故,是非之辨,有非《章句》所能悉载者,则又窃附朱子《四书或问》之例,别著《或问》一编,以尽其说。"④可见,汪绂撰《礼记或问》一书是仿朱子《四书或问》体例,以阐述在《礼记章句》中未能备载的"去取之故,是非之辨"。所以,《礼记章句》以解说经文字句为主,而《礼记或问》则采取问答形式,以阐述《礼记章句》未尽之意为主,二者侧重不同。

其中有阐述全书编排者,如汪绂于《曲礼》开篇即阐述《礼记》何以以《曲礼》居首:

> 或问:"戴《记》之首《曲礼》,何也?"曰:"……在昔成周之世,其治天下之大经大法,则著于《周礼》一书,其委曲纤详、文章仪节之至明且备者,则《仪礼》。今多散亡,然即所遗之十七篇,其大略犹可概见,而日用常行之间,有无体之礼焉,无冠、昏、丧、祭之条所可附者,则古之曲礼,尤所以固人肌肤之会、筋骸之束,而为养正作圣之基焉者也。成周盛世,四海一德同风,曲礼之文,童稚皆能习熟。迨其后世衰道微,礼乐崩坏,则天下皆决闲踰坊,礼籍之存,斯其鲜矣。况经秦火之烈,则巨典且不可详,而况于委曲之文,谁其志之。汉儒之二三有志好古者,乃复网罗旧文,诚有见于礼教

---

① 〔清〕汪绂:《礼记章句》,《汪双池先生丛书》第15册,第64页。
② 同上书,第67—68页。
③ 同上书,第97页。
④ 同上书,第17页。

之重,委曲纤悉,所不可遗,由是辑以成篇,则二戴所集,莫不皆然。而《曲礼》上下二册,尤为详密深醇,遂以冠《礼记》之首,诚不可谓非知类也矣。"①

汪绂认为《曲礼》虽是"无体之礼",但却详密深醇,可以固人肌肤之会、筋骸之束,是"养正作圣之基",所以被冠于《礼记》首篇。又进而阐述《曲礼》何以首言"毋不敬":

> 曰:"言礼而首此,何也?"曰:"礼也者,所以范围人之言动而饬其身焉已耳。夫礼以敬为本,而敬以礼为用。本于敬以行礼,则礼皆吾身心之所固有,而非徒强为缘饰,熟之责四体不言而喻,笃恭而天下平。不本于敬以行礼,则礼文虽繁,亦徒见勉强束缚,而无当于身心矣。况以礼化民哉!然非敬无以主于中,非礼又无以制其外,是故礼以制中,以使人一言一动皆得有所持循,而言礼又必先敬所为,内外相资,而约民于仁义中正之途。要之,一体一用,非有两端,而体立用行,本末一贯。故范氏曰:'经礼三百,曲礼三千,可一言以蔽之,曰毋不敬也。'"②

汪绂认为敬为礼之根本,礼为敬之发用,行礼之中若能有敬,则无礼节繁重之忧虑,若"不本于敬以行礼",则行礼之人只会感觉礼之节文繁复难行,身心无有受用。所以,敬与礼是体与用的关系,只有二者结合,才能发挥礼之作用,"毋不敬"三字正是礼最为核心的主旨。

有阐述名篇之意者,如:

> 或问:"旧说《礼器》有二义,一是学礼者成德器之美,一是行礼者明用器之制。《章句》却云'只是取篇首二字名篇',何也?"曰:"此篇中虽杂陈器数,然其意不主于使人明用器之制而已,知不取此义以名篇也。篇首'礼器'二字,亦不作成其德器之解。"③

《礼器》名篇之意有二说,汪绂《礼记章句》则认为其篇名仅是取篇首二字名篇,并无特殊含义,因为《礼器》篇只是杂陈器数,并无"明用器之制"和"成德器之美"之意。

有阐述一篇主旨者,如:

---

① 〔清〕汪绂:《礼记章句》,《汪双池先生丛书》第15册,第15—17页。
② 同上书,第22—23页。
③ 〔清〕汪绂:《礼记或问》,《汪双池先生丛书》第17册,第216页。

> 或问《大传》之旨。曰:"此篇大概是《礼经》之总传,其所举言一二事,皆人道之大经与制礼之精意,不屑屑节文之末。然已无所不包,可谓言约而义宏者矣。一篇大旨,不外治亲。治亲即《虞书》所谓'惇典庸礼'。治亲之目,不外尊尊、亲亲、长长、男女有别。而同姓从宗合族属,异姓主名治际会,又治四者之大法也。盖人道莫大于亲亲,亲亲莫笃于一本,而尊尊、长长则由亲亲而推,男女有别亦正以明族属之辨。故礼教提纲挈领,惟是尊祖敬宗,而人道厘然有章、昭然不紊矣,此一篇之大旨也。"①

汪绂认为《大传》是《礼经》的总传,是从宏观角度来阐发先王制礼之意的,其大旨即"治亲"二字,其他尊尊、长长、男女有别皆可以由此推知。又如:

> 或问《乐记》一篇之旨。曰:"《乐记》大旨,不外'慎所感'三字之意。盖人心体用,不外感、寂二端。方其寂也,一理涵于太虚,无善恶邪正之可言也;及物之所感,顺逆互投,而心之感于物也,亦因以百虑殊途,而不可胜纪。感应之交,有相得、不相得,而七情以分;应物之情,有义理、形气之殊,而邪正是非异矣。然体用本不相离,感寂非有二致,由乎中而应乎外,制于外即所以养其中,则所以感之不可不慎也。人性之不能无动于感,此由中应外之理也;慎所感以养其性焉,则制外养中之道也。"②

汪绂认为《乐记》一篇的大旨可以用"慎所感"三字概括,即人应该在重视感、寂二端,通过克制外在事物而达到涵养身心性情的境界。

有阐述一章之义者,如:

> 或问《曲礼》首章之义。曰:"此古《礼经》之文,而记者取之,以冠一篇之首。谓敬者,修身之要,治人之本,故人自至静之中、念虑之微,以至于事为之著,皆当戒慎恐惧,而不可有斯须之肆且怠也。其发之容貌,则必整齐严肃,而俨然有若思;其发之言辞,则必安详审定,而勿失之躁妄。诚使言貌之间,皆能一于主敬如此,则身修而天下平,安民之功,其即此而在矣,所以深著能敬之效也。"③

汪绂认为《曲礼》首章"毋不敬,俨若思,安定辞"为古《礼经》遗文,其中"敬"字是行礼之根本,扩展到容貌、言辞,就能整齐严肃,安详审定,而修身、治人、治国、平天下皆以敬为基

---

① 〔清〕汪绂:《礼记或问》,《汪双池先生丛书》第17册,第290—291页。
② 同上书,第333—334页。
③ 同上书,第21—22页。

础,可见"敬"之效用之大。

有阐述分章别句之意者,如《礼运》一篇,吴澄《礼记纂言》分为两章,汪绂于《礼记章句》则分为八章,并指摘其间醇疵有别,又于《礼记或问》阐述其缘由:

> 曰:"此篇只是一气文字,乃吴氏分为二章,《章句》又分为八章,不几于续凫断鹤欤?且一篇之中,前后相承,今择其数语为醇,指其数语为疵,毋乃俱未获古人之心欤?"曰:"汉儒传经,每依附圣言,而窜入己意于其间,以为尽非圣言则不可,以为尽出圣言亦不可。是以前后一气之中,却自纯驳相杂。……此篇虽有言偃再问、孔子再答,然大约亦出汉儒所托,以联络前后,不必深求矣。……至于分章别段,则正所以疏通其血脉,而联络其旨归,如《中庸》亦首尾一气,而朱子要必为之分三十三章,非有断续也。但草庐虽有分章,要仍旧弥漫春涨,不见脉络贯串,徒以几个是谓字面,移掇类从,乃殊觉多事。"①

汪绂认为分章别段需要依据各篇之血脉旨归而定,而并非只是因为文意的断续,更不能像吴澄那样只根据个别字眼进行划分。而《礼运》一篇虽是一气文字,但其中却有汉儒窜入者,并非全是孔子之意,所以有醇疵之分。又如《礼记章句》于《明堂位》不分章次,汪绂于此又加以阐明其意:

> 问:"《明堂位》篇不分章次,何也?"曰:"只为一篇文字。大要章次之分,分其所不得不分,如《曲礼》《檀弓》等篇,皆杂记礼文,或古人事迹每章各是一事,脉络不相贯串,此不得不分章甚明。至若《礼运》《礼器》等篇,则虽亦是一气文字,然中间支分派别,每段各自见义,故亦须分章别派,使之各见主意所在。若此等篇,则前后只是一意,且篇势短促,自不必为之分章而旨意明白矣。大约此篇自首至'明诸侯之尊卑也'是一段,先言周公朝诸侯于明堂之位,以见周公曾摄天子,所以起下文周公子孙得用天子礼乐之意也。自'昔殷纣乱天下'至'天下大服'是一段,言周公有大功于天下,而成王赐鲁以天子礼乐也。自'是故夏礿'以下,则皆张皇路过礼乐之盛,以见其同于王者,而末节又结言之。"②

汪绂认为对于《礼记》各篇的分章有三种情况,《曲礼》《檀弓》等篇是由众多材料合并而

---

① 〔清〕汪绂:《礼记或问》,《汪双池先生丛书》第17册,第179—181页。
② 同上书,第274—276页。

成,易于分章;《礼运》《礼器》等篇虽是一气文字,但却层次分明,也可以分章。而《明堂位》则全文较短,而且只是一个意思,虽然具体内容有承启之别,但却不必分章。

有讨论各篇作者问题者,如《礼运》一篇,陈澔《礼记集说》以为子游门人所记,汪绂《礼记章句》则以为汉儒所作,并于此阐发其意:

> 曰:"旧说此篇为子游门人所记,《章句》则以为汉儒所作,何也?"曰:"谓为子游门人所记者,亦以篇首记子游问答耳。然其文直称言偃,则非其徒所记矣。尊尚黄老之风,盛于汉之文景,故当时儒者虽或能言先王之礼乐教化,而终未免簧鼓于流俗,则大同小康之说,有由来矣。故绂窃以为此文帝时儒者之所作也。"①

陈澔依据篇首所记孔子与子游的问答,认为《礼运》为子游门人所记,但汪绂认为此篇中直接称呼子游为"言偃",应该并非子游门人所记,并依据篇中有崇尚黄老的文风,认为这是汉初儒者受黄老学风影响所致,所以此篇应该是汉文帝时儒者所作。又如《儒行》一篇,郑玄认为是孔子所作,汪绂则进而阐明其中有后人附会之语:

> 问:"《儒行》一篇,其尽非孔子之言欤?"曰:"以为孔子之言,孔子不若是夸也;以为非孔子之言,则记载亦非无因矣。大概传闻有本,而耳食失真,又复为之附会其辞,而缘以己意,乃因以失之。"②

汪绂认为《儒行》中所记部分孔子之语,是后儒据传闻附会而来,并加入了自己的思想,所以不能把《儒行》完全看做是孔子之作。

又有阐述篇中具体仪节之礼意者,如汪绂阐述"立孙"之意曰:

> 或问:"立孙,何也?"曰:"此即重宗之义也。世嫡相承,祖孙一体,嫡子虽死,必立嫡孙,则本固序明而无纷争之患。不立嫡孙,是废弃嫡子也。嫡子死,而遂废之,不仁也。故立孙,人道之大经也。"③

汪绂认为"立孙"是重宗的表现,是"人道之大经",因为在宗法制中,嫡庶界限分明,在嫡子去世之后,应以嫡孙为宗,而不可以庶子为宗。《礼记或问》中阐述具体仪节礼意者,随

---

① 〔清〕汪绂:《礼记或问》,《汪双池先生丛书》第17册,第178—179页。
② 同上书,第522页。
③ 同上书,第56页。

处皆是,这体现的正是汪绂礼学"明礼意"的思想宗旨。

三、汪绂的礼学思想

(一)"礼原于天而制于圣人"

对于礼的来源问题,汪绂的认识是"礼原于天而制于圣人",即礼是来源于天并由圣人来制定的。其中对于"礼原于天",他又经常表述为"礼者,天理之节文",这在汪绂礼学相关著作中俯拾皆是,如《礼记章句》有曰:"盖礼者,体也,天理之节文,各有定体,而不可逾也。"①又曰:"理之节文为礼,理制为礼,则不可易。"②又曰:"礼者,天理之节文,人事之仪则。"③又曰:"礼者,天理之节文也。人诚能节之以礼,则事皆中理,有养有教,而无过不及之弊矣。"④又曰:"礼者,天理之节文。范以礼,则无失德矣,失德则淫。出于礼,则入于刑也。"⑤这里的"天"并非自然之天,而是指天理,即天地间万事万物得以有条不紊地运行的自然法则。儒家很早就已论及礼与天的关系,《礼记·礼运》就两次说到"礼必本于天",后来经朱熹的发展,将礼与理联系起来,即将"天"解释为"天理",如曰:"礼者,天理之节文。节谓等差,文谓文采,等差不同,必有文以行之。"⑥又曰:"礼者,天理之节文,人事之仪则也。"⑦又曰:"礼,即理之节文也。"⑧又曰:"礼,谓义理之节文。"⑨显然,汪绂"礼原于天"的观念正是来源于朱熹。

礼虽然来源于天理,但抽象的天理并不会必然地表现为具体的礼,必须经过通达天理的圣人(或称"圣王""先王")的制作才能将抽象之理转化为具体之礼,也就是说只有"全尽人道"的圣人才能因天理而制礼。汪绂曾言"理无迹而礼有可循也"⑩,也是说玄虚抽象的天理难以言说把握,但圣人依据天理而制作的礼则是有章可循的。这就是儒家学者常说的"圣人制礼",用汪绂的话也可以说是"圣人观于义理以制为之节文"。汪绂曾言:

---

① 〔清〕汪绂:《礼记章句》,《汪双池先生丛书》第 15 册,第 26 页。
② 〔清〕汪绂:《礼记章句》,《汪双池先生丛书》第 16 册,第 162 页。
③ 同上书,第 342 页。
④ 同上书,第 362 页。
⑤ 同上书,第 380 页。
⑥ 〔宋〕黎靖德辑:《朱子语类》,载《朱子全书》第 15 册,上海古籍出版社 2002 年版,第 1340 页。
⑦ 〔宋〕朱熹:《四书章句集注》,第 51 页。
⑧ 同上书,第 55 页。
⑨ 同上书,第 168—169 页。
⑩ 〔清〕汪绂:《理学逢源》,《汪双池先生丛书》第 29 册,第 211 页。

一元之通，品物流形，则其先后、大小、尊卑、配合之序，已无不秩然可见而不相逾越矣。人得是理以成性，则浑然一理之中，亦莫不各存一先后、尊卑、大小、配合之序焉，以有所循而不敢紊，有所忌而不敢逾，是则吾心之礼也。有所循则常自卑而尊人，有所忌则常齐庄而自饬，而此冲然肃然之意，自形于耳目、手足、语嘿、动静之间，以接乎事物先后、大小、尊卑、配合之伦，以无不秩然有序、灿然可观，故曰嘉之会也。故曰：礼也者，天理之节文，人事之仪则也。乃自艳于声华，动于嗜欲，则由是侈肆争夺，而辞逊、恭敬之德以无复存，故圣人因人性而制为之节焉，使饮食、衣服、事为异别，度量、制数各有其等，父子、君臣、夫妇、兄弟、长幼、友朋之交各有其体，冠昏、射乡、丧祭、朝聘、相见之会各有其仪，使人有节之可循，有数之可纪，以范身而无失其性，此所谓嘉其所会也。①

汪绂认为人性的形成同样来源于天理，所以人性也可以说是人心之礼，但是由于外部世界的扰动，人性之德很容易丧失，所以圣人才会通过制礼的方式，从具体的等级、秩序、仪节等方面对人进行规范，使人性仍处于本初的状态而不致沦丧。

而圣人制礼的目的是使人区别于禽兽，也就是把人从动物界中独立出来，成为高于其他动物的类别。汪绂《礼记章句》在解"圣人作，为礼以教人，使人以有礼，知自别于禽兽"一句时说："圣人全尽人道，故因天理自然之节而为礼以敬人，人有礼以相接，以循天理而无失其性，则知所自别于禽兽矣。"②汪绂又言："人之所以异于禽兽者，以有所性之理而已。而礼者，天理之节文也；无礼，则无节文，而天理昧矣。"③就是讲人之所以区别于禽兽，正是因为礼的存在，人依礼而行，使天之理能够内化为人的性之理，人才能够成为真正的人，否则人就会昧于天理而无性之理，也就与禽兽无异了。所以，汪绂对圣人所制之礼非常看重，在解释"礼从宜，使从俗"时曾言：

先王制礼，非可以毫发变也。然器数、仪节之末，及容有礼制之所未及者，则可以随宜而行之，所谓"礼以义起"者也。先王之世，家不殊俗，然或有风土所囿，小若不同之闲者，可从则从之，不为骇俗耳。若礼之大经不可变者，而亦曰"从宜"；末俗之反道败德必不可从者，而亦曰"从俗"，则同流合污，其为害大矣。读者无失记者之意焉可也。④

---

① 〔清〕汪绂：《理学逢源》，《汪双池先生丛书》第29册，第263—264页。
② 〔清〕汪绂：《礼记章句》，《汪双池先生丛书》第15册，第30页。
③ 同上书，第29页。
④ 同上书，第25—26页。

汪绂认为圣人所制之礼是不能有任何变更的,因为它们都是天理的体现。当然,这里的礼并非普通意义上的具体的礼器、等级和行礼仪节,而是指那些"礼之大经",它们是绝对不能改变的,并不在"从宜"之列,否则人就可能沦为禽兽。

(二)"礼以闲人之性情"

对于礼的作用问题,汪绂的认识是"礼以闲人之性情",这里的"闲"字是规范的意思,也就是说先王之所以制礼,就是为了用来规范人的性情。汪绂曾言:

> 礼原于天而制于圣人,所以顺天地之序,明万物之分,而为仁义之权衡,道德之绳墨者也。《荀子》曰:"圣人缘人情而制礼,因人性而作仪。"斯言其近是乎?夫制礼不本于性情而安所本然,所以闲性情之流,而纳之使一于性情之正,非第因性情之故,而文之以事观美。故《记》曰:"礼之近人情者,非其至者也。"若直情而径行,则岂礼道之谓哉?惟礼以闲人之性情,而非徒因人之性情。故先王制礼之严,而今人疑以为拘;先王仪节之密,而今人惮以为烦。①

礼虽然来源于天,但它的作用则是为了规范人,所以礼与人(主要是人的性情)的关系就成了一种重要的问题。圣人在制礼时,就充分考虑到了礼与人的关系:圣人所制之礼并不是按照人自然流露出来的性情来加以修饰而进行制定的,而是通过把人自然流露的性情限定在一定的合乎天理的范围之内而加以制定的。所以汪绂认为《荀子》所言"缘人情而制礼,因人性而作仪"是似是而非的,因为一味迎合人之性情的礼,可能会有悖于天理。在后人看来,先王所制之礼或许是非常严苛、详密的,进而会使人的性情感到不适应,但汪绂认为这并非先王制礼的问题,而是由于后人不明礼意,无法了解圣人所制之礼所蕴含的天理所致。

汪绂认为礼虽然有严格的一面,但它在实质上并不与人的性情相违背,相反,圣人所制之礼是完全符合人的性情的,只是由于大多数人不能够通过行礼来认识其背后的礼意,所以才会认为礼是严苛的,是拘束人性的。汪绂曾言:

> 礼本是严。但天理、人情恰当如此,即是和处。既是天理、人情合当底事,则礼之为用,必当以从容不迫行之,乃为可贵。先王制礼,皆本乎天理、人情之至,故至严而非强,世为人所当率由也。大抵人之行礼,亦原似觉拘迫,而只此实心为礼之本,实心行先王之礼,则真意自觉此中洋溢出来,原无勉强,而礼文亦自有从容不迫之致。②

---

① 〔清〕汪绂:《理学逢源》,《汪双池先生丛书》第31册,第325—326页。
② 〔清〕汪绂:《理学逢源》,《汪双池先生丛书》第29册,第227—228页。

汪绂提出"先王制礼,皆本乎天理、人情之至",就是认为礼是完全符合天理、人情的,只要我们能够实心行礼,认识礼意,在行礼过程中自然会从容不迫,丝毫不会感觉到礼有任何勉强之处。

所以,汪绂的礼学研究主要以"明礼意"为主要手段,希望通过对古礼礼意的阐明,可以使人知晓先王所制之礼所蕴含的天理,进而可以在顺乎人的性情的情况下推进礼的施行,使礼发挥出规范人之性情的作用,并进而达到"筋骸有所束缚,心术有所范围,天地于以太和,而奸慝不作"①的理想世界。而这也正是汪绂的礼学研究首先致力于对《礼记》一书进行系统研究的原因所在。

---

① 〔清〕汪绂:《理学逢源》,《汪双池先生丛书》第31册,第330页。

史学研究

周代以前的葬俗考辨
——以《皇览·冢墓记》为中心

□戴建国

摘要：关于周代以前的葬俗，文献语焉不详。类书始祖《皇览》因供御览而撰集审慎，该书中的《冢墓记》引周代以前冢墓凡十七事，其中涉及上古传说人物占十四事，其文献弥足珍贵。《皇览·冢墓记》对周代以前葬俗的辑录，便于我们考辨周代以前葬俗，以及辨别辑文中的非周代以前成分。

关键词：《皇览·冢墓记》；周代以前；葬俗

作者简介：戴建国，上海师范大学图书馆副研究馆员。

《皇览》为类书之权舆。三国时，魏文帝曹丕使诸儒撰集经传，随类相从，以供皇帝阅读，故称之"皇览"。是书凡四十余部千余篇，合八百余万字。原书隋唐后已失传。清人孙冯翼辑出佚文一卷，仅存《逸礼》《冢墓记》等篇八十余则，不及四千字，收入《问经堂丛书》。周代以前葬俗，历代文献语焉不详，而《皇览》因供御览而撰集审慎，《皇览·冢墓记》引上古冢墓六十余事，其中周代以前凡十七事，而涉及上古传说人物占十四事，该文献弥足珍贵。《皇览·冢墓记》辑录的周代以前葬俗文献，便于我们考辨周代以前的葬俗，以及辨别辑文中的非周代以前成分。

一、周代以前冢葬之俗

《礼记》称庶人不封不树，故不言冢。《皇览·冢墓记》所辑录周代以前的冢事，只涉及帝王将相。三皇（伏羲、女娲或祝融或燧人，神农，合为三皇）之事多荒诞不经，多见于纬书。至黄帝时，诸圣勃兴，宫室、衣裳、舟车、弓矢始兴，文书、图画、律历、算数并作。《皇览·冢墓记》即以人文始祖黄帝为始。五帝（黄帝、颛顼、帝喾、帝尧、帝舜，并作五帝)、三王(所谓夏禹、殷汤、周武王,史称三王)之冢各在何地,历来众说纷纭,逮至今日,仍莫衷一是。追究其因,一则有力的文献不多,二则在于后人往往不明周代以前葬不择地的冢葬之俗。《皇览·冢墓记》正可为我们指点迷津。

(一) 黄帝冢

在西汉时,就有黄帝死在此处、葬在彼地的说法。黄帝之死,史料中有龙去鼎湖之典,此载于《史记》卷二十八《封禅书》:

> 黄帝采首山铜,铸鼎于荆山下。鼎既成,有龙垂胡髯下迎黄帝。黄帝上骑,群臣后宫从上者七十余人,龙乃上去。余小臣不得上,乃悉持龙髯,龙髯拔,堕,堕黄帝之弓。百姓仰望黄帝既上天,乃抱其弓与胡髯号,故后世因名其处曰鼎湖,其弓曰乌号。①

汉武帝时,在鼎湖掘得宝鼎,方士公孙卿便道出黄帝荆山铸鼎而后驭龙升天的说法,以诒媚武帝。汉武帝好黄、老之道,公孙卿此说颇能迎合武帝。不过,公孙卿曲说既多,终为武帝不满,几乎惹祸杀身。司马迁在《史记》卷一《五帝本纪》认为"百家言黄帝,其文不雅驯"②,这里所谓龙去鼎湖就是不雅训之语,经实地考察后,司马迁肯定黄帝确有其人,在《史记》卷一《五帝本纪》中,他明确指出"黄帝崩,葬桥山"③。《皇览·冢墓记》(按:本文所引孙冯翼辑文据《问经堂丛书》之《皇览》第3—10页,清嘉庆七年承德孙氏问经堂藏版)云:

> 黄帝冢,在上郡桥山。(《史记集解》卷一《五帝本纪》)
> 黄帝葬桥山。(《太平寰宇记》卷三十四"关西道")

桥山位于陕北上郡,而荆山在渭北冯翊郡,两地虽俱在陕西境内,而相距较远。周代以前,葬不择地。人们老死,则葬身所死之地,不必返其故居。黄帝出生、创业、建都均在有熊,居轩辕之丘,既然葬身所死之地,那么黄帝终葬于其居所附近的桥山,这就非常合乎当时的葬俗,自然地,公孙卿所谓黄帝死在荆山的杜撰就不攻自破,今人误其说而在荆山建黄帝衣冠冢进行祭祀。

桥山,在远古属乔氏居地,本作"乔",司马迁始言之为"桥山"。黄帝冢居桥山顶,其

---

① 〔汉〕司马迁:《史记》,中华书局1959年版,第1394页。
② 同上书,第46页。
③ 同上书,第10页。

形犹桥,加上有黄帝得道驭龙升天的神话混淆视听,于是桥山之桥又被一些人视为黄帝得道升天之桥了。这样,后人竟把天下第一陵黄帝陵看作是一座衣冠冢。至于黄帝得道升天,《皇览·冢墓记》不无讥讽:

> 好道者言黄帝乘龙升云,登朝霞,上至列阙,倒影经过天官。(《艺文类聚》卷一"天部")天体如车,有日月悬著,何有可上哉?(《太平御览》卷二"天部"多末三句)

黄帝骑龙升天,岂不怪乎!倘若我们能分辨出史家与方士所言之真伪,又能据五帝时葬不择地之葬俗,则中华始祖黄帝葬地的纷争完全可以休矣。

(二) 颛顼冢

颛顼为黄帝之孙,号高阳氏,生于若水。颛顼冢的所在地,《皇览·冢墓记》作"顿邱":

> 颛顼冢,在东郡濮阳顿邱城门外广阳里中。顿邱者,城门名,顿邱道。(《史记集解》同上。又刘昭《补注续汉郡国志》)王莽时,使使者祠颛顼冢。(《太平御览》卷五百六十"礼仪部"多"王莽时"二句,而无"顿邱者"三句。《续汉志补注》同无。又《水经》"淇水注"引"顿邱者,城门名"二句)

后代因避孔子讳,以"邱"代"丘",故"顿邱"即"顿丘","帝邱"即"帝丘"。顿丘,在淇水之南,即《诗经》卷第三《卫风》之《氓》"送子涉淇,至于顿丘"①[2]中的"顿丘",属濮阳。春秋时,卫成公自楚丘迁于帝丘。帝丘,在濮水之北,亦属濮阳。所谓"帝",源于此地曾为颛顼帝都,有颛顼墟;所谓"丘",《孟子注疏》卷第七《述而》谓"得乎丘民为天子"②[3],颛顼之帝都名为丘,可谓名正言顺。可见,顿丘和帝丘,同属濮阳,前者在淇水之南,后者在濮水之北。顿丘的意思是一顿而成丘。毛奇龄《诗札》卷一云:

> 顿丘者,其一名帝丘。"帝""顿"声转,亦近"淇"。③[4]

毛氏音训从根本上解释清楚了"帝""顿""淇"三者之间的关系,"帝""顿"声转,因此,顿丘即帝丘,其居淇水和濮水之间。秦并濮阳为东郡;汉代东郡有顿邱,王莽时改名顺丘,东汉时复名顿邱。按先秦地名,应是"濮阳顿邱"连称;按汉代地名,则是"东郡顿邱"

---

① 〔汉〕毛亨传,〔汉〕郑玄笺,〔唐〕孔颖达疏,龚抗云等整理:《毛诗正义》,北京大学出版社2000年版。
② 〔汉〕赵岐注,〔宋〕孙奭疏,廖名春等整理:《孟子注疏》,北京大学出版社2000年版,第102页。
③ 〔清〕毛奇龄:《诗札》,文渊阁《四库全书》本,上海古籍出版社1987年版,第218页。

连称。《皇览·冢墓记》为何独称"东郡濮阳顿邱"？如果我们联系到后面"顿邱者，城门名"的补充解释，"东郡濮阳顿邱"的意思就豁然开朗：东郡（郡名）——濮阳（县名）——顿邱（城门名）。由于敕修《皇览》的曹丕之父曹操曾为顿丘令，因此，诸儒在撰集该书时，就很妥当地续上"顿邱者，城门名，顿邱道"这些补充文字，以区别"顿丘县"与"顿邱城"的差异。所以，"顿邱者，城门名，顿邱道"的补充说明恰到好处。

（三）帝喾冢

帝喾为黄帝曾孙、颛顼之侄，号高辛氏，曾辅佐颛顼，都于亳。至于帝喾冢，《皇览·冢墓记》云：

> 帝喾冢，在东郡濮阳顿邱城南台阴野中。（《史记集解》同上。又《水经》"淇水注曰：顿邱者，城门名"）

"亳"究竟在何处？结合前引《皇览·冢墓记》颛顼冢的辑文，历来的争论就能轻易解决：帝丘、亳当同在濮阳，相距不远，实际上，帝丘在东南，亳在西北，二帝冢均在二城之间的鲋䲦山，颛顼冢居东，帝喾冢居西。周代之前，凶事上有右尊的礼俗，此先后二帝之冢墓正符合尊右（帝喾冢）卑左（左颛顼冢）的葬俗。

（四）尧冢

黄帝的后裔，直至尧、舜、禹禅让，其世系如下表所示：

表1　黄帝后裔世系

	儿辈	孙辈	曾孙辈	玄孙辈
黄帝	玄嚣(少昊)	蟜极	高辛(帝喾)	放勋(尧)
	昌意	高阳(颛顼)	穷蝉	敬康、句望、桥牛、瞽叟、重华(舜)
			鲧	禹

少昊为黄帝之长子。颛顼为黄帝次子昌意之子。帝喾为少昊之孙。尧为帝喾之子，舜、禹同为颛顼之孙；尧、舜、禹均为黄帝的玄孙辈。虽然尧、舜、禹禅让帝位，但彼此各自定都，最终分葬各地。《墨子集解》卷六《节葬篇下》云：

> 昔者尧北教乎八狄，道死，葬蛩山之阴。……舜西教乎七戎，道死，葬南已之市。……禹东教乎九夷，道死，葬会稽之山。[5]

墨翟提倡教化天下以行仁义，认为尧、舜、禹虽垂死而仍欲教化远方异种之人，不畏牺牲，至死不倦，乃至死而后已，葬身所死之地。墨氏以上所言葬俗为真，但所谓葬地大多失考。

尧，名放勋，生于伊耆，封于唐，史称唐尧。后因水患西迁。尧定都平阳，即平水之阳。尧在帝位七十年，九十岁禅位给舜，二十八年后崩。尧、舜、禹三人中，惟尧不闻有巡狩之事，故墨翟所言差矣。尧禅位之后，耄期之年，岂复有巡游之事哉？虽然尧没有巡游之事，但是有游宫于陶之实。《史记》卷一百二十九《货殖列传》云：

尧作（游）〔于〕成阳，舜渔于雷泽，汤止于亳。[1]3266

尧居陶，后于居唐，故尧号陶唐氏。尧东至陶邱，在古陶成阳修建游宫。成阳，秦朝时属东郡，到汉朝时属济阴郡。雷泽，仍在济阴成阳。亳，亦在济阴。成阳，在《皇览·冢墓记》中讹作"城阳"：

尧冢，在济阴城阳。（《史记集解》同上）

此"城阳"，当作"成阳"，这是由于后人传写误添"土"旁所造成的。周武王封季弟载于郕，其后迁于城之阳，故曰城阳，汉属城阳郡，在齐地，所以，此城阳非彼成阳。陶邱有尧城，尧尝居之，因而其崩后葬于济阴成阳就顺理成章了。

（五）舜冢

舜，名重华，生于姚墟，国号有虞，史称虞舜。舜三十岁时，尧将二女娥皇、女英嫁给他。舜六十一岁时，代尧践帝位，都于蒲阪。三十九年后，南巡狩崩。舜发于畎亩之间，本已苦其心志劳其筋骨，逊位后以高龄巡狩还是可信的。先秦时，关于舜南巡崩后的葬地，一直议论纷纷：《尚书注疏》第三《舜典第二》谓舜巡守"死于苍梧之野而葬焉"[6]，前引《墨子集解》卷六《节葬篇下》谓"舜西教乎七戎，道死，葬南已之市"，《孟子注疏》卷第十四上《尽心章句下》谓"舜生于诸冯，迁于负夏，卒于鸣条，东夷之人也"[3]456，《吕氏春秋注疏》卷六《孟冬纪》之《安死》谓"舜葬于纪市，不变其肆"[7]。以上四家说法大致可以分为两类，《尚书》持南巡说，《墨子》《孟子》《吕氏春秋》则持西巡说。吕氏更墨氏"南已之市"为"纪市"，"已"或"纪"为古国名，在齐鲁大地，如此怎可称得上西教乎七戎？孟轲主张，舜为东夷人，他西巡而卒于鸣条，但是鸣条不在西戎之列。《竹书纪年》卷上云：

鸣条有苍梧之山，帝崩，遂葬焉，今海州。[8]

东魏时，改东海郡为海州。晋代发魏襄王墓而出土《竹书纪年》，是书宋代已经佚失，此处竟然出现"今海州"，显系后人作伪。《竹书纪年》所言舜之葬地，大致与孟轲"卒于鸣条"相应，但"鸣条有苍梧之山"颇让人费解。苍梧是古地名，在楚国南部。西汉时，置苍梧郡。鸣条在北地，与南国的苍梧实在是毫无关联的。当然，苍梧之山也可以理解为苍梧山或位于苍梧的山，但是，至少在上古，北地没有苍梧山。由此而论，《孟子》《竹书纪年》所谓舜葬鸣条之说无法成立。

《尚书》有古文与今文之别，因而，《尚书》不可全信。《尚书》主张，舜南巡蛮越之地时，死于苍梧之野而葬焉。《史记·秦始皇本纪》载，始皇"行至云梦，望祀虞舜于九疑山"[1]260。天子祭祀非同儿戏，秦始皇此祀，表明他深信舜葬在九疑山。司马迁曾南游江、淮，上会稽，探禹穴，窥九疑，浮于沅、湘。通过实地考察，他在《史记·五帝本纪》里指出舜的葬地：

  南巡狩，崩于苍梧之野，葬于江南九疑，是为零陵。[1]44

虽然司马迁故里与鸣条只有一河之隔，但他弃《孟子》里的舜葬鸣条之说，坚信舜"崩于苍梧之野，葬于江南九疑"，这很值得我们重视。"崩于苍梧之野"与"葬于江南九疑"，句式整齐，前者源于《尚书》，后者与《史记·秦始皇本纪》相吻合，司马迁把它们并置在一起，其后，又接着"是为零陵"，如何解读整句话？这里，很容易出现歧义。零陵郡和苍梧郡，同置于西汉元鼎六年（公元前 111 年），"零陵"一名始于此，而"零陵"一名的由来，正肇于舜冢。该句中，"苍梧"和"零陵"，倘若按郡名来理解，是无法解读的，所以，应该这样说，"苍梧"系古地名，在楚国南部，"零陵"意味着舜冢。此处的"苍梧"不能视作苍梧山，否则"苍梧之野"又解释不通。"苍梧"是个泛指，"九疑"是个特指，就是指九疑山。再按当时葬身所死之地的风俗，我们将很清楚地发现，舜南巡苍梧而崩，就葬于位于苍梧的九疑山，显然，也就根本不存在什么衣冠冢之类。

比起《史记·五帝本纪》，《皇览·冢墓记》中的辑文就显豁多了，由此我们能轻而易举地释疑帝舜之冢了：

  舜冢，在零陵营浦县。其山九溪皆相似，故曰九疑。（《史记集解》同上。又《史记正义》卷六《秦本纪》云：舜冢，在零陵郡营浦县九疑山）

此"零陵"用在"营浦县"之前，必然指的是零陵郡。舜葬于九疑山。所谓九疑山，是由于该山上有九溪皆相似的原因而得以取名的。

(六) 禹冢

禹,名文命,号禹,世称大禹。尧时,其父鲧治水,九年而功用不成;舜巡狩中,殛鲧于羽山。治水期间,鲧娶妻,生下了禹。禹五十三岁践帝位,以安邑为都城,国号夏。禹受禅十七年,东巡狩而崩,享年六十八岁,其子启继位。禹冢于会稽山上,历来没有异说,略有疑义的倒是司马迁,《史记·夏本纪》所云:

> 或言禹会诸侯江南,计功而崩,因葬焉,命曰会稽。会稽者,会计也。[1]89

司马迁曾上会稽,探禹穴,上述当是他当时所闻后的笔录,故曰"或言"。"因葬焉,命曰会稽",这意味着禹葬在会稽,但这里的"会稽",是指会稽郡还是会稽山呢?我们很难从字面上断定。《皇览·冢墓记》云:

> 禹冢,在山阴县会稽山上。会稽山,本名苗山,在县南,去县七里。(《史记集解》同上。又贾公彦《周礼疏》卷三十三云:禹冢,在山阴会稽山。本苗山,县南七里)

这里很明确指出禹葬在会稽山,该山在山阴县。秦置郡县,设会稽郡,山阴为其属县。山阴因处会稽山之阴而得名,与"会稽山……在县南"吻合,因此,"禹冢,在山阴县会稽山上"语意通畅,且言简意赅。"会稽山,本名苗山",而众家多称会稽山一名茅山,其实,会稽之茅山即苗山,而非句容之茅山(即句曲,亦名已山)。

(七) 汤冢、太甲冢、伊尹冢

汤之伐桀,乃行贵族代嬗之政。汤得伊尹辅佐,攘除不轨,改亳为商,成就王道。至于汤冢,《皇览·冢墓记》云:

> 汤冢,在济阴亳县北东郭。去县三里。冢四方各十步,高七尺,上平处平地。汉哀帝建平元年,大司空御史长卿案行水灾,因行汤冢。(《史记集解》卷三《殷本纪》。又《水经》"汳水注",《北堂书钞》卷九十四"礼仪部",《太平御览》卷五百六十"礼仪部",云:汤冢在济阴薄县北郭,冢四方,八十步,高七尺,上平)

从上可见,汤葬于亳,汤冢在济阴亳县即偃师西亳。

汤崩后,伊尹立汤之孙太甲。既立三年,太甲不遵汤法,乱德,于是伊尹放之于汤冢附近的桐宫,自己摄行政当国,三年后,迎太甲而授之政。后来,太甲之子葬伊尹。《皇览·冢墓记》云:

太甲有冢,在历山上。(《续汉志补注》同上)

　　伊尹冢,在济阴已氏平利乡。(《史记集解》同上。又《水经》"泗水注"语同。又《续汉郡国志补注》云:已氏有平和乡,乡有伊尹冢)

　　可见,汤、太甲、伊尹先后去世。由汤冢北望则太甲冢,东望则伊尹冢。伊尹死后,未返葬出生地有莘之野。同样,如同葬于亳的颛顼冢(居亳之东)、帝喾冢(居亳之西)二帝冢体现右尊之礼,汤、伊尹君臣之冢仍符合周代之前尊右(汤冢)卑左(伊尹冢)的葬俗。

二、周代以前祭墓之俗

　　《皇览·冢墓记》既然以"冢墓"为名,那么有冢记,亦有墓记。墓,孝子所思慕之处。人子之所以事其亲者有二,曰大人之冢或庶人之墓,曰庙。故家有庙,聚神魂而致死之不仁者也;郊有冢或墓,藏体魄而致生之不知者也。实际上,周代以前,有望祭、庙祀先祖先贤等祭墓之俗。祭墓起于汉时,士民舍庙而祭墓,所以《皇览·冢墓记》"颛顼冢"条有"王莽时,使使者祠颛顼冢",而在周代以前只能有望祭、庙祀之俗。

(一) 望祭

　　周代以前,由于葬不择地,有时就出现生人居地与故者葬地相距较远的情形。为祭奠先人,就有望祭之俗。

　　《皇览·冢墓记》所辑尧登山遥祭其母云:

　　　　尧封唐,尧山在北,唐水西入。河南有望都山,即尧母庆都所居,相去五十里。都山,一名豆山。(《续汉志补注》同上)

　　帝喾在巡狩中遇伊耆侯之女庆都,庆都就成为帝喾的第三妃,她在娘家生下尧。尧少随其母居,以伊耆为氏。后来,尧于封唐建都。尧登尧山遥望五十里之外的庆都所居,望都山因此而得名。《水经注》卷二十四《瓠子河》引《汉书·地理志》并云:

　　　　《地理志》曰:成阳有尧冢、灵台。今成阳城西二里有尧陵,陵南一里有尧母庆都陵,于城为西南,称曰灵台。乡曰崇仁,邑号修义,皆立庙,四周列水,潭而不流。[9]

　　所谓灵台,即尧母庆都冢。成阳有尧冢,是;成阳有庆都冢,则非。尧如此望母居地,清楚地表明了尧母不从夫帝喾居于亳,又不随子尧居于唐的事实。既然不随子尧居于唐,更何况随居于平阳、成阳?尧居陶时已九十余岁,就算其母高寿尚在,怎能经得起长途颠簸迁居于陶?尧在唐遥望尧母所居,可见其奉母至孝,倘按当时葬身所死之地的风俗,就可知其时庆都已死,葬于望都山,故尧不时登山遥祭。《皇览·冢墓记》所言尧冢、尧母冢时,只辑《史记》,不录《汉书》,又引《续汉志》,既利于我们辨析尧冢、尧母冢之地,又便于我们认识当时的望祭之俗。

周代以武开国,终以文化成天下。周代文化,以礼为渊海,集前古之大成,开后来之政教。周代尚礼,为君者,恒以畏天保民为主。孔子倡导克己复礼,不语怪力乱神。《皇览·冢墓记》虽讥讽"好道者言黄帝乘龙升云"的神话殊不可信,但又出现姜嫄履神迹而孕的传说,如:

全节、章邱两县界,有神迹,是姜嫄所履处。(《太平寰宇记》卷十九"河南道")

周的始祖为弃,母为姜嫄。姜嫄履地而孕的传说,和黄帝升天而卒的神话一样,均荒诞不经。但是,弃后稷的降生,见于《诗经·生民》,《诗经》又为孔子所整理,而黄帝驭龙升天出自汉代方士的编造,因此《皇览·冢墓记》否定了后代方士的口传,却肯定了孔子所删订的文献。后稷无父而生,这反映出远古知母不知父的婚俗。《皇览·冢墓记》指出了后稷之父(所谓"神")之迹在"全节、章邱两县界",这也就道出了后稷之父的葬地,因而,此"有神迹"处,就可以供后人思慕望祭。

(二) 庙祀

舜为尧守灵三年,禹为舜守灵三年,就是飨祠在庙。太甲悔过三年,就是在汤冢附近的桐宫,而非冢地。又如颛顼之后皋陶,生于曲阜偃地,因赐姓为偃,而卒于六,故葬焉。《皇览·冢墓记》云:

皋陶冢,在庐江六县。(《史记集解》卷二《夏本纪》。又《续汉郡国志补注》云:六安国,皋陶冢在县)

偃师西北有皋陶祠,又有汤亭,有汤祠。(《续汉郡国志补注》)

济阴亳县,即偃师。西亳有汤冢,以及汤亭、汤祠。汤冢附近虽有皋陶祠,但皋陶冢在庐江六县。皋陶后人只要在皋陶祠举行祭祀,完全不必要远道前往皋陶冢祭扫先人。

周代以前,由于有葬于所死之地的葬俗,自然,有时葬地会与其家庙不在同一地方,后人往往不明底细,就因为其故居有祠庙之类而误以为其葬地亦在此。后人因祠庙旁有高地,或者因为在祠庙附近土地里掘得远古器物之类,就误视之为葬地,毕竟在周代以前,冢墓不丘封,不堆坟,不种树,不厚葬。《皇览·冢墓记》云:

> 有苍颉冢,在利阳亭南,坟高六丈。(《续汉志补注》同上)学书者,皆往上姓名投刺,祀之不绝。(《艺文类聚》卷四十"礼部"多末三句)

苍颉为黄帝时史官,他辞官出游,后返归故里而卒,故其冢在冯翊衙县利阳亭南。当前,国内仓颉墓或称六处,据三代以上葬不择地之俗,苍颉老死,则葬身所死之故里。所以,冯翊衙县利阳亭南今陕西白水县仓颉墓当为真迹。周代一改不封不树的风俗,冢葬有其度数,所以此辑文所谓"坟高六丈"的礼制,只会出现在周代以后的时间里。还有,"学书者,皆往上姓名投刺,祀之不绝",如此祭墓不合乎周代以前的祭俗,应发生在汉代以后。

周代以前,祭墓只面对先祖先贤而为。周代礼制规定,凡死于兵者投诸茔外,罚之以示义。这一葬俗,直到隋唐才有所改变。蚩尤是乱神之始,他与黄帝战于涿鹿之野,此乃悖乱之事;战败,被黄帝所杀,身首异处。因而,蚩尤应该无缘周代以前的冢墓之列。《皇览·冢墓记》不避怪力乱神之尤者,是关于蚩尤冢的文献:

> 蚩尤冢,在东平郡寿张县阚乡城中,高七丈。民常十月祀之,有赤气出如匹绛帛,民名为蚩尤旗。肩髀冢在山阳钜野县重聚,大小与阚冢等。传言黄帝与蚩尤战于涿鹿之野,黄帝杀之,身体异处,故别葬之。(《史记集解》同上。又《水经》"济水注",《艺文类聚》卷四十"礼部",《太平御览》卷二十七"时序部"、卷五百六十"礼仪部",《太平寰宇记》卷十三"河南道"、卷四十六"河东道",并引之。"赤气出如匹绛帛"句下,《寰宇记》有"自上属下"四字。《续汉郡国志注》引"蚩尤冢,在寿张县阚城中,高五丈"三句。《史记索隐》卷九《封禅书》亦引二句)

《皇览·冢墓记》明确显示了蚩尤冢地。对此,将如何理解?秦始皇东巡时,曾礼祠齐八神,其八神之三是兵主蚩尤。刘邦立为沛公时,祠黄帝,还祭蚩尤于沛庭,衅鼓,旗帜皆赤。刘邦立为汉帝后,因循秦朝正朔以十月为岁首,色上赤。东汉末,群雄四起,自然而然敬奉兵神。上有所好下必甚焉,"民常十月祀之,有赤气出如匹绛帛,民名为蚩尤旗",与帝王所欲所为殊途同归。曹魏已立,对于败将鬼雄的态度相当审慎,敬畏之余,已予以压制,故有"肩髀冢……故别葬之",这样,既以武起事,又偃武修文,相得益彰,两得其美。像蚩尤,死不得身全,得其所哉!至于"高七丈",全然后代所施。

《皇览·冢墓记》关于苍颉冢、蚩尤冢的辑文,虽然不合乎周代以前的祭墓之俗,但是揭示出其时的冢葬之俗,因此,有失亦有得。纵观《皇览·冢墓记》周代以前这十七条辑文,其中涉及上古传说人物占十四条(除汤、太甲、伊尹),我们能互为贯通予以考辨周代以前葬俗,尤其是上古时期传说人物的葬俗,其功岂不大焉!

参考文献:

[1]〔汉〕司马迁:《史记》,中华书局1959年版。

[2]〔汉〕毛亨传,〔汉〕郑玄笺,〔唐〕孔颖达疏,龚抗云等整理:《毛诗正义》,北京大学出版社2000年版,第269页。

[3]〔汉〕赵岐注,〔宋〕孙奭疏,廖名春等整理:《孟子注疏》,北京大学出版社2000年版,第102页。

[4]〔清〕毛奇龄:《诗札》,文渊阁《四库全书》本,上海古籍出版社1987年版,第218页。

[5]张纯一编著:《墨子集解》,成都古籍书店1988年版,第165—166页。

[6]〔汉〕孔安国传,〔唐〕孔颖达疏,廖名春等整理:《尚书注疏》,北京大学出版社2000年版,第100页。

[7]〔汉〕高诱注,工利器疏:《吕氏春秋注疏》,巴蜀书社2002年版,第999页。

[8]〔梁〕沈约:《竹书纪年》明嘉靖间范氏天一阁刊本,第9—10页。

[9]〔北魏〕郦道元著,陈桥驿校证:《水经注校证》,中华书局2007年版,第574页。

论赋体类书的产生与流变
——以敦煌文献为中心

□刘全波

摘要：赋体类书与赋之侧重点明显不同，虽然赋体类书亦是赋，但是其只是用了赋之形式以组织事类，所以赋体类书的发展不是赋的直接作用，而更有可能是类句类书、类语类书的产物，将类句类书、类语类书之内容，用赋的形式连接起来而已。敦煌文献中的《籯金》《文场秀句》保留了赋体类书产生、发展的证据，《籯金》之"叙文"就是赋体类书，《文场秀句》之"秀句"亦是赋体类书，且二书之组织模式，皆是前为类语，后为赋，内容更是紧密相连，前后呼应，由此我们可以得出类语类书是赋体类书产生的温床与根本的结论。传世赋体类书如《事类赋》只能见到其赋的形式，见不到其中间过程，而通过敦煌文献，我们就可以看清这个过程。学界曾以为《事类赋》是赋体类书的源起，而通过对唐代诸多赋体类书的考察，我们可以知道《事类赋》之外，尚有《翰苑》《兔园策府》《记室新书》诸赋体类书在流传，再加上《籯金》《文场秀句》，这是一个从唐初至唐末未曾中断的赋体类书编纂史、发展史。

关键词：赋体类书；敦煌文献；《籯金》；《文场秀句》

作者简介：刘全波，兰州大学敦煌学研究所教授。

一、赋体类书与赋的关系

类书与赋之间的关系多为古今学者所关注，且有不少学者认为类书是赋导引而来的。《三国志》卷五《魏志·后妃传》载："《魏略》曰：兰献赋赞述太子德美，太子报曰：'赋者，言事类之所附也，颂者，美盛德之形容也，故作者不虚其辞，受者必当其实。兰此赋，岂吾实哉？昔吾丘寿王一陈宝鼎，何武等徒以歌颂，犹受金帛之赐，兰事虽不谅，义足嘉也。今赐牛一头。'由是遂见亲敬。"[①] 所谓"赋者，言事类之所附也"的意思，就是说赋是事

---
① 〔晋〕陈寿：《三国志》卷五《魏志·后妃传》，中华书局1959年版，第158页。

类的集合。《三国志》卷十一《魏志·国渊传》又载:"《二京赋》,博物之书也。"①此记载亦多为后世学者所引用,言赋是博物之书,赋的内容山包海汇,天地宇宙、万事万物皆在赋中,赋的这个事类之集合,博物之书,很容易给人一种感觉,就是赋具有了类书的某些功能,且形式如类书,而后世发展起来的类书,自然被怀疑是赋的新变化,故类书由赋导引而来之说,渐渐流传开来。

《西京杂记》卷二载:"司马相如为《上林》《子虚》赋,意思萧散,不复与外事相关,控引天地,错综古今,忽然如睡,焕然而兴,几百日而后成。其友人盛览,字长通,牂牁名士,尝问以作赋。相如曰:'合綦组以成文,列锦绣而为质,一经一纬,一宫一商,此赋之迹也。赋家之心,包括宇宙,总览人物,斯乃得之于内,不可得而传。'览乃作《合组歌》《列锦赋》而退,终身不复敢言作赋之心矣。"②《西京杂记》卷二亦载:"或问扬雄为赋,雄曰:'读千首赋,乃能为之。'"③无论是司马相如与友人言赋,还是扬雄言为赋,皆是务求广博,包括宇宙,总览人物。赋之广博,可想而知。既然赋者是言事类之所附也,那么当面对这个广博的事类集合体时,古今学者亦多能看出其与类书之关系。

袁枚《随园诗话》卷一载:

> 古无类书,无志书,又无字汇,是以《三都》《两京》赋,言木则若干,言鸟则若干,必待搜辑群书,广采风土,然后成文。果能才藻富艳,便倾动一时。洛阳所以纸贵者,直是家置一本,当类书、郡志读耳;故成之亦须十年、五年。今类书、字汇,无所不备;使左思生于今日,必不作此种赋。即作之,不过翻摘故纸,一二日可成。可抄诵之者,亦无有也。今人作诗赋,而好用杂事僻韵,以多为贵者,误矣!④

张涤华《类书流别》载:"洎乎西京以降,词赋炳蔚。赋家之心,包括宇宙,总揽人物,博物洽闻,信称多识。故如马、扬、班、张之赋,不啻为汉世名物制度之专书,而得之者,即以当类书读。"⑤范文澜《中国通史简编》亦载:"班固的《两都赋》、张衡的《二京赋》和《南都赋》等,取材广博,按事类排比,在类书未出以前,这种大赋实际上起着类书的作用,因之文学价值虽不高,流传却很广。"⑥方师铎《传统文学与类书之关系》直言:"类书是由辞赋

---

① 〔晋〕陈寿:《三国志》卷十一《魏志·国渊传》,第339—340页。
② 〔晋〕葛洪辑,成林、程章灿译注:《西京杂记全译》卷二,贵州人民出版社1993年版,第68页。
③ 同上书,第65页。
④ 〔清〕袁枚著,王英志校点:《随园诗话》卷一,江苏古籍出版社2000年版,第6页。
⑤ 张涤华:《类书流别(修订本)》,商务印书馆1985年版,第9—10页。
⑥ 范文澜:《中国通史简编(修订本)》第2编,人民出版社1949年版,第247页。

引导出来的。"①"类书是因辞赋的需要而产生的,只不过早期的辞赋家没有类书可供獭祭,乃不得不费尽心力,搜索枯肠去自造'玮字',采集'离词'。"②方师铎认为:"在此之前,其所以未出现类书,是基于两个原因:一是在曹丕之前,纸未大量生产,书写工具未臻便利;二是在曹氏父子之前,辞人毫无地位。"③

简宗梧《赋与类书关系之考察》言:类书是接轨自汉代赋家的字书,是贵游文学转型的产物,是六朝贵游文学活动的练功秘籍,与赋成为共生结构。有了类书之后,赋受到类书的濡染,有些赋逐渐从空间的客观描述,走向掌故的分类运用,使二者有了更紧密的结合,到吴淑更将二者加以绾合,于是完成《事类赋》。然而,类书也因应文学与文化的多元发展,越来越壮硕而多元化,与赋的紧密关系,也逐渐走入了历史。④许结《论汉赋"类书说"及其文学史意义》言:"'赋代类书'的说法,从狭义的赋学观来看,是一种误解,如果就广义的文学观而言,又有一定的道理。因为汉赋作家的比类意识落实在创作上,充分体现于对物态的描绘,和赋体自身的修辞法则,这不仅使汉赋的'文类'特征影响到后世'类书'的编纂,而且具有中国文学从'文言'到'文类'的历史转折的意义,这一点又与汉人的'知类'精神与思维方式切切相关。""'赋代类书'说是对汉大赋'博物'与'比类'现象的描述,是一种知识系统的认知,与赋的创作思想和艺术精神扞格不入。"⑤许结先生对于"赋代类书"的认知十分准确,赋的确曾经与类书有过交集,但是赋体类书本身与赋的创作思想和艺术精神扞格不入,因为赋体类书没有灵魂,只有知识。

戴克瑜、唐建华主编《类书的沿革》亦言:"这些赋与其说是赋,不如说他是一本搜集了各类词藻的具有类书的特点的书籍更恰当一些。但是,他毕竟不是一本结构严谨、组织有序、专供人们翻检用的类书,而仍然只不过是一篇长赋而已。不过,文学家要写这样的赋,如果他的手边有一本完善的类书,也将用不了三年或十年那么长的时间就可编成。所以,这样的赋是当时历史发展的产物,他不但对类书这类工具书提出了社会要求,而且也给类书的编制提供了条件。"⑥可见,诸前贤对于赋的博物现象很重视,且阅读大赋之后,就是有一种胪列事物、排比故事的感觉,类书何尝不是胪列事物、排比故事?赋之内的胪列、排比一般都是按照某种规则进行的,其效果与类书无疑。且后世类书中有《事类赋》之类,即是类书与赋的结合,且被后世学者公认为类书无疑。

---

① 方师铎:《传统文学与类书之关系》,天津古籍出版社1986年版,第29页。
② 同上书,第149页。
③ 同上书,第12—16页。
④ 简宗梧:《赋与类书关系之考察》,《辞赋研究论文集——第五届国际辞赋研讨会》,中国文史出版社2003年版,第622—646页。
⑤ 许结:《论汉赋"类书说"及其文学史意义》,《社会科学研究》2008年第5期,第168—173页。
⑥ 戴克瑜、唐建华主编:《类书的沿革》,四川省图书馆学会编印,1981年版,第12页。

毋庸置疑,类书与赋的关系深厚。但是类书果真是赋导引出来的吗?我们需要考察类书最初的编纂模式,我们看《皇览》,其最初的编纂模式是采集经传中的事类。事类的意思就是"事"之类,事类必然以故事、典故为主,必然是较多的句子,而不是字、词,但是字、词才是赋所需要的,而事类对于赋就不是那么急需的,所以很显然,最初的类书《皇览》与赋的需要不搭边,或者说是不密切。此后的类书尤其是南北朝时期的类书有《四部要略》《史林》《华林遍略》《类苑》《修文殿御览》等,皆是以事类为主,而不是以字词为主,所以隋唐以前的类书与赋的关系仍然是不那么密切。或有人说《兔园策府》《事类赋》就是赋体的类书,其性质兼有类书与赋之特点,这是毫无疑问的,但是我们要知道赋体类书的出现是较晚的事情,其在南北朝肯定不是主流,而我们讨论类书的渊源的时候,就不能以较晚出现的赋体类书来上溯,因为只要上溯,就是有潜在的意识在里面,故《兔园策府》《事类赋》等赋体类书必然是由类书导引出来的,是类书发展的结果,是类书在发展中出现的新体例——类句类书、类语类书的产物,而类书却不一定是由赋导引而来的。

二、中古时期类书的发展与编纂体例的多样

从魏晋开始,到南北朝,再到隋唐五代时期,近 700 年里,类书的发展经历了多重变化。《皇览》是魏文帝曹丕敕令诸儒编纂的一部大型官修类书,被后人追奉为类书之祖。南朝皇室贵胄多效仿古代诸侯养士之风,招揽才俊,组成文人集团,萧子良是当时最有权势的王子皇孙,声势显赫,召集了众多学士抄书、编书、译经、讲经。据统计,前后出入萧子良幕府的文人多达 100 余人,主要是世家子弟和一些得道高僧,他们在竟陵王的组织下,从事文学活动,编纂《四部要略》,这无疑会对当时的学风、文风乃至整个社会风气产生极大的影响。即使后来萧子良争夺帝位失败而死,这些文人学士仍继续生活在萧齐或萧梁的某个地方,他们当初或者参与过《四部要略》的编纂,或者见闻过《四部要略》的编纂,这些记忆都将是他们开启新的类书编纂的宝贵经验,都为萧梁时代的新的类书编纂奠定了坚实的基础。事实也正是如此。萧梁时代出现了中国历史上第一个类书编纂高潮。

隋并天下之后,编纂有多部类书,如《长洲玉镜》《北堂书钞》《玄门宝海》《玉烛宝典》《编珠》等,《长洲玉镜》是其代表。史载《长洲玉镜》源自《华林遍略》,故我们认为《长洲玉镜》的内容和体例与《华林遍略》相仿,只是避免了复记之弊,并增补了新内容,而由于诸葛颖、王劭等人早年参与过《修文殿御览》的编纂,所以我们认为《长洲玉镜》也受到了《修

文殿御览》的影响,也就是说,《长洲玉镜》初步实现了南北类书编纂的融合。①唐代开国以后,唐高祖、唐太宗、唐高宗、武则天皆编纂过大型类书,《艺文类聚》《文思博要》《瑶山玉彩》《三教珠英》等横空出世,走向全盛的唐王朝四夷来服,日本多次派遣遣唐使,遣唐使必然带回了大量的典籍,其中必然有类书,回国之后的遣唐使,处处以唐王朝为样板,类书编纂必然也是如此,于是《秘府略》在这样的背景下得以编纂成书。

对于类书的编纂体例,前辈学者亦是多有研究,针对中古时期的类书发展、编纂情况,笔者建议用类事类书、类文类书、类句类书、类语类书、赋体类书、组合体类书六种模式进行考察。②类事类书自始至终是中国类书的发展主流,此种体例亦有多种模式,有出处、书名、人名在前者,亦有出处、书名、人名在后者,更有不具出处、书名、人名者,但是此种体例以引用、排列段落、长句为主,《皇览》《史林》《四部要略》《寿光书苑》《类苑》《华林遍略》《修文殿御览》《长洲玉镜》《文思博要》《东殿新书》《三教珠英》等,所采用的体例就是类事类书。

类文类书有些学者认为其不成立,但通过考察我们认为此种体例是存在的,当然,单独的类文类书或许早已经独立于类书之外,但是存在于经典类书之中的类文部分还是存在的,它是我们研究类文类书的基础,此种体例的形成当与类事类书有关,排列组合模式亦相同,至唐初《艺文类聚》编纂之时,将此两种模式合并成新的"事文并举"体例,并被后世广为沿袭。

类句类书的出现时间是比较早的,至少是南北朝时期,追求大知识量,追求博学多识的类句类书作为新的类书体例,被类书编纂者创造出来并大量使用,且一直传承下来,类句类书比类事类书、类文类书简洁明了,知识点也更加凸显,比较适用于私人使用,其典型代表是《北堂书钞》《白氏六帖事类集》等,但是笔者认为《北堂书钞》之前的南北朝时期已经有类句类书在流行。

类语类书是类句类书基础上的花朵,类句类书追求知识丰富与简洁,而类语类书则以二、三、四言词语的形式出现,在知识量丰富的同时变得更加简洁。类语类书还追求辞藻的对偶,很多时候都是成对出现的,这与中古文学的发展关系密切,类语类书的典型代表有《语对》《编珠》《籯金》等等。总之,从南北朝至隋唐时期,类句类书与类语类书已经逐渐成熟完善起来,并迅速挤占官修类书之外的私纂类书舞台。

赋体类书也是类书分类里面一个比较受关注、受质疑的问题,或有学者说类书是赋

---

① 刘全波:《〈长洲玉镜〉编纂考——兼论中古时期官修类书的因袭与替代》,罗家祥主编:《华中国学》2019年第1期,总第12卷,华中科技大学出版社2019年版,第121—139页。
② 刘全波:《论敦煌类书的分类》,王三庆、郑阿财主编:《2013敦煌、吐鲁番国际学术研讨会论文集》,成功大学中国文学系2014年版,第547—580页。

导引而来,所以后世产生的赋体类书的性质,明显就是回归"赋"的回归行为,且言赋体类书的重点是"赋"而不是类书,甚至有学者直接建议将"赋体类书"归入"赋",从类书中彻底独立出来。我们认为赋体类书与赋之侧重点明显不同,虽然赋体类书亦是赋,但是其只是用了赋之模式以组织事类,所以我们认为赋体类书的发展不是赋的直接作用,而更有可能是类句类书、类语类书的产物,将类句类书、类语类书之内容,用赋的形式连接起来而已。

《四库全书总目》之《事类赋提要》载:

> 是编乃所作类事之书。卷首结衔称博士,盖其进书时官也。前有淑进书状,称先进所著,一字题赋百首。退惟芜累,方积兢忧。遽奉训词,俾加注释。又称前所进二十卷,加以注解,卷帙差大。今广为三十卷,目之曰《事类赋》云云。是淑初进此赋二十卷,尚无书名。及奉敕自注,乃增益卷数,定著今称也。①
>
> 今所见者,唐以来诸本骈青妃白,排比对偶者,自徐坚《初学记》始。镕铸故实,谐以声律者,自李峤单题诗始。其联而为赋者,则自淑始。……淑本徐铉之婿,学有渊源,又预修《太平御览》《文苑英华》两大书,见闻尤博。故赋既工雅,又注与赋出自一手,事无舛误,故传诵至今。②

《事类赋》是赋体类书的代表,《事类赋》最先的名称是"一字题赋",后来才成为今天我们见到的"事类赋并注"。也就是说,吴淑最先编纂的"一字题赋"没有得到认同,加入了注释之后才大流行于当时与后世,这显然告诉我们《事类赋》的重点是类书即"事类并注",而非"赋"。赋体类书与赋之侧重点明显不同,虽然赋体类书亦是赋,但是其只是用了赋之模式以组织事类,所以我们认为赋体类书的发展不是赋的直接作用,而更有可能是类句类书、类语类书的产物,将类句类书、类语类书之内容,用赋的形式连接起来而已。

事文并举类书模式其实是一个组合模式,我们认为它没有固定的格式,但是它是由类事、类文、类句、类语、赋体等类书基本元素组合起来的,如《艺文类聚》是类事、类文之组合,《初学记》是类事、类语、类文之组合。后来的发展中,在这些基本元素之外,还出现了叙说、总论等说明性的文字,但是我们认为只要保留类书的基本模式,这些随着时代发展新出现的叙说、总论等,不改变类书的基本性质。这种组合体类书的编纂,难度是很高的,所以私人编纂类书多不采用这种模式,而只有在人才济济的情况下,才可以做出如此

---

①② 〔清〕永瑢等撰:《四库全书总目》卷一三五《事类赋提要》,中华书局1965年版,第1144页。

经典的文本,《艺文类聚》《初学记》之所以可以流传千年,并成为经典,主要还是和它们的编纂体例有关,这是它们不可能被淘汰的质量保障。

三、以敦煌文献为中心论赋体类书的产生

敦煌写本《籯金》是敦煌文献中保存的类书写本中的一种,共有 9 个卷号,即 S.2053、S.4195b、S.5604、P.2537、P.2966、P.3363、P.3650、P.3907、P.4873 号。①郑炳林先生认为,敦煌写本《籯金》大约可以分为四种:第一是《略出籯金》;第二种是《籯金》删节本;第三种是唐李若立撰写《籯金》原本;第四种是《籯金》字书。②李若立撰写《籯金》原本,敦煌文书中保存有 P.3907、S.2053 两个卷号,根据《籯金》内容研究得知,编撰《籯金》的目的是博采众长,删繁就简;编撰的时间开始于武则天统治期间,完成于唐中宗神龙年间,即神龙二年十月将中央政府迁回长安之前。阴庭诚删节本《籯金》,敦煌文书中有 P.2966、P.3363、P.4873、S.5604 等 4 个卷号,阴庭诚是州学博士,大约在吐蕃占领前为教授学生对《籯金》进行删节而成新作,对《籯金》原有内容进行删节,使其变得简单实用,但是阴庭诚的改编过甚,虽然保留了五卷百篇的规模,分卷基本上相同,但是他对其中语对事例附注作了大量的改动,很多部分解释出现偏差。晚唐敦煌名士张球改编之《籯金》,敦煌文书中保留 P.2537、P.3650 两个卷号,张球改编而成《略出籯金》,不仅仅是简单的删节改编和规模压缩,从格式到内容作了全面的修订和改编,有些部分进行重新撰写。《略出籯金》有其优点,内容条目简略精炼,但也存在很多不足,很多篇有叙文无事例附注,失去了《籯金》原貌。③

高天霞对敦煌写本的《籯金》系类书进行整理、研究,分为两大部分。其中"研究篇"考证了《籯金》系类书写本的改编者以及传抄改编,揭示了《籯金》系类书写本在文献学、

---

① 屈直敏:《敦煌写本〈籯金〉系类书叙录及研究回顾》,《敦煌学辑刊》2011 年第 1 期,第 153—165 页。
② 郑炳林、李强:《敦煌写本〈籯金〉研究》,《敦煌学辑刊》2006 年第 2 期,第 1—20 页;郑炳林、李强:《唐李若立〈籯金〉编撰研究(上)》,《天水师范学院学报》2008 年第 6 期,第 22—29 页;郑炳林、李强:《唐李若立〈籯金〉编撰研究(下)》,《天水师范学院学报》2009 年第 1 期,第 13—23 页;郑炳林、李强:《阴庭诚改编〈籯金〉及有关问题》,《敦煌学辑刊》2008 年第 4 期,第 1—26 页;郑炳林、李强:《晚唐敦煌张景球编撰〈略出籯金〉研究》,《敦煌学辑刊》2009 年第 1 期,第 1—17 页;李强:《敦煌写本〈籯金〉研究》,兰州大学博士学位论文,2008 年。
③ 魏迎春、郑炳林:《敦煌写本李若立〈籯金〉残卷研究——以 S.2053v 号为中心的探讨》,《敦煌学辑刊》2011 年第 3 期,第 1—20 页;魏迎春:《敦煌写本 S.5604〈籯金〉残卷研究》,《敦煌学辑刊》2011 年第 4 期,第 7—20 页;魏迎春:《敦煌写本 P.2966 和 P.3363〈籯金〉残卷考释》,《敦煌研究》2014 年第 6 期,第 82—90 页。

汉语言文字学、训蒙教育等方面的价值;"校录篇"则以录文和校记相结合的形式,进行了点校、校勘、疏证,为学界提供了一个收集全备、校录精审的整理本,具有较高的学术价值。①高天霞还认为《籯金》之"叙文"明显具有"赋"特点与价值,需要深入发掘其文学价值。笔者认为,《籯金》之"叙文"的文学价值应该放在次要位置,而其赋体类书的性质更应该给予较多的关注。故笔者这里主要从编纂体例的角度进行考察,试看《语对》与《籯金》之体例,明显是不一样的,即《语对》是只有类语的,纯粹的类语类书,而《籯金》的类语之后还有叙文,是类语类书与赋体类书之组合,且是与类语关系极其密切的赋体类书,即编纂者依据诸前面的类语编纂了后面的赋体类书。

诸王篇第三
维城磐石
汉梁孝王
鲁恭王
长沙王
楚元王
东平王
陈思王
西园　东菀
猿岩　龙岫
兔园　修竹林
玳筵　金玺
碣石　睢园

乾文著象,帝子之星耀于天;坤气标仪,嗣天孙之岳峙于形。传芳折茂,资茅土而疏封;琼叶分阴,籍桐珪而列壤。曹滕毕原鄌郇之穆胤,宗社长隆;管蔡成郕霍鲁卫之昭宗,维城永固。睢园博敞,斜通修竹之林;碣石幽清,傍邀文雅之客。玳筵交暎,侣郭乐而友牧邹;金玺含辉,礼穆申而接应。兰宫晓侍,时歌猎蕙之风;桂菀霄游,即赋流天之月。亦有望美宗枝,地邻磐石。西园飞盖,追逸赏而忘疲;东苑腾镳,

---

① 高天霞:《敦煌写本 S.5604 号〈籯金〉疑难字句补释》,《语文学刊》2019 年第 2 期,第 39—43 页;高天霞《从敦煌写本看失传类书〈籯金〉的编撰目的与编排体例》,《文献》2020 年第 1 期,第 128—136 页;高天霞:《敦煌写本〈籯金〉系类书的文献校勘价值例说》,《河西学院学报》2020 年第 4 期,第 48—52 页;高天霞:《敦煌写本〈籯金〉系类书整理与研究》,中国社会科学出版社 2020 年版;高天霞《敦煌写本〈籯金〉系类书童蒙教育价值浅论》,金滢坤主编:《童蒙文化研究》总第 5 卷,人民出版社 2020 年版,第 68—74 页。

契嘉游而不□。雍容文雅,俊杰方驾于猿岩;仁孝恭勤,英彦连芬于龙岫。芳筵顿舞,恩益封而陈机;绮阁温书,想雄才而独擅。百枝百代,岂不然乎!

《文场秀句》有 P.2678 与 P.3956 号,[1]还有羽 072 号,[2]共可缀合为两件写本,分别收藏于法国巴黎国家图书馆与日本武田科学振兴财团杏雨书屋。《敦煌遗书总目索引》将 P.2678 号题作"小类书",P.3956 号则题作"类林"。缀合后本件写卷无题名,《敦煌宝藏》题作"类林",[3]《法藏敦煌西域文献》将其定作"籯金",王三庆《敦煌类书》题作"语对甲",[4]《敦煌遗书总目索引新编》作"语对甲"。[5]后王三庆先生发表《〈文场秀句〉之发现、整理与研究》一文,将其定作"《文场秀句》"。[6]我们仅摘录其中一部分,即可见其状况。

帝德第十

金镜

玉烛

南风

东户

五帝

三皇

三王

八眉

双瞳

至化淳风,一人万乘

驾岭

八表

梯山

---

[1] 上海古籍出版社、法国国家图书馆编:《法藏敦煌西域文献》第 17 册,上海古籍出版社 2001 年版,第 206—207 页。
[2] (日本)武田科学振兴财团杏雨书屋、(日)吉川忠夫编:《敦煌秘笈》第 1 册,はまや印刷株式会社 2009 年版,第 425—426 页。
[3] 黄永武编:《敦煌宝藏》第 132 册,新文丰出版公司 1986 年版,第 390—391 页。
[4] 王三庆著:《敦煌类书》,丽文文化事业股份有限公司 1993 年版,第 107 页。
[5] 敦煌研究院编:《敦煌遗书总目索引新编》,中华书局 2000 年版,第 249 页。
[6] 王三庆:《〈文场秀句〉之发现、整理与研究》,王三庆、郑阿财:《2013 年敦煌吐鲁番国际学术研讨会论文集》,成功大学文学系 2014 年版,第 1—22 页;王三庆:《敦煌吐鲁番文献与日本典藏》,新文丰出版股份有限公司 2014 年版,第 455—484 页。

九垓　　有截无垠

　　象浦

　　月津

　　紫宸丹禁

　　方今道光东户,德迈南风;条玉烛以乘时,振金镜而凝化。恩沾八表,南宫象浦之乡;泽被九垓,西极月津之垲。淳风敷于有截,既驾崤而来珍;至化布于无垠,亦梯田而入贡,息飞尘于五岳恒山、太山、嵩高山、衡山、华山,静惊浪于四溟四海。

　　总之,通过对《篆金》与《文场秀句》的考察,可以发现一个共同情况,即《篆金》与《文场秀句》皆分为两部分,前为类语,后为赋体。我们以前更多的是关注它们的类语部分,将之主要作为类语类书进行研究,并将它们与《语对》一并对待,其实,我们忽略了《篆金》与《文场秀句》的赋体类书性质,这也导致我们没有认清它们的本质。

　　对于赋体类书的功用,前辈学者亦有考察,即科举试策。试策自汉文帝时始创,是历代王朝的选贤要术,唐初试策亦是科举的重要科目。《兔园策府》现存的五篇策文,全部采用问对之体,与唐代试策形制基本一致。《封氏闻见记》载:"策问五道,旧例:三道为时务策,一道为方略,一道为征事。近者,方略之中或有异同,大抵非精博通赡之才,难以应乎兹选矣。"[1]可见,策问五道分别为时务策三道、商略策、征事策各一,时务策即是针对当时国家治理中的重大或紧要问题进行策问。无论是广义的"策问五道",还是狭义的"时务策三通",策问在进士科考试中都具有十分重要的地位。针对常科试策而编纂的《兔园策府》是我们所熟知的,其学术价值也是公认的,虽然《篆金》与《文场秀句》不是典型的赋体类书,但是其赋体类书却是与策问本质相同的,故我们认为《篆金》与《文场秀句》之"叙文""秀句"应是《兔园策府》之"策问"的另一种形态,且是比《兔园策府》流传更为广泛的一种教材或学习材料。

　　如果只看到《兔园策府》与《事类赋》,还不能将赋体类书的产生过程理解清楚,通过《篆金》与《文场秀句》我们至少得到了一种赋体类书的产生发展史,即赋体类书是有类语类书发展而来,尤其是像《篆金》与《文场秀句》这样的类语类书加赋体类书,当然赋体类书的产生并不是只有这一种模式。

　　李途所作《记室新书》是唐代类书编纂的又一个代表,它不同于前期的官修类书,亦不同于为科举与文学所编纂的科举类书和文学类书,它是中晚唐时代的产物,是藩镇割据局面之下出现的新类书模式,虽然其体例仍然是延续了前期诸类书的模式,但是,它在

---

[1] 〔唐〕封演撰,赵贞信校注:《封氏闻见记校注》,中华书局2005年版,第17页。

内容方面必然有了变化,此时的类书有点与书仪合轨的味道,书仪是写作的范文,而类书是辞藻的渊薮,总之,藩镇时代编纂了诸多具有藩镇割据色彩的新类书。①对于《记室新书》的流传,也可以得到清楚的认知,因为,宋代编纂的诸类书如《记纂渊海》《古今合璧事类备要》《古今事文类聚》《翰苑新书》等多引用《记室新书》之内容,可见,此《记室新书》在两宋时代是流传较广的,但是,究竟是仅有部分佚文在流传,还是整部书都在流传,不得而知。具体到《记室新书》的编纂体例,通过对诸佚文的考察,我们认为其体例当是赋体类书,但是,《记室新书》部分佚文明显还具有类语类书的意味。《记室新书》究竟是一部什么性质的类书呢?此前我们还有诸多疑惑,但是通过《籯金》与《文场秀句》之体例,我们其实可以对《记室新书》有更多新的认知。诸如"五材是宜,百工惟叙,城郭都邑合其规,士农工商得其所""汉桓荣之赐辎车,晋山涛之乘小辇""隼飞旟上,熊伏轼前,皂盖分辉,彤幰耀彩""扼束江湖,襟带吴楚"之类,很显然,属于赋体类书。诸如"秀望""熊轼""馈鲤""双旌""五马""金鸡"之类,很显然,是类语类书。也就是说,此前我们对《记室新书》的定位是不够准确的,我们虽然看到了编纂体例的重大不同,却没有得到清晰的认知,甚至还有许多疑惑,而通过类比敦煌类书《籯金》与《文场秀句》,就可以知道它的性质与编纂体例,即《记室新书》亦是类语类书与赋体类书之组合体。

四、中古时期的赋体类书编纂史、发展史

《旧唐书》卷四十七《经籍下》子部"类事"载:"《策府》五百八十二卷。张大素撰。"②《新唐书》卷五十九《艺文三》子部"类书类"载:"张大素《策府》五百八十二卷。"③《通志二十略·艺文略第七》子部"类书类"载:"《册府》五百八十二卷。"④对于《策府》的作者,有的文献记载为张大素,有的文献记载为张太素,我们认为应该是张大素,因为《旧唐书》《新唐书》皆有张大素家族之传记,张大素是唐初名臣张公谨的儿子,而此张公谨是唐太宗图形凌烟阁的功臣之一,张公谨的儿子都是"大"字辈,如张大象、张大安,张大安后来位至宰相。此书究竟是类事类书,还是赋体类书,是我们关注的焦点。如果此书果真与《兔园策府》一样是赋体类书,那可是十分丰富的宝库,是当时科举与时事的汇合。⑤

---

① 刘全波:《唐代类书编纂研究》,花木兰文化事业有限公司2018年版,第167页。
② 《旧唐书》卷四十七《经籍下》,中华书局1975年版,第2046页。
③ 《新唐书》卷五十九《艺文三》,中华书局1975年版,第1563页。
④ 〔宋〕郑樵撰,王树民点校:《通志二十略·艺文略第七》,中华书局1995年版,第1732页。
⑤ 刘全波:《唐代类书编纂研究》,花木兰文化事业有限公司2018年版,第87—90页。

《翰苑》是唐高宗显庆五年(660)张楚金编纂的一部赋体类书。《翰苑》早已失传，1917年，日本学者黑满胜美调查古籍时，在日本九州福冈市太宰府天满宫发现了抄本《翰苑·蕃夷部》残卷。1922年，日本学者内藤湖南博士将其收入日本京都帝国大学文学部影印唐抄本第一集中面世，1934年，金毓黻先生将其收入《辽海丛书》中，1977年吉川弘文馆出版了竹内理三博士校订解说的《翰苑》，1983年，日本国书刊行会又出版了汤浅幸孙先生的《翰苑校释》。《翰苑》书中的双行夹注并不是训诂学的语译，而是客观地抄录或节录有关文献资料的原文，正文则是用一两句骈体文赋概括夹注文的内容大意。

　　敦煌写本《兔园策府》是唐高宗时期蒋王李恽的僚佐杜嗣先针对科举试策而编撰的一部赋体类书，通过对《兔园策府·议封禅》历史背景的深入发掘，我们认为《兔园策府》的成书时间极有可能就是唐高宗时期第一次热议封禅的龙朔二年(662)前后。[①]敦煌写本《兔园策府》的5个残卷散藏于英国伦敦博物馆(编号分别为S.614、S.1086、S.1722)、法国巴黎国家图书馆(编号为P.2573)、俄罗斯科学院东方研究所圣彼得堡分所(编号为Дх.05438)，其中略抄本有S.614、S.1722、P.2573、Дх.05438共4个写卷，双行小注本仅S.1086号1个写卷，且P.2573与S.1722可缀合。

　　赋体类书作为一种类书编纂模式，在整个中国类书编纂史、发展史上是比较受重视的，但是，因为资料的散佚，学界原来以为《事类赋》是赋体类书的开创之作，而随着各类文献的不断涌现，尤其是敦煌类书《兔园策府》的出现，让我们知晓了唐初即有赋体类书的事实，而日本藏《翰苑》残卷的重现，更是给我们带来了诸多的新的认知，即唐初编纂的赋体类书不仅有一个《兔园策府》，还有一个《翰苑》，这都是赋体类书的杰出代表，此外，张大素所编纂的《策府》亦有可能是一部卷帙极大的赋体类书，如此来看，唐初的赋体类书已经非常成熟，且广为流传，西到敦煌，东到日本，皆有其踪迹。而晚唐时代李途所编纂的《记室新书》向来不为学界所重视，有时甚至认为他是一部类语类书，而通过研究，我们发现了他赋体类书的本质，可见，唐初就已经开始的赋体类书编纂并没有停止，只是由于资料的散佚，让我们产生了错误的认知，现在，我们将《籝金》《文场秀句》《记室新书》置入赋体类书的编纂史、发展史中，一个中古时期的赋体类书编纂史、发展史就逐渐显现在我们眼前，这是一个从《兔园策府》《翰苑》到《籝金》《文场秀句》《记室新书》再到《事类赋》的完整的不曾中断的赋体类书编纂史、发展史。

---

① 刘全波、曹丹：《论〈兔园策府·议封禅〉产生的历史背景》，《甘肃广播电视大学学报》2020年第4期，第6—10页。

由本事以窥作意：
论韩愈《毛颖传》的"驳杂无实"*

□ 陈　慧

摘要：陈寅恪从"文体""本事""作意"三方面来理解唐代小说的"驳杂无实"，认为韩愈《毛颖传》是以古文为小说的典型代表。此前研究多从"文体"角度申发，本文则主要考察"本事"，弥补历代注家缺漏并回应其质疑。认为该传叙秦事往往符合史实，而叙毛颖则多点窜子书、类书，以拘纵之笔融贯一气，故而造成"叙事所据不明"的印象；此外，该传的确存在"语称上与时代不符"的情况，但这更像是有意为之，提醒读者注意"驳杂无实"背后的时代问题与真实关切。由"本事"以窥"作意"，可知该传以奇肆之笔，寄托醇正之理，很好体现了韩愈处理古今、华夷问题的态度与方法。

关键词：韩愈；毛颖传；陈寅恪；本事；驳杂无实

作者简介：陈慧，文学博士，中山大学博雅学院讲师。

张籍曾批评韩愈"多尚驳杂无实之说"[①]，后世多将韩愈《毛颖传》视为此类代表。而陈寅恪认为，张籍所斥无可指实，且在《毛颖传》撰作之前，说明其说与该传无涉。[②]但这并不意味着可为之揭去"驳杂无实"的标签，毕竟由张籍之说可知韩愈过往深嗜于此，其后来的撰作即建立在过往的偏好基础上。而且，为此标签增加注脚，从"文体""作意""本事"等角度概括唐代小说的特点为文备众体，思想理论深受佛道两教的影响，且取材包含大量神鬼故事与人世所罕的异闻，认为《毛颖传》即是韩愈以"古文"为小说的一种尝试；另一方面，陈寅恪又在此标签之下，将批评转换成了赞扬，把《毛颖传》视为和《石鼎联句

---

* 本文系国家社科基金后期资助项目"从文统重建到文明再造：明清以来的韩愈批评"（18FZW015）阶段性成果。

① 〔唐〕张籍：《上韩昌黎书》，〔清〕董诰等编：《钦定全唐文》卷六八四，清嘉庆十九年（1814）扬州诗局刻本。

② 陈寅恪：《韩愈与唐代小说》，氏著：《讲义及杂稿》，三联书店2002年版，第441页。有台湾学者进一步指出，张籍"驳杂无实"与裴度"以文为戏"之说，均早于《毛颖传》的撰成，与之无涉。此一误说实可推至王定保、刘克庄、胡应麟之失。见王美盈：《试论韩愈〈毛颖传〉之相关问题》，《世新中文研究集刊》第9期，2013年。

诗并序》类似的"史才、诗笔、议论俱见"、文学技巧最佳、有力传播唐代小说的作品。①此外,他还在《论韩愈》中进一步揭示,韩愈以"古文"为小说恰恰是其古文特色之所在及其古文运动成功之所在。②

在陈寅恪影响下,学界主要着眼"文体"进一步申说《毛颖传》的"驳杂"价值,却对"作意""本事"等角度的"驳杂无实"讨论不足。而我们知道,韩愈以"修其辞以明其道"(韩愈《争臣论》)为撰文宗旨,以"无一字无来处"(黄庭坚《答洪驹父书》)为修辞特征。所谓"作意""本事",恰恰分别对应其撰文宗旨、修辞特征,二者并非截然分开的两点,前者往往要通过后者体现出来。换言之,了解其文章所本,方知其受哪些思想影响。历代注家所注本事,存在一些缺漏和质疑,所质疑者,可大致归为:叙事所据不明、语称与时代不符两类。而恰恰是这些缺漏与质疑,令我们对《毛颖传》的"驳杂无实"不甚明了。因此本文将主要处理存在缺漏与质疑的本事,并借此思考韩愈古文"醇"与"肆"的关系。此一研究,有助学界具体把握韩愈如何修辞以明道,如何推动文学革新与儒学复兴的方法、门径所在。

一、本事之"驳杂"

1. 原文:"其先明眎,佐禹治东方土,养万物有功,因封于卯地,死为十二神。"③

韩愈为毛颖祖先撰写的兔传看似子虚乌有,实则皆有所本。"佐禹治东方土"本自《史记·齐太公世家》:"太公望吕尚者,东海上人。其先祖尝为四岳,佐禹平水土甚有功。"④这与韩愈为毛颖出场所写卜辞的出处一致:"以《连山》筮之,得天与人文之兆。筮者贺曰:'今日之获,不角不牙,衣褐之徒。缺口而长须,八窍而趺居。独取其髦,简牍是资,天下其同书。秦其遂兼诸侯乎!'"这段文字也本自《史记·齐太公世家》周文王得姜尚前的卜辞:"西伯将出猎,卜之,曰'所获非龙非螭,非虎非罴;所获霸王之辅'。"⑤

至于"卯""十二神"等说,既可见于王充《论衡·物势》:"酉,鸡也。卯,兔也。"⑥《论

---

① 陈寅恪:《韩愈与唐代小说》,氏著:《讲义及杂稿》,第441—443页。
② 陈寅恪:《论韩愈》,氏著:《金明馆丛稿初编》,三联书店2002年版,第329页。
③ 〔唐〕韩愈撰,马其昶校注:《韩昌黎文集校注》,上海古籍出版社1986年版,第566页。下文所引《毛颖传》原文皆出于此,不再一一出注。
④ 〔汉〕司马迁:《史记》卷三十二《齐太公世家》,中华书局1959年版,第1477页。按:此前有不少观点认为《毛颖传》此句应断为:"佐禹治东方,土养万物有功","土"通"吐"。明白出处可解决断句问题。
⑤ 〔汉〕司马迁:《史记》卷三十二《齐太公世家》,第1477—1478页。
⑥ 〔汉〕王充撰,黄晖校释:《论衡校释》卷三,中华书局1990年版,第150页。

衡·难岁》：" 或上十二神，登明、从魁之辈，工伎家谓之皆天神也，常立子、丑之位，俱有冲抵之气。"①又可见于《法苑珠林》引《大集经》云，阎浮提外四方海中，有十二兽，"并是菩萨慈悲化导……故人道初生，当此菩萨住窟，即属此兽护持得益。是故汉地十二辰兽，依此而行"。②李学勤据1975年出土的湖北睡虎地秦简中占卜文献《日书》中《盗者》一章提到十二生肖，判断十二生肖至少自战国已存在。③十二生肖说的形成，则可能吸收了《大集经》中十二兽轮流值岁的因素。

2. 原文："明际八世孙翳，世传当殷时居中山，……窃姮娥、骑蟾蜍入月。"

王一槐《韩文正误》认为明际辅佐夏禹、姮娥为羿妻奔月已久，其八世孙不可能"当殷时、窃姮娥且骑蟾蜍也"。④他主要依据两汉文献《淮南子》《灵宪》来判断，又按《灵宪》意思，姮娥即为月中蟾蜍，⑤并非韩愈所说的蟾兔并存于月。而何焯指出，蟾兔并存于月出自东汉魏伯阳《周易参同契》"蟾蜍与兔魄，日月气双明。蟾蜍视卦节，兔者吐生光"。⑥

蟾兔并存于月，主要基于两汉盛行的阴阳之说，传世文献中至少有一说较张衡《灵宪》要早，如《世说新语·言语》刘孝标注引刘向《五经通议》云："月中有兔、蟾蜍者何？兔，阴也；蟾蜍亦阴也，而与兔并明，阴系于阳也。"⑦此外，姮娥入月之事，也有可能本于殷易《归藏》，《文心雕龙·诸子》云："按《归藏》之经，大明迂怪，乃称羿弊十日，嫦娥奔月。"⑧唐李善注《月赋》《祭颜光禄文》等也引及《归藏》。1993年在湖北江陵出土的王家台秦墓竹简《归藏》之"归妹卦"，可证所传不虚，且此卦并未提及姮娥为羿妻。⑨

---

① 〔汉〕王充撰，黄晖校释：《论衡校释》卷二十四，第1021—1023页。按：《毛颖传》撰写兔传，谓其"当吐而生"，亦本自《论衡·奇怪》："兔吮毫而怀子，及其生，从口而出。"
② 〔唐〕释道世撰，周叔迦、苏晋仁校注：《法苑珠林校注》卷三十《住持篇·菩萨部》，中华书局2003年版，第935—937页。
③ 李学勤：《干支纪年和十二生肖起源新证》，《文物天地》1984年第3期。
④ 〔明〕王一槐：《玉唾壶》卷下，《续修四库全书》第1143册《子部·杂家类》，上海古籍出版社1996年版，第606页。
⑤ 《太平御览·天部》引张衡《灵宪》曰："羿请不死药于西王母，羿妻姮娥窃以奔月，托身于月，是为蟾蜍。"见〔宋〕李昉编：《太平御览》卷四，河北教育出版社1994年版，第39页。《淮南子·览冥训》："譬若羿请不死之药于西王母，姮娥窃以奔月。"高诱注曰："姮娥，羿妻。羿请不死之药于西王母，未及服之，姮娥盗食之，得仙，奔入月中为月精。"见何宁：《淮南子集释》卷六，中华书局1998年版，第501页。《搜神记》亦载，作"嫦娥窃之以奔月。"见〔晋〕干宝撰，汪绍楹校注：《搜神记》卷十四，中华书局1979年版，第174页。
⑥ 〔清〕何焯：《义门读书记》卷三十三，中华书局1987年版，第590页。
⑦ 〔南朝宋〕刘义庆撰，徐震堮校笺：《世说新语校笺》卷上，中华书局2001年版，第30—31页。
⑧ 〔南朝梁〕刘勰撰，杨明照校注：《增订文心雕龙校注》卷四，中华书局2000年版，第229页。
⑨ 参见李家浩：《王家台秦墓"易占"为〈归藏〉考》，《传统文化与现代化》1997年第1期。

3. 原文:"居东郭者曰䨲,狡而善走,与韩卢争能,卢不及。卢怒,与宋鹊谋而杀之,醢其家。"

历代注家注此节文字,例引《战国策·齐策》中淳于髡用以讽谏齐王的韩卢逐东郭䨲、田父得利之事,意指齐若伐魏,二者俱疲,强秦获之不劳。虽事涉秦国,情节却不符《毛颖传》逻辑,命意更与上下龃龉。何况韩卢、东郭䨲不过是犬兔的代称,相关典故甚多,颇具丰义性,韩愈所参取者不止于此。韩卢得以醢东郭䨲,并非两败俱伤,更可能本自《战国策·秦策》中范雎谏秦昭王治诸侯以成霸业之意:"以秦卒之勇,车骑之多,以当诸侯,譬若驰韩卢而逐蹇兔也,霸王之业可致。"①此说《史记·范雎蔡泽列传》用之,与韩愈同时代的元稹《牛元翼可深冀等州节度使制》"苟得韩卢而示之狡兔,则可备俎豆而俟于脯醢矣"②,也是用此典故。结合《毛颖传》下文蒙恬俘虏毛氏之族来看,祖上善走,尚难逃韩卢、宋鹊之手,这意味着,面对强秦良将如蒙恬之流,毛氏之族亦不得不成穴中蹇兔。

韩愈以此段作为兔传的了结,其后则转入笔传,中间有个拔毫为笔的过程。西晋嵇含《试笔赋序》云:"骋韩卢,逐狡兔",以取"甚伟"之"毫锋","刊悬崖之竹而为笔"③。据此可以理解,韩愈在叙世次之余,也在似断而续、不着痕迹地铺排制笔过程,这与其后"拔其豪""聚其族而加束缚""封诸管城"等遥相呼应,一脉相通。林纾称《毛颖传》"前半直是一篇'兔传',至'独取其毫',始为毛颖伏案"④。李刚己云:"首段专就兔言,此段方叙取毫为笔,行文步骤极严。"⑤他们分别体会到步骤之变化与严密,却都未留意"韩卢逐䨲"就已伏案衔接上下:既为光怪陆离的兔族家世作一收结,为秦将军蒙恬俘毛颖、制毛笔肇端,又为下文"秦其遂兼诸侯",成就霸业作了铺垫。这样,"兔传""笔传""毛颖传",就自然而然地合成围绕秦史展开的整体。

4. 原文:"秦始皇时,蒙将军恬南伐楚,次中山,将大猎以惧楚。"

朱熹认为"中山在秦东北,非伐楚所当次也。此固寓言,然亦不为无失"⑥。此外,蒙恬采中山兔毫造秦笔之说也颇受诟病。有关"中山"所在,史存两种看法:一指定州(今河北定县)之古中山国;一指溧水(今苏州溧水县,唐属宣州,宣州曾名宣城郡)东南之山。

---

① 〔汉〕刘向编:《战国策》卷五,齐鲁书社 2005 年版,第 55 页。
② 〔唐〕元稹撰,吴伟斌笺注:《新编元稹集》第 13 册,三秦出版社 2015 年版,第 6724 页。
③ 王学雷:《嵇含〈试笔赋序〉笺注》,氏著:《古笔考——汉唐古笔文献与文物》,苏州大学出版社 2013 年版,第 129 页。
④ 林纾:《韩柳文研究法·韩文研究法》,商务印书馆 1914 年版,第 53 页。
⑤ 高步瀛:《唐宋文举要》甲编卷二,上海古籍出版社 1982 年版,第 265 页。
⑥ 〔宋〕朱熹:《昌黎先生集考异》卷八,朱杰人等主编:《朱子全书》第 19 册,上海古籍出版社、安徽教育出版社 2010 年版,第 572 页。

朱熹言在秦东北,当指定州。

　　从产地来说,定州、溧水皆产兔毫。定州说主要见于传为王羲之所撰的《笔经》:"诸郡献兔毫,出鸿都门,惟有赵国毫中用。世人咸云:兔毫无优劣,笔手有巧拙。意谓赵国平原广泽,无杂草木,惟有细草,是以兔肥,肥则毫长而锐,此则佳笔也。"①公元前296年,赵国攻灭中山国,定州归赵国管辖。公元前228年,秦国攻灭赵国,定州归秦国管辖。而溧水说主要见于唐人。段公路《北户录》曰:"宣城岁贡青毫六两、紫毫三两、次毫六两,劲健无以过也……是知王羲之叹江东下湿,兔毫不及中山。"②白居易《紫毫笔》诗言贡自宣城,《鸡距笔赋》谓产于中山。③完成于唐宪宗元和八年(813)的《元和郡县图志》云:"中山,在(江南道宣州溧水)县东南一十五里。出兔毫,为笔精妙。"④明李日华也据唐史"贡笔"记载,断为"溧水之中山,非晋地之中山也"⑤。

　　从军事来看,伐楚经由定州、溧水皆有可能。如果是定州,马其昶据《史记·秦始皇本纪》认为:"始皇十九年拔赵,二十年击燕,二十一年击楚,由燕、赵移师伐楚,则次于中山,亦事理之常,不为失也。"⑥陈景云《韩集点勘》认为中山指溧水,朱子所谓"有失"者,在于楚郡寿春在江北,而溧水在江南,秦未克楚都之前,没有先渡江而南的道理。高步瀛却认为溧水"于地势亦甚合。楚自考烈王徙都寿春,在今安徽寿县,则伐楚时,次江苏溧水县之中山,于用兵亦宜,并免朱子所讥"⑦。当代考古研究表明,秦之伐楚,除由北往南之主线外,另有从巴蜀之地的酉水东进、夺取楚国江南地区的南部路线,⑧可见高氏推测并非虚妄。

　　至于此段暗伏蒙恬造笔一事,陈启源谓之"文人谩戏,非经考据,不足置辨也"⑨。方雪斋(何道生)以为"此等游戏之文,不嫌假借,毋庸深究其所自也。"⑩就文献言,蒙恬造笔事出张华《博物志》,但一般认为蒙恬并非毛笔的创造者而是毛笔制法的改造者,也可以说是"秦笔"的制造者。笔,从聿从竹,秦之前已有之,独秦谓之笔。竹管木管均有之,然

---

① 王学雷:《王羲之〈笔经〉校笺》,氏著:《古笔考——汉唐古笔文献与文物》,第109页。
② 王学雷:《〈北户录〉所记笔资料两则校笺》,氏著:《古笔考——汉唐古笔文献与文物》,第137页。
③ 白居易《紫毫笔》云"宣城之人采为笔",《鸡距笔赋》云"岂不以中山之明,视劲而迅"。见〔唐〕白居易撰,朱金城笺校:《白居易集笺校》卷四、卷三十八,上海古籍出版社1988年版,第249、2611页。
④ 〔唐〕李吉甫:《元和郡县图志》卷二十八《江南道四》,中华书局1983年版,第685页。
⑤ 〔明〕李日华:《六研斋笔记》卷四,氏著:《六研斋笔记·紫桃轩杂缀》,凤凰出版社2010年版,第66页。
⑥ 〔唐〕韩愈撰,马其昶校注:《韩昌黎文集校注》,第568页。
⑦ 高步瀛:《唐宋文举要》甲编卷二,第263页。
⑧ 高崇文:《从考古发现谈战国时期秦楚关系》,氏著:《古礼足征:礼制文化的考古学研究》,上海古籍出版社2017年版,第457页。
⑨ 〔清〕陈启源:《毛诗稽古编》卷三《邶风·静女》,《皇清经解》本。
⑩ 高步瀛:《唐宋文举要》甲编卷二,第265页。

用苍毫还是兔毫,则有争议。苍毫说依据崔豹《古今注·问答释义》,①兔毫说依据王羲之《笔经》,此著虽疑为伪托,但在《初学记》中被引用入注,广为唐人接受。

从魏晋以来载笔传统来看,蔡邕《笔论》已语及中山兔毫,②再由他的《笔赋》③,傅玄《傅子·校工》④《笔赋》⑤,葛洪《西京杂记》⑥,成公绥《弃故笔赋》⑦及嵇含《试笔赋序》,再到李白《草书歌行》⑧、白居易《鸡距笔赋》《紫豪笔》等,可知均为兔毫笔,欧阳询之子欧阳通则用狸毛覆兔毛为笔。宋人苏易简《文房四谱·笔谱·一之叙事》称《史记》载蒙恬取中山兔毛为笔,《二之造》篇则谓《博物志》载蒙恬为笔以狐狸毛为心,兔毛为副。⑨

再从考古发现来看,1954年湖南长沙左家公山战国中期楚墓出土一支由竹竿劈开数方用丝缠缚一束兔箭毫的毛笔,⑩这被视为"楚笔";而1975年在湖南云梦睡虎地十一号秦墓中出土三支以兔毫为主的笔头纳入腔内的毛笔⑪,被视为"秦笔"。可证秦时已使用经改制之兔毫笔,且其形制颇合韩愈后文所写的"围毛氏之族,拔其豪,载颖而归,献俘于章台宫,聚其族而加束缚焉。……封诸管城"。

5. 原文:"以《连山》筮之,得天与人文之兆。筮者贺曰:'今日之获,不角不牙,衣褐之徒,缺口而长须,八窍而趺居,独取其髦,简牍是资。天下其同书,秦其遂兼诸侯乎!'"

为何"以《连山》筮之"?一方面,秦用《连山易》为可能之事。《史记·秦始皇本纪》载秦始皇三十六年得镐池君璧,言今年祖龙死,卜之,卦得《游徙》。罗苹注《路史》云:"《阳豫》《游徙》,《连山》卦也。"⑫且秦始皇时所推行《颛顼历》属《四分历》,本诸《连山》。鲍云龙疏朱子"太史公历书是说《太初》,然却是颛顼《四分历》"云:"《四分历》者,颛帝本《连山》首艮之《易》而作也;……秦用此历,建亥为正。"⑬

另一方面,筮文内容"秦其遂兼诸侯"本自《史记·秦始皇本纪》的"维秦王兼有天下",而该句又爣栝自《礼记·祭法》《国语·鲁语上》的"厉(烈)山氏之有天下"。据郑玄、

---

① 〔晋〕崔豹撰,牟华林校笺:《古今注校笺注》卷下,线装书局2014年版,第209页。
② 〔汉〕蔡邕:《笔论》,《历代书法论文选》,上海书画出版社1979年版,第5页。
③ 王学雷:《蔡邕〈笔赋〉校注》,氏著:《古笔考——汉唐古笔文献与文物》,第116页。
④ 〔晋〕傅玄撰,刘治立评注:《傅子评注》卷一,天津古籍出版社2010年版,第18页。
⑤ 王学雷:《傅玄笔论四篇校笺》,氏著:《古笔考——汉唐古笔文献与文物》,第121页。
⑥ 〔晋〕葛洪撰,周天游校注:《西京杂记》卷一《天子笔》,三秦出版社2006年版,第11页。
⑦ 王学雷:《成公绥〈弃故笔赋〉校笺》,氏著:《古笔考——汉唐古笔文献与文物》,第126页。
⑧ 〔唐〕李白撰,郁贤皓注评:《李白全集注评》卷六,凤凰出版社2018年版,第510页。
⑨ 〔宋〕苏易简:《文房四谱》,中华书局2011年版,第8、63页。这是笔者目前所见载此二则的最早出处,今传《史记》《博物志》均无上述文字。
⑩ 傅振伦:《记长沙左家公山发现的古笔》,《文史哲》1956年第2期。
⑪ 《湖北云梦睡虎地十一号秦墓发掘简报》,《文物》1976年第6期。
⑫ 〔宋〕罗泌纂,〔宋〕罗苹注:《路史·后纪三·禅通纪·炎帝》,明万历刻本。
⑬ 〔宋〕鲍云龙:《天原发微》卷四上,《景印文渊阁四库全书》第806册,台湾商务印书馆1983年版,第206页。

韦昭注，"厉""烈"相通。① 汪中《释连山》云："《周官》大卜掌三《易》，一曰《连山》，簭人文同。……连山即烈山，《春秋》昭二十九年《传》'有烈山氏'，《祭法》'烈山氏之有天下'是也。"② 孔颖达于《左传》昭公二十九年"有烈山氏之子曰柱"句疏云："言有天下则是天子矣。"③ 故以《连山》筮得天与人文、统一天下之兆，是极贴切的。

6. 原文："及至浮图、老子、外国之说，皆所详悉。"

秦时有无浮图之说，是否"信笔写入"？④《隋书·经籍志》论佛经云："推寻典籍，自汉已上，中国未传。或云久以流布，遭秦之世，所以湮灭。其后张骞使西域，盖闻有浮屠之教。"⑤ 又由隋费长房《历代三宝记》、唐释道宣《广弘明集》等，知佛书"三圣弟子"（儒童菩萨彼称孔丘，光净菩萨彼云颜回，摩诃迦叶彼称老子）震旦教化说在隋唐颇流行。⑥

7. 原文："累拜中书令，与上益狎，上尝呼为'中书君'。"

中书令非秦官名，汉武帝时以宦官任中书谒者令，掌传达政令，承秦朝尚书官而来，"尚"犹"主"，谢灵运《晋书》谓中书总掌禁中书记，司马迁腐刑后任此职，《汉书》直云其为中书令，乃是史省文，《初学记·职官部上·中书令第九》言其渊源甚详。⑦ 唐高祖时，中书令作为三省长官之一，掌草拟诏敕，内参机密，决议朝政，居宰相之任。唐代宗大历二年（767）后，"中书令"成为不预三省事务，而作赏功序进之用的荣衔。因此唐中后期，"同中书门下平章事"才相当于真宰相。

"中书"与后文"尽心"形成张力与反讽："毛颖发秃，又所摹画不能称上意。上嬉笑曰：'中书君老而秃，不任吾用。吾尝谓中书君，君今不中书邪？'""中书"本自《史记·秦始皇本纪》"吾前收天下书，不中用者尽去之"⑧。韩愈以毛笔"尽心"而遭抛弃感叹贤士不遇，与成公绥《弃故笔赋》"迄尽力于万钧，卒见弃于衢路"主旨相同。

8. 原文："颖与绛人陈玄、弘农陶泓，及会稽褚先生友善，相推致，其出处必偕。上召颖，三人者不待诏，辄俱往，上未尝怪焉。"

秦始皇时尚未用纸书写，此处乃是用宣州贡笔、绛州贡墨、虢州贡瓦砚、会稽贡纸等唐朝之事。

---

① 〔汉〕郑玄注，〔唐〕孔颖达疏：《礼记正义》卷四十六，北京大学出版社1999年版，第1307页；〔三国吴〕韦昭注：《国语》卷四，齐鲁书社2005年版，第80页。
② 〔清〕汪中撰，李金松校笺：《述学校笺》内篇二，中华数据4年版，第115页。
③ 〔晋〕杜预注，〔唐〕孔颖达疏：《春秋左传正义》卷五十三，北京大学出版社1999年版，第1512页。
④ 〔清〕何焯：《义门读书记》卷三十三，第591页。
⑤ 〔唐〕魏征等：《隋书》卷三十五《经籍四》，中华书局1973年版，第1096页。
⑥ 参见〔宋〕王应麟撰，〔清〕翁元圻等注：《困学纪闻》卷十七，上海古籍出版社2008年版，第1843页。
⑦ 〔唐〕徐坚：《初学记》卷十一，第271页。
⑧ 〔汉〕司马迁：《史记》卷六《秦始皇本纪》，第258页。

二、拘纵与醇肆

根据上述及其他较少异义的注释,我们来回应"叙事所据不明""语称与时代不符"这两类质疑。

先来看韩愈是否"叙事所据不明"。

《毛颖传》叙秦事时,主要参照《史记·秦始皇本纪》。结合传世文献与出土文献判断,所叙往往符合秦朝史实,至少符合隋唐流行的相关认识,譬如秦有浮图,是隋唐时人广受佛教宣教影响所形成的认识。李刚己肯定道:"此文既戏托史公之作,故篇中采用事迹皆断自秦汉以前,此虽小节,亦系古人用心精密之处。"而在叙毛颖时,主要融裁魏晋以来的载笔词章与弃笔立意,除两次化用《史记·齐太公世家》,以吕尚预示毛颖前期的君臣遇合与后期的功绩地位外,其他往往点窜子书(多见于《论衡》)、类书(多见于《初学记》),故而给人"叙事所据不明"的"驳杂无实"之感。虽如此,韩愈所引均能在立意上贴合全文,布局上呼应前后,不可谓不严谨。

秦事与毛颖,一实一虚,虚实相间,韩愈既赋予《毛颖传》史传体所应承载的历史真实,也赋予其寓言体所能昭示的普遍道理。柳宗元《读韩愈所著〈毛颖传〉后题》称读之"若捕龙蛇,搏虎豹",这一评价广为后世援引。然而这并非仅如王庭圭《送刘君鼎序》所理解的"雄侈奇怪":"不必务为雄侈奇怪之文,如'捕龙蛇、搏虎豹'之为者。"①苏洵评点《孟子·梁惠王上》"齐桓晋文之事"章,认为孟子先以缘木求鱼、邹楚之战,虚示仁政之施,后以制恒产,实说保民之政,"至此上下之间,呼吸变化,奔腾控御,若捕龙蛇,真文之至也"。赵大浣补批点明其意云:"通篇血脉贯通,虚实相足,正朱子所谓'无一字闲'也。"②李刚己评点《毛颖传》"自结绳"以下至"亦时往"也说:"此段犹史传中撮举行能,行文纵横恣肆,不可羁勒,然却无语不精,无字不切,所以为妙。"③可见,"捕龙蛇、搏虎豹"意味着虚实相足,气脉贯通,奔腾控御,字字精要。

事实上,《读韩愈所著〈毛颖传〉后题》还有一句:"有所拘者,有所纵也。"这是对"捕龙蛇、搏虎豹"的明示。《援鹑堂笔记》阐发其意云:"'不学操缦,不能安弦。有所拘者,有所纵也。'按郑注:'操缦,杂弄。'疏言:'人将学琴瑟,若不先学调弦杂弄,则手指不便,不能安正其弦,非谓释其拘也(树按:《说文》"弦",以弓象丝,轸之形;铉曰:今别作"弦",非

---
① 〔宋〕王庭圭:《卢溪先生文集》卷三十六"序","中国基本古籍库"藏明嘉靖本,第4页。
② 〔宋〕苏洵批,〔清〕赵大浣增补,〔清〕朱太忙标点《标点增补苏批孟子》,大达图书供应社1934年版,第15、18页。
③ 高步瀛:《唐宋文举要》甲编卷二,第267页。

是）。''而不若是，则韩子之辞，若壅大川焉，其必决而放诸陆，不可以不陈也。'此言韩子不能已于辞有若是者，非谓虑其壅且决焉而为之也，望溪误读。"①即是说，《毛颖传》有其不可遏抑、不得不言之情，然其辞所以能决放如意，须先有操缦安弦的功夫。李慈铭也说："柳州辨之，以明夫张弛拘纵之理。"②

故而《毛颖传》的"捕龙蛇、搏虎豹"，体现了虚实的高妙结合，见出极深的拘纵功夫。"叙事所据不明"这一批评，从另一角度来说，也恰恰因为韩愈通过这样的拘纵功夫，将"驳杂无实"的本事融贯为浑然无迹的史传整体。拘与纵，体现为谨严与奇纵，二者并非截然对立，而是相辅相成的。龙蛇虎豹，为雄劲恣傲难以驾驭的奇古之物，欲使其服帖而不失神气，只纵肆气力决然不够，还要立足全局，攻其关键；又且顺势而动，步步为营，不可有丝毫荒怠。柳宗元盛赞韩愈传毛颖以抒胸臆，行文有若龙蛇虎豹，纵横恢奇，又且收控有法，切中肯綮，能将才学性情一并在虚拟、戏谑的文章中挥洒自如、精严变化，正是他"欲与之角"而自叹弗如的原因所在。

再来看"语称与时代不符"，语称如"中书令""绛人陈玄""弘农陶泓""会稽褚先生"等，的确与秦不符，反而有鲜明的唐代烙印。中山所在，也在定州、溧水两可之间。若为溧水，与唐代宣州贡笔有关，同样有唐代烙印。卞孝萱认为韩愈使用"中书令"别有寄托：一则司马迁曾任中书令，韩愈欲继承史迁"发愤著书"之志，柳宗元《读韩愈所著〈毛颖传〉后题》亦点明《毛颖传》"发其郁积"；二则唐中书省之长为中书令，中书侍郎副之，韩愈想要与中书侍郎、同平章事元载一案联系起来，为受元载案牵连的韩会鸣不平。他还认为，中山指溧水，同样有所寄托。唐时皆云兔毛之最精在宣城，大历四年韩会死后，韩愈随兄嫂避居宣城别业，选择宣城所产兔毛笔加以渲染，有自鸣不平之意。③

在已意识到韩愈叙事严谨的前提下，卞孝萱的见解提醒我们，"语称与时代不符"似乎是韩愈刻意为之，故意"卖破绽"提醒读者注意"驳杂无实"背后的时代问题与真实关切。笔者曾撰文论证《毛颖传》借毛颖来影射出身低微，以翰林学士身份，以仁义化兵之旨，在泾原兵变中协助德宗平乱有功，累官至中书侍郎、同平章事，而后却被德宗无情罢相的陆贽，由此向唐宪宗讽谏中唐政教危机主要是相权虚化、纲纪失序。④这说明，"驳杂

---

① 〔清〕姚范撰，〔清〕方东树注《援鹑堂笔记》卷五十"续编"，"读韩愈所著〈毛颖传〉后题"条，"中国基本古籍库"藏清道光姚莹刻本，第22册，第42页。
② 〔清〕李慈铭撰，由云龙辑《越缦堂读书记》"子部丛书"类《雕菰楼丛书》，上海书店出版社2000年版，第821页。
③ 卞孝萱：《韩愈〈毛颖传〉新探》，《安徽史学》1991年第4期。另见卞孝萱：《唐人小说与政治》，鹭江出版社2003年版，第454—456页。
④ 陈慧：《君臣纲纪与中唐政治危机——韩愈〈毛颖传〉解读》，《古典研究》2016年春季卷。孙羽津《韩愈〈毛颖传〉新论》（《文学遗产》2018年第4期）用排除法验证了拙文观点。

无实"的"本事"背后,实寄托真实的时代问题与醇正的仁义诉求,这也说明《毛颖传》在"作意"上并未受佛道思想影响,不可谓之"驳杂"。

刘熙载《艺概·文概》云:"张籍谓昌黎与人为无实驳杂之说,柳子厚盛称《毛颖传》,两家所见,若相径庭。顾韩之论文曰'醇'曰'肆',张就'醇'上推求,柳就'肆'上欣赏,皆韩志也。"①昌黎自将文章分为两类,一正一奇,"约六经之旨而成文"为正,"时有感激怨怼奇怪之词"为奇。韩愈《上兵部李侍郎书》云:"谨献旧文一卷,扶树教道,有所明白;南行诗一卷,舒忧娱悲,杂以瑰怪之言、时俗之好,所以讽于口而听于耳也。"此外其《送穷文》所谓"文穷":"不专一能,怪怪奇奇,不可时施,只以自嬉。"亦指"感激怨怼奇怪之辞"。然而从《毛颖传》来看,其实一篇之内,即有醇有肆,有正有奇。

我们应结合《毛颖传》撰作背景来理解他的醇肆并存。永贞元年(805)陆贽的罢相和贬死,对士林触动极大。元和元年(806),时在中州的权德舆撰写《唐赠兵部尚书宣公陆贽翰苑集序》,痛惜陆贽才高位达且获幸时君,却不像房玄龄、魏征那样,能尽王道以奉君、致天下以清平。又认为陆贽最终不能君臣得遇的根由,不在于奸佞裴延龄使诈,而在于时君唐德宗未能如唐太宗那样,尽王道以使臣。还提到德宗对陆贽亲宠时,昵称其为"陆九"。韩愈元和元年夏至元和二年夏在中州期间,有极大可能对权序有所寓目,得以参考序文提到的君臣之道与昵称之事。且权序提到,永贞初,郑余庆也和陆贽、阳城一同征还。郑余庆于永贞元年八月拜相,但很快在元和元年五月就因怒斥滑涣而罢相。事实上,这正是《毛颖传》所暗讽的纲纪不振、相权虚化的又一恶果。陆贽罢相后,相权每为德宗所亲信的翰林学士或专由宦官充任的枢密使侵夺。中书史滑涣之所以能凌驾于宰相之上,即因其与枢密使刘光琦勾结。因此,曾为韩愈座师的陆贽的逝世,及对韩愈有延誉之恩的郑余庆的罢相,应可视为韩愈创作《毛颖传》的导火索,则其成文时间约在元和元年五月后。②

---

① 〔清〕刘熙载《艺概》,上海古籍出版社1978年版,第23页。
② 学界主要依据柳宗元《读韩愈所著〈毛颖传〉后题》及《与杨诲之书》(元和五年作)、《与杨诲之第二书》(元和六年作),判断《毛颖传》成文且在中州流传的时间,不早于永贞元年(805)十一月柳宗元贬永州之前,不晚于元和五年(810)十一月柳宗元据内弟杨诲之所持《毛颖传》完成《读韩愈所著〈毛颖传〉后题》之时。笔者认为时段还可再缩小:《与杨诲之书》谓杨诲之随父杨凭由京兆尹贬贺州途中持《毛颖传》来,《读韩愈所著〈毛颖传〉后题》则说诲之南来之前《毛颖传》早在中州流传,"久不克见"。从传播角度看,《毛颖传》成文时间,当考虑柳宗元居永州,而韩愈居京师或近京师,且柳宗元丈人杨凭未离开京师之前。柳宗元永贞元年十一月贬永州司马,过潭州;而贞元十八年九月担任潭州刺史、湖南观察使的杨凭于同年同月移江西观察使。贞元二十一年八月,顺宗传位太子李纯(即宪宗),改元永贞,韩愈量移江陵府掾曹(荆南节度使裴均府)。元和元年六月,韩愈被诏权知国子博士,返中州,至元和二年夏末分司东都洛阳前,都在中州,待再回中州时,已是元和六年。而元和二年杨凭由江西观察使入为左散骑常侍,旋为刑部侍郎,元和四年为京兆尹,七月贬临贺尉,旋徙余杭长史。则《毛颖传》成文且在中州流传的时间,不早于元和元年六月韩愈返京之前,不晚于元和四年七月杨凭离京之前。

正如拙文所指出的,韩愈通过陆贽的起伏折射中唐藩镇问题与相权问题,认同陆贽晓谕君主以仁德教化为先来平藩镇之乱,诚以儒家君臣礼义来救纲纪之失,并因陆贽的不幸结局,痛惜贤臣不遇、王道不行。①这是《毛颖传》义理醇正之所在,也是韩愈最见"史才"之所在。彼时采用奇肆之笔来表达,似乎是以隐晦修辞来寄托深意。大概受"二王八司马"事件影响,考虑到陆贽为顺宗追诏,尚不好确认新主宪宗的态度。而且,这当中也夹杂了韩愈的自我体认与怨怼之辞。

结　语

总之,《毛颖传》的确在"文体"和"本事"上有驳杂的特征,但在"作意"上却是大体醇正的。陈寅恪称赏《毛颖传》以当时非正统的文体,"表扬巨人长德之休烈"②。通过对该传本事的进一步讨论,一方面,可更具体看到韩愈古文如何出入经史百子,而最终约六经之旨以为文;另一方面,也得以更深入理解韩愈对古今、华夷问题的处理,由于唐时流行的小说深受佛教影响,韩愈采用其体,而纳入儒家义理,既便于传播,也易获成功。

---

① 陈慧:《君臣纲纪与中唐政治危机——韩愈〈毛颖传〉解读》,《古典研究》2016年春季卷。
② 陈寅恪:《韩愈与唐代小说》,氏著:《讲义及杂稿》,第442—443页。

"感其心而受其益"
——论书院官师留别诗

□ 许 虹

摘要：官师在书院的首要身份都是教师。离别时，他们往往会写下留别诗以赠送院内生徒。师生分别时常常依依不舍，且多数较难重逢，因此留别诗中寄寓着极为深厚复杂的感情。其重点在于延续《示诸生》等诗对诸生的劝诫与瞩望，同时也是一份执教书院的微型总结，具有特殊的纪念意义和示范作用。留别诗有着特别的温情，偏于情感的抒发。官师秉持"终身更不一见而不啻时时晤对"的信念，认为师生离别与俗情离别有着根本不同，首重德业文章，不重见面叙旧，将离思寄托于见字如面、故地重游、想象神游等方式。在实际生活中，书院官师与生徒的情谊也确实不因时空阻隔而淡化，反而历久弥深。

关键词：书院；官师；留别诗

作者简介：许虹，武汉大学文学院博士研究生。

基金项目：国家社会科学基金冷门绝学专项"清代书院课艺整理与研究"（19VJX095）

书院官师既包括兼职性质的提学和地方行政长官，也包括专职性质的山长、监院等人员。有时也可能官师合一，如徐品山既是嘉庆年间的沁水知县，又亲任当地的碧峰书院山长。名书院中这种情况更多，如明清时的庐山白鹿洞书院为官学，"洞主都有官方身份，有的还是由地方官兼任"[①]。但在书院中，官师的主要身份都是教师，即使日后立"教思碑"以兹纪念，也"统统是将他们首先作为教师来对待的"[②]。官师与书院的日常教学有着或多或少的联系，或讲学，或阅卷，为书院发展注入了自己的心力。官师离开书院时往往会写下留别诗以赠送学生，几成定例。这些诗歌散见于书院志、地方志及官师别集中，形式上以组诗和排律为多，部分留别诗题目较长，近于小序，有的诗句中还夹有注解，这些细节从侧面反映了写作时的珍重态度。在平日相对严肃的谈经论道外，留别诗展示了师长们情感丰富的一面，尤其体现了书院官师特有的深情：在勉力向学的同时，又能以情

---

①② 胡青：《白鹿洞书院"教思碑记"研究》，《江西师范大学学报（哲学社会科学版）》2012年第5期，第119页。

动人。清梁廷枏《粤秀书院志》卷十四云:"书院延致师席,意主于官,既非可听生徒之自择,又不能如科场座主之感恩与知己相兼也,而往往登堂四拜,出告返面,终岁恭承几杖,规矩罔敢或逾,且有悦服之诚,永矢数十年,千里关河,音问不绝者,使无以感其心而受其益,能至是耶!"①留别诗当是书院教育中"感其心而受其益"的最好见证。

官师写作留别诗的直接原因是离别。他们常用人世聚合无定来解释:"相聚惜如萍易散,多情还赠草将离"(清·徐盛持《白鹭洲书院留别诸友》)②,"聚散亦何常,进德期罔懈"(清·黄彭年《庚寅九月自苏州量移武昌留示诸生》其二)③。这是一种笼统的说法。更为确切的原因是,"今者令君以贤迁要剧,院长亦别有过从,不复得与诸生朝夕讲求,乐观成效"(清·章学诚《清漳书院留别条训》)④。官师"别有过从"之事,外因主要是人事变动,如清代刘宅俊任广西来宾知县前作《将之任广西留别桐乡书院诸友》,诗中有"一官除广西,万里孤帆悬"⑤之句,内因主要是健康状况,清代铅山鹅湖书院山长吴嵩梁即云"病鹤怀秋侣,慈乌恋旧林"(清·吴嵩梁《将归东乡,肄业诸生及附近居民各载家酿,且演村剧为饯,甚愧其意,并酬以诗》其四)⑥。有时也可能是服阙后重回官场,或日常性的返回官衙、岁暮还乡等。无论是何种原因,官师离开书院时都非常不舍,有些甚至是生离死别。光绪十六年(1890年),黄彭年调任湖北布政使,在为苏州学古堂的学生们留下一张小像、数首留别诗后,同年即病逝于任上。因而书院官师留别诗中寄寓着极为深厚复杂的感情,值得读者细细体会。

目前关于书院官师留别诗的研究并不多⑦,本文拟从留别诗的写作意义、留别诗中的温情、书院诗中的别后之思三方面展开初步的探讨。

一、"相期努力报佳音":留别诗的写作意义

与师长们平日所作的书院诗歌相比,作为赠别之作,留别诗有着更为丰富的含义。

---

① 〔清〕梁廷枏编:《粤秀书院志》卷十四,《中国历代书院志》第3册,江苏教育出版社1995年版,第191页。
② 〔清〕刘绎编:《白鹭洲书院志》卷四,《中国历代书院志》第2册,江苏教育出版社1995年版,第631—632页。
③ 〔清〕徐世昌辑:《晚晴簃诗汇》第3册,中国书店1988年版,第767页。
④ 〔清〕章学诚:《清漳书院留别条训》,《中国书院学规集成》卷一,中西书局2011年版,第24页。
⑤ 〔清〕佚名编:《桐乡书院志》卷六,《中国历代书院志》第9册,江苏教育出版社1995年版,第769页。
⑥ 〔清〕王赓言、〔清〕吴嵩梁同辑:《鹅湖书田志》卷三,《中国历代书院志》第11册,江苏教育出版社1995年版,第50页。
⑦ 已有的利用书院官师留别诗的研究,偏于用以举例说明官师的尽职尽责。如程嫩生《中国书院文学教育研究》(中国社会科学出版社2014年版,第178页)认为,官师为书院倾注了不少心血,"在饯别时也念念不忘书院教育"。

它不仅包含着谆谆告诫与殷切期望,也是官师执教书院的微型总结,具有以诗寄意、以诗纪事的价值。从某种程度而言,留别诗还是师长们为学生留下的最后纪念和范诗,唱和或反复吟咏之余,也在无形中传授了诗歌写作技巧。

留别诗的重点在于谆谆告诫与殷切瞩望,即"握手叮咛无别话,相期努力报佳音"①。谆谆告诫的原因在于书院并不完全是一方净土,"并非所有的生徒都会在没有约束的情形下进行自觉的研读,因此有必要对生徒加强教育管理"②。学业之外,倒推书院学规,我们也能惊讶地发现生徒在德行上"目无尊长"的种种表现,严重的甚至要用逐出书院的方式加以震慑:

> 毋对尊长哕噫嚏咳,欠伸跛倚,睇视唾洟,及撒手交足等弊。(明·冯从吾《宝庆寺学会约》)③

> 凌忽师友,谓如相见不敬,退则诋毁,责善不从,规过则怒之类。(明·高贲亨《洞学十戒》)④

> 书院为藏修之地,岂可混杂匪类,致启物议。自后,有博弈喧呼、饮酒号呶者,在院者鸣鼓逐出。(清·徐尊显《濂溪书院学规》)⑤

明乎此,自然也就能明白一些官师离别时难以言说的担忧:"本官赴席去后,自今以后,学之不讲,道之不明,是谁之咎耶?"(明·郑廷鹄《示白鹿洞生帖》)⑥为此在平时的书院生活中,师长们常作《示诸生》《谕诸生》诗或《劝学诗》《励志诗》以警醒学生。如御史魏谦吉就对书院发展怀着深深的忧虑,"入洞千年谁继美,登台四顾予忧深",竟至于要学生们发誓努力学习:"顾言英俊休相负,共向灵山誓此心。"(明·魏谦吉《次韵俨山韵示诸生》)⑦留别诗与之相比虽偏于情感的抒发,但也有着稍显严肃的一面,那就是一贯的对于学生学业的鞭策:

> 努力今朝同荐取,莫教立雪负先民。(明·岳和声《留别书院诸生二首》其二)⑧

---

① 〔清〕李复修修,〔清〕吴国轩纂:《光绪四会县志》编五《宦迹》,清康熙十一年刻本,第67页a。
② 程嫩生:《中国书院文学教育研究》,中国社会科学出版社2014年版,第244页。
③ 邓洪波编著:《中国书院学规》,湖南大学出版社2000年版,第253页。
④ 邓洪波主编:《中国书院学规集成》卷二,中西书局2011年版,第649页。
⑤ 同上书,第1222页。
⑥ 〔明〕郑廷鹄编:《白鹿洞志》卷十二,《中国历代书院志》第1册,江苏教育出版社1995年版,第441页。
⑦ 〔明〕周伟编:《白鹿洞书院志》卷十,《中国历代书院志》第1册,江苏教育出版社1995年版,第687页。
⑧ 〔明〕岳和声等纂修:《共学书院志》卷中,《中国历代书院志》第10册,江苏教育出版社1995年版,第236页。

但愿文坛齐努力,读书要不负生平。(清·福顺《留别衡郡肄业诸生》其四)①
今日相成真道义,他时自许见功名。(明·尤应祥《石鼓留别诸生》)②

  需要说明的是,留别诗连同《示诸生》等诗中的鞭策并不是通常意义的冷冰冰的训诫,其中有劝诫,更有瞩望。这种"以诗寄意"的方式是书院教学中的独特形式,无论学生道德学术如何,只要发现他们有需要改进的地方,或某方面可以再行提高,又或解答学生疑问、书写教学体会,师长们都倾向于赋诗寄意,"讲学不仅是职业,而且可供吟咏"③。有研究者指出:"鄞县全祖望有天章精舍示诸生诗,仁和杭世骏有留别端江诸子诗,大兴翁方纲有示端溪书院诸生诗,冯敏昌又有励志诗示书院诸生,皆奖勤诱掖,亲切父兄。"④在留别诗中,这种"亲切父兄"之处还体现于科举功名外的嘱托,清代黎世序《将赴南河留别宝晋书院诸生》提醒立身问题:"临别片言须记取,功名容易立身难。"⑤清代卢曦《勉台登书院诸生兼以留别四首》指出了做学问应有的态度,"学防一字无来处,行记三人有我师",同时认为远绍先贤、安贫乐道也很重要:"乐道尽堪希往哲,安贫也是报清时。"⑥清代陶澍之于追步先贤的嘱托更为具体,其《戊辰闰五月杪,将自澧州归里,留别书院诸子,时将北上》云"榜楹数语同须记,珍重风流绍昔贤",并有小注:"去岁题讲堂两楹云:'台接囊萤,似车武子方称学者;池临洗墨,看范希文何等秀才。'盖书院本范文正公读书遗址,而武子则州人也,今有囊萤台。"⑦总之,留别诗中"话别殷然属望多"⑧,绝不是泛泛空谈,正所谓"一日为师,终身为父",书院中的师生情谊渊源有自。

  用留别诗作微型工作总结,可繁可简,详尽的记载可以王文清《岳麓留别诸子长句》为代表:

戊辰逢太守(新安吕公),请我主讲肆。从者八十人,蛟腾云雨施。此地遂中兴,刻石留文字(石勒讲堂)。离此十七载,中丞(乔公)复延至。继此奏荐章(冯公留

---

① 〔清〕李扬华述:《国朝石鼓志》卷三,《中国历代书院志》第4册,江苏教育出版社1995年版,第136页。
② 〔明〕李安仁重修,〔明〕王大韶重校:《石鼓书院志》卷下,《中国历代书院志》第4册,江苏教育出版社1995年版,第70页。
③ 徐雁平:《清代东南书院与学术及文学》中编,安徽教育出版社2007年版,第332页。
④ 冼玉清:《端溪书院之师生情谊》,《广东文征续编》第3册,广东文征印委员会1987年版,第419页。
⑤ 〔清〕贵中孚编,〔清〕赵佑宸等续编:《宝晋书院志》卷十一,《中国历代书院志》第7册,江苏教育出版社1995年版,第709页。
⑥ 西昌市志编纂委员会办公室编:《诗韵西昌 西昌古诗集》,电子科技大学出版社2015年版,第344页。
⑦ 〔清〕陶澍:《陶澍全集》第7册,岳麓书社2010年版,第169页。
⑧ 〔清〕唐德浚:《留别凤鸣书院肄业生童》,《光绪续修永北直隶厅志》卷十《诗》,清光绪三十年刻本,第56页b。

题),圣主可其意。我年已耄期,师道不敢坠。况复桑梓人,九仞资一篑。四子我津梁,经史我鼓吹。帖括我引绳,诗骚我发笥。坐客必如尸,立容必能德。磋错修廉隅,圭璋廊庙器。行铎日夕鸣,风雨无所悸。夜半尚籯炬,稽核防嬉戏。寝食经四稔,日新而月异。诸子多英流,岂我不知勔。今值卒岁时,霜雪亘行次。考槃吾有宅,卷橐归衡汭。聊自养天和,免致瞿憔悴。明秋当计偕,勖哉善其事。①

王文清曾两度担任长沙岳麓书院山长,这首诗记叙了他在该书院的全部工作经历:乾隆十三年(1748),在吕太守的邀请下第一次任教岳麓,因教学成绩突出而刻石留念。十七载后的乾隆二十九年,又以77岁高龄再应乔中丞之请执教岳麓,勤勤恳恳,乃至"夜半尚籯炬,稽核防嬉戏",如此"寝食经四稔",想要还乡安度晚年,因有是作。不过由于地方官员的一再挽留,王文清多次辞而不得,因此第二次的任职共有八年之久。这在他后来的留别诗中有相关记录,其《岳麓留别诸子》云"回思初到如昨日,岂意重来竟五年"②,《岳麓书院留别诸子九首》(其一)又云"八载千秋明主诏,三更一字老天知"③。多数留别诗不会将从教经历写得如《长句》这般详细,但也粗具任教年数或教学体会、自我评价,或追忆往日的书院生活。值得一提的是,除了宏观的书院经历描写,也有微观层面的刻画,如清代杨中迪《留别书院生童》专写评阅课艺的教学心得:"果尔各艺佳,欣赏逾芝兰。其或粗硬涩,荛臭殊咸酸。变化由颖悟,点窜披肺肝。吾自竭吾职,脩脯戒素餐。"④课艺虽有兰荛之别,师长阅卷时却能同等用心。

微型工作总结与殷切期望之外,留别诗的纪念和范式意义也值得注意。对于官师来说,留别诗是他们与书院之间长期或短暂分别的标志;而对于学生来说,留别诗很可能会成为他们对官师的永远回忆。因此留别诗一般都写得极为郑重,文情并茂,题目中均标注"留别"或"言别"字样,很多留别诗都会详细注明书院名称。为了记录更多的信息,一些留别诗创造性地将题目加长,近于小序。体例上则以组诗和排律为多,与单首绝句或律诗相比总篇幅大大增加,有的诗句中还夹有注解。这些形式方面的别具一格,从侧面反映了官师写作时的珍重态度,也给生徒留下了更深的印象。尤为突出的则属王文清《言别诸生用蝉联体》:

有手难分岳麓西,诸君义气重云霓。老夫归去谁消息,万古青山一九溪。(其一)

---

① 〔清〕王文清撰,黄守红校点:《王文清集》第2册,岳麓书社2013年版,第466—467页。
② 同上书,第482页。
③ 同上书,第486页。
④ 张高徊主编:《万川骚坛数百年 大埔县历代名人雅士诗词选》,嘉应诗社2006年版,第65页。

　　　　九溪不是恋青山，尚有遗经未许闲。访我莫劳千里路，艺文流播在人间。(其二)
　　　　流播休言只艺文，精神此物最熏熏。一圈一抹知多少，领略从教八九分。(其三)①

　　据《中国诗学大辞典》，蝉联体为诗体之一种，可分为"组诗中次章之首句蝉联上章之尾"和"一诗中，下句之首字蝉联上句之尾"(亦称"连珠格"或"顶真续麻格")两种情况②。王诗当为蝉联体的第一种形式，即各章首尾相互蝉联，营造了一种语意循环往复、余音回荡不绝的意境，与留别的主题非常切合。

　　留别诗还有唱和的功能。有时是学生以诗送行，官师以此留别，如清代苏州平江书院山长朱人凤《岁暮将归武林，平江诸生以诗送行，赋此留别二首》其二："正欲挂帆还系缆，为君惆怅答吟笺。"③有时是师长作留别诗后，生徒再行唱和，如清代杭州诂经精舍弟子张预《送慰农师主讲金陵尊经书院，次留别原韵》："侯生问字五年游，离索从今动客愁。"④同时留别唱和之作可汇编成集，清代四会县教谕陈蕃作有《留别同学诸子》四首，诗中云"十年风雨浑如梦，一日师生亦是因""而今两地分歧后，无复毡堂共夕晨""说道离情惟有泪，最难割爱是同心"⑤，颇为感人，也许是深受感染，一时和者众多，遂连同僚友送行诗结为《绥江伟饯集》。其中生员陆际时的和诗较为特别，用近乎质问的方式表达了自己的深切眷恋：

　　　　弗忍别吾师，送行诗独迟。寄怀常有梦，执笔却无辞。风雨潇潇处，肝肠切切时。十年都不倦，归去欲何为？不是嫌官冷，如何去欲之。先生常论道，弟子岂忘师？未饮留行酒，曾传话别诗。秋风今渐急，无复挽归思。⑥

　　由此可见，围绕官师留别诗展开的唱和，可使师生情感进一步升华，诗歌在其中提供了一种心灵沟通的渠道，并细致记录情感。它还有另一个作用，那就是以留别为主题进行诗歌写作训练，从这一角度来说，官师的留别之作便是范诗。书院向来有雅集唱和的传统，"书院雅集创作出的一些诗文，对生徒创作起到重要的示范作用(生徒有时也会参与雅集创作活动)"⑦，师生间也以唱和为常。只不过留别唱和更为特殊一些，吟咏主题不

---

① 〔清〕王文清撰，黄守红校点：《王文清集》第2册，岳麓书社2013年版，第495—496页。
② 傅璇琮、许逸民等主编：《中国诗学大辞典》，浙江教育出版社1999年版，第1177页。
③ 〔清〕朱人凤：《祖砚堂集》卷十，《清代诗文集汇编》第512册，上海古籍出版社2010年版，第797页。
④ 〔清〕张预：《崇兰堂诗初存》乙集下，《清代诗文集汇编》第744册，上海古籍出版社2010年版，第721页。
⑤ 〔清〕李复修修，〔清〕吴国轩纂：《光绪四会县志》编五《宦迹》，清康熙十一年刻本，第67页a。
⑥ 同上书，第67页b。
⑦ 程嫩生：《中国书院文学教育研究》，中国社会科学出版社2014年版，第162—163页。

再是平日习见的阴晴雨雪、湖光山色或庆贺之事,而是较为伤感的离别之情。

二、"我去苦依恋":留别诗中的温情

留别诗中的温情,是相对于平日较为严肃的谈经论道而言的。

其一,表现为在延续《示诸生》等诗对学生学业的提醒外,还经常对自己的学问和教学水平表示歉疚,诚恳地说明学生学得好其实并不是自己的功劳:"请业吾何有,闲斋借养疴。学因诸子长,心愧四贤多。"(清·吴嵩梁《将归东乡,肄业诸生及附近居民各载家酿,且演村剧为饯,甚愧其意,并酬以诗》)①"自笑齐竽本滥吹,黍叨声誉竟交推。箪瓢几辈原同调,文字三生有旧知。"(清·徐盛持《白鹭洲书院留别诸友》其四)②这种推心置腹的真诚和由衷的赞美,在《示诸生》等专以进取为要的诗中并不多见。两者存在差异的原因,一是离任时师长自动脱离了与书院的关系,也就放下了一直肩负的责任,这时对学生的态度自然更为亲切一些。部分师长在留别诗中称学生为"诸友",可见已经拿他们当朋友看待了。二是离别时除了留别诗,师长们还会写下《留别条训》《留别箴言》等最后的嘱托,近于学规:"诸生不以为非,则愿各书一通,揭之座右,以慰诸生惓惓之意,以表院长自竭之诚。"③其中大可以再行谆谆告诫。

其二,表现为师长们的恋恋不舍,常常挥泪而别,离情别绪因此达到顶点。李梦阳曾任江西提学副使,其间多次至白鹿洞书院视学,离别时看到白鹿洞书院外的山山水水就情不自禁:"学馆材宫客不栖,千岩万壑堪流涕。"(明·李梦阳《白鹿洞别诸生》)④铅山鹅湖书院山长吴嵩梁为自己的因病离开深感遗憾:"出山吾左计,为汝一霑襟。"(清·吴嵩梁《将归东乡,肄业诸生及附近居民各载家酿,且演村剧为饯,甚愧其意,并酬以诗》)⑤从送家酿、演村剧等异常热情的饯行活动看,师生情深,离别确实是迫不得已。不明就里者,几乎会错认为是百姓欢送父母官的场景。至于被设计离任的保定莲池书院山长张裕钊,其留别诗中更有着无限眷恋:"矧与二三子,别泪忍一洒。离肠奔九回,纠若淮渊汇。"但他最终还是克制住了自己的情绪,转而安慰学生们:"努力追前修,九州犹庭内。"(清·

---

①⑤ 〔清〕王赓言、〔清〕吴嵩梁同辑:《鹅湖书田志》卷三,《中国历代书院志》第11册,江苏教育出版社1995年版,第50页。
② 〔清〕刘绎编:《白鹭洲书院志》卷四,《中国历代书院志》第2册,江苏教育出版社1995年版,第631—632页。
③ 〔清〕章学诚:《清漳书院留别条训》,《中国书院学规集成》卷一,中西书局2011年版,第24页。
④ 〔明〕郑廷鹄编:《白鹿洞志》卷十四,《中国历代书院志》第1册,江苏教育出版社1995年版,第469页。

张裕钊《留别莲池书院诸生》）①遥接唐代王勃所云"海内存知己,天涯若比邻"。张氏离任的背后原因是李鸿章欲安插姻亲张佩纶为山长,故排挤之。张裕钊虽明知就里,却无力反抗,"一个已近古稀之年的耿介文士,面临此情此境,恐怕也别无选择了"②。

其三,表现为告别场面的欢乐温馨,这与挥泪而别的场景相比显得乐观一些。究其原因,是因为离别时的或喜或悲,更多地取决于师长们的心态。一般来说,离任前官师会专门与学生告别,甚至会特意从外地赶来见学生最后一面,而学生们有时也会举行饯别活动,如张湘任辞沛县歌风书院讲席时作《季夏二十日诸生携尊过书院为予饯别赋谢》:"岂是元亭问奇字,漫劳携酒远相过。四郊桃李无惭尔,一曲骊驹奈何别。客里莫如同志乐,尊前敢惜醉颜酡。"重逢之际,可能会让官师暂时沉浸在见面的喜悦中,此时若看到学生们正奋发向上,自己可以放心离去,这份愉悦还会再添一层。刘宅俊去广西赴任前到桐城桐乡书院与生徒话别,当时正值上课,看到学生们学习状态不错,他深感欣慰:"走别精庐中,乃直开讲筵。群英萃济济,抒藻何翩翩。人才若春草,随地根荄全。但得东风来,勃尔生芊芊。"(清·刘宅俊《将之任广西留别桐乡书院诸友》)③在想象中描绘了一幅春草蓬勃生长的图景。清代富平南湖书院山长管世铭离开时,同样对学生们的勤奋学习感到喜悦,开怀一笑,一改历来书院官师离别时的愁苦:"城南频揖鲁诸生,晓日春衣湖上行。跋马到门先一笑,杏花风外读书声。"(清·管世铭《南湖书院留别诸生》)④

其四,表现为对书院的一草一木都万分留恋。书院官师通常都很重视书院景观的营建,清代长沙岳麓书院山长罗典就专门辟院旁隙地为园池,广栽花木,设立了柳塘烟晓、桃坞烘霞、桐阴别径、风荷晚香、曲涧鸣泉、碧沼观鱼、花墩坐月、竹林冬翠等八景。⑤离别时,师长们也为这些花草树木留下了别离之作。例如,吴嵩梁平日就很喜欢书院庭前的紫薇花,曾兴致勃勃地向来访的官员介绍,说它们是宋代文豪欧阳修吟咏过的奇花:"一种聚星堂下树,紫薇花发待君攀。"(清·吴嵩梁《簧山太守临勘大源坑山届枉过讲堂,即送还郡,兼柬徐石溪明府》)⑥按,欧阳修有《聚星堂前紫薇花》一诗,系皇祐二年知颍州时所作,诗云"亭亭紫薇花,向我如有意……相看两寂寞,孤咏聊自慰。"⑦当吴嵩梁离去时,便特意为"向我如有意"的紫薇作了别离诗:"高树繁英向晚开,黄昏吟坐几低徊。聚星堂

---

① 〔清〕张裕钊著,王达敏校点:《张裕钊诗文集》,上海古籍出版社2012年版,第380页。
② 董丛林:《吴汝纶弃官从教辨析》,《历史研究》2008年第3期,第54页。
③ 〔清〕佚名编:《桐乡书院志》卷六,《中国历代书院志》第9册,江苏教育出版社1995年版,第769页。
④ 邓洪波编:《中国书院诗词》,湖南大学出版社2002年版,第289页。
⑤ 〔明〕吴道行、〔清〕赵宁修纂:《岳麓书院志》,岳麓书社2011年版,第574页。
⑥ 〔清〕王赓言、〔清〕吴嵩梁同辑:《鹅湖书田志》卷三,《中国历代书院志》第11册,江苏教育出版社1995年版,第49页。
⑦ 〔宋〕欧阳修著,李之亮笺注:《欧阳修集编年笺注》第1册,巴蜀书社2007年版,第151页。

下秋如锦,可记欧阳是手栽。"(清·吴嵩梁《别庭前紫薇桂花》其一)①又王文清曾于岳麓书院种植梧桐、小桃、松柏等树,极尽作育人才之意:"深泥固其根,灌水补宵露。我老尚未衰,及汝成嘉树"(清·王文清《又植小桃二树于新院庠门内》)②,"好随绝壑风霜动,自待新春雨露培。梁栋敢云储大用,文章焉事衒奇材"(清·王文清《植柏》)③。此后作《岳麓书院解馆示同学二三子九首》时,他特意提到了当年的小树苗:"手栽松柏几多时,早已成围香满脂。"④

其五,表现为未登程先订归期,甚至表达了将来终老书院的愿望。江西督学副使郑廷鹄不顾山路崎岖,坚持说下次会做好充分准备后再来:"六月膏车吾再至,峭厓削壁费跻攀。"(明·郑廷鹄《再至白鹿》)⑤黄彭年计划重回书院讲学,期待之至,竟觉得吴楚之间毫不遥远:"吴楚未云远,企望来规箴。"(清·黄彭年《庚寅九月自苏州量移武昌留示诸生》其三)⑥刘宅俊在离别之际与学生难舍难分,"我去苦依恋,诸友皆流连",于是决定"他时归去来,愿老于此间"。(清·刘宅俊《将之任广西留别桐乡书院诸友》)⑦而一些官师可能已经预料到了再难重逢,绝望之余,纷纷预先书写别后相思,明代衡州府通判尤应祥《石鼓留别诸生》怅恨于此后音讯难通:"骊歌唱罢空回首,雁到潇湘好寄声。"⑧清代吉安白鹭洲山长徐盛持《白鹭洲书院留别诸友》为以后不能共赏好景而深感惋惜:"片帆归向章门路,惆怅橙黄绿橘时。"⑨

书院官师的依依惜别之情令人难忘。之所以这般依恋,是因为他们是把书院教学和培养人才作为自己的毕生事业来对待的,即"为天地立心、生民立命、往圣继绝学、万世开太平,士君子不可无此志业"(明·胡松《谕诸生》)⑩,学生是自己学术生命的延续。因而不仅将诸生引为同调,用心教导,关怀备至,"高斋下榻厕儒林,恩意绸缪属望深。疾病有时亲和药,寒暄无事不关心"(清·祝止堂《又将入都留别敬斋先生二首》其二)⑪,平

---

① 〔清〕王赓言、〔清〕吴嵩梁同辑:《鹅湖书田志》卷三,《中国历代书院志》第11册,江苏教育出版社1995年版,第50页。
② 〔清〕王文清撰,黄守红校点:《王文清集》第一册,岳麓书社2013年版,第267页。
③ 同上书,第292页。
④ 同上书,第384页。
⑤ 〔明〕郑廷鹄编:《白鹿洞志》卷十五,《中国历代书院志》第1册,江苏教育出版社1995年版,第480页。
⑥ 〔清〕徐世昌辑:《晚晴簃诗汇》第3册,中国书店1988年版,第767册。
⑦ 〔清〕佚名编:《桐乡书院志》卷六,《中国历代书院志》第9册,江苏教育出版社1995年版,第769页。
⑧ 〔明〕李安仁重修,〔明〕王大韶重校:《石鼓书院志》卷下,《中国历代书院志》第4册,江苏教育出版社1995年版,第70页。
⑨ 〔清〕刘绎编:《白鹭洲书院志》卷四,《中国历代书院志》第2册,江苏教育出版社1995年版,第631—632页。
⑩ 〔明〕李应升重订:《白鹿书院志》卷八,《中国历代书院志》第1册,江苏教育出版社1995年版,第780页。
⑪ 魏颂唐编:《敷文书院志略》,《中国历代书院志》第8册,江苏教育出版社1995年版,第279页。

时也万分珍惜在院时光,不忍分别。黄彭年在离别时说自己常常担心这一天的到来:"常怀离索忧,畏读销魂赋。"(清·黄彭年《庚寅九月自苏州量移武昌留示诸生》其一)①而乐观一些的常熟知县耿橘不但不讳言离别,反而平日里就有意识地为以后的追忆增添亮色。他曾与诸生于雪夜讲学至夜分,颇为温馨,就此提议"他年遇雪时不能忘此夜"(明·黄家谋《雪夜耿令公书院论学至夜分,诸友得悟者甚多,令公曰他年遇雪时不能忘此夜,感而分赋得年字》)②,于是众人分韵赋诗,用雪夜诗歌盛会的形式定格了这一美好瞬间。说到底,官师离任时的惜别之情,实际上是日积月累的对于书院情感的喷发。

三、"终身更不一见而不佞时时晤对":书院诗中的别后之思

清代大儒王心敬曾讲学于武昌江汉书院,其《寄江汉书院门人靖诚合八子》比较了书院师生离别、世俗离别之后的不同:

> 分袂几及三旬,诸君子声音笑貌、深情挚谊,时时在不佞心目间。然每独居深念,以仅仅十日之聚首,而终身久要之名义系属于此,不可谓非有天焉作之合也;乃竟以如此之遇合,而止得聚首者十日,抑又若造物之忌人太甚已。比日归里,子舍追叙八楚知契,未尝不首及诚合诸君之雅眷;见知交叙列楚中人物,未尝不扬扢诚合诸君之英特;对子弟及二三门人蕞业励行,又未尝不援引诚合诸君之勤渠好修,而将来文章功业之大成可期也。独一念及于良晤之未卜何日,更无从面竭期祝之本意,则辄拂郁难为怀耳。然无可如何中,辗转计念诸君之不鄙不佞,亦谓不佞迂直之性,或于终身德业文章,可助切砥于万一耳。即不佞之惓念诸君,亦非独俗情眷恋之私也,亦谓诸君皆抱上达之具,将来德业文章足相引重,不至辜负此番遇合耳。今诚使诸君自斯以往修实德、砥实业,即研练举业之中,下隐居求志之功,务令今日之坐而言者,他日皆实可作而行;在今日使人谓其不愧为真儒者、真科目,于他年即使人谓其不愧为真循良、真名臣。则即终身更不一见而不啻时时晤对也。不然即缟纻时及、负笈追随,悠悠遇合,无关大义,虽谓之陌路相逢也可,且即谓之觌面不识也亦无不可矣。诸君勉之,不佞不敢不勉保末路,贻羞诸君;诸君亦幸厚自期待,无辜不佞今

---

① 〔清〕徐世昌辑:《晚晴簃诗汇》第3册,中国书店1988年版,第767页。
② 〔明〕张鼐等纂:《虞山书院志》卷十,《中国历代书院志》第8册,江苏教育出版社1995年版,第263页。

日切望之至意也。吾党幸甚,吾道幸甚! 俗情离合之感,曾足道哉! 然执笔时强作如此差排,而私衷之惓想,欲拨之使去而终不能使之必去也,可奈何哉!①

据此可知,王氏认为俗情离别后表现为"眷恋之私""离合之感",而师生离别后不当如是。对于学生而言,应当敦行德业文章以成"真循良、真名臣",师长亦需努力,如此则师生"终身更不一见而不啻时时晤对也",同时也"不至辜负此番遇合耳"。不过话虽如此,身为理学家的王心敬其实也无法抽离于俗情眷恋,因而矛盾不已,文末竟至发出了"可奈何哉"的感叹。"终身更不一见而不啻时时晤对"之论,实际上更像是因交通不便、俗务缠身等原因而"无可如何"的心理安慰,但这确实揭示了书院师长独特的别后之思——德业文章第一,见面叙旧之类反在其次。按,王心敬文题中的靖诚合即靖道谟,后历官云南姚州知州,并主鳌山、白鹿、江汉等书院,学求实用,此中可见王师对其的影响。

当然,若机缘巧合,别后其实还是可以再见的。但总有一种遥遥无期之感,即王心敬所言"良晤之未卜何日"。在"终身更不一见而不啻时时晤对"的理念之下,书院官师寄托离思的方式,主要可分为"见字如面"和"故地重游""想象神游"三种,由此创作的诗歌,可视为官师留别诗的余音。

在"见字如面"方式的选择上,与寄信这种较为主动的形式相比,文字巧遇的情况可能更为多见。看似偶然,却有着无限深情。清人梁章钜便在《试律丛话》中记录了一段数十年后的纸上重逢:"朱缄三有《帖体课存》之刻,皆其及门高才生所作。中有数人,则余掌教南浦书院时旧徒,契阔三十余年,阅其诗尚如晤对也。"②南浦书院位于福建蒲城,梁章钜曾于嘉庆十二年(1807)至十八年(1813)间主讲该书院,凡七载,其间作有《南浦诗话》。除了辞章,师长们也关心学生的举业。清代薛时雨离任后,在乡试登科录中见到了曾经的书院生徒名字,喜而赋诗,称赞他们"五色云占文字瑞,九茎枝耀榜花鲜",并抒写了自己的怀念之情:"笑我宦情如水淡,长途偏盼祖生鞭。"(清·薛时雨《嘉兴得见登科录诸生多获隽者喜赋》)③沉闷无味的仕途生活中,学生们的好消息似乎成了他最大的安慰,精神为之一振。值得一提的是,薛氏既为优胜者志喜,同时也作有《慰下第诸生》一诗,用"角艺如棋局外明,当场偶尔见输赢"劝慰落榜生,即"胜败乃兵家常事"之意。这种无差别对待的做法,足见师者风范。与之形成鲜明对比的是蒲松龄《聊斋志异》中的《镜听》篇:父母因科名高下而区别对待儿子、儿媳,作者借此叹息"贫穷则父母不子"④,与战国时

---

① 〔清〕王心敬:《丰川全集》卷十九,《清代诗文集汇编》第 199 册,上海古籍出版社 2010 年版,第 218 页。
② 〔清〕梁章钜著,陈居渊点校:《试律丛话》卷七,上海书店出版社 2001 年版,第 640 页。
③ 〔清〕薛时雨:《藤香馆诗钞》卷四,《清代诗文集汇编》第 671 册,上海古籍出版社 2010 年版,第 655—656 页。
④ 张友鹤辑校:《聊斋志异会校会注会评本》中册,中华书局 1962 年版,第 939 页。

苏秦的感叹一脉相承。薛时雨执掌书院时在晚清,科举之弊当较蒲氏生活的清初更为严重,此番论见实属不易。也就是说,师长们虽然强调德业文章,但并不会因此而歧视功业难成的学生。

"乌皮几畔如相忆,披卷依然对故人"(清·管世铭《南湖书院留别诸生》)①,这是"见字如面"式的美好想象,"故地重游"的方式则更趋向于现实世界。清代吉安白鹭洲书院山长刘绎回院看望生徒,正赶上乡试结果揭晓,"隽者八人皆榜于门",于是作诗《辛亥秋闱后至鹭洲,见诸生乡捷,既为得者喜,复为失者勖》,像薛时雨一样同时对优胜和落第者表达了关注:

> 文章命达欲重论,满院秋香桂子繁。二水往来争彼岸,八元名姓烂吾门。遇风莫羡鸿毛顺,接翅终期凤羽骞。惭愧年年人树计,相看桃李岂无言。②

刘诗中有对高中者的祝贺和提醒,有对下第者的劝慰,还有一些自己没能教好学生的惭愧。这些不同的情感揉合在一首诗中,进一步消解了世俗中因科名高下而产生的区别态度。不过重游书院时因为时过境迁,实际上很难见到当年的学生。如李梦阳曾在别后作《再至白鹿洞》以抒怀:

> 昔别秋色苦,今游风涧清。穿石竹犹话,雨过泉自生。礼殿古门换,钩台新路平。独来谁与见,云日此峰晴。③

李梦阳在诗中对比了书院今昔。昔日的离情散去之后,剩下的是亘古不变的自然万物,在一片静谧中以其特有的方式与他交流。而"独来谁与见"的询问,正是意中不足的流露。

因为种种原因,有时书院官师并不能直接重游书院,但"虽不能至,心向往之",在无穷无尽的想象神游中,思念之情不觉又深一层。宋代朱熹通过询问他人的方式了解书院近况,心驰神往:"匡庐不见几经年,一话清游一怅然。此日送君凭问讯,千峰影里旧潺湲。"(宋·朱熹《送碧崖甘叔怀游庐阜,兼简白鹿山长吴兄唐卿及诸耆旧三首》)④明代,江西督学副使郑廷鹄曾修《白鹿洞志》并讲学于该书院,别后作《南康病中望白鹿有怀四

---

① 邓洪波编:《中国书院诗词》,湖南大学出版社2002年版,第290页。
② 同上书,第138页。
③ 同上书,第110页。
④ 〔明〕周伟编:《白鹿洞书院志》卷十,《中国历代书院志》第1册,江苏教育出版社1995年版,第680页。

首》,为其望中之作:

> 望望庐山曲,神飞白鹿堂。咫尺不能到,夙心讵能忘。(其一)
> 遥忆谈经处,日月去何速。潇潇此夜心,微风对修竹。(其二)
> 两度风雩石,群山指掌中。此行独留滞,恋恋黄云东。(其三)
> 看山元不厌,造物何太忌。终风竟日昏,令人坐相忼。(其四)①

在郑廷鹄笔下,他最怀念的是当年"紫阳坛上静焚香,石洞风来夏阁凉"(明·郑廷鹄《书堂讲罢示诸生讲义》)②的讲学活动,这很符合师长的身份特点。值得注意的是,也许是病中之故,郑诗还阐发了对于时光飞逝、造物无情的痛惜:"日月去何速""造物何太忌"。细究之,无论是德业文章还是见面叙旧,实际上都受制于个人有限的生命长度:"绝对、永恒是存在于时间之外的,而人是存在于时间之中的。人的生命是在时间中展开的。时间是这样一种维度:它在一种存在状态与另一种存在状态之间建立关系。它使我们发生变化,这是在时间中的人的幸福;但它使一切都发生变化,又是我们的不幸。人类之不幸,最根本的莫过于他是时间的存在物。"③这种时间流逝的沧桑感,在师生重游书院的诗歌中均有体现:

> 山青云白似吾无,似笑头颅非故吾。世态日随人事变,山灵何必讶头颅。(明·湛若水《丙申秋再访白鹿洞》其二)④
> 十年重到百门山,华栋依然碧蔼间。云气几随龙化去,月明时送鹤飞还。湧金混混天开孔,环翠欣欣地注颜。老我无能资乐育,敢将斯道付投闲。(佚名《重至共城留题三首》其一)⑤
> 曾从胜地结良因,三十余年要问津。石室依然云矗矗,溪桥不改石粼粼。诸生侍坐皆新进,五老登堂自故人。苍树碧苔含古色,清游何但远风尘。(明·吴国伦《重游白鹿洞二首》其一)⑥

---

① 〔明〕郑廷鹄编:《白鹿洞志》卷十五,《中国历代书院志》第1册,江苏教育出版社1995年版,第485页。
② 同上书,第480页。
③ 陈文新:《误入歧途的寻梦之旅》,《红楼梦学刊》2009年第6期,第163页。
④ 〔明〕郑廷鹄编:《白鹿洞志》卷十五,《中国历代书院志》第1册,江苏教育出版社1995年版,第486页。
⑤ 题下注"前人提学时作"。〔明〕聂良杞辑:《百泉书院志》卷三,《中国历代书院志》第6册,江苏教育出版社1995年版,第128页。
⑥ 〔清〕毛德琦原订,〔清〕周兆兰重修:《白鹿书院志》卷十七,《中国历代书院志》第2册,江苏教育出版社1995年版,第226页。

当年读书屋,依旧隔双间。四十年如梦,三千里早还。风多窗纸破,雨溜壁泥斑。不为风烟逼,重来岂有闲。(清·李调元《过锦江书院观旧日读书屋》)①

万山环一岭,书院建其巅。我昔来肄业,弱冠方童颜……何图目一瞬,垂垂五十年。先师墓木拱,诸贤尽云烟。我来重遇此,几席犹依然。思欲往学舍,执卷趋师前……逝者竟如斯,能无意自怜。羡杀丹桂花,无言但参天。(清·袁枚《万松书院》)②

令人动容的是,即便离别后时光飞逝、物是人非,但双方的感情并不因不常见面、时间久远而逐渐黯淡,即所谓"终身更不一见而不啻时时晤对"。反观世俗社会,连《西游记》中不谙世事的孙悟空最后都知晓了时间的厉害:"三年不上门,当亲也不亲。"③官师对书院和学生的记忆,却能保持三十年以上,反之亦然。特别是《万松书院》一诗中,袁枚对恩师杨绳武的记忆保存了五十年之久,这可能是现存书院留别诗中怀念时间最长的一份记录。

概之,书院官师留别诗在书院诗歌中是一种较为特殊的类型。与向来雍容典雅的书院诗歌相比,它更偏于情感的抒发;与一般的离别诗相比,它又有着"哀而不伤"的特点,不会专注于《别赋》中"黯然销魂者,惟别而已矣"式的离情别绪的渲染,而是以勉力向学为要。最为奇特的是书院官师的"终身更不一见而不啻时时晤对"之论,在想象中,他们根本就没有离开书院,也没有与学生分开,因此不用通过见面或写信等方式维系别后的师生感情。"惟以心相交,方能成其久远",故而无论是离别时还是离别后,他们的诗歌中都充满了温情,且历久弥深。

---

① 邓洪波编:《中国书院诗词》,湖南大学出版社2002年版,第264页。
② 〔清〕袁枚著,周本淳标校:《小仓山房诗文集》,上海古籍出版社1988年版,第639页。
③ 〔明〕吴承恩著,黄肃秋注释:《西游记》上册,人民文学出版社1980年第2版,第493页。

清代士人家庭生活自叙：
以女性忆传为中心*

□石晓玲

摘要：以从千余部清人文集中爬梳出的典型女性忆传为考察对象，通过对这类既非正史又非野史、小说的纪实型自叙进行文本细读，探究清代士人在此类家庭生活自叙中，如何建构与自身密切相关的女性之形象及自我形象、伦理亲情，通过详察士人如何言说、如何遮蔽，从文学史角度阐发其在古代散文向现代散文过渡中的新意，从史学角度窥视清代士大夫阶层家庭生活尤其是其中的女性生活之一斑。

关键词：传状；忆传；家庭；士人；女性

作者简介：石晓玲，女，河南洛阳人，文学博士，副研究馆员，古代文学专业硕士生导师，上海市"中华典籍与国家文明"战略创新团队成员。

日常生活、私人感情之逐渐细化、个人化的书写是古典文学向现代文学演变的标志之一。由于清人女性忆传的作者为各阶层士人、书写对象大多是士绅家族女性，作为塑造人物形象和写情叙事的主要载体，其中的家庭生活及其书写特点值得我们探究。在新史学"还原历史现场"的倡导下，近年来不少研究者开始将目光投向古人真实的日常生活和心灵情感。由于有大量作品——自述流传于世，明清士大夫的生活史、心态史首当其冲。①士大夫的逸乐、交游等问题正在得到细致考察，而士大夫（或扩展至

---

* 本文系国家社科基金后期资助项目"女性忆传文与纪实类女性书写"（17FZW015）。
① 李孝悌先生对士大夫生活史研究意义的阐发颇足借鉴："一旦穿透了由精炼的文字和符码所建构的迷障，进入明清士大夫文化的堂奥，我们就会发现在面对这些复杂的'圆形人物'时，传统的分析范畴或学术取径——不论是学术史、思想史、政治史或文学史——之不足。这些专精的学术视野，固然解决了各个领域内的技术性问题，也对明清士大夫的某些面相做了深入精密的剖析，但也同时模糊了这些士大夫的整体面貌，将淋漓饱满的人物切割成断裂的单元。生活史的研究看似细琐，却往往能够提供一个完整的横切面和统合点，来重新架构一套具有特色的传统文化风貌。当'士大夫文化'一词被广泛、普遍地使用，却鲜少人愿意停下来，想一想士大夫文化中的'文化'究竟指的是什么时，我们对士大夫日常生活中细节的描述，也许就有更大的参考价值。"见李孝悌《恋恋红尘：中国的城市、欲望和生活》，上海人民出版社2007年版，第165页。

下层士人)正式的家庭生活似尚少人问津①,而这正是本文聚焦的女性忆传的书写重点。庙堂之外,家庭之内,至亲之间,在这不为人知的私领域,士人如何向世人描绘自己和家人的生活,如何通过对日常生活的描述形塑合乎自己理想的家人尤其是其中女性的形象。

一般认为,中国古典文学极少以散文描写私人家庭、情感生活,故归有光的《项脊轩志》《先妣事略》一出便被惊为至文,至今备受推崇。而从林语堂、俞平伯等现代文学大家到当代研究者,推崇《浮生六记》者不少是看重其对文人私领域中日常生活和心态情感的细腻呈现。②陈寅恪先生在《元白诗笺证稿》中讨论元、白艳体诗时指出:

> 吾国文学,自来以礼法顾忌之故,不敢多言男女关系,而于正式男女关系如夫妇者,尤少涉及。盖闺房燕昵之情景,家庭米盐之琐屑,大抵不列载于篇章,惟以笼统之词,概括言之而已。此后来沈三白《浮生六记》之闺房记乐,所以为例外创作,然其时代已距今较近矣。③

这一论断为后来学人广泛引用,认为这是将《浮生六记》置于整个中国文学历史中,对其创新性给予的高度评价,亦有用此观点展开具体论述之作,④康正果等先生近年相关论著中的说法也与此大体相同。⑤若仅就散文而言,这种印象大体上是符合实际的,但我们在女性忆传中亦不断碰到"例外创作"。我们探究忆传中的士绅家庭生活,不是要以此为史料来证实或质疑史学界对清代士绅阶层女性家庭生活的结论,而是想通过详察作为作者的士人诉说了什么、遮蔽了什么、强调了什么、带过了什么,来感受和分析士人如何书写他们敬、爱的家族女性的生活,及其之于文学及史学书写的意义。

---

① 有论者甚至称:"中国社会史研究起步较晚,对于清代科举家族的婚姻行为,以及对其家族成员在科举考试中的作用,迄今为止论著不多。……造成这种落后状态的原因,主要在于缺少资料。清代人物传记资料虽多,却很少有家族婚姻状况之记载。"(见张杰:《清代科举家族》,社会科学文献出版社2003年版,第127页。)这实在是一种误解,家庭婚姻状况正是女性忆传文的核心内容。
② 可参看俞平伯《重印〈浮生六记〉序》(一、二)和林语堂《〈浮生六记〉英译自序》(见沈复著、王稼句编《浮生六记》,北京出版社2003年版,第200—210页)及俞平伯《德译本〈浮生六记〉序》(见俞平伯著,孙玉蓉编《俞平伯序跋集》,三联书店1986年版,第278—279页)。
③ 陈寅恪《元白诗笺证稿》,上海古籍出版社1978年版,第99页。
④ 对"例外创作"说的阐发甚至成为《浮生六记》研究的重要一支,如孙菊园《〈浮生六记〉是一本怎样的书?》、王宜庭《沈复和他的散文》等。
⑤ 康正果:《悼亡和回忆——论清代忆语体散文的叙事》,《中华文史论丛》2008年第1期。

一、逸乐与温情自叙：儒家伦理内外

（一）闲情雅致遮蔽下的现实情境

以《浮生六记》为代表的忆语文中文人对自己闺阁闲情、米盐琐屑的叙写向为论者津津乐道。而究其根源，并不仅因其为"例外创作"，或其在文学技法发展上的重要意义，最直接的原因是其间附载着佳人的慧心灵性，充满了文人雅趣，故易引起读者之艳赏。而其他女性忆传文中对米盐琐屑的描写则大多仿佛生活本相的实录，有伦理意涵，亦有真情寓焉。

清中期苏州下层士人沈复在《浮生六记》中写妻子陈芸自制梅花攒盒、活屏风，历来为论者所叹赏。《影梅庵忆语》中，除了校书、品茗、焚香、赏花、玩月这些诗意化的闺中乐外[①]，明末清初大名士冒襄还津津乐道于小宛之厨艺，因冒襄"嗜香甜"，喜与宾客共赏"海错风熏之味"，小宛以奇思妙想将花露、豆豉、腐乳做得精致美味[②]。冒襄信手拈出几则，将制作方法细细道来，令批书的杜茶村大为垂涎："一匕一脔，异香绝味，使人作五鲭八珍之想。"兹选录一则，以见其风致：

> 取五月桃汁、西瓜汁，一穰一丝漉尽，以文火煎至七八分，始搅糖细炼。桃膏如大红琥珀，瓜膏可比金丝内糖。每酷暑，姬必手取其汁示洁，坐炉边静看火候成膏，不使焦枯。分浓淡为数种，此尤异色异味也。[③]

此段对果膏的描写可谓色香味俱佳，伴以曾色艺冠绝秦淮的名妓静坐炉边，简直是一幅完美至极的闲情图。香艳的美食和佳人（从良的佳人或曰被驯服的佳人）如此静谧地结合在一起，实现了文人千百年的美梦，"炉边人似月，皓腕凝霜雪"与之相比，亦觉稍逊。冒襄出身名门，才华气节均足称道，明季为复社中坚，"四公子"之一。冒家源出蒙古王族，至冒襄父祖仍保持着逸乐豪奢的传统，家有名园、戏班，直至鼎革之后，仍广庇世讲安居于水绘园，明末四公子陈贞慧之子、清初大名士陈维崧与冒家歌僮徐紫云的传奇便

---

① 清代华亭人（今上海）黄图珌在《闺房乐事》中道："炉香茗碗，梱内岂无名士风流。琴韵书声，女中偏有须眉气象。"且列焚香、抚琴、藏书、学书、画花、吟哦、供花、烹茶、秋千、剪彩、油花卜、斗草、乞巧、纳凉、待月、清谈、尊酒为闺中乐事。（见其《看山阁集》闲笔卷十四芳香部《闺房乐事》，《四库未收书辑刊》10辑17册，第763页）
② 小宛甚至因此被今人评为古代的十大美食家之一，《影梅庵忆语》与饮食文化的研究可参看绪论综述部分。
③ 〔清〕冒襄《影梅庵忆语》，《续修四库全书》1272册，第242页。

发生于这水绘园中。除著名的董小宛，冒襄其后所纳姬人金玥（晓珠）、蔡女萝、吴扣扣也都昳丽有才，为士林所羡。其于追忆亡姬之文中，将爱姬所擅之饮馔细细列出，近于食谱，而又极尽风雅，既承载着两人于共同的生活雅趣中沉淀的真情，又是晚明士人尚奢享乐精神的余意，更是遗民文人对逝去时代的悼伤，故《影梅庵忆语》不仅为治文者所赏，亦为治史者所重。

清中期钱塘大名士陈文述（云伯）少负才名，为一代文宗阮元所赏，有吟坛祭酒之称，为官又颇有政声，乐于周恤寒士，甚至有受惠者称其"为人行事酷肖范文正公"（凌霄语）；同时又风流自赏，广收女弟子，为其子陈裴之的姬妾王子兰（紫湘）作《紫湘诔》①，颇多不合礼俗之举。其为妻子所作的《先室龚宜人传》中叙及其妻因次子之殇，悲痛卧病，后遵"神医"示，饮酒治病而日耽其中：

> 宜人之初饮酒，以治疾也，饮之日久，弥得酒中之趣。清晨披衣起坐，盥沐后，即温佳酿二樽，鲑菜之外，佐以名花佳果，初和以东阿胶，后屏不用。小银斗约容半升，徐徐饮之，至午而毕，则下帷拥衾静卧。晚乃翦烛复饮，漏三下毕。每日夕凡四壶，酒器数事皆精洁。卑幼咸聚其室，遇得意则飞一觞饮之以为乐，亲串中或以酒瓮来，辄开口笑；贻酒券者，属女苕仙郑重藏之，他物不在念也。侄孙辈于尊称上冠以酒仙二字，辄笑而领之。既没，延戒律僧，礼大悲忏，晚用瑜珈法，施食登坛，召请内外，皆闻酒香四溢，岂生前耽饮，没而曲糵之兴犹未忘耶？古之好饮者，称刘伶阮籍，然彼皆生际衰晚，托沉冥以自晦，似不若宜人之遭际太平，眷属承顺，知足不辱，自全其天也，谓之酒仙，亦可谓名称其实者矣。②

妻子龚羽卿为诗人龚樊山女弟，诗亦庄雅可诵，中年后与云伯奉道惟谨。"酒"与仙，与文人趣味都有着千丝万缕的联系，故云伯在为正妻所作的传中——通常此类篇章都以朴质庄重为上，将妻子终日饮酒高卧之乐细细道来，不以为非，反带着宽容和赞赏，间以语调温柔的浅谑，羽卿在丈夫笔下真就成了优游卒岁的酒仙。云伯风流多情，姬妾如著名的管静初、文静玉都美丽而有韵致，工诗善词，加上以诗、画名世的儿媳、女儿，亦是著名的风雅世家。然而羽卿本"性严重，不苟言笑"，初时与管静初并不相得③；次子早殇，长

---

① "诔"一般为尊长或德行卓越者作，翁舅为出身风尘的儿姬作"诔"，颇为出格，正如宝玉为晴雯作《芙蓉女儿诔》，当时的批书人多视之为小儿胡闹。
② 〔清〕陈文述：《颐道堂集》文钞卷十三《先室龚宜人传》，《续修四库全书》1506册，第116页。
③ 由此文所述羽卿晚年对静初所言"吾与子相处三十余年矣，始以细人之言，与子意见多龃龉，然子面无愠色，退无后言，是子之包容我也"可知。

子裴之俊逸多才,时人有"国士无双"之誉,而后竟卒于外乡;两孙一幼殇、一闻父讣惊痛致病,常年不愈;次女遭人仳离,携两女大归母家二十年。在世人津津乐道的文采风流之后,是普通人家的生死病痛、家庭矛盾。两者参差对照,此段关于饮酒的描绘,便显得意味深长,不再是一个简单的酒仙故事。道家作为儒家的补充,共同支撑着清代士人的精神世界,具化而为日常生活、一言一行,士绅阶层的女性则与士人同进退,共受影响。士人或许在家庭外尚有仕途经济、社会交往活动以分散生老病死、伦理变故所带来的人生痛苦,而闺阁女性在面对这一切时,当儒家女教不足以排解痛苦、抚慰心灵,则往往更倾向于求佛问道,在清人女性忆传中,士人对自己家族女性如母亲、妻子的潜心向佛也多不讳言。儒释道融合不仅是中国民间思想的突出特征,在士人及士绅家族女性的日常生活中也处处可见此类融合的痕迹。

(二) 米盐琐屑折射的家庭温情

除了此类名士风雅,清代不少士人或游学,或游宦,常年在外颠沛流离,日常生活之乐对他们反倒成了一种奢侈的愿望。明末清初浙东学派代表人物黄宗羲之弟黄宗会在《祭亡室文》诉说自己曾有的对美好生活之期盼:

> 余十年之颠沛流离,幸兄弟之怡然及吾母之安康,或可糊口。自期偕汝夜舂而为晨粮;春畜肥羜,夏种群瓜,刈麦薙稻之香;不失岁时之祭扫,与堂上之壶浆;余庶可优游一编,随时运之行藏。①

老母在堂,兄弟安康,携妻舂粮、养羊、种瓜、割麦,又有一编在手,尽享耕读之乐。如今妻子骤然离世,使其如此简单的愿望也无法实现。无需呼天抢地捶胸顿足,只娓娓道来平生夙愿无非是与妻子相濡以沫、平凡度日,对妻子的深情自然寓焉,比袭用哀祭文套语或直白诉说,自是含蓄蕴藉,令人回味。

而已逝之乐亦足追怀,晚清进士福建诗人谢章铤《家母六十乞言序略》,忆及往昔家庭温馨时光:

> 章铤捧壶侍太安人隅坐,称述家世或举亲戚中可喜可愕遗事诏章铤,以备劝戒。先父引觞坐而听之,欣然尝有句云:"火暖山妻勤酿酒,泉香孺子解烹茶。"盖忽忽四十年矣。②

---

① 〔清〕黄宗会:《缩斋文集》之《祭亡室文》,《四库未收书辑刊》5 辑 26 册,第 770 页。
② 〔清〕谢章铤:《赌棋山庄集》文三《家母六十乞言序略》,清光绪刻本。

作者三岁丧生母,继母抚如己出,此时祖父母、父亲都已去世,继母也已花甲,回忆幼时与父母相伴的温馨时光,不由感慨丛生。烹茶酿酒,无不有情。

忆传中,隔着生死或数十年时光,士人通过米盐琐屑、种瓜割麦、全家围坐饮酒烹茶等家庭日常生活的温情追忆,更显诗意隽永。自古以来,士人治国、平天下的理想和实践为世人瞩目、为自己乐道,在言志的诗中、载道的文中被反复抒写、侃侃而论,而在儒家早期经典中与治国、平天下并举的"齐家"则很少被展现,家庭生活的温情除了诗词中的只言片语,更正式的文(包括骈散体)中,则很少被提及,故归有光的先妣事略、寒花葬志才引起格外注意、高度评价,而清人女性忆传中则颇多此类篇章,颇值得文史学家挖掘探究。

(三) 一饮一馔蕴含的为妇之道

女性忆传中更多的饮馔琐事既体现出家庭温情,又承载着儒家伦理道德内涵。作为妻子的女性,相夫、孝亲、教子是其最大的天职。

为妻:如清初大才子尤侗《先室曹孺人行述》中追忆伉俪相得之乐:

> 予与诸友结文社,不时过从,不敢告父母治具,妇脱钗梳,咄嗟立办。闻吾父母有缓急,倾筐倒箧,俾付质库至典,绝不复问也。予下帷诵读,妇刺绣佐之,焚香煮茗,必尽丙夜。或乞予授唐诗词曲,短歌长吟,以为笑乐。①

结交文友之费,不敢告父母,而告妻子,妻子亦鼎力支持,夫妇之亲密无间已不待言。儒家伦理本就高度重视夫妇齐体,除了世人习知的男尊女卑,女性作为妻子和母亲亦有尊荣乐趣,这在士人的自叙中俯拾皆是。此外,如尤侗妻子这般亦有诗书之好,则夫妇如师徒,闺房如学舍,正是士人独有的伉俪乐事,也是催生女性受教育和友伴式婚姻的温床。

清中后期著名士人贵州黄彭年在《陶刘两淑人事略》中回忆当年自己"昼从塾师受举子业,昏定入室发书,侵晓乃罢",妻子陶幼云"每夕蓄饭一器,夜半以汤沃之进。一夕,吾倚案假寐,比觉,则饭已三沃,如是者三年未尝间。"②丈夫夜半读书,妻子以汤沃饭作夜宵,此为家庭常事。当丈夫困倦假寐时,妻子不忍惊醒,又怕其随时醒来需食,便把饭热了又热。温柔体贴之情,令作者至今思之不忘。而穷家贫贱夫妻,温饱不足之时,衣食琐事更尤关情。

---

① 〔清〕尤侗:《西堂杂组》杂组三集卷七《先室曹孺人行述》,《四库禁毁书丛刊》129册,第371页。
② 〔清〕黄彭年:《陶楼文钞》卷五《陶刘两淑人事略》,《续修四库全书》1552册,第682页。

清中期浙江士人查揆《吴宜人行略》写其家贫,而天性高傲,好友为其作伐不成,便索性将自己的妹妹嫁给他,即其妻吴宜人。当初亲迎时,"以小笋舆,舆夫索值多,蕲之,则易以敝车往,坐处皆穿破",而妻子了无愠色。文中又忆其婚后琐事道:

> 事予甚敬,凡予所服用,必亲自点检,不假手婢媪。偶却之,辄曰:"此秀才娘子分内事耳,君独不记脱绵半臂时耶?"盖宜人初归予时,值冬夜,予方读书,宜人执针耑坐,寒甚。宜人故有绵半臂,不肯着。问之,曰:"我暖君独寒,不可也。"①

代丈夫亲理衣装,认为是"秀才娘子分内事",而当年更因丈夫读书寒冷,自己有衣而不肯着,以示共苦之义。贫贱夫妻的日常琐事,透露出的是儿女痴情。查揆为康熙间人称"烟波钓徒查翰林"的翰林院编修查慎行之后,生活上竟贫困至此,以贫写廉正是士人自叙和忆传中的普遍叙事策略。

为媳:"孝事舅姑"是士人在忆传中对家族女性最普遍的赞许,日常饮食上的曲意承旨是孝妇生活的重要内容。雍正间进士项樟在《先母周宜人行略》写其母"佐先大夫事王父母先意承志,事事得欢心",举一趣事道:

> 王父嗜食蟹,而晚年戒杀生,殆如东坡所云不能不食自死之物者。吾母体其意,每岁八月后,则蓄蟹于邻家,俾邻翁熟而馈之,或延王父往食。平时委曲养志类如此。②

祖父戒杀生而嗜蟹,母亲便想出"小花招"来同时满足老人的两重需要,既是孝道,又曲尽人情,颇为有趣。与一般碑传文的简质无文大异其趣,更接近现代散文以小事、趣事写人的普遍路径。

而晚清黎汝谦写母亲孝事其祖的故事可就没有这么轻松愉快了,其于《先妣萧恭人事略》中记道:

> 咸丰改元,先大父解官归林,年强七十,性峻整,人少敢亲,家人咸啧啧,谓烹任事非子妇辈所能任,将佣良庖。恭人曰:"事亲讵他人事耶?凡人事之有能、有不能者,徒以无实心力耳。诚竭心力而为之,天下有何不能之事?"初,洁肴馔以进,大父

---

① 〔清〕查揆:《筼谷文钞》文钞卷十二《吴宜人行略》,《续修四库全书》1494册,第655页。
② 〔清〕项樟:《玉山文钞》卷一《先母周宜人行略》,《四库未收书辑刊》9辑24册,第721页。

喜谓甘旨适宜,家人每食必推任恭人。食顷,仆从奔走执事,恭人从壁隙窃听。先大父喜,恭人亦喜;大父不怿,恭人即负墙悚仄,不敢饭。久之揣神度声,益得先大父所憎爱,心手相应,百不失一。历十余年,谨饬如初。①

饮馔琐事,而竟至于紧张得如临大敌,饮食不合翁舅口,便"负墙悚仄,不敢饭",果然礼法之家,子妇难当。作者为赞母之孝谨而详叙此事,但"负墙悚仄,不敢饭"一语使为妇者之可怜情状毕现,委实可悯。黎氏为西南望族,世代书香,作者为晚清外交名臣黎庶昌之侄,"西南巨儒"郑珍内侄,其母因主动要以身践行儒家伦理提倡的孝事祖翁之训,而任劳任怨、诚惶诚恐。在一般传记如名媛、列女传及地方志人物书写,或请托他人所做的女性墓志碑传中,此类情境往往被"事翁姑极孝"一言以蔽之,女性的惶遽痛苦既难为外人察知,能难被书写传扬。而在士人书写自己母亲这类融他传与自传为一体的忆传中,儒家孝妇作为道德楷模之外的真实人性才得以展露。

为继母:古代女性早逝现象较为常见,故士人续娶亦为常事,因继室与原配在家庭地位上并无区别,礼法对继母与继子女之间关系的规定一定程度上保证了继母的权益,故女性即使家世不俗,也多有为人继室者。也正因为礼法的保障,士绅家族的继母即使不论道德,仅从现实利益出发,也并无虐待继子女的必要。故女性忆传中多有士人为其继母所作者。这种较为特殊的母子关系在外人写来,大多或以套语"扶前室子如所出"简略带过,或以刲股疗亲、病时日夜照拂这类典型事迹不断重复。女性忆传中则有不同,如河南固始人吴玉纶为乾隆间进士,出身当地诗礼望族,其《先母任太夫人暨继母李太夫人行略》以"柿柑"忆继母之贤:

> 岁将除,玉纶兄弟自外傅归。适宗伯(引注:李太夫人舅氏)家馈岁,玉纶索柿,母与以柑,玉纶坚索,母仍不与,玉纶以柑掷诸地。母笑曰:"汝何知?顷已告汝矣。柿性寒,汝初病起,不与汝食也。"再三喻之,玉纶方就寝,少焉醒,微闻母泣声,盖慨然于后母之难也。②

作者当时为八岁顽童,生母新丧,继母初来,索柿不得而以柑掷诸地,小儿情态毕肖。而继母当时虽"笑",虽"再三喻之",极尽慈爱,然毕竟为初嫁新妇,难抑委屈,悄悄饮泣。此时作者荣贵,而继母早已亡故,童年柿柑琐事开启了作者的回忆之门。诗礼之家慈爱、

---

① 〔清〕黎汝谦:《夷牢溪庐文钞》卷四《先妣萧恭人事略》,《续修四库全书》第 1567 册,第 596 页。
② 〔清〕吴玉纶:《香亭文稿》卷九《先母任太夫人暨继母李太夫人行略》,《四库未收书辑刊》10 辑 24 册,第 198 页。

通情达理的继母形象与通俗文学、野史杂记里恶毒的后母迥然不同,但细微处袒露的"后母难做"原属人之常情,这样的贤良继母便有了可信性。

二、才女的主妇生活:在儒家伦理夹缝中

明清才女众多,诗话、选集播扬的是她们的诗才,忆语文也偏好展示女主人公的才华和文人化的雅趣,虽然忆语文的几位女主人公只有关锳(秋芙)确为著名女词人,董白(小宛)画作流传较广已不完全因其画技,更因其艳名,其他几位则只能算是小才微善。而传状类忆传文中的女主人公,实则不少是有著作传世的知名才女,而其亲友所作的忆传中却并不着重宣扬其才华,反而着意展露其履行儒家礼法要求的女性职责一面。清代钱塘著名才女汪端(允庄)出身诗礼之家,自幼嗜书,嫁于大名士陈文述之子陈裴之后,仍一编在手,哀乐自得,人咸目为书痴,其庶姑管筠(静初)记其"性静穆,独处一室,左图右史,日与古人晤对。未尝留意内政,而家人有遗忘及难处事,辄条举以对,悉中肯綮。偶有经理,整洁倍人,以此知非真书痴也"①。似乎既敏于才,又善家政,才学与妇功毫无冲突。然而对照其他文献中对汪端的书写,如其翁云伯(陈文述)为其姑羽卿所作之传中,称其"稽古之力有余,济变之才不足",难任家政。允庄翁姑一向热心倡导女子才华,对这个才高善病的子妇怜爱有加,并无责备,此语应不为虚;而庶姑静初与允庄最善,其语恐有因爱为饰的成分。但无论汪端是否善理中馈(这是传统妇职),翁姑任其常年著书修道,不以家政及晨昏定省之礼责之,两相对照,应是事实。这也从一个侧面印证清代江南才女的涌现与其时士风之变关系密切,正是追求性灵、以风流自任的士人的大力襄赞,清代才女文化才能承续前代而不衰。

但所谓明清才女文化繁荣也只是与前代相比,若以人口基数和比例来看,明清有诗文集传世或当时即有才名的女性当然只是凤毛麟角,绝大多数天资聪颖、卓有才华的女性在嫁为人妇后,不得不依从妇德规训,履行妇职,将天赋才华淹没于米盐琐屑之中。从目前所见上千篇清人女性忆传来看,这类才女在数量上远远超过我们今天能通过传世女性诗文集和方志等史料记载了解到的才女。

(一) 为妇后自觉皈依妇道

为妇后自觉皈依妇道者有之,如雍正元年进士湖南宁乡士人陶士偰在《元配夏恭人墓表》记其妻:

---

① 〔清〕管筠:《自然好学斋诗钞序》,见汪端:《自然好学斋诗钞》,清同治十三年重刊叶衍兰署检本。

幼有辨弦之慧，湘岩公授以《毛诗》、《内则》、四子书，咸通晓大意，学书临《闲邪公传》。长乃习组纴，然意若不屑为者。结褵后，相谐敬如益友。余少喜吟咏，间示之唐人闺阁诗，则曰："'三日入厨下，洗手作羹汤。'此正今日事。若文彩风流，非妇人所敢闻矣。"闲时惟乐观《烈女传》暨《功过格》，言亦不似世俗女流，笃信轮回果报之说。与群姒娌处，终日寡言笑，不易欢，独能承欢太夫人，罔失意旨。曾记先君子寄书湘岩公曰："媛君于妇道甚晓，老夫妇从此加一饭矣。"恭人盖负男子才，而娟娟抑抑，检束于姆仪内训，取古钟郝大家为准的者。①

本是解音律、通诗书、不屑为女红的才女，嫁为人妇后，自觉皈依妇道，变成乐观烈女传，寡言笑、善事舅姑的典型贤妇，博得赞许，但作为其最亲近的人，作者还是能感受到其娟娟抑抑、自我约束的辛苦和压抑，并不讳言。

（二）生活所迫，弃文理家

遭遇困境为人讥笑，无奈弃诗文从家政者有之，如桐城名儒钱澄之在《先妻方氏行略》忆其妻"资性明慧，粗读书识字"，来归后，见澄之好学能诗文，两人深相得也。然澄之母却颇忧虑，道："二稚耽笔墨，不省世务，我殁后，何以治生？"果然，澄之母逝后，其妻"初理家，独恃一乳媪治馈，釜甾阙然，常朝晡突未生烟，门内笑之。于是罢弃笔砚，习操作，悉变所御簪珥裙襦之类置器，用益讲盐豉米薪之事，居然有家政焉"②。

作者母亲去世后，家政无人打理，为人讥笑，其妻无奈选择弃笔札，习米盐。当然，对清代知识阶层来说，面临共同的困境，才子弃文理家并不在考虑之中，才女的弃文理家才是自然而然、无需解释的必然选择。

（三）奉严姑之命亲家政

奉婆母命弃笔墨从家政者有之，如黄彭年继妻刘季瑜"耽文史，娴绘事"，结褵之夕，彭年被酒卧，季瑜据案作画。彭年回忆两人诗画相得之乐，颇富雅趣：

暑夕乘凉，待月宛虹桥笠亭，天忽晦，吾戏为橄书簦上，俄倾月出，季瑜喜而图之。时吾父乞病来就养，昼则选石灌园，夜则观书作画，以自娱乐，吾与季瑜归，漏逾三下，吾父犹未寝，见簦微笑。

然而士绅阶层女性的家庭生活中，并不只有这样的诗情画意，季瑜因"不喜米盐琐

---

① 〔清〕陶士偰：《运甓轩文集》卷六《元配夏恭人墓表》，《四库未收书辑刊》集部第9辑第22册，第742页。
② 〔清〕钱澄之：《田间诗文集》文集卷三十《先妻方氏行略》，《续修四库全书》1401册，第318页。

屑",彭年母"因事督教,不少宽假。后得博野尹氏太夫人年谱,季瑜手自写录,遂委婉和顺,勤于操作,刀匕笔札常相杂也"①。在婆母的督促和榜样人物的感召下,"性亢爽"的才女变得委婉和顺,勤于家政,终于被改造成了传统贤妇,甚至两次刲臂疗夫、姑之疾,转变之彻底令人叹惋。才女一旦信服传统女教理论,献身热情往往较普通女性更为强烈,正是史料所示上层知识女性在追求成为贞女、节妇、烈女烈妇的极端道德实践中尤为积极这一突出现象的缩影。

中馈琐事是不少才女的烦恼之源,《名媛诗话》的编纂者、著名才女沈善宝所记其姨母(亦为才女)之语"欲为雅人,须终生在室",便是感叹家庭琐事、儿女之累对女性才华的消磨。忆传中的桩桩琐事,便真实展现了明清新兴的才女们面对传统妇职时的尴尬与无奈。宗法社会晚期女性试图突破传统礼教为自身规定的角色,向男性的角色靠拢,男性也不再满足于将思想交流对象限定在同性范围,希望能与朝夕相处的女性有日常琐事和生理欲求之外的交流和共鸣,这就造成经济文化条件相对优越的地区(或具体到家族),在男性文人的鼓励之下(大多如此)女性出现文人化倾向,然而这种新兴潮流与传统力量之间必然发生冲突。女性的家庭角色和个人事业、爱好之间如何达到真正的调和,即使在两性平等成为共识的今天,也仍然困扰着各国女性,更何况在宗法制下的清代社会。

结　　语

清代士人所作女性忆传中之女性绝大多数是闺阁女子,对于个别出身风尘的姬妾,作者也会将叙写重点放在其婚后家庭生活,这也正是女性忆传文与其他女性书写(如野史、传奇之情色书写等)的重要区别之一。家庭在封建宗法制社会扮演着极其重要的角色,是社会的基本经济和伦理单位,承担着从物质生产到精神生产的各项功能。而清人女性忆传文中的家庭和闺阁女性作为士人自我书写的一部分,在具备家庭和闺阁女性的基本特点外,又处处透露出士人文化特色,与通俗文学中所描述之市井家庭有着显著区别。而士人文化也并非铁板一块,虽同读圣贤书,但经济和社会地位上,有位极人臣、富贵如烈火烹油者,也有终生布衣、饔飧不继者;精神个性上,恪守礼法、循规蹈矩的是主流,但天性洒脱、放荡不羁的也代不乏人,这必然使所谓的士人文化呈现错综复杂的形态。考察不同境遇和个性的士人在书写自己的家庭及其中的女性时有无差别、有何差别也是颇有趣味和意义的。

---

① 〔清〕黄彭年《陶楼文钞》卷五《陶刘两淑人事略》,《续修四库全书》1552册,第682页。

文献考证

从古写本《群书治要》看今传本《孔子家语》王肃注文存在的问题

□王文晖

摘要：《孔子家语》是研究古代儒学思想的重要资料来源，由于长期被当作伪书而备受冷落。随着出土材料的不断出现，《孔子家语》的真伪问题再度成为学术热点。然而《家语》研究无善本可从，通行本《孔子家语》中的错误随处可见，王肃注文亦是如此。本文利用日本古写本《群书治要》，对今传本《孔子家语》王肃注文存在的问题进行清理。

关键词：《孔子家语》；《群书治要》

作者简介：王文晖，汉语史博士，复旦大学中文系副教授。

今传本《孔子家语》（以下简称《家语》），向来被主流学术圈视作伪书，然而其内容较《论语》却更加丰富、具体、生动，是研究古代儒学思想的重要资料来源。正如《四库总目》所说："自唐以来，知其伪而不能废也。"随着20世纪70年代出土材料的陆续发现，《家语》不伪或不全伪的观点日益高涨，并由此引发了一股《家语》研究的热潮。然而，历经千百年的流传，加之数百年的冷落，今传本《家语》几乎满目疮痍，许多地方呈现出鲁鱼豕亥的面貌。缺乏优良的研究底本，是目前《家语》研究所面临的首要障碍。对今传本《家语》进行整理，尽可能还原其旧貌，成为刻不容缓的工作。

由日本回传的《群书治要》（以下或简称《治要》）中保存了不少早期《家语》的内容，是整理今传本《家语》弥足珍贵的资料，这其中也包括对王肃注文的整理。

《群书治要》是唐代初年魏征、虞世南、褚遂良等奉唐太宗之命辑录前人著述而编纂成的一部匡政巨著，原书50卷，在宋元之际即已失传。所幸的是，日本金泽文库藏有镰仓时代（1192—1330年）日本僧人手写本《群书治要》。据日本学者研究，镰仓时代的日本僧人写本的底本当渊源于唐高宗时代的写本。此书后由日本传回，仅存47卷。需要说明的是，《治要》辑录所依据的原著，均为唐贞观之前的古籍经典，其中有少数原著在五代之后便已失传，因此，《治要》在保存文献、校勘典籍方面是难得的宝贵资料。

今传本《家语》共10卷44篇,《治要》选录了其中22篇中的部分段落,包括王肃注文91处,其中有多处注文文字与今本《家语》存在不同程度的差异,这其中包括今传本注文的删减、讹误、改动、衍字、脱文、误倒、佚文等问题,以下分类说明。本文今传本《孔子家语》以明代黄鲁曾覆宋本为底本,下列方括号中的内容为王肃注文。

一、注文有删减

（一）《五仪解》：**所谓贤人者,德不逾闲。[闲,法。]**

按：今传本在"德不逾闲"之后,直接附注"闲,法。"而《治要》则注"闲,犹法也"。"闲"本身并没有"法"的意思,古人注释使用训诂术语"犹",意在说明释词与被释词之间词义上存在的某种联系,这与黄侃所说的"义界"是有本质区别的。《论语·子张》："大德不逾闲,小德出入可也。"何晏集解引孔安国曰："闲,犹法也。"《汉书·刘据传》："陛下为孝昭帝后,承祖宗之祀,制礼不逾闲。"颜师古注："闲,犹限也。"孔安国、颜师古的注释方式皆与《治要》相同。今本《家语》显然在原本基础上作了删减。

（二）《大婚解》：**不能安其土,则不能乐天。[天道也。]**

按：今传本"天道也"只是对原文中"天"字作注,而古写本《群书治要》作"不能乐天道也"。是对"不能乐天"这句话作注,今传本对原注作了删减。

（三）《致思》：**季羔为卫之士师。[狱官。]**

按：今传本《家语》直接在"士师"后附注,而《治要》则作"士师,狱官"。重新提起被注释对象,形式上较之今注更加完整。

（四）《五仪解》：**昔者殷王帝辛之世。[帝,纣。]**

按：古写本《群书治要》注为"帝辛,纣也"。今传本《家语》有删减。

二、注文有讹误

（一）《大婚解》：**物耻则足以振之,[耻事不知礼,足以振救之。]国耻足以兴之,[耻国不知,足以兴起者也。]**

按：今传本王注有两方面问题：其一,存在脱文。"耻国不知"与上句注"耻事不知礼"句式不谐,其下当脱"礼"字,《治要》不脱。其二,存在误字。两句注中的"知"都当是"如"的误字。"如礼"即符合法度,"不如礼"即不符合法度,两者都是古人习语,古籍里常见。

如《左传·襄公二十六年》:"王闻之曰:'韩氏其昌阜于晋乎!辞不失旧。'"杜预注:"传言周衰,诸侯莫能如礼,唯韩起不失旧。"《左传·襄公二十八年》:"公膳,日双鸡。"孔颖达正义曰:"按《礼记·玉藻》云:'天子日食少牢,朔月大牢。诸侯日食特牲,朔月少牢。其大夫则日食特豚,朔月特牲。'今膳日双鸡者,齐国临时之事,不如礼也。"《左传·哀公二十四年》:"以寡君之在行,牢礼不度。"杜预注:"不如礼度。"《国语·晋语》:"惠公即位,出共世子而改葬之,臭达于外。"韦昭注:"献公时,申生葬不如礼,故改葬之。"《治要》正作"如"。由于不明"如"为"如"之误,上海古籍出版社 2019 年出版的"国学典藏"本《孔子家语》将此处标点为"耻事不知,礼足以振救之",甚误。

(二)《五仪解》:言不务多,必审其所谓。[所务者,谓言之要也。]

按:今传本王注"谓言之要"是对"所务"作出的说解,然被释之句中只有"所谓"而无"所务",可知"所务"当是"所谓"之误。《治要》正作"所谓者,谓言之要也。"

(三)《五仪解》:日出听政,至于中冥。[中,日中。冥,映中。]

按:今传本王注"冥,映中"。有误。首先,"冥"承正文中"中冥"而误。"中冥",古写本《群书治要》作"中仄"。"仄"乃"昃"的初文,"中昃"指日中及日偏斜,古书中常用来描写国君勤于政事,从早不食,或至于日中,或至于日昃,犹不暇食。其次,"映中"亦不辞,当从《治要》作"日昳"。"日昳"即太阳偏西。"日中"与"日昳"即"中昃"。此句在《荀子·哀公篇》及《新序·杂事》中作"君平旦而听朝,日昃而退"亦可为证。

(四)《观周》:人皆或之,我独不徙。[或之,东西转移之貌。]

按:今传本正文及注文中的"或之",《治要》正文及注文皆作"惑惑"。此句又见于《说苑·敬慎》,亦作"惑惑"。今按,疑作"惑惑"为是。其一,"或"与"惑"可通。《史记·屈原贾生列传》:"众人或或兮,好恶积意。"裴骃《集解》引李奇曰:"或或,东西也。"《汉书·贾谊传》则作"惑惑"。其二,"或之"疑原作"或或","之"是重文符号,后人误以为"之"字。"惑惑"一词,亦见于先秦其他典籍,如《鹖冠子》:"人皆惑惑,迫于嗜欲。"

(五)《贤君》:忠士折口,逃罪不言。[折口,杜口。]

按:"折口",《治要》作"钳口"。注释承正文而误。作"钳口"是。"钳口"即闭口不言。古人习语。如《楚辞·七谏·哀命》:"无钟子期而听之。"王逸注:"言己不遇明君识忠直者,亦宜钳口而不语言也。"《淮南子·精神训》:"清目而不以视,静耳而不以听,钳口而不以言,委心而不以虑。"《汉书·晁错传》:"臣恐天下之士钳口不敢复言矣。"《后汉书·单超传》:"皇后乘势忌恣,多所鸩毒,上下钳口,莫有言者。""钳"又作"拑"。《史记·秦始皇本纪》:"秦俗多忌讳之禁,忠言未卒于口而身为戮没矣。故使天下之士,倾耳而听,重足而立,拑口而不言。""折口"未见古书用例,"折"与"拑"或形近而误。

（六）《刑政》：孔子曰："析言破律，遁名改作，执左道以乱政者，杀。"[变言与物名也。]

按：今传本《家语》正文与注文均有讹脱。首先，正文中"遁名"当作"乱名"。陆德明《礼记音义》："乱名如字，王肃作循名。"可知，"乱"字早期被王肃改为"循"字，后又讹为"遁"字。《礼记·王制》中这句话，后世多被引用，如《中论·核辩》《隋书·儒林传·何妥》等皆引作"乱名改作"。古写本《群书治要》亦作"乱名改作"。其次，今传本《家语》注文"变言与物名也"，古写本《群书治要》作"变易官与物名"。此条注文当系王肃袭用郑玄旧注又略加删改而成。《礼记·王制》："析言破律，乱名改作，执左道以乱政，杀。"郑玄注："乱名改作，谓变易官与物之名，更造法度。"《治要》与此大致相同。可见，今传本"言"可能是"易"的形讹或声讹字，同时又脱漏了"官"字。

（七）《刑政》：作淫声。[淫，逆也。惑乱人之声。]

按：今传本王注"淫，逆也"，则"淫声"即"逆声"，然"逆声"未必成词，文献未见。《治要》王注作"淫，逸。惑乱之声。""淫声"即"逸声"。《国语·楚语下》："夫阖庐口不贪嘉味，耳不乐逸声。"韦昭注："逸，淫也。"淫逸之声浮靡，故能惑乱人心。可见，今本"逆"应为"逸"之误。四库本、同文本《家语》皆作"逸"。

（八）《正论》：昔者有虞氏贵德而尚齿，夏后氏贵爵而尚齿，殷人贵富而尚齿。[富贵世禄之家。]

按："贵富"即"以富为贵"，而非今传本王注之"富贵"。何者为"富"？古写本《群书治要》注："富谓世禄之家。""贵富"指以世禄之家为贵。此句又见于《礼记·祭义》。郑玄注曰："臣能世禄曰富。"此注系王肃袭用郑玄旧注而略加变动而成，今传本王注"富贵"当从《治要》作"富谓"。

（九）《始诛》：于是朝政，七日而诛乱政大夫少正卯，戮之于两观之下。[两观，阙名。]

按："阙名"古写本《群书治要》作"阙也"，今传本《家语》误。

三、注文有文字改动

（一）《大婚解》：出以治直言之礼，以立上下之敬。[夫妇正，则始可以治正言礼矣。身正，然可以正人者也。]

按：古写本《群书治要》注为："夫妇正，则出可以治政言礼矣；身正，乃可以正人矣。"今传本《家语》王肃注中"治正"当为"治政"，"政"指政教。"治政"与"言礼"同为动宾结构。《礼记·哀公问》郑玄注："直，犹正也，正言谓出政教也。政教有夫妇之礼焉。"郑注中的"正言"是对正文"直言"的解释，两者有异，不可混同。此外，今传本注中的"始可以"

在古写本《群书治要》中作"出可以",如果不是王肃有意改动,就是《家语》在流传过程中的错讹。根据正文"出以治直言之礼",则从《治要》较为合乎原文之意。《礼记·哀公问》孔颖达疏:"若夫妇出在于外,治理政直言教之礼,足以立君臣上下之恭敬也。"可证。今传本将原注中的"乃可以"改为"然可以",将句末语气词"矣"改为"者也",明显文气不古。

(二)《五仪解》:**所谓士人者,心有所定,计有所守,虽不能尽道术之本,必有率也;**[率,犹行也。]**虽不能备百善之美,必有处也。**

按:今传本《家语》注当为后世所改,非王肃原注。古写本《群书治要》王肃注原作"率,犹述也"。"行"与"述"字形差别较大,非因形讹所致,疑为"述"之古义较为隐晦而改。"述"古有遵循、继承之义。《书·五子之歌》:"五子咸怨,述大禹之戒以作歌。"孔安国传:"述,循也。"《汉书·地理志下》:"始楚贤臣屈原被谗放流,作《离骚》诸赋以自伤悼。后有宋玉、唐勒之属慕而述之,皆以显名。"皆其证。《孔子家语》此处原当从《治要》作"述",亦为遵循之义。正文"虽不能尽道术之本,必有率也。"下文孔子有进一步说解:"是故知不务多,必审其所知;言不务多,必审其所谓;行不务多,必审其所由。智既知之,言既道之,行既由之,则若性命之形骸之不可易也。"其中"必审其所由"和"行既由之"的"由"与"率""述"同义。"行"亦有遵循义。如《左传·哀公十六年》:"周仁之谓信,率义之谓勇。"杜预注:"率,行也。"《后汉书·卓茂传论》:"夫厚性宽中近于仁,犯而不校邻于恕,率此道也,怨悔曷其至乎!"皆其例。"行"与"述"同义,以"行"替"述",可见今本《家语》已非原本之旧。

(三)《五仪解》:**所谓君子者,言必忠信而心不怨。**[怨,咎。]

按:今传本《家语》的注释只是解释了正文中"怨"的含义,而古写本《群书治要》则注为"忍怨害也"。是对原文"心不怨"的解说,并不是对某个词的解释。《孟子·公孙丑上》孟子曰:"我善养吾浩然之气。"公孙丑曰:"敢问何谓浩然之气?"孟子曰:"难言也。其为气也,至大至刚,以直养而无害,则塞于天地之间。"这段对话在《后汉书·刘恺传》李贤注中变作"孟子曰'我善养浩然之气,而无怨害,则塞乎天地之闲'也"。《家语》中的"怨害"即怨恨和伤害。

(四)《六本》:**居国有道矣,而嗣为本。**[继嗣不立则乱之萌。]

按:今传本《家语》注中的"乱之萌",古写本《群书治要》作"乱之源"。《汉书·成帝纪》:"观于往古近事之戒,祸乱之萌,皆由斯焉。"颜师古注曰:"始生曰萌。""源"则为根源之义。二词义并不相同。"萌"当为后世所改,"源"则与正文中"本"同义。

(五)《哀公问政》:**官盛任使,所以敬大臣也。**[盛其官,委任使之也。]

按:今传本《家语》注中的"委任使之",古写本《群书治要》作"任而使之",从语义方面看并无不同,但表达上显示出时代的差异。"委任"是汉代成为双音节词的,今传本用双音词"委任"替换单音词"任",或可说明今传本《家语》不古。《礼记·中庸》"官盛任使"郑玄注:"大臣皆有属官所任使,不亲小事也。"《治要》解释成"任而使之也",相比之下,《治要》文气较今传本《家语》为古。

(六)《哀公问政》:日省月考,既廪称事,所以来百工也。[既廪食之,多寡称其事也。]

按:今传本《家语》注中的"多寡称其事也",古写本《群书治要》作"各当其职事也"。《礼记·中庸》"日省月试,既廪称事,所以劝百工也。"孔颖达疏:"既廪,谓饮食、粮廪也。言在上每日省视百工功程,每月试其所作之事,又饮食粮廪,称当其事,功多则廪厚,功小则饩薄,是'所以劝百工也'"。相比之下,《治要》文气较古。

(七)《刑政》:执左道与乱政者杀。[左道,乱也。]

按:今传本《家语》注中的"左道,乱也。"古写本《群书治要》作"左道,邪道。""左道"即邪门旁道,古代多指非正统的巫蛊、方术等。《礼记·王制》:"执左道以乱政,杀。"郑玄注:"左道,若巫蛊及俗禁。"孔颖达疏:"卢云左道谓邪道。地道尊右,右为贵……故正道为右,不正道为左。"《汉书·杜钦传》:"假令丹知而白之,此诬罔罪也;不知而白之,是背经术惑左道也。"颜师古注:"左道,不正之道。""乱也"之语,当为后世所改。

(八)《正论》:斑白者不以其任于道路。[任,负也。少者代之也。]

按:今传本《家语》注中的"任,负也。"古写本《群书治要》作"任,担也。"《礼记·祭义》:"斑白者不以其任行乎道路,而弟达乎道路矣。"郑玄注:"任,所担持也。不以任,少者代之。"可以看出,《治要》本于郑注,今传本《家语》进行了同义替换。

(九)《困誓》:我死,汝置尸牖下,于我毕矣。[礼,饼含于牖下。小敛于户内,大敛于阼。殡于客位也。]

按:今传本《家语》注文与古写本《群书治要》差别很大。《群书治要》注:"毕,犹足也。礼,殡于客位。"今传本《家语》注文删除了对于"毕"的注释,"饼含"云云疑据《礼记》而增入。"饼含"不辞,当为"饭含"之误。"小敛于户内,大敛于阼"于正文无所对应。

(十)《观周》:绵绵不绝,或成网罗。[绵绵,微细,若不绝,则有成罗网者也。]

按:古写本《群书治要》的注文与今传本《家语》注略有不同,作"绵绵,微而不绝则有成网罗者"。《治要》较今本《家语》文气古雅。

四、注文有衍字

(一)《王言》:是故行施弥博,得亲弥众,此之谓还师衽席之上。[言安安而无忧。]

按:"安安而无忧"疑衍一"安"字。古写本《群书治要》作"言安而无忧也。"四库本《孔子家语》作"言安然而无忧。"此外,《管子·宙合》:"惠者知其不可两守,乃取一焉,故安而无忧。"《太平经》:"夫民臣,乃是帝王之使也,手足也,当主为君王达聪明,使上得安而无忧,共称天心,天喜说则使君延年。"皆其例。

(二)《五刑》:有坐罢软不胜任者,不谓之罢软不胜任,则曰下官不职。[言其下官不称移其职,不斥其身也。]

按:今传本王注"言其下官不称移其职",有整理本标点为"言其下官不称,移其职",因"称移"不可连用,故只能分属上下句。今按,原文仅言"下官不职",并无"移其职"之义,"移"字或为衍文或为误文。《治要》:"言其下官不务其职,不斥其身也。"并无"移"字。四库本《家语》作"言其下官不称务其职,不斥其身也。""称务"连用。《魏书·郭祚传》:"在事公清,然才非独著;绩行称务,而德非超伦。""称务"似可成词。但是,朱熹在《仪礼集传集注》卷三十七"王朝礼"中引《家语》王注却作"言其下官不称于其职,不斥其身也。"究竟是"称务"还是"称于"?从语法看,"于"字于此颇显冗赘,似可不必。"于"与"务"两字繁体近似而易致误。从《治要》抄录保存"务"字看,疑最初当作"称务",后讹作"称于","于"又与"移"音近,遂至讹为"称移"。

五、注文有脱字

(一)《五仪解》:故弓调而后求劲焉,马服而后求良焉,士必悫而后求智能者。不悫而多能,譬之豺狼不可迩。"[言人无智者,虽性悫信,不能为大恶;不悫信而有智,然后乃可畏也。]

按:今本《家语》注文在古写本《群书治要》作:"迩,近也。言人无智能者,虽性不悫信,不能为大恶也;不悫信而有智能者,然后乃可畏也。"今本较原本删除了"迩,近也",并于"性"后脱漏了"不"字,致使注文前后失联,文意不可索解。

(二)《刑政》:有指无简,则不听也。[简,诚也。有意无其诚者,不论以为罪也。]

按:今本《家语》注文中的"有意",在古写本《群书治要》作"有其意"。"有其意"与"无其诚"相对而言,"其"字恐为后世所脱。此句又见于《礼记·王制》,郑玄原注有"其"字。

(三)《刑政》:作淫声,造异服,[非所常见。]设伎奇器,以荡上心者,杀。

按:今本《家语》注文中的"非所常见",在古写本《群书治要》作"非人所常见"。四库本、同文本《家语》皆有"人"字。

(四)《刑政》:此四诛者不以听。[不听棘木之下。]

按:古写本《群书治要》作"不听于棘木之下也。"明显要优于今传本《家语》。

六、注文有文字颠倒

（一）《五仪解》：下民不知其德，睹者不识其邻。[邻，以喻界畔也。]

按：今本《家语》注文中的"界畔"，在古写本《群书治要》中作"畔界"。《说文·田部》："畔，田界也。"虽然"界畔"与"畔界"意义并无不同，但从中可以看出今本《家语》在流传过程中变动的痕迹。

（二）《执辔》：是以天地德之。[天地以有为德。]

按：今本《家语》注文中的"以有为德"，在古写本《群书治要》中作"以为有德"。"以为有德"即以为有德行。《史记·仲尼弟子列传》："冉耕，字伯牛。孔子以为有德行。"今本《家语》注文显系误倒。

七、注文被删

（一）《观周》：孔子观乎明堂，睹四门墉。

按：古写本《群书治要》于"墉"下有注"墉，墙"。今本脱。

（二）《哀公问政》：送往迎来，嘉善而矜不能，所以绥远人也。

按：古写本《群书治要》于"绥"句后有注"绥，安也"。今本脱。

（三）《哀公问政》：事前定则不困，行前定则不疚。

按：古写本《群书治要》于"疚"下有注"疚，病"。今本脱。

（四）《困誓》：我死，汝置尸牖下，于我毕矣。

按：古写本《群书治要》于"毕"下有注"毕，犹足也"。今本脱。

（五）《执辔》：善御马正衔勒，齐辔策，均马力，和马心，故口无声而马应辔，策不举而极千里。

按：古写本《群书治要》于"极"句后有注"极，至也"。

（六）《正论》：其行也，肩而不并，不错则随。

按：古写本《群书治要》在"不错则随"之后有"见老者则车徒避"一句，今传本《家语》脱漏此句。此句下有注文"见老者在道，车与步皆避之也"。此句又见于《礼记·祭义》："行，肩而不并，不错则随，见老者则车徒辟。"可见今本《家语》有所脱漏。

序跋与书评

《晋会要》前言[*]

□邓骏捷 陈 才

摘要:"会要"是一种重要的史书体裁,自唐人苏冕编成《唐会要》四十卷后,编纂"会要"者代不乏人。至乾隆世,历朝历代的"会要"基本编成,且多已问世,而《晋会要》却尚付阙如。清代学者编纂《晋会要》者凡三家:钱仪吉、朱铭盘、汪兆镛,惟汪兆镛编《晋会要》稿本是目前唯一一部体例完备、首尾完整之作。汪兆镛的《晋会要》条理清晰,资料丰富,体例也较有特色,而且征引甚博,广取前人成果,考辨细致,多有创获,可以说是一部颇为重要的清人"会要"之书。然而汪兆镛《晋会要》因系稿本,所以使用和研究多有不便,故此应按古籍整理规范进行全面的标点、校勘和整理。

关键词:《晋会要》;汪兆镛;古籍整理

作者简介:邓骏捷,澳门大学中国语言文学系教授、中国历史文化中心客座教授;陈才,上海博物馆副研究员,中国人民大学古代中国与丝路文明研究中心兼职研究员。

一

"会要"是指按一定的门类,分别辑载某个朝代或时期的国家政治、社会制度、历史地理、风俗民情等文物典章史料的政书。"会要"的创修始自唐代。唐人苏冕以高祖至德宗九朝史事,编成《唐会要》四十卷;杨绍复等续修至武宗朝,撰成《续唐会要》四十卷。其后,宋人王溥再搜罗自宣宗以至唐末史事,在北宋建隆二年(961)撰成《新编唐会要》一百卷。此外,王溥还编撰了《五代会要》三十卷。南宋时,徐天麟又编撰《西汉会要》七十卷、《东汉会要》四十卷。此后致力于编撰"会要"者代不乏人。至清乾隆世,历朝历代的"会要"基本编成,且多已问世,而《晋会要》却尚付阙如。嘉庆以后,始有学者编纂晋会要。

---

[*] 本文系澳门大学研究委员会 2017 年 MYRG 立项课题"A collation and analysis of *Manuscript of Jin Hui Yao*"(MYRG2017-00058-FAH)阶段性成果。

嘉庆、道光时期,钱仪吉(1783—1850)曾编有《晋会要》,惜未成书。光绪年间,朱铭盘(1852—1893)编纂《晋会要》八十卷,今藏于国家图书馆。书中至少有墨、朱、蓝三种笔迹,而且涂改甚多,有些页面更加改得混乱不堪,可以确定为未定稿的草稿本。光绪年间,汪兆镛(1861—1939)亦编纂《晋会要》五十六卷,亦为稿本,亦收藏于中国国家图书馆。总体来看,汪兆镛的《晋会要》稿本是目前唯一一部体例完备、首尾完整之作。此书抄写较为完整,涂改甚少,虽非最终定稿本,但其学术价值不容小觑。因此,书目文献出版社曾以《稿本晋会要》之名于1988年将之影印出版,国家图书馆出版社又于2009年重印。此外,今台湾地区学者林瑞翰、逯耀东著有《晋会要》①,其分类与篇幅较朱氏、汪氏之作均有一定的差异。

二

汪兆镛,字伯序,一字憬吾,自号慵叟、清溪渔隐,晚号今吾。因牓所居曰"微尚斋",又称微尚老人。为唐代越国公汪华之后。汪氏家族于唐时居江淮婺源,元末迁浙江山阴(今绍兴市)。至清嘉庆年间,汪氏族人陆续南来。兆镛一辈落籍广东番禺,遂为粤人。

汪兆镛幼颖异,过目成诵。五岁入塾,十岁能诗,十二岁开笔作时文,十八岁侍叔父汪瑔读书于随山馆,致力于经史、古文词。后举学海堂专课生,成为近代岭南大儒陈澧的高足。光绪六年(1880)补县学生;十一年(1885)"以优行贡成均,朝考用知县";十五年(1889)举于乡。后三应礼部试不售,遂南归。以世习名刑学,辗转游幕于广东翁源、赤溪、遂溪、顺德各县。后弃幕业,赴乐昌县管理盐务。三十一年(1905),岑春煊督粤,延之入幕,司章奏之务。次年,岑调任云贵总督,行前奏保,汪兆镛获"赏四品顶戴"衔,以知县分发湖南,但未赴任,复返乐昌。又五年,政局不稳,治安不靖,遂离乐昌,返回广州。辛亥革命后,地方多故,汪兆镛赴香港短暂停留后,在同年十一月至澳门寓居。民国后,汪兆镛以吟哦著述自适,与文人学者交往酬唱,活跃于书画艺坛。1939年,以79岁高龄病逝于澳门,后归葬广州三宝墟蚬冈。1958年迁葬银河公墓。1996年,汪氏后人迁汪瑔、汪兆镛等二十多位先人于从化市华夏永久墓园。

汪兆镛博通经史、诸子,"于学无所不窥,方闻博识,乙部尤为淹贯。为文兼工骈散,而长于考据,订讹补坠,多发前人所未及"②;兼及金石研究、谱牒编修、诗词创作。因热爱

---

① 林瑞翰、逯耀东:《晋会要》,允晨文化,2010年。
② 张学华:《诰授朝议大夫湖南优贡知县汪君行状》,见邓骏捷、陈业东编校《汪兆镛诗词集》,广东人民出版社2013年版,第300页。

桑梓，尤着力于岭南文献、文史、画艺方面的考订著述，硕果累累。著有《孔门弟子学行考》四卷，补《三国·食货志》《刑法志》各一卷，《元广东遗民录》二卷，《岭南画征略》十二卷，《晋会要》五十六卷，《碑传集三编》五十卷，以及《广州城残砖录》《广州新出土隋碑三种考》《续举贡表》《山阴汪氏谱》等。又有《微尚斋诗》二卷、《微尚斋诗续稿》三卷、《澳门杂诗》一卷、《己巳纪游草》一卷、《雨屋深镫词》一卷、《雨屋深镫词续稿》一卷、《雨屋深镫词三编》一卷、《微尚斋杂文》六卷、《樱窗杂记》四卷。曾经参与纂修《番禺县续志》，编刻《东塾遗诗》《忆江南馆词》《公孙龙子注》《老子道德经撮要》《五百四峯堂续集》《诵芬录》等。

汪氏诗词，今已整理出版；而其他著作则大多被收集整理，编入《汪兆镛文集》①。至于《岭南画征略》，亦早有整理本问世。②惟有《晋会要》和《碑传集三编》两书，系稿本，而且整理难度较大，今仅有影印本流传③。

三

据《晋会要·叙例》的题署，全书编成于"光绪三十三年（1907）丁未十月"。《微尚斋老人自订年谱》亦于该年云"纂《晋会要》六十卷《叙例》一卷"，而在所录的《叙例》中，亦云"凡一十有六门，都六十卷"④。至于今见稿本，却只有五十六卷。此外，若以《年谱》中《叙例》所提到的门类，与稿本相较，则还可以发现稿本多出最末的一个门类"大事"（即第五十六卷），因此稿本应是十七门五十六卷。而造成这种差异的原因，只有一个合理的解释，就是汪兆镛在编定全书后，又作了增删合并。而具体的工作是合并了前十六个门类中的若干卷，并且增加"大事"一门。可见在书成之后，汪兆镛仍然孜孜不倦地对全书进行修改。这从稿本与《年谱》中的《叙例》间的文字差异，也可以看出一些端倪。《年谱》所录的《叙例》，应是初稿完成后的文字；而稿本中的《叙例》，则是最后定稿的状态。

初成《晋会要》之时，汪兆镛四十七岁，正在乐昌。此前他奔走于广东各县为幕，生活并不十分安定闲逸，能够在这样的状况下完成此书，其坚定的意志，实足敬佩。而汪兆镛

---

① 邓骏捷、刘心明编校：《汪兆镛文集》，广东人民出版社2015年版。
② 汪兆镛编纂，汪宗衍增补，周锡䪖点校：《岭南画征略》，广东人民出版社1988年版。
③ 汪兆镛编纂：《碑传集三编》，[台北]文海出版社1980年版。
④ 详见邓骏捷、陈业东编校：《汪兆镛诗词集》，第267—271页。另，《微尚斋杂文》卷二亦载有《晋会要·叙例》，内容与微尚斋老人自订年谱》同，见邓骏捷、刘心明编校：《汪兆镛文集》，第254—258页。

之所以编纂《晋会要》,或源于他对两晋史事和《晋书》的喜爱,《叙例》云:"昔读《晋书》,每旁稽它籍,以资考证,别纸录记,积久遂多。""爰为分别部居,详加缉辑,粗备省览,匪云著述"。从以上的文字,可以看出汪兆镛对《晋书》所下的功夫。且他当时只是县衙中的一名幕客,并没有什么著述的需求;如非确有所爱,恐怕是难有这般恒心和毅力的。此外,汪兆镛个人对史学的兴趣,以及对史书著述的追求,亦是不可忽视的原因。另一方面,两晋会要之阙如,也是汪兆镛起意编纂《晋会要》的原因之一。这在《叙例》之中,汪兆镛已作了具体的说明。从今天所见的当时学术情况而言,他的判断是颇为准确的。需要说明的是,约早于汪兆镛的朱铭盘,或已开始了两晋南北朝系列"会要"的编纂。但是这些"会要"当时并没有成稿或印行,故而汪兆镛并不知道已有另一位学者与他同时进行相同的工作。总之,充满个人的旨趣,而且具有一定能力,以及对史学现状的判断,主客观上促成汪兆镛以一之力编纂《晋会要》的原因。

    关于《晋会要》的编纂方法,《叙例》中已有所说明,大体是仿徐天麟的《两汉会要》——即以《晋书》为主,旁搜其他相关典籍文献以附益之。《晋会要》共设帝系(卷一至二,共两卷)、礼(卷三至十四,共十二卷)、乐(卷十五至十七,共三卷)、兵(卷十八至十九,共两卷)、刑法(卷二十至二十一,共两卷)、食货(卷二十二至二十三,共两卷)、选举(卷二十四至二十五,共两卷)、职官(卷二十六至二十九,共四卷)、封建(卷三十至三十一,共两卷)、民事(卷三十二至三十三,共两卷)、文学(卷三十四至三十六,共三卷)、经籍(卷三十七至四十,共四卷)、金石(卷四十一至四十二,共两卷)、术数(卷四十三至四十四,共两卷)、舆地(卷四十五至五十四,共十卷)、四裔(卷五十五,一卷)、大事(卷五十六,一卷),凡十七门。其中经籍、金石、大事三门,为汪兆镛所增设。此外,"并舆服于礼,而分析律、历,并律于乐",又于"兵门附列兵略一类"(《叙例》)。汪兆镛编纂《晋会要》的门类设置,或可与朱铭盘所纂者,作一简单比较:

    朱铭盘编纂的《晋会要》一共十五门,分别是帝系(卷一至四,共四卷)、礼(卷五至十八,共十四卷)、乐(卷十九,一卷)、舆服(卷二十至二十一,共两卷)、文学(卷二十二至二十五,共四卷)、历数(卷二十六至三十三,共八卷)、封建(卷三十四至三十八,共五卷)、职官(卷三十九至五十四,共十六卷)、选举(卷五十五至五十七,共三卷)、民政(卷五十八至六十一,共四卷)、食货(卷六十二至六十四,共三卷)、兵(卷六十五至六十六,共两卷)、刑(卷六十七至七十一,共五卷)、方域(卷七十二至七十九,共八卷)、蕃夷(卷八十,一卷)。两部《晋会要》相较,或可得出以下结论,朱编基本上是按徐天麟《两汉会要》的体例,多因循而少创新,而且各门类下所分,较为琐碎,故此卷数较汪编多出三分之一。汪编则在旧规之上,勇于创新,有所综合,且较为简明。在内容上,朱编较为详冗;而在体例上,汪编则自有特色。

一个历史学者所编纂的史书,或多或少都会反映出他的学术特长和学术兴趣,汪兆镛的《晋会要》也不例外。其中除"礼"门体量大、涵盖面广外,还有三点特别值得注意:

第一,《晋会要》中的"舆地"一门共十卷,约占全书五十六卷的两成篇幅,是全书中分量最大的一个门类。这是因为西晋和东晋的行政区域设置关系错综复杂,尤其是东晋所立的州、郡、县,有些实际上是为了安抚南下侨民和侨姓世族,以原籍的州、郡、县名寄治别处,而实无其地;且个别在北方的州、郡,也并不完全拥有实质的统治权。对此,《晋书·地理志》的记载舛误较多,所以汪兆镛于此用力甚重。他以清人洪亮吉的《东晋疆域志》为基础,重新厘定。具体工作是先区分两晋,"西晋断自永嘉,惠怀改置,逐一分列,先朝沿革,悉注下方",以期达到"两晋区宇,厘然可稽,朱紫弗淆,始终毕贯"(《叙例》)的目的。

第二,《晋会要》中增设"金石"一门,是汪兆镛别出心裁之举,此则与他的学术兴趣有关。汪兆镛"酷嗜金石"①,曾有《广州城残砖录》《广州新出土隋碑三种考》之作。《微尚斋杂文》中亦多有金石考证的文字,如卷二收有《汉龟兹左将军刘平国刻石跋》《汉华岳庙残碑阴跋》《前陈散骑侍郎刘猛进墓志铭跋》《隋仪同三司建州刺史徐智竦墓志铭跋》等。此外,金石门中附有"帖"一卷。两晋书学昌盛,名家辈出,设此一卷,当然是为了反映客观史实。不过,汪兆镛是当时著名的书法家,所以除了因"金石可贵,导源欧阳,证古准今,亦不可废"(《叙例》)之外,他的个人兴趣也是一个不可忽视的原因。历史时期中的某些特点与历史学者个人的兴趣相互交织,其对于史书编纂所产生的作用,或可以《晋会要》作为一个讨论个案。它的意义恐已超出《晋会要》的编纂、两晋史事研究的层面,而到达历史编纂学中的一个核心问题。

第三,《晋会要》中增设"经籍"一门,也可以说是汪兆镛在"会要"中的创例。在历代"会要"中,有关经籍的内容,多入"学校"门(《唐会要》中有"史馆"门),但并没有将"经籍"单独立为一门。汪兆镛可能考虑到《晋书》中没有《艺文志》或《经籍志》,所以在《晋会要》中特设"经籍"门,以著录两晋的图书著作。后来杨宽、吴浩坤等编纂的《战国会要》,设有"图书类",其是否受汪兆镛《晋会要》的影响,未可确知,但可见在"会要"中设立"经籍"门,也不是全无道理的。此外,清代补《晋书·艺文志》(或《经籍志》)者,有丁国钧《补晋书艺文志》、吴士鉴《补晋书经籍志》、文廷式《补晋书艺文志》、黄逢元《补晋书艺文志》、秦荣光《补晋书艺文志》五家(汪兆镛在编纂《晋会要》时,曾参考丁氏和文氏两家之书),若再加上汪兆镛《晋会要》中的"经籍"门,则可对清人考补《晋书·艺文志》的情况,有一个较为全面的认识。

---

① 桂坫:《广州城残砖录·题辞》,见邓骏捷、刘心明编校《汪兆镛文集》,第101页。

至于汪兆镛在编纂《晋会要》时,对所引文献的具体处理,也有两点值得注意:

一是汪兆镛对《晋会要》中所引的文献,时以"按语"的形式,加以考辨、分析。如卷二十"文帝为晋王"条中的"就汉九章增十一篇,仍其族类,正其体号,改旧律为《刑名》《法例》",汪兆镛按云:"《唐律疏义》,李悝《具律》,今名《例律》是也。'旧',当作'具',音近致误耳。"同时,汪兆镛既广泛吸收清人的研究成果(如《叙例》专门列举的顾炎武、朱彝尊、钱大昕、王鸣盛、赵翼、毕沅、洪亮吉、李兆洛、钱仪吉、王昶、郝懿行、周济、郭伦、汤球、丁国钧、丁辰。此外,还有张熷、罗振玉、王国维等),但又有所驳正,皆以"按语"标出。以此可反映出汪兆镛治学的广博和严谨,也显示了《晋会要》的学术含量。还需提出的是,汪兆镛僻处粤地,且在游幕之中,但仍以个人之力,尽量搜集相关著作,以作参考,也是十分难能可贵的。

二是汪兆镛在引用《晋书》等文献时,对其中个别的唐人避讳字进行了回改。如卷一引《晋书》卷八《废帝海西公纪》:"(帝)乘犊车出神兽门。"汪兆镛改"神兽门"为"神虎门"。这是因为唐人避高祖李渊的祖父"西魏八大柱国"之一的李虎讳,改"虎"为"兽"。唐人编修《晋书》,自然也避"虎"讳。而汪兆镛回改的目的是,还原东晋时所称。此外,卷四十五中的"清泉"县,汪兆镛引钱大昕《晋书考异》云:"本清渊,避唐讳改。"这些都足以说明,汪兆镛注意到唐人因避讳而改动晋时地名的情况。但是汪兆镛所改,显然并不彻底。如戴渊字若思,名犯唐高祖讳,故《晋书》称字。《晋会要》仅卷三十一称"戴渊",而其余皆称"戴若思",未能统一。又,卷十五引《晋书》卷二十三《乐志》中的曹毗《歌明帝》:"宏猷允塞。"其中的"允"字,是避李渊讳改。南朝梁沈约等的《宋书》、北宋郭茂倩的《乐府乐集》皆作"渊",可为证明。又,同卷引曹《毗歌哀帝》:"时犹草偃。"其中的"时"字,是避太宗李世民讳改,《宋书》《乐府乐集》皆作"民"。对于以上的这些避讳字,在使用《晋会要》时或需多加注意。

总之,汪兆镛所编纂的《晋会要》,条理清晰,资料丰富,体例也较有特色;而且征引甚博,广取前人成果,考辨细致,多有创获,可以说是一部颇为重要的清人"会要"之书。

四

汪兆镛的《晋会要》虽已影印出版,但因原系稿本,且字体为行草,加上书中天头处,时有添加的内容,其中的一些引文,又以苏州码标示次序。因此未经整理,对于学界的使用和研究,多有不便。我们不揣浅陋,承担此书的标点整理之责,现将整理的一些情况说明以下:

1. 本次整理,以书目文献出版社影印的《稿本晋会要》为底本,对其中所引之书,尽可能地加以校勘。汪兆镛所采之书,或多为殿本,故此整理时以殿本为对校本,并适当地参校同书的其他版本。

2.《晋会要》因系稿本,所以用字比较随意。本次整理,按照通行的整理习惯,将俗字改为规范繁体字,旧字形改为新字形,异体字则不作更动。

3. 本次整理,对于底本之讹、夺、衍、倒等情况,予以出校说明,具体操作如下:

（1）底本与对校本同,而与参校本不同,在不影响文义的情况下,不出校记;若影响文义,则出校勘记。

（2）底本中明显的错字、别字,径改,不出校勘记。

（3）本朝避讳字回改,缺笔避讳字则补足笔画。而唐人的避讳字则尽可能地在校勘记中,予以一定的说明。

（4）校勘记中,若对校、参校诸本同,则使用统称,不特别标明版本。若仅某版本有异,则注明版本。

（5）适当地吸收今人整理本中的校勘成果。如《晋会要》中大量引用到《晋书》《通典》等书,而《晋书》《通典》又有众多不同的版本,在整理时参考了中华书局本及其校勘记,择善而从。

4. 本次整理,据该书天头处之说明对底本作出改动。提示补充的文字,补入正文;标苏州码的文字,按照所标示的次序作出调整。

5. 底本中的目录,与正文中的节目偶有不同。本次整理,据正文对目录重新厘正、补充。

6. 影印本中偶有页码颠倒,亦出校勘记予以说明,以便学者利用影印本。

7.《晋会要》所引之文,时有意引、节引,标点一般以文意为准。

8.《晋会要》因系稿本,未经作者最后厘定,原文错误不少。本次整理,对汪兆镛的错误尽可能地通过出校勘记予以说明。至于汪兆镛的心得,则一仍原意,不出校勘记。

最后,在整理本书的过程中,诸多师友提供了许多宝贵的意见,以及各种协助;而本书的整理,蒙澳门大学列入中期学术研究计划（名称:A collation and analysis of *Manuscript of Jin Hui Yao*,编号:MYRG2017-00058-FAH）予以支持。书成之后,上海古籍出版社的编辑陈丽娟小姐,细心校核,提出了不少修改意见,并帮助增补了一些校勘记。对此,我们一并致以衷心的感谢。是次整理,我们虽已勉力为之,但限于学识水平,其中的错漏、不妥,恐仍不少。敬祈高明有道不吝指正,以匡不逮。

2020 年 11 月 12 日

辨伪与识真
——《〈经解入门〉整理与研究》读后

□ 杨青华

摘要:《经解入门》是晚清一部风行较广的经学教科书,本为士子科举之用。该书托名江藩,然而自清末以来屡遭质疑,为近代辨伪史上一桩著名公案。司马朝等教授《〈经解入门〉整理与研究》一书逐条考辨该书材料,考证《经解入门》实非江藩所撰,堪称定论。

关键词:《经解入门》;文献辨伪;经学;清代学术史

作者简介:杨青华,文学博士,中山大学哲学系助理研究员。

自汉武帝独尊儒术之后,经学成为中国传统学术的主干,从汉至清延绵不绝,相关解释之作亦是汗牛充栋。纵观漫长的经学史,两汉以后,经学之盛莫越清代。清代学术以考据见长,就时间而论以乾嘉为最,从内容言尤以"经解"之学为甚。其最重要之表征就是阮元所编《皇清经解》与王先谦所编《皇清经解续编》,两书收录有清一代数百位经学家经解之作数百种。清代经典考据学之盛固然与清廷屡起文字狱有关,然而亦如陈寅恪《陈垣元西域人华化考序》所言:"往昔经学盛时,为其学者,可不读唐以后书,以求速效。声誉既易致,而利禄亦随之。于是一世才智之士,能为考据之学者,群舍史学而趋于经学之一途。"[①]对声名利禄的追求其实也是清人对经学趋之若鹜的重要原因,即龚自珍所言:"避席畏闻文字狱,著书都为稻粱谋。"[②]另外,清承明制,科举制义亦以《四书》《五经》为主要内容,尽管清代"经解"之学的深度和广度都远不仅限于科举制义,但如何作"经解"无疑是清代举业的必备功课。

经学发展至清代已有两千多年历史,"六艺经传以千万数,累世不能通其学"[③],"幼童而守一艺,白首而后能言"[④]。如何简便快捷地"登堂入室",也是初学士子们所关心的,需

---

① 陈寅恪:《金明馆丛稿二编》,《陈寅恪文集之三》,上海古籍出版社2020年版,第238页。
② 〔清〕龚自珍著,王佩诤校:《龚自珍全集》,第9辑,上海古籍出版社1999年版,第472页。
③ 〔汉〕司马迁:《史记》卷一三〇《太史公自序》,中华书局1959年版,第10册,第3290页。
④ 〔汉〕班固:《汉书》卷三〇《艺文志》,中华书局1962年版,第6册,第1723页。

求导致供给,于是相应的"产品"也就顺应而生了。清末托名江藩的《经解入门》就是此类著作的代表。该书之问世即是为"备各省举子携入贡院之用"①。但自其刊刻流传之后,关于其著作权问题一直是争议不断,甚至引发学界公案。司马朝军教授的新著《〈经解入门〉整理与研究》一书,煌煌三巨册,凡七十余万言,从根本上解决了这一桩历史公案。该书综合各种方法考辨出《经解入门》非江藩所作,并且通过精详的注释也发掘出了该书的学术价值,是集辨伪与识"真"于一体的著作,既是当代辨伪学的力作,亦可作经学入门的指导书。

一、辨伪方法的综合运用——破解《经学入门》作者之谜

《经解入门》八卷,成书于清末,该书甫一问世,几乎人手一册,在清末风行较广。光绪十四年(1888)鸿宝斋石印袖珍本为最早之版本,后有光绪十六年(1890)浙江人徐仪吉的上海凌云阁石印本等。民国时期方国瑜曾标点整理,1990 年由天津古籍书店影印出版,2009 年周春健等主编的《清人经史遗珠丛编》亦有整理点校,作者均署名"江藩"。该书内容涉及经学源流、解经体例、解经方法,兼及目录、校勘、音韵、训诂,以及解经所注意之事项等等,所论范围很广,正如书前的伪阮元序所言:"是书之大旨,约分三端:首言群经之源流与经学之师承,端其本也;次言读经之法与解经之体,审其业也;终言说经之弊与末学之失,防其惑也。"②然而关于该书真伪,疑窦丛生,自民国以来屡遭学者质疑,如顾颉刚、伦明、周予同等均表怀疑。20 世纪末以来,关于此书之真伪还引发了一桩学界公案,即司马朝军教授与漆永祥教授关于此书真伪的考辨,司马教授为此相继发表了一系列论文,如《俞樾〈古书疑义举例〉系袭江藩〈经解入门〉而成吗?》(《中国语文》1999 年第 3 期)等。而该书则是这一公案的继续和深入,可以说是终审"卷宗"。

中国历史文化悠久,作伪与辨伪的历史同样淹久。从广义上讲,早在先秦时期就产生了一大批伪书,而后世伪书更是层出不穷,辨伪学因此也随之而生。汉代的司马迁、刘向、歆父子、王充等人就非常注意伪书、伪事的考辨,唐代刘知几、柳宗元等人亦有专门的辨伪之作。至宋代疑经辨伪风气盛行,如欧阳修、朱熹、郑樵、王柏等,但他们大多数只是偶尔为之,缺乏系统的理论与方法。真正形成理论方法的当属晚明胡应麟《四部正讹》,其"辨伪八法"总结道"凡核伪书之道,核之《七略》以观其源;核之群志以观其绪;核之并

---

① 顾颉刚:《记崔适日记》,《顾颉刚学术文化随笔》,中国青年出版社 1998 年版,第 321—322 页。
② 司马朝军:《〈经解入门〉整理与研究》,武汉大学出版社 2017 年版,上册,第 4 页。

世之言以观其称;核之异世之言以观其述;核之文以观其体;核之事以观其时;核之撰者以观其托;核之传者以观其人。"①这些方法既是其对前人辨伪经验的总结,也是其个人学术研究的实践心得,对后世影响极大。

有清一代,考据学大兴,言考据必然涉及辨伪,如清初阎若璩、姚际恒、崔述、胡渭、朱彝尊等,至乾嘉达至顶峰,《四库全书总目》是其代表。这些都极大地拓展、丰富了辨伪学的实践与理论。晚清以来,出土材料的发现与域外文献的传入,加之外来学术观念与方法的输入,使得一大批学者采用新方法、新理论、新材料来审视中国传统文献,如王国维、梁启超、胡适等,当时如日中天的"古史辨派"正是在此背景之下产生。张心澂《伪书通考》、梁启超《古书真伪及其年代》、余嘉锡《四库提要辩证》等对此都有所论述和总结,辨伪学臻于成熟,影响至今。

就内容而言,辨伪工作大致为两个方面:一是关于古文献名称、作者著作及年代真伪等的考辨;二是关于书籍内容(如事实、论说真伪等)的考辨。前者与文献版本学、目录学关系较为密切,后者则与校雠学及史料学、史源学等多有相通之处。前辈学者在文献辨伪工作中取得了极大的成绩,也积累了丰富的经验。然而中国古文献数量庞大,辨伪工作并非靠几个人就能完成,这给今天的文献辨伪提供较大的空间。

司马朝军教授早年对文献辨伪深有研究,其《文献辨伪学研究》(武汉大学出版社2008年版)可为当代辨伪理论的代表作,其《〈四库全书总目〉编纂考》(武汉大学出版社2005年版)、《〈四库全书总目〉研究》(社会科学文献出版社2004年版)则享誉学界已久,为治清代学术史与文献学的案头必备书,其中亦有不少涉及该书文献考订与辨伪的工作。可以说,对文献辨伪的工作贯穿司马教授学术研究的始终。《〈经解入门〉整理与研究》则是其又一力作,亦是当代文献辨伪的一桩经典案例。

该书综合运用各种辨伪方法,考订《经解》非江藩所作,如从版本及公私目录考察该书的流传情况,从史实及内容的角度考证该书所附阮元《序》非阮氏所作、徐仪吉所作之跋关于该书成书情况多不实之词等等。作者还进一步指出《经解入门》一书多载江藩身后事,其中不少内容与江藩身后的学者著作雷同,卷八所附之文非为江氏所作,并且一一考证出其作者。逻辑严密,证据坚实,可谓是"言之凿凿",令人叹服。如"多记江氏身后人事"一条,作者指出:

《经解入门》卷三《国朝治经诸儒》条例"阮元谥文达"。按:阮元卒于1849年,比江藩晚死18年。江藩何以预知阮元谥号?同卷又云:"遵义郑珍字子尹是也。"郑珍

---

① 胡应麟:《少室山房笔丛》卷一六《四部正讹下》,《景印文渊阁四库全书》,台湾商务印书馆1986年版,第886册,第340页。

系 1837 年才中举,其最早所作的《说文新附考》初稿草成于 1833 年,1852 年才第一次出版著作《巢经巢诗抄》及《经说》,此前声名不逾乡里,江氏又何从得知其人?顾颉刚先生也指出:"予少时翻览,深疑《入门》题江藩著,而文中提及陈澧《东塾读书记》,两人时代不相及,何以提到?"诸如此类,《经解入门》中还有不少。①

谥号是古代官员死后,朝廷根据其生前德行、功业给予的褒奖。阮元去世时,江藩(1761—1830)早已作古,不可能知晓阮元的谥号。江藩曾入阮元幕,旅居岭南,陈澧早年亦入阮元在广州创办的学海堂。从文献资料看,陈澧对于江藩及其学术多有了解,但他们并不相识。且陈澧《东塾读书记》是从他 49 岁(1858)开始撰作,一直在修订,至其去世(1882)完成 15 卷,光绪十四年(1886)才由其弟子梁鼎芬、陈树镛刊刻,所以江藩不可能得知陈澧《东塾读书记》。此类考辨极有说服力。

经笔者详密考辨,《经解入门》非江藩所作已经甚为明了,本可就此而止。然而该书真正作者是谁?学界持有不同看法,如顾颉刚认为是崔适所作、刘白村认为是章炳麟所作、周予同认为是缪荃孙所作。司马教授综合考察各方意见,认为《经解入门》其实并没有严格的作者,只有编者,为晚清鸿文书局主人凌赓飏,为了商业利益而托名江藩。此说不仅有理有据,亦合情合理。因为自雕版印刷以来,民间书坊、书商为获利,造作古书,托名古人的屡见不鲜,这类为科举而编的"教科书"更是如此。司马教授犹未尽意,认为《经解》作为一部抄撮他人而成的书,作伪之迹虽显,然必有所本。于是作者不避繁难,《〈经解入门〉整理与研究》"下编"对《经解入门》所钞之内容进行了刨根究底地考辨,明其渊源。此即梁启超所总结的"从作伪家所凭藉的原料上检查"②的方法,颇有"史源学"的意识。如考订出《群经缘始》抄自《礼记》《考古类编》《困学纪闻》,《古书疑例》抄自《古书疑义举例》,《群经源流》抄自《经典释文叙录》《直斋书录解题》,《说经必先识文字》抄自《輶轩语》,《有目录之学》抄自《书目答问》,等等,通过文献对比,原其出处,《经解》作伪之迹昭然若揭。对一些尚不能查其出处的条目,则别为"《经解入门》待质录",也体现了作者实事求是、无征不信、多闻阙疑的治学之风。

二、识得真价值——《经解入门》的精善注解

在辨别《经解入门》为伪之后,如何对待该书是需要进一步回答的问题。对待这一类

---

① 司马朝军:《〈经解入门〉整理与研究》,上册,"前言"第 4 页。
② 梁启超著,夏晓虹、陆胤校:《中国近三百年学术史(新校本)》,商务印书馆 2011 年版,第 304 页。

问题,梁启超曾言:"给他脱下假面具,还他的真面目,一面指出他伪造的证据,宣布他的罪状,一面还他那些卖出的家私,给他一个确定的批评,这么一来,许多伪书都有用处了。"①由此笔者不仅想到了清代著名的《古文尚书》真伪案。清代经阎若璩及之后的一批乾嘉考据学者的考证,今本《古文尚书》为伪基本为学界所肯定,但是如何对待该书,在当时也引起了学界争论不休。然而一个不争的事实就是,乾嘉之后学者对《尚书》的注解,大多不再注解《古文》二十五篇,多以之附录《今文》之后。这其实就是以实际行动否定了该书的文献与思想价值。《古文尚书》由于涉及上古史事,且是儒家的思想源头,加之特殊的文体,使其有"文书档案"性质,其真伪直接影响其文献与思想价值。《经解入门》一书虽非江藩所撰,然而该书之性质不同于《古文尚书》,类似于今天的教科书,其价值与编辑水平密切相关,作者真伪就不那么紧要。通观全书,《经解》编纂者水平较高,颇具学术史眼光,因而仍不失为经学的入门之作。正如司马教授在《前言》中指出:"全书篇幅不大,文字通俗易懂,条目秩如,将清初至晚清汉儒诸大师的代表作冶于一炉,又作了一点点改造加工,非常便于当时的初学者。"②基于此种认识,《〈经解入门〉整理与研究》"上编"对其进行了进行了详细的笺注,可谓巨细不遗,大大方便了我们阅读《经解入门》。其笺注主要体现在几个方面:一、对相关概念的疏证;二、笺注人名、字号、生平、籍贯;三、注解书名;四、考辨史实。比如卷一"《群经缘始》"一条中涉及的"五经""七经""九经""十二经""十三经"等概念,《经解》原书论述极为简略,且未明出处,笺注者对其进行了详细地疏解,明其源流。又如卷四有"经与经相表里""经与纬相表里""经与子相表里""经与史相表里"等条,此类问题现有的经学史著作鲜有论及,前人虽偶有申说,然亦不成系统,且出处不明。如:"《尔雅》、《毛诗》相表里也。读《毛诗》而不读《尔雅》,何以知古训之是式"一条,《经解入门》论述简略,不列证据,使人不知所云。作者笺注时则博引陈启源《毛诗稽古篇》、钱大昕《潜研堂集》等书,明其出处,溯其源流,读者因此方知其义。《经解》作者在论述时,时用人名,时用字号,时用爵里,时用职官,其中有不少声名不著者,笺注者则一一笺注说明。再者,《经解》涉及了大量的书名,其中既有为人所熟稔的,也有不少陌生的。笺注者则旁征博引,对其进行了详细疏解,广泛参考了如《四库全书总目》《续修四库总目提要》等提要目录,使读者能够识其大略。如果说作为科举记诵的高头讲章,《经解》论述力求简要固然不错,但以现代学术标准,作为经学研究的入门指导书,显然失之简略。因而司马教授的"发明"之功甚巨。可以说通过作者的详细笺注,《经解入门》一书才具备了作为经学研究入门指导书的门票。这又让笔者想起了清代学者王念孙笺注《广

---

① 梁启超:《古书真伪及其年代》,中华书局1936年版,第59页。
② 司马朝军:《〈经解入门〉整理与研究》,上册,"前言"第16页。

雅》一事。东汉张揖作《广雅》一书,问世之后,历来学者鲜有问津。至清代王念孙为之疏证,成《广雅疏证》,订其错讹,明其条例,广为发明,《广雅》一书遂声名日彰,至今为研究音韵、训诂之学的必备书。司马教授之于《经解入门》,一如王氏之于《广雅》为大功臣。另外,"经学"自民国以后,逐渐式微瓦解,至今几成绝学,当代学者对其大多较为陌生,然而经学又为中国传统学术之基,研究中国传统学问者,即使不作专门研究,亦当有基础之了解,至于有志于专门者,如何得门而入仍然是一大难题,《经解入门》作为指导士子的入门之作,在今天乃至今后,仍有其价值。

此外,司马教授认为《经解入门》的《国朝治经诸儒》所论所选颇具学术史眼光,于是不避繁琐之难,旁征博引,为之别建"裙楼",另为《〈国朝治经诸儒〉研究资料汇编》,为该书的"外编",与《经解入门》表里,以期达到知人论学之效。其主要来源为文集、史传、方志、书目、学案、笔记、诗话、年谱、谱牒及辞典等文献资料,如《清史列传》《清儒学案》《检论》《清儒学案新编》等,可谓详尽丰赡,可以看做是入选者的"学案"。对此,读者只需一阅便知。在许多"学案"之末,作者亦间有按语,体现了司马教授对清代学术史研究的抱负与思考。比如总结朱彝尊之学曰:

> 朱彝尊诗词古文皆成一家,为清初文坛宗师。同时他又独立编纂了一部长达三百卷的《经义考》。此书名为"经义考",实则遍及四部,网罗资料极为宏富。笔者拟在朱氏等人的基础上重新编纂一部更为精致更为完备的《经义考新编》,在编纂体例上更为精细,搜集材料更为完整,并一一注明原始出处。①

朱彝尊《经义考》一书分门别类,条分缕析,遍考清代以前的经义,考订精详,"上下二千年间,元元本本,使传经源委,一一可稽,亦可以云详赡矣"②。但该书成于清初,并未收录数量庞大的清人经解著作,且朱氏以一人之力成之,难免有不少雌黄处,因此仍有待续补修订,司马教授拟在其基础上编纂一部《经义考新编》,体现了其宏大的学术理想与抱负。又言:

> 乾嘉考据学向有吴、皖两派之分。吴派以惠栋为宗,皖派以戴震为祖。二派又有求古求是之别。近代以降,学人多扬皖抑吴,戴学被鼓吹为正统派之主流学术,戴震亦被拔高为反理学之思想家。其实,就治学态度论,更应当扬吴抑皖。经学历来

---

① 司马朝军:《〈经解入门〉整理与研究》,中册,第489页。
② 〔清〕永瑢等撰:《四库全书总目》,中华书局1965年版,第731页。

反对过渡性诠释,反对穿凿附会,更反对所谓的创新。我们不应该以现代学术标准衡量古代学术,对经学尤其如此。①

清代乾嘉考据学大体分为两派,一派崇古,一派尚真。就其影响论,以戴震为代表的皖派学术无论是在清代还是民国,其声势与声誉都远超吴派,影响至今。但两派各有所长,前辈学者亦各有品评,然而由于立场不同,难免有偏狭之论,加之当代相关研究更加深入细密,重新审视前人成说实属必须。此外,当下的学术研究多有因过分求新而穿凿附会之说多,以至如险怪之歧途,实有冷静反思之必要。司马教授对此有深入地体察,希望借古以鉴今,思考如何使古人治学经验、精神指导我们当下的学术研究,而此亦本为学术史研究的应有之义。

三、瑜中微瑕——《经解入门》笺释补说

综上所论,《〈经解入门〉整理与研究》既是一部严谨的研究之作,又是精善的笺注之作。不过就笔者看来,该书也有值得商榷之处,主要体现在以下几个方面:

其一,凡例不明,导致笺注详略不一。笺注之体,发端甚早,当以《诗经》毛传、郑笺最为典型。郑玄笺《诗》,于其体例云"宗毛为主,其义若隐略,则更表明,如有不同,即下己意,使可识别也。"②依此,笺注古书当详人所略,略人所详,笺释之前亦当发凡起例。比如《经解入门》许多人名、著作本先出现,却在后文才笺注,读者检索、查阅不便。另外,总体而言,作者笺注虽详,然而仍有不够完备之处。如卷一"古书疑例"一条,作者虽确凿无疑地证明其抄自俞樾《古书疑义举例》,但《经解》作者论述时仅空列标题,未举实例说明,作者在笺注时亦未举例,许多条目依然空列标题。《经解》既然抄自俞樾《古书疑义举例》,笺注时可参考俞书,对其进行举例说明,读者亦可省去检索之功。

其二,笺注尚有未尽意处。如笺注《叙言》中"异端曲学"一语时解释道:"曲学:犹邪说。王阳明《传习录》卷终:'虽千万经典,无不昭合,异端曲学,一勘尽破'。"如此笺注,其实本无大问题,如从笺注的角度来说,当以更早或者更经典文献为好。"曲学"最早见于《汉书》,乃辕固生警策其弟子公孙弘之言:"务正学以言,无曲学以阿世。"③"异端"则最早见于《论语·为政》:"攻乎异端,斯害也已"。又如在"说经必明家法"一条中的"武进、高

---

① 司马朝军:《〈经解入门〉整理与研究》,中册,第524页。
② 毛亨传,郑玄笺,孔颖达正义,龚抗云等整理:《毛诗正义》,北京大学出版社2000年版,第1册,第4页。
③ 班固:《汉书》卷八八《儒林传》,第11册,第3612页。

邮,则世继其业",作者笺注时指出"武进指庄存与",如此笺注亦本无问题,然而意犹未尽。"世继其业"当如何理解呢?"武进"虽指庄存与,然而其子庄述祖、其孙庄绥甲、族人庄有可等皆承其学,多有著述。此外,庄存与外甥刘逢禄、宋翔凤亦传其学,庄述祖曾有:"刘甥可师,宋甥可友"①之言,本为清代学术史上的一段佳话,笺注时可以稍详。又如卷一"注家有得有失"一条中"而自唐而下,其掊击'三传'、妄立己意者,皆可以得罪《春秋》论。《春秋》之义固具于《公》《榖》,《春秋》之事固具于《左氏》,而束'三传'于高阁,可乎哉。"此语典出韩愈《寄卢仝诗》:"《春秋》三传束高阁,独抱遗经究终始。"②《经解》作者化用此典,意在强调三《传》对于理解《春秋》经文的重要性。笺注者对此却并未疏解,而只对《春秋》三传的历代注疏作者、书名等常识进行详细疏解,于此则犹未尽善。

其三,个别标点可商榷。如第23页"元朗《释文》、《音义》尽善",陆德明《经典释文》本以考订古音为主,兼及训义,本为一书,如此标点则使读者误为二书。标点当为"元朗《释文》,音义尽善"。又如9页的笺注"《谢承书》曰",谢承曾作《后汉书》,已亡佚,为范晔《后汉书》所采,当为"谢承《书》"。又第10、11、13页,或作《释文序录》,或为《释文·序录》,《经典释文·叙录》等体例不一。"前言"第8页《经解入门》误为《金角入门》等。

其四,采择前人之评说可适当放宽范围。司马教授在《〈国朝治经诸儒〉研究资料汇编》的凡例言:"笔者发愤攻治中国近三百年学术史,博览各家著述,尤其服膺章太炎、杨向奎二大师之说,故于《检论》《清儒学案新编》二书引用甚夥。"③关于撰作学术史,梁启超曾指出:叙一个时代的学术,须把那时代重要各学派全数网罗,不可以爱憎去取。叙述某家学说,须将其特点提挈出来,令读者得很明晰的观念。要忠实传写各家真相,不可以主观上下其手。要把各人的时代和他一生经历大概叙述,看出那人的全人格。④梁氏所言,概言之,即陈寅恪所说的"了解之同情",也即孟子的知人论世之言。我们以后世或者个人之道德观念或者学术标准去评价古人难免有苛责古人之嫌。关于清代学术,前贤多有撰述,其著者有章太炎、刘师培、梁启超、钱穆、张舜徽诸家,但由于诸家学术背景及立意、关怀各有不同,所述所论亦有较大出入。如太炎先生作为晚清民国学术钜子,其音韵、训诂之学精审无匹,成就毋庸质疑。然而他师从俞樾,踵武乾嘉,评论清人学术,于汉宋则多扬汉抑宋,于今古则多尊古而贬今,且其论学之标准常夹政治之目的,相比于梁启超之通达及钱穆之"温情",其论学未免立场太过。后学不嫌愚陋,窃以为司马老师如若品论有清一代之学术,则不可仅限以上二家之说,当广择众说,期得公允持平之论。

---

① 王钟翰点校:《清史列传》卷六九《儒林传下二》,中华书局年1987年版,第18册,第5607页。
② 屈守元、常思春主编:《韩愈全集校注》,四川大学出版社1996年版,第2册,第540页。
③ 司马朝军:《〈经解入门〉整理与研究》,中册,书前凡例。
④ 梁启超著,夏晓虹、陆胤校:《中国近三百年学术史》(新校本),第63页。

晚辈与司马老师素不相识，却仰慕已久，其相关学术著作则是书案床头的必备书。今夏于春健师处得知司马老师又有新作《〈经解入门〉整理与研究》一书，由于晚辈于经学史及清代学术史素有浓厚之兴趣，略览一过，欣喜与敬佩之情顿时而生。春健师当时即建议好好拜读，如若有暇，可作一篇书评。然而晚辈学业未成，岂敢班门弄斧，妄下雌黄，以上所言只是拜读司马老师大作之后的一点心得体会而已。同时期盼司马老师有更多的新著问世，以启后学，沾溉学林。

名家学述

何九盈先生学行述论

□庞光华①

目　录

一、言行述略

（一）缘起

（二）北大往事琐谈

（三）对不良学风的批评

（四）政治立场和爱国情怀

（五）对我的教育和关心

（六）人文精神

二、学术述论

（一）语言学史研究

(1.1)《中国古代语言学史》（第四版）

(1.2)《中国现代语言学史》（修订版）

(1.3) 小结

(1.4.1)《中国语言学史的研究方法》

(1.4.2)《中国语言学史研究刍议》

(1.4.3)《乾嘉时代的语言学》

(1.4.4)《乾嘉传统与20世纪的学术风气》

(1.4.5)《20世纪的汉语训诂学》

---

① 庞光华，北京大学汉语史博士，现为五邑大学文学院教授。主要研究汉语史、音韵学、训诂学、文字学、语言学、古文献学、文化史等。

(二) 音韵学研究

(2.1)《古韵通晓》

(2.2)《上古音》

(2.3)《汉语古音韵学述要》

(2.4) 音韵学论文

(2.4.1)《上古并定从群不送气考》

(2.4.2)《上古音节的结构问题》

(2.4.3)《古无去声补证》

(2.4.4)《〈切韵〉音系的性质及其他——与王显、邵荣芬同志商榷》

(2.4.5)《〈中原雅音〉的年代》

(2.4.6)《〈中州音韵〉述评》

(2.4.7)《〈中国字例〉音韵释疑》

(2.4.8)《上古元音构拟问题》

(2.4.9)《〈说文〉省声研究》

(2.4.10)《〈说文〉段注音辨》

(2.4.11)《汉语语音通史框架研究》

(2.4.12)《〈诗词通韵〉述评》

(三) 古汉语研究

(3.1)《古汉语词汇讲话》

(3.2)《唐写本〈说文·木部〉残帙的真伪问题》《再谈〈说文·木部〉残帙的真伪问题》

(3.3)《实用文言词典·序》

(3.4)《"不立诸部"新解》

(3.5)《〈曝书杂记〉标点商榷》

(3.6)《〈庄子〉札记》

(3.7)《古汉语语法札记一则:"动·之·名"与"动·其·名"》

(3.8)《"家人"解诂辨疑:兼论女强人窦太后》

(四) 汉字文化研究

(4.1)《汉字文化大观》

(4.2)《汉字文化学》

(五) 亲属语言和华夷语系研究

(5.1)《重建华夷语系的理论和证据》

(5.2)《汉语和亲属语言比较研究的基本原则》

(5.3)《所谓"亲属"语言的词汇比较问题》

(六) 主持修订《辞源》

(6.1) 身担重任

(6.2) 呕心沥血

(6.3) 我的商榷

(6.4) 更多期待

三、余音

附录:《何九盈先生主要学术著作简目》

一、言行述略

(一) 缘起

上海社会科学院司马朝军先生对我说很希望著名语言学家何九盈先生写一篇学术自述,他说何先生学识渊博,在学术上客观公正,没有门派意识,持论正大,对黄侃的古音学予以赞赏,与某些名家不同。我知道何先生在《中国现代语言学史》(修订本)[①]中对黄季刚的学术有褒赞,尤其赞赏黄侃先生的《音略》用极其简练的文笔阐释自己了的上古音系(278页):"就学术论文的写作而言,《音略》是20世纪语言学论文的典范之作。黄氏对古今音研究多年,钻研了大批文献,而写出来的结论只有薄薄的几页纸。结构谨严,言简意赅,几乎是一字不能增,一字不能减。你可以不赞同他的结论,却不能不佩服其行文的简洁。"

2019年6月9日,我在电话中对何先生谈及此事。先生对我说:"现在不是时候,自己还在学术上继续前行,不想现在就回望自己的学术人生。当然,做学术自述是我国长久的文化传统,也是很有意义的事。现代学者冯友兰有《三松堂自序》,写得非常好。学者的很多事情其实只有学者本人知道得最真切,很多言行和论著的背景与环境氛围,旁观者未必能准确把握,导致知人论世有失偏颇。天下学者都应一分为二,有得有失,瑕瑜互见,吹捧过高,嗤笑太甚,都有失公允。"这真是学者态度。我国学者自古有写自序的传统。司马迁的《史记》有《太史公自序》,班固《汉书》有《叙传》,淮南八公的《淮南子》有《要略》,许慎《说文解字》卷第十五也是《叙》。著《后汉书》的范晔有自序性质的《狱中与诸甥侄书》,刘勰《文心雕龙》有《序志》,刘知几《史通》有《自序》和《忤时》。现

[①] 商务印书馆2008年版。

代学者胡适、林语堂、郭沫若都有自序。何先生这样的前辈大学者理应有自序,但先生不大愿意自述。

我对先生说:"上海社科院主办的《传统中国研究集刊》准备发表北大古文献学者孙钦善先生的学行述评①。"何先生说:"很有必要,孙先生勤奋治学,颇多著述,为人亲和,就住在我楼上。我在1501,孙先生住在1601。孙先生是北大55级,我是56级,高我一年级,但年纪比我小②,因为我工作了七年才上北大读书③。"

先生说喜欢读我的文章,赞扬我文笔潇洒。我志忑问先生:"我将来无论如何要写一篇记述先生学行的文章,先生同意吗?"先生非常高兴地说:"太好了,只有你最合适。要不是你主动说,我还开不了口。你要放开了写,完全按照你的想法和作风去写,我不会干预一个字,不会告诉你怎样写,你写好了我也不会提意见让你改。在出版以前,我也不看。我不要求你同意我的学术观点,要有讨论,文章要写得生动活泼。"这是醇笃学者的风范!先生乃语言学名师,百科全书式学者,而"许我忘年为气类"④,把心放在肚子里头,不怕我胡说乱说。我自知才唯下劣,"识绝深经,道沦要博。进无访一知二之机,退无观隅三反之慧。独学无闻,古人伤其孤陋;捐丧辞书,达士嗟其面墙。默室求深,闭舟问远"⑤,却能得到先生的这般信任,我如登春台,如享太牢。尤其是先生对我说:"你写的评述,我准备放进我今年在中华书局出版的学术论文集《抱冰庐选集》。如果你的评述不能按时完成,我就告诉中华书局推迟出版,等你写完了再出。"先生乃语言学大师,一代硕学,"声价动天门"!后生小子如我何德何能,竟蒙先生如此器重!我诚惶诚恐,临渊履薄,"垂恩傥丘山,报德有微身!"本文题名"述论",不作"述评",乃是取法陈寅恪先生《唐代政治史述论稿》的"述论"。凡是网络所能找到的关于先生的公开信息,我不再赘述。

(二) 北大往事琐谈

何先生几次向我讲起北大往事。先生说:五十年代的北大学生比较高傲,整体素质很高,高年级和低年级学生的区别很大。高年级的学生好像老师一样,高高在上。五十年代的北大,学风开放,学术民主自由,学生可以发表对老师的批评意见,可以与老师讨论,师生关系很平等。王力先生就喜欢听取不同意见,这是北大的传统。我听了很受教益,深感北大的学术民主作风太可贵了。

先生对我提起高名凯先生,说他进北大第一节课就是上高名凯先生的《语言学纲

---

① 我在北大听过孙先生讲授的古文献学课程,孙先生非常随和,平易近人,蔼然儒者,在学术上精益求精。
② 何九盈先生是1932年生,孙钦善先生是1934年生。
③ 后来关于孙钦善先生的文章很快发表了,参看漆永祥《孙钦善先生学行述略》,载《传统中国研究集刊》第22辑,上海社会科学院出版社2020年版。
④ 语出陈寅恪《王观堂先生挽词》,见《陈寅恪集》之《诗集》,三联书店2011年版。
⑤ 语出郦道元《水经注序》。

要》,高先生学问很好,讲课也很好,可惜五十多岁因患肝癌而英年早逝。先生的《中国现代语言学史》(修订本)对高名凯的语言学成就评价很高。

先生说唐作藩先生人品非常好,对他帮助很大。唐先生是王力先生的助手,何先生上大学时经常得到唐先生的辅导。

先生称道魏建功先生的学问人品都是为人楷模,对学生很热情,而且鼓励学生对老师有不同的意见。王力先生、魏建功先生都对学生提出不同于老师的观点很包容。这是北大的学风和精神。

(三) 对不良学风的批评

先生还颇为感慨地提起对学术界的一些事情很失望。有一次和我谈到国内高校过分看重核心刊物的现象,他坦率表示了批评意见。先生说:现在学术界过分高看学术刊物的等级,注重是不是核心,核心还有很多等级,这是不健康的。学术只能看实质,不能看表象。很多核心刊物发表的文章水平并不高,有些是靠关系才发的。有很多高水平的学术论文倒不是发表在核心刊物上。从前的段玉裁、王氏父子和所有的乾嘉学者的论著都没有在所谓核心刊物发表,都做出了重大的历史性贡献。北京大学从来看重学术实质,不看刊物的级别,这是北大实事求是的学术传统,难能可贵。我听后对北大的风骨十分赞叹。我感慨一些地方大学惯于瞎折腾,官僚主义泛滥,大搞形式主义,条条框框太多,请君入瓮,糟蹋了多少人才。我仰慕李白的气节:"卷舒固在我,何事空摧残?"

何先生《中国古代语言学史》①第二章第五节 77 页称:"我对《尔雅》的研究成果得到学术界的广泛肯定,也有不同意的,这很正常。但像《中国语文》1996 年第 5 期发表的《〈尔雅〉分卷与分类的再认识》这样的文章,乃中国训诂学的一大笑柄,后来者宜引以为戒。"先生对他人学术上的低级错误敢于仗义执言,予以严肃的批评,不怕得罪人,真是学者风骨!我深感敬重!

先生《中国古代语言学史》(第四版)第一章《叙论》29 页:"你对史实的叙述应该是准确无误的。如《广雅》的作者本是三国曹魏时代的人,你却说他是北魏孝文帝时代的人,这不是信口胡言误人子弟吗?"先生此言是针对某位很有地位的著名专家而发,可见先生的正义感。

先生对我说:学术界的某些评奖也是很不客观、很不公正的。有的人擅长拉关系,游走学术江湖,评上了奖,没有公信力。有的人甚至贪天之功,夸大自己的贡献,蓄意炒作自己的东西,捞取各种好处。先生对这些污泥浊水十分厌恶,羞与为伍。

顺便提及本师张双棣先生的一件轶事。我 2018 年与张老师一同去浙江参加方勇先

---

① 商务印书馆 2013 年版。

生主办的诸子学论坛。张老师事情多,忙于撰写学术专著,没有时间写诸子学的专题论文。我在自己的学术论文《论〈韩非子〉的民众观》①上将张老师署名第一作者,张老师知道后坚决要我删掉他的署名,明确表态这是你的论文,我绝不可署名。我只好从命。于此可见北大学者的学术精神。现在很多导师强行在学生的论文上署名第一作者,我就听到过很多次,廉耻道尽,斯文无存,我唯有一声叹息。

何先生在《乾嘉传统与20世纪的学术风气》②庄严宣告:"搞学问,真正要搞出一点名堂来,真得要把身家性命投进去。要甘于寂寞,要勇于探索。段玉裁四十多岁退出官场,全力作《说文解字注》,费时三十多年,完成了这部不朽名著。面对贫病交加的困境,他没有退却。大学问家不仅贫贱不能移,威武也不能屈,我们的老校长马寅初先生堪称榜样。20世纪还有几支'董狐笔'?还有几枚'太史简'?学术尊严是靠学人求真的骨气、情操支撑起来的,是靠真理、正义支撑起来的。华而不实,媚时媚俗,能取宠于一时,不能垂范于永远。中国学术的优良学风,有乾嘉老传统,有'五四'以来的新传统,当务之急,是要从传统中汲取营养,形成适应于新时期学术研究的好学风。"先生如此宣言,也身体力行。

(四) 政治立场和爱国情怀

2020年我国新冠肺炎疫情严重,一些国家对我国有诸多不友好的行为,社会言论纷纭复杂。2020年6月21日的父亲节,我打电话问候何先生。何先生在对我说:要有坚定的正确的政治立场,要热爱祖国,跟共产党走。现在社会上各种思想很复杂,你千万不要迷失了自己正确的政治立场。中国知识分子几千年都有爱国情怀,这是我国知识精英的精神传统。党和政府采取什么政策,一定有多方面的考虑,社会上的一般人并不了解全面的情况,一时兴起,任意做评论,主观性很大,多半不正确,但是"俗情抑扬,雷同一响"③,容易产生迷惑,很多人没有鉴别能力,跟着起哄,"流郑淫人,无或失听"④,你要坚持正确的政治观念,不要认为西方什么都好。我国这些年的迅猛发展,让西方有的国家心态扭曲,采取了对我国不友好的行动,我们要坚决站在祖国和人民一边。有些知识分子没有看到我国数十年发展的巨大成就,吹毛求疵,抹黑政府,"曾是莠言,有亏德音"⑤,是很不负责任的。何先生的话如醍醐灌顶,使我时刻保持警醒,不与社会上的杂音沆瀣一气,虽然我认为任何时候健康的批评和大度的宽容都是极端重要的。

---

① 后发表于上海社科院主办《传统中国研究集刊》第21辑,上海社会科学院出版社2019年版。
② 收入何九盈《语言丛稿》,商务印书馆2006年版。原载《汉学研究国际会议论文集·语言文学卷》,2000年。
③ 语出《文心雕龙·才略》。
④ 语出《文心雕龙·知音》的赞辞。
⑤ 语出《文心雕龙·谐隐》。

先生多次对我说:现在是新中国成立以来最好的时候,"属四海之有截,会八表之无虞",一定要珍惜好时光,为学术做出贡献。

先生在《抱冰庐选集·自序》①宣称:"我所报的国,就是1949年成立的、无数仁人志士为之奋斗终生的中华人民共和国。有此空前强盛的安身立命之地,才有此元气簇新的拓荒文字,才有我今日的风骨与气象。"可见先生是将自己的学术成就与新中国的命运紧密维系在一起,也看出先生对自己的气象风骨有着豪迈的自信和荣耀,同时如李白所言:"苟无济代心,独善亦何益?"

先生在《我的阅读历程》②中说:"毛泽东思想是全民族的宝贵财富,对那些从根本上否定经典阅读的人,我只有请杜甫老先生来作答了:'今人嗤点流传赋,不觉前贤畏后生。''尔曹身与名俱灭,不废江河万古流'。"可以看出先生对于毛泽东思想的真挚感情,将《毛泽东选集》四卷视为民族的经典。

(五) 对我的教育和关心

我在2002年进入北大前早已知道何先生在语言学界"高名动京师,天下皆籍籍"③。只是我生不逢时,虽然早知道先生讲课激情洋溢,却没有机会聆听先生课堂面授,因为先生在2001年退官了。但当时正巧碰到汉语上古音研究发生较大的争执,起因是梅祖麟院士在香港的一次语言学会上发表了汉藏对音是上古音研究的主流的观点,并对王力先生的音韵学研究有明显不公正不客观的评论。这引发了学术界的波澜。2002年10月,何先生为此应邀在北大中文系对我们研究生做过一次讲座,呼吁学术讨论要尽量理性平和,避免情绪化,对学术问题的论断要掌握好分寸,不要说过头的话,同时对汉藏对音的方法有所质疑。郭锡良先生对梅祖麟的讲话尤其愤慨,在一次讲座上发表了严厉的批评,并多次公开抨击梅祖麟。我上北大前对上古音研究所知甚少,自以为所擅长的是训诂学和古文献学。正因为赶上了这次上古音问题的大辩论,才对上古音研究产生浓厚的兴趣,最终决定选择上古音到底是否有复声母作为我的博士论文的研究专题。经过三年的辛勤研究,全面梳理文献,我写作了长达60万字的博士论文《论汉语上古音无复辅音声母》④。何先生是我的博士论文的预答辩和正式答辩的委员会主席。在预答辩的时候,我早上在中文系门口迎候何先生的到来,何先生见了我,很高兴地拍着我的肩膀,热情鼓励道:"庞光华,你真能写啊!大手笔啊!"在预答辩和正式答辩中,何先生对我大加赞赏,称赞我是他在北大多年从未见过的有才华的学生,博士论文下了很大的功夫,视野广阔,

---

① 中华书局2021年版。
② 收入何九盈《抱冰庐选集》(中华书局2021年版)。
③ 语出李白《赠韦秘书子春》诗。
④ 中国文史出版社2005年版。

论证博雅，达到了很高的水平。前辈学者对我的夸赞令我极为惶恐，因为我清楚地知道，我论证上古汉语不存在复辅音声母，这一学说与何先生的学术观点完全相反。但是何先生丝毫不介怀，对青年学生不同的学术观点非常包容和鼓励，这种海纳百川、不弃乌莸的精神可与三光同耀，也是北京大学光辉的学术传统。直到今天何先生也坚持商代汉语有复辅音的学术见解，但我们确是推心置腹的忘年之交，"留侯将绮里，出处未云殊"①。日本学术界的学生必须拥护老师的观点，否则不准毕业，导师要清理门户。再看看北大学者的精神，可以知道中日文化的不同。

  我因为博士论文与何先生结缘，真没有想到万法皆有因果。我毕业时找工作"坎壈盛世"，心情郁闷。有一天我在北大东门邂逅陆俭明先生，随口诉说了我的苦闷，陆先生对我很同情，说可以问一下香港科技大学张敏教授，是否可以去那里做博士后研究，以缓解我找工作的压力。我很快忘记此事，因为我知道陆先生作为国内外著名语言学家，非常繁忙，估计顾不上我这个古代汉语的博士生，而且陆先生对我并不熟悉，不了解我在北大的学业。没有想到老辈学者不仅学术精湛，其为人风范也令人高山仰止。陆先生并不漠视我的随口之言，果真联系了香港科大的张敏教授，为我获得一个赴港深造的机会。同时为了慎重，陆先生专门给何九盈先生打电话，了解我在北大的学习态度和人品，何先生对我极尽赞美，我才能得以去香港科大做研究，进而在香港的各个大学图书馆纵意渔猎，"即山而铸铜，煮海而为盐"②，尤其是广泛采集日语的学术书和港台学术界的资料，还有一些珍贵的英文书。我在香港科大的收入大部分用来买书和复印资料，生活简朴，得过且过，没有溺于洋场之欢，"松柏虽寒苦，羞逐桃李春"，基本上没有辜负陆先生和何先生对我的知遇之恩。后来，陆先生赴港开学术会议，我们得以共进晚餐，我再次聆听陆先生教诲。陆先生对我说："珍惜这次在香港学习的机会，努力研究课题，做出成绩来。"何先生也曾对我说："作为科学家，要为国家和学术做出贡献，没有著作是不行的，要努力完成自己的科研，把优秀的研究成果留给后人。"我永远铭记两位恩师的耳提面命，同时想起魏文帝的名言："盖文章经国之大业，不朽之盛事。年寿有时而尽，荣乐止乎其身，二者必至之常期，未若文章之无穷。"③

  何先生多次叮嘱我要注意身体，说人到五十以后百病易侵。做学问很辛苦，不能坐得太久，不然会损害腰椎和颈椎。要经常散步，做一些锻炼，也不要过分激烈运动。他对我语重心长的关心和教育，我永远感恩！

  何先生常常称赞我家庭幸福，夸奖拙荆对我体贴周到，说家庭和谐温暖是很不容易

---

① 语出李白《赠韦秘书子春》诗。
② 语出《文心雕龙·宗经》篇。
③ 见曹丕《典论·论文》。

的事,在温馨的家庭中可以专心于学问,做出更大的成绩。我不敢懈怠,恐怕有负师恩。我 2020 年发表的《今本〈尚书·说命〉非伪书新证》①长达 7 万言,列举 28 证要平反《伪古文尚书》这一冤案,现在我进一步增补到了 38 证,将来要出版专书,或许没有完全蹉跎近五年的岁月②。

何先生有一次在电话中说的话让我铭感肺腑:"庞光华,你读书很多,学术视野开阔,真心做学问,人才难得。如果我有权的话,会想办法把你调入北大,北大的环境和氛围有利于你更快成长。可惜我没有权,心有余力不足啊!"他对我的爱护和期许,常使我"苍然五情热"。我"怀恩未得报,感别空长叹"!虽然我今生隐沦于小城镇,但我永远感戴教育过我、关爱过我的何先生,心情如《洛神赋》中的绝代美女洛神所言:"虽潜处于太阴,长寄心于君王!"

(六) 人文精神

何先生应中华书局的邀约,出版一部学术论文选《抱冰庐选集》。责编秦淑华编审在与何先生签合同的时候,何先生说:"你们给我的稿费标准高了点,应该减半。送给我的样书多了点,要减半。你们中华书局的财务并不宽裕,能够给我出书,我已经很感谢,不能再给你们添麻烦。"秦淑华师姐大吃一惊,她在中华书局接触过许多作者,不乏名家。有的著名学者还常常抱怨稿费太少,样书太少。只有何先生才说稿费和样书太多了,给一半就足够。何先生的如此学者情操和人文情怀,在这个浮躁功利甚至物欲横流的世界,真如一朵精洁的莲花,一颗璀璨的摩尼。

何先生有一次对我说:"国家培养一个人才非常不容易,需要有很多条件。大学教授在 60～70 岁正是其教学经验丰富、学术研究成熟的时期,应该尽可能让这些教授继续发挥作用。高校的教师退休制度应该有弹性,应该更加尊重教授自己是否有退休的意愿。有很多教授对教学科研热情洋溢,愿意继续传道授业,抚育桃李,则应该重视继续发挥其光和热。"我深切感到何先生对教学和科研的感情恰似桃花潭水深千尺。

何先生在给高小方《〈辞源〉修订匡改释例》③撰写的《序》中说:"平生不跑会,不奔竞,不谋求眼前风光,亦不希冀身后风光。"先生的风范乃如贾谊《鹏鸟赋》所云:"至人遗物兮,独与道俱。真人恬漠兮,独与道息。"但先生只要发现了真正的学术人才和好书,就会不惜鼓励和褒美。他在《序》中对《〈辞源〉修订匡改释例》大为赞赏,并对高小方教授的工作态度予以高度评价,称赞高小方是真正的人才,是真学者。何先生条举五点赞美高小

---

① 见上海社会科学院主办《传统中国研究集刊》第 22 辑,上海社会科学院出版社 2020 年 5 月版。
② 我的《上古音及相关问题综合研究》出版于 2015 年,距离发表《今本〈尚书·说命〉非伪书新证》五年了。当然,这五年我还发表了 20 篇左右的论文,水平不敢自诩,却都是呕心沥血之作,经得起历史的检验。
③ 商务印书馆 2019 年版。

方先生:"一、全面彻查,一丝不苟。二、深入考证,断以己意。三、溯源补阙,多方照应。四、律己甚严,自纠舛误。五、积劳成疾,抱病拼搏。"这篇序体现了他的人文情怀。他在《一本别开生面的好书》①对中年学者姚小平的《17—19世纪的德国语言学与中国语言学》②一书颇为赞赏,并作出推荐,体现了他对晚辈学者的爱护和鼓励,也指出了一个"美中不足"是"没有设立专章来介绍中西人士对此时德国语言学的评价"。他在文章末尾说:"这样的书,我是写不出来的,别人写出来了,自己就很高兴。'平生不解藏人善,到处逢人说项斯。'我作为中国语言学史研究领域的一个老兵,摇旗呐喊,当个拉拉队,让开拓者不感到寂寞,奋勇前进,这就心满意足了。"他作为老一辈大学者对晚辈学者的鼓励确实动人心弦。

姚小平《17—19世纪的德国语言学与中国语言学》③的《后记》称:"何九盈先生,王力以后研究中国语言学史成果最多的学者。80年代中期我就开始读他的论著,而初次与他见面,则迟至90年代末。那是在1999年6月中,北大中文系李娟女士的博士论文答辩会上。何先生思维敏捷,谈锋犀利,给我留下了深刻的印象;他面对学术批评的那种气度,对同行的宽容和对后学的呵护,尤其令我感动。"这是实事求是的评价。

何先生在为高永安博士《明清皖南方音研究》撰写的《序》④中盛赞司马光以19年的精力完成《资治通鉴》,主张慢工出细活,打磨出精品,要"慢腾腾地热烘烘"。做学问不能急于求成,草率的作品没有传世的价值,只是"蓦地烧天蓦地空",同浮游旦暮而生死。

何先生幼时读过私塾,整本背诵过《千家诗》《毛诗》《左传》。在北大读书期间,他忘身向学,曾手抄董同龢的名著《上古音韵表稿》和陆志韦的《古音说略》。因此,国学功底深厚,对学术研究常常有独到的评价。他多次对我评论学术界的一些人和事,总是秉学术之公,持是非之平,是其所应是,非其所当非,从无偏激过当之论,虽然有时也很尖锐。我感到他是心地坦荡的学者。他对我说,写作发表论文是一回事,在学术界发生影响是另一回事。好的学术研究也需要学术界的公正的评论才能产生积极的影响。这个思想太对了,我想起当年爱因斯坦的相对论出来后,瑞典诺贝尔奖评审委员会考虑授予诺奖,但是有两位获得诺奖的德国学者致信评委会,宣称如果授予相对论诺奖,他们就退回已经获得诺奖。可见学术界偏见之深。相反,诺奖评委会也有看走眼的时候,例如美国作家赛珍珠描写现代中国的作品《大地》居然获得诺贝尔文学奖,实在难以服人之心,钱锺

---

① 收入何九盈《书山拾梦》,商务印书馆2010年版。原载《中华读书报》2002年4月17日。
② 外语教学与研究出版社2001年版。
③ 外语教学与研究出版社2001年版,第357页。
④ 收入何九盈《书山拾梦》,商务印书馆2010年版。

书予以讥嘲。因此,学术界客观公正的评论万分重要,有的人为了一己之私利,将一点点成绩无限夸大,以博得名利。例如有人将一个很平凡的观点自己夸大为"有重大原创性的理论",这就很不应该。有的学者对很重要的研究故意视而不见,不理不睬,我行我素,不断重复已经被学术界论证为错误的结论。在自己的论文中根本不提已有的重要研究成果。这种不良学风,天天都在吹。然而白纸黑字公诸世人,这些伪学者终难逃脱历史的鞭挞。

先生在《顾炎武的〈日知录〉》[1]中赞叹顾炎武既能潜心学术,又能关注现实社会的人格精神,钦佩顾炎武慢工出精品的治学态度,不剽窃古人的实事求是的学者风范,不图名利的高尚情操,尤其推服顾炎武的前世不曾有、后世不可无的写作精神。我以为,先生自己的治学态度又何尝不是如此呢?

先生在《阎若璩的治学精神》[2]赞赏阎若璩在学术上的怀疑精神和追求真理的态度,先生称:"一个搞科学的人,如果墨守成说,不敢怀疑,是谈不上开创的。然而,脑子里只有怀疑,不进而解剖疑团,那对学术的发展,还是无益。必须遇有疑问,就抓住不放,猛打穷追,不达目的,绝不罢休,阎若璩就是这样。"

先生读书无极限,如蜜蜂兼采,而文笔爽朗,流利飘逸,学人散文,别具风味。先生《龙虫并雕　小大由之》[3]既拥护短小精致的札记短章,也拥护千尺长松的浩荡论著,文笔幽默,文风洒脱,读来饶有风趣。先生的《一卷名山　两袖清风》[4]是为老同学程湘清《汉语史专书复音词研究》所撰的序文,行文潇洒,笔锋清隽。叙事状人,事富传奇,语多机趣,是先生散文的代表作,其文学情趣远比那些煞有介事的散文家的玩意儿更加令人回味。略举两小段以供玩赏(373 页):

1. 那天,像开班会似的,大家热热闹闹、说说笑笑就把他们的婚姻大事给办了。湘清这种不磕一头、不请一客、轻取"围城"、办大事如烹小鲜的风度,何等潇洒,何等风流!

2. 他右手写时文,左手写论文,白天当官人,晚上当学人。他当官人有十足的书卷气,当学人可没有令人讨厌的官气。

这样富有妙趣的小品文放在周作人的《雨天的书》中也不易辨伪。

何先生阅读速度很快,一目十行,过目不忘,又特别关注学术界最新的研究进展。所以,他的每一篇论著都植根深厚,厚积薄发,穿穴群书,信手探囊,挥洒自如。他挺生知之才,更加锥股勤学,所以学术成就极为丰硕。如果没有"文化大革命"的曲折,他的成就会

---

[1][4]　收入何九盈《书山拾梦》,商务印书馆 2010 年版。原载 1961 年 7 月 22 日《光明日报》,2009 年 3 月略作补充。
[2]　同上书,第 276 页。
[3]　同上书,第 188 页。

更加辉煌夺目。他多次对我谈起在文革中宝贵光阴被糟蹋，十分惋惜。他说，在文革后，他坚持每天读书治学，没有休息过一天，正月初一也在读书写作。这种学者精神，无惭于古之圣贤。

从2010年开始，何先生参加新版《辞源》的修订，从此五年多的时间和精力完全注入这项工程。他作为第一主编，殚精竭虑，耗尽了心血，不能撰写任何一部个人著作，为学术界提供了一部全新的《辞源》，功在千古，自己的个人研究却没有进展。我常常为此叹惋。我认为他在此五六年中，完全可以完成一两部个人论著。他舍己为人，公而忘私，为学术界树立了楷模。

何先生多次对我说："学者应该明确表示自己的见解，学术观点是不能含糊的。"庸陋不敏如我辈倒是能够做到这点，然而当今学术界"风潮争汹涌，神怪何翕忽"①，我也因为坚持一些学术观点而得罪了人，只好用贾谊《吊屈原文》以自我解嘲："使骐骥可系而羁兮，岂云异夫犬羊？"

二、学术述论

大学问家钱钟书说："大抵学问是荒江野老屋中二三素心人商量培育之事，朝市之显学必成俗学。"②先生正是有这样执着信念的科学家，对学问有难以置信的热情。先生常年枯坐书斋，手不释卷，勤于笔耕，著述广博，"富号猗顿"③，流光溢彩。先生夏季每天六点钟起身，冬季每天七点钟起身，稍作锻炼，就开始研究工作，六十年焚膏继晷，夏不避暑热，冬不避祁寒，发愤以抒志，情高以会采，气盛于著论，思锐于撰文，乃《文心雕龙·诸子》所称："唯英才特达，则炳曜垂文，腾其姓氏，悬诸日月。"我不揣谫陋，对先生的学术成就管窥蠡测，稍加别裁，分类述论如下。

（一）语言学史研究

1.1 《中国古代语言学史》（第四版）

北京外国语大学姚小平教授《17—19世纪的德国语言学与中国语言学》④18《何九盈论中国古代语言学》粗略介绍了何先生的部分语言学著作和观点，蜻蜓点水，浮光掠影，

---

① 语出李白《天台晓望》诗。
② 见罗厚辑注《钱钟书书札书钞》第六十四，收入《钱钟书研究》（文化艺术出版社1992年版）第三辑。第314页。又见《厦门大学学报》1988年3期郑朝宗文。
③ 语出《文心雕龙·才略》。
④ 外语教学与研究出版社2001年版。

简而不周,疏阔寡要,事多浅俗,理无要害,未遑入室睹奥。

何先生出版了两本中国语言学史研究的专著:《中国古代语言学史》和《中国现代语言学史》。先生在出版后对这两部专著不断精打细磨,修订完善,直到出版《中国古代语言学史》(第四版)①和《中国现代语言学史》(修订本)②。这是两部很有特色和成就的语言学史,与学术界已有的王力先生《中国语言学史》③、赵振铎先生《中国语言学史》(修订本)④、李恕豪《中国古代语言学简史》⑤、濮之珍《中国语言学史》⑥相比照,可以看出何先生书的不同寻常的成就。我依据最新版阐述其成就如下,并略抒拙见:

1. 何先生《中国古代语言学史》的学术框架是独到的,与诸家不同。第一章《绪论》关于《学术史观》《处理好五种关系》《中西古代语言学的异同》这三节为诸家书所无,阐述了何先生关于语言学史的一些理论和方法问题,论述了要处理好汉语史和汉语史研究的关系、过去与现在的关系、本学科与相关学科的关系、主题研究与客体研究的关系、叙述与评议的关系,颇有卓见,断非浮泛之论。关于中西古代语言学的异同,涉猎广泛,博而能要,分析了我国古代汉语语法学不能发达的两个原因⑦。这一章高屋建瓴,视野恢弘,可见何先生学识渊博,治学严谨,是纯粹的读书人。

2. 第二章第四节《先秦诸子的语言理论》,讨论了诸子学中关于语言与社会存在、语言与政治伦理、语言与逻辑思维三个问题。何先生是以语言学理论问题为纲,贯穿诸子的语言学理论,纲举目张,条理分明。赵振铎先生《中国语言学史》第一章第一节《诸子的语言观》分别阐述诸子百家的语言观,未能以语言学问题一以贯之,未免散漫。二家所撰都称良史。然而我想就何先生、赵先生、濮之珍、李恕豪各家之书和吴辛丑《先秦两汉语言学史略》⑧关于先秦语言学的研究稍作补苴,但愿不为鸡肋:

---

① 商务印书馆 2013 年版。九盈先生此书初版于 1985 年(河南人民出版社),增订版出于 1995 年(广东高等教育出版社),北京大学出版社 2006 年出版新增订版。
② 商务印书馆 2008 年版。
③ 复旦大学出版社 2006 年版。此书初版于 1980 年。
④ 商务印书馆 2017 年版。
⑤ 巴蜀书社 2003 年版。
⑥ 上海古籍出版社 1999 年版。初版于 1987 年。
⑦ 当然不能说我国古代没有语法学,杨树达《积微居小学述林全编》(上海古籍出版社 2007 年版)之《补编》有《中国文法学小史》简要评述先秦和清代的语法学。孙良明《中国古代语法学研究》增订本(商务印书馆 2005 年版)下了很大的功夫爬疏我国古代的语法学,难能可贵,厥功甚伟。孙良明《中国古代语法学在唐代的发展》,载《中国语言学报》第 6 期,商务印书馆 1995 年版;孙良明《谈韦昭〈国语注〉中的语法分析》(载《汉语史研究集刊》第 11 辑,巴蜀书社 2008 年版);邵敬敏《汉语语法学史稿》(商务印书馆 2010 年版)第一章《汉语语法学的酝酿时期》对《马氏文通》之前的语法学有所阐述。但在《马氏文通》以前确实没有产生如《文通》一样的语法学系统专著。
⑧ 广东高等教育出版社 2005 年版。

(1) 各家书似乎都忽视了先秦文献的声训材料,先秦训诂学并不限于《尔雅》,在各书中散见许多声训,是研究语源学的宝贵资料,撰写先秦语言学不可不提及。吴泽顺《清以前汉语音训材料整理与研究》①上编第二章和下编的前15节汇编的材料极为繁富,梳理甚为完备。可知以声训为主要特征的汉语语源学在春秋时代已经存在,为春秋战国学术界所广泛使用,并非偶一为之,而是先秦学术界的共同观念,这正是汉代以来训诂学的声训传统源头,在学术史上有重要价值②,写学术史是非阐述不可的。

(2) 各家都忽视了《山海经》中关于物名起源的珍贵材料,这是诸家的疏忽。考论如下:《山海经·南山经》:"有鸟焉,其状如鸱而人手,其音如痹,其名曰鹎,其名自号也。"《南山经》:"有鸟焉,其状如鸡而白首,三足,人面,其名曰瞿如,其鸣自号也。"《南山经》:"有鸟焉,其状职枭,人而四目而有耳,其名曰颙,其鸣自号也。"《西山经》:"有鸟焉,其状如鸮而人面,雌身犬尾,其名自号也。"《北山经》:"有兽焉,其状如羚羊而四角,马尾而有距,其名曰𩤙,善还,其名自诉。"《北山经》:"有兽焉,其状如白犬而黑头,见人则飞,其名曰天马,其鸣自诉。"《北山经》:"有兽焉,其状如牛而尾,其颈弯,其状如句瞿,其名曰领胡,其鸣自诉。"《北山经》:"有鸟焉,其状如赤雉,而五采以文,是自为牝牡,名曰象蛇,其名自诉。"《北山经》:"有鸟焉,其状如枭白首,其名曰黄鸟,其鸣自诉。"《北山经》:"有兽焉,其状如羊,一角一目,目在耳后,其名曰羊东羊东,其鸣自诉。"《北山经》:"有兽焉,其状如牛而三足,其名曰獂,其鸣自诉。"《东山经》:"有兽焉,其状如犬,六足,其名曰从从,其鸣自诉。"《东山经》:"有兽焉,其状如牛而虎文,其音如钦。其名曰𬴊𬴊,其鸣自诉。"《东山经》:"有兽焉,其状如狐而鱼翼,其名曰朱獳,其鸣自诉。"《东山经》:"有兽焉,其状如豚而有牙,其名曰当康,其鸣自诉。"以上是《山海经》关于物名的主要材料。《南山经》和《西山经》用"其鸣自号",《东山经》和《北山经》用"其名自诉"③,意思都是这种鸟兽的名字就是其叫声。这是物名起源的一个重要原理,是语源学的重要材料,与声训是完全不同的。近代大儒刘师培《左盦外集》卷七《物名溯源》《物名溯源续补》④、王国维《观堂集林》卷五《〈尔雅〉草木虫鱼鸟兽名释例》⑤(上下篇)对物名的语源学有精湛的研究,论述也未及《山海经》此类材料。

---

① 商务印书馆2016年版。
② 我曾撰写《〈释名〉书后》(见安徽大学古籍整理研究所主办《古籍研究》2003年第2期),论述了在先秦早已存在声训,是我国固有的学术传统,批评了饶宗颐先生以《释名》的声训原理来自古印度《尼卢致论》的观点。饶宗颐之文是《尼卢致论与刘熙的〈释名〉》(收入饶宗颐《梵学集》,上海古籍出版社1993年版)。
③ 从此似乎可以见出《南山经》《西山经》属于一个系统,《东山经》《北山经》属于一个系统,这两个系统的编撰者可能是不同的。
④ 收入《仪征刘申叔遗书》第10册,万仕国点校,广陵书社2014年版,第4382—4412页。
⑤ 见《王国维全集》第八卷第138—143页。浙江教育出版社、广东教育出版社2010年版。

（3）赵振铎、濮之珍、李恕豪、吴辛丑在讲先秦训诂学时都忽视了《逸周书·谥法解》中的训诂材料："和,会也;勤,劳也;遵,循也;爽,伤也;肇,始也;乂,治也;康,安也;怙,恃也;享,祀也;胡,大也;服,败也;秉,顺也;就,会也;愆,过也;锡,与也;典,常也;肆,放也;糠,虚也;叡,圣也;惠,爱也;绥,安也;坚,长也;耆,强也;考,成也;周,至也;怀,思也;式,法也;布,施也;敏,疾也;捷,克也;载,事也;弥,久也。"这样的训诂学的宝贵材料是不能不提的,而且都不是声训。何先生书在《先秦时代的名物释义》提到了《逸周书·谥法解》的这些材料,已是独到。但这些训诂实在与"名物释义"无关,不如将这一节改称为《先秦训诂学》,《尔雅》也不是完全解释"名物"的书。

（4）何九盈、赵振铎、濮之珍、李恕豪、吴辛丑都很重视先秦孔子、墨子、荀子等的"正名"思想①,这是必须的。但诸家阐释都有重大遗漏,因为各家忽视了先秦"正名"文化的重要内涵是"谥法"。谥法是我国非常重要的传统文化,通过谥号可以了解古代君王和贵族的生平德行,而且与语言学的正名观十分密切,不可略过不提。《论语·公冶长》子贡问曰:"孔文子何以谓之文也?"子曰:"敏而好学,不耻下问,是以谓之文也。"可见谥号中的"文"可以涵盖"敏而好学,不耻下问"这样的德行。古人对于谥号是非常看重的。谥号是对君王和贵族的生平德行的巨大约束,让权力者有所忌惮和敬畏。如果放纵败德,就可能在死后得到恶谥(如"幽、灵、炀、厉"等等),留下千古骂名。《逸周书·谥法解》是保存谥号最完备的文献,应当格外重视才行。且举数例以窥豹一斑:"民无能名曰神,称善赋简曰圣,敬宾厚礼曰圣,德象天地曰帝,静民则法曰皇,仁义所在曰王,赏庆刑威曰君,从之成群曰君,立制及众曰公,执应八方曰侯,壹德不解曰简,平易不疵曰简,经纬天地曰文,道德博闻曰文,学勤好问曰文,慈惠爱民曰文,愍民惠礼曰文,锡民爵位曰文,刚强理直曰武,威强叡德曰武,克定祸乱曰武,刑民克服曰武,夸志多穷曰武,敬事供上曰恭,尊贤贵义曰恭,尊贤敬让曰恭,既过能改曰恭,执事坚固曰恭,爱民长弟曰恭,执礼御宾曰恭,芘亲之阙曰恭,尊贤让善曰恭,渊源流通曰恭,照临四方曰明,谮诉不行曰明。"《谥法解》还有非常多的谥号,保存了先秦重要的政治思想文化。这些谥号可以说是"正名"思想的最重要的内容,是语言学和政治学、伦理学密切关联的文化,绝对不能置之不理。诸贤盖万虑之一疏乎?

（5）在我国春秋战国还有一种"正名"的思想文化也非常重要,可能是来自"谥法",但是与"谥法"不同。因为谥号是对君王贵族的德行的概括,西周春秋的谥号是一个字,战国时代诸侯称王以后有的用两个字,如赵惠文王、秦昭襄王等;有的还是一个字,如齐威王、齐宣王、楚怀王、燕易王等。而在民间尤其在"士"中间很重视行为的道德规范和价值

---

① 何九盈书还提到了法家的正名思想。

观,显示自己行为的价值和境界,往往用一两个字来表示和包括。这种"正名"文化对"士"有很大的影响,也是我国重要的文化传统。例如,《论语·学而》子夏曰:"贤贤易色,事父母能竭其力,事君能致其身,与朋友交言而有信。虽曰未学,吾必谓之学矣。"儒门大师子夏价值观中的"学"不仅是读书,包括了修身养德,这对于评价人的行为成就有很大的价值取向。详考《论语》《孟子》的这类"正名"思想如下:

《颜渊》司马牛问仁。子曰:"仁者其言也讱。"曰:"其言也讱,斯谓之仁已乎?"子曰:"为之难,言之得无讱乎?"孔子将说话迟钝也视为"仁"①,这显然是对司马牛"多言而躁"的批评,也是孔子对于"仁"的一种"正名"。《子路》子曰:"刚毅、木讷,近仁。"孔子这里对"仁"的正名与对司马牛说的一样。

《颜渊》子张问:"士何如斯可谓之达矣?"子曰:"何哉,尔所谓达者?"子张对曰:"在邦必闻,在家必闻。"子曰:"是闻也,非达也。夫达也者,质直而好义,察言而观色,虑以下人。在邦必达,在家必达。夫闻也者,色取仁而行违,居之不疑。在邦必闻,在家必闻。"这是孔子对于"闻"和"达"的正名。

《子路》子贡问曰:"何如斯可谓之士矣?"子曰:"行己有耻,使于四方,不辱君命,可谓士矣。"这是孔子对"士"的定义,是孔子典型的"正名"思想。

《子路》子路问曰:"何如斯可谓之士矣?"子曰:"切切、偲偲、怡怡如也,可谓士矣。朋友切切、偲偲,兄弟怡怡。"这是孔子对"士"的行为标准的另一个"正名"。

《季氏》孔子曰:"侍于君子有三愆:言未及之而言谓之躁,言及之而不言谓之隐,未见颜色而言谓之瞽。"这是孔子对"躁、隐、瞽"的"正名",虽然这是带有形容的成分,但也是"正名",因为"正名"有不同的方式。

《尧曰》子曰:"不教而杀谓之虐;不戒视成谓之暴;慢令致期谓之贼;犹之与人也,出纳之吝谓之有司。"这是孔子对"虐、暴、贼、有司"的"正名"。

必须充分了解以上《论语》的正名思想,才可能全面理解为什么孔子那么强调要治理国家必须首先要"正名"。今天来看,"正名"就是要确定价值标准,分清是非善恶贤愚美丑,当然是治国理政的当务之急。子路不能理解孔子的"正名"思想,孔子严厉批评为"野哉由也"!并为子路作了详细的解释。

孟子继承发扬了孔子的"正名"思想,体现在《孟子》中有很多。《孟子·梁惠王下》孟子称:"从流下而忘反谓之流,从流上而忘反谓之连,从兽无厌谓之荒,乐酒无厌谓之亡。"这是孟子对"流、连、荒、亡"的"正名"。

《梁惠王下》孟子对答齐宣王:"贼仁者谓之贼,贼义者谓之残,残贼之人谓之一夫。

---

① 参看杨逢彬《论语新注新译》(北京大学出版社 2016 年版)第 228 页。

闻诛一夫纣矣,未闻弑君也。"这是孟子对"贼、残、一夫"的"正名"。

《滕文公上》:"分人以财谓之惠,教人以善谓之忠,为天下得人者谓之仁。"这是孟子对"惠、忠、仁"的"正名"。

《离娄上》:"故曰:责难于君谓之恭,陈善闭邪谓之敬,吾君不能谓之贼。"这是孟子对"恭、敬、贼"的"正名"。

《离娄上》:"言非礼义,谓之自暴也;吾身不能居仁由义,谓之自弃也。"这是孟子对"自暴、自弃"的"正名"。

《万章下》:"用下敬上,谓之贵贵;用上敬下,谓之尊贤。"这是孟子对"贵贵、尊贤"的"正名"。

《告子下》:"不教民而用之,谓之殃民。"这是孟子对"殃民"的"正名"。

《告子下》:"水逆行,谓之洚水。"这是孟子对"洚水"的"正名"。

《尽心上》:"不暖不饱,谓之冻馁。"这是孟子对"冻馁"的"正名"。

在《荀子》中这样的"正名"思想更加普遍,充分体现了儒家的价值观,用以规范人们的言行。《庄子·骈拇》:"天下尽殉也:彼其所殉仁义也,则俗谓之君子;其所殉货财也,则俗谓之小人。"这是《庄子》对"君子、小人"的"正名"。《庄子》中这种"正名"思想也非常多,足以体现《庄子》的价值观。这样的"正名"很多时候是一种评论,但这是带有价值取向的评论,就是一种"正名"。因此,"正名"思想是先秦诸子中普遍存在的一种价值观。学者们不把这些"正名"思想纳入先秦的"正名"学说,显然是极大的遗憾。

(6)"正名"思想是我国先秦重要的礼义文化,还有一种"正名"的思想表现得也很明显。例如,

《尚书·说命》:"知之曰明哲,明哲实作则。"这是对"明哲"的"正名"。

《孟子·梁惠王下》:"天子适诸侯曰巡狩,巡狩者巡所守也;诸侯朝于天子曰述职,述职者述所职也。"这是对"巡狩、述职"的"正名"。

《梁惠王下》又曰:"老而无妻曰鳏。老而无夫曰寡。老而无子曰独。幼而无父曰孤。"这是对"鳏寡孤独"的"正名"。

《孟子·万章下》:"不能五十里,不达于天子,附于诸侯,曰附庸。"这是对"附庸"的"正名"。又曰:"在国曰市井之臣,在野曰草莽之臣,皆谓庶人。庶人不传质为臣,不敢见于诸侯,礼也。"这是对"庶人"的"正名"。

《礼记·曲礼》:"君天下曰天子。朝诸侯,分职授政任功,曰予一人。践阼,临祭祀,内事,曰孝王某;外事,曰嗣王某。临诸侯,畛于鬼神,曰有天王某甫。崩,曰天王崩。复,曰天子复矣。告丧,曰天王登假。措之庙,立之主,曰帝。天子未除丧,曰予小子。生名之,死亦名之。"同篇又称:"天子当依而立,诸侯北面而见天子,曰觐。天子当宁而公、诸

公东面,诸侯西面曰朝。诸侯未及期相见曰遇。相见于却地曰会。诸侯使大夫问于诸侯曰聘,约信曰誓,莅牲曰盟。"这是《曲礼》的"正名"文化,是我国重要的礼义文化。《礼记》这样的"正名"材料非常多,难以枚举。研究我国礼仪文化,这些"正名"文化是重要内容。正是这些"正名"文化才使得我国成为礼仪之邦。因此语言学史不能不提这些材料。

以上六点是我对目前所有《语言学史》的补充,也是学术性的批评。

3.《尔雅》的成书年代问题在学术界有争议。欧阳修、叶梦得、朱翌、梁启超等前人都认为《尔雅》成书于西汉。濮之珍、李恕豪、吴辛丑之书也采取西汉说。何先生书第五节《先秦时代的名物释义》对《尔雅》予以了详尽的研究,考证了《尔雅》成书于战国末年,作者是齐鲁儒生,不是成书于西汉。何先生从《尔雅》内部举证,与《周礼》《吕氏春秋》相比对,考察了《尔雅》没有记录秦楚分野的星宿,将《尔雅》和曾侯乙墓漆箱盖的二十八宿相比对,从多方面论证了《尔雅》成书早于《吕氏春秋》,且考订《尔雅》的性质是教科书,帮助学者读经。论证十分精彩,有很强的说服力。赵振铎《中国语言学史》(修订本)也持《尔雅》成书于先秦的见解,但论证疏略,只举出汉文帝已经立《尔雅》博士这个材料来证明《尔雅》成书于先秦(这是学术界尽人皆知的史实),与何先生的精密考证相比,学术价值相去不止倍徙。赵先生书 52 页称《尔雅》是我国最早的综合词典,这个论断也不如何先生称其是"教科书"更加合理。另外,何先生在第五节论述到的《尸子》和《逸周书》的训诂学材料是赵振铎、濮之珍、李恕豪之书所未及的。只是我觉得在讨论《尔雅》的最后还是应该提一下历代研究《尔雅》集大成的资料汇编《尔雅诂林》,将在《尔雅》影响下产生的雅学文献列表于后,这样更能显示《尔雅》在训诂学史上的地位和影响。著名史学史专家金毓黻《中国史学史》①第七章《唐宋以来之私修诸史》236 页称:"尚有取某史之一篇而为之注释考证者,亦不无可述焉。以其繁也,列表明之。"随即将宋朝和清朝学者中注释正史某篇之书清晰列表,同书 258—260 页将《资治通鉴》以后的"通鉴"类著作列表展示,同书 263 页将袁枢《通鉴纪事本末》以后的"纪事本末"体史书简明列表,颇为明晰,以见学术源流。陈桥驿先生的《水经注》研究系列著作常常对相关信息进行列表。何先生固然可以不专门讲解《小尔雅》,但如果列表提及《小尔雅》等《尔雅》系列的书,片言只语也可见文化源流。

我既然接受何先生的《尔雅》成书年代和地域的观点,那我就自然推测《尔雅》是荀子学派所编撰完成(在西汉前期有零星补益)。荀子思想开放,兼收并蓄,吸收了法家的思想,是战国后期最著名的儒家大师。《荀子·尧问》:"今之学者,得孙卿之遗言余教,足以为天下法式表仪。所存者神,所过者化,观其善行,孔子弗过。世不详察,云非圣人,奈

---

① 商务印书馆 2012 年版。

何!"先秦时代学者就赞叹荀子可称圣人,"孔子弗过"。《汉书·艺文志》:"大儒孙卿及楚臣屈原离谗忧国,皆作赋以风,咸有恻隐古诗之义。"整部《艺文志》称大儒的只有荀子一人。《文心雕龙·才略》:"荀况学宗,而象物名赋,文质相称,固巨儒之情也。"《文心雕龙》称荀子为"学宗"和"巨儒"。战国末期的儒家经典多由荀子学派所传,也许《尔雅》也是荀子学派所最后编撰而成(仅仅是集大成,荀子之前儒家已经开始编撰),现在仅为推测之言,后当专文详考。

4. 何先生第三章《汉代语言学》主要阐述扬雄《方言》为中心的汉代方言学、许慎《说文解字》为中心的汉代文字学、刘熙《释名》为中心的汉代语源学,皆极为清晰精辟,与赵振铎先生《中国语言学史》的有关阐述各有特色,都很到位[①]。何先生告诉我这一章是八十年代写成的,以后改动较少。我觉得对有些问题还可以更加挖掘一下:(一)华学诚《扬雄〈方言〉校释汇证》(上下册)[②]收编了关于扬雄《方言》的很多资料,可以依据这些资料做更深更广的研究。(二)对学术界关于《方言》的研究成果吸收不够,基本上是何先生自己对《方言》的研究[③]。(三)何先生概括了《方言》有四个方面的学术意义,指出了《方言》有大方言区、次方言区、小方言区。可惜没有能够从《方言》中研究出汉代的方言区划,而前辈学者如林语堂《前汉方音区域考》[④],后来的丁启阵《秦汉方言》[⑤]壹《秦汉时期的汉语方言区》、李恕豪《扬雄〈方言〉与方言地理学研究》[⑥]都依据《方言》讨论了西汉时代的方言分区。如果何先生能够就此提出自己的学术观点,可成一家之言。但是何先生对我说,他的《中国古代语言学史》是一家之言,不求面面俱到,别人阐述得比较充分的,就不详写。

何先生 94 页对《方言》的分卷和体例有独到的见解:"十二、十三两卷,在体例上与前面的十一卷大不相同。除卷十三的个别条目有方言词的比较,其他一律是以一个单词释一个或两个单词,其性质与《尔雅》的'释言'相类似。另外,这两卷所收词条的数量大大超过前面的卷,其中十二卷有 102 条,十三卷有 149 条,合计为 251 条。我以戴震的《方言

---

① 罗常培《扬雄〈方言〉在中国语言学史上的地位》(收入《罗常培语言学论文集》,商务印书馆 2004 年版。发表于 1950 年);周祖谟《方言校笺·自序》(见周祖谟《方言校笺》,中华书局 1993 年版。后收入周祖谟《问学集》,中华书局 1981 年版)都对《方言》做过评述。
② 中华书局 2006 年版。
③ 近年来,学术界对《方言》的研究有较大进展。例如吴吉煌《两汉方言词研究:以〈方言〉〈说文〉为基础》(高等教育出版社 2011 年版);谢荣娥《秦汉时期楚方言区文献的语音研究》(高等教育出版社 2011 年版);王彩琴《扬雄〈方言〉用字研究》(高等教育出版社 2011 年版);王智群《〈方言〉与扬雄词汇学》(高等教育出版社 2011 年版)。
④ 收入《林语堂名著全集》第 19 卷《语言学论丛》,东北师范大学出版社 1994 年版。
⑤ 东方出版社 1991 年版。
⑥ 巴蜀书社 2003 年版。

疏证》为根据作了一个统计,全书共收词条 658 个,那么,十二、十三两卷的词条占全书词条的比例为 38%。因此,我怀疑原书是由十五卷变为十三卷,可能这后两卷原本是分四卷的,经过合并,就使全书少了两卷。至于十二卷和十三卷跟前面各卷的体例为什么不一样呢,记得有人说过,这两卷可能就是《训纂篇》的内容。这种解释令人难以置信。这两卷若是由《训纂篇》杂入的,那扬雄所说的十五卷之数就差得更多了。合理的解释是,扬雄生前并没有把《方言》一书写完,现在的后两卷原本只是写作提纲,按原计划是要把有关方言的对比写进各条之下的。"这个见解是很新颖的,有启发性,自成一家之言。

我大致比较一下何、赵二先生对《方言》学术意义的归纳:

何九盈先生:(1)这是古代第一次也是最后一次用个人力量进行全国性方言词汇调查的一本书;(2)《方言》为我们了解汉代普通话的词汇提供了重要依据。扬雄明确提出了"通语"(又叫"凡语""通名")这个概念。书中标明为"通语"或"凡语"的有二三十处。(3)《方言》是一座沟通古今的桥梁。上可以了解先秦古词,下可以用来研究现代词汇。(4)扬雄已经敏锐地觉察到,某些方言词的区别是方音不同造成的,他把这种情况称之为"转语"。

赵振铎先生:(1)注意到了语言在时间上的变化和地域上的转移。(2)提出了汉语方言的分区问题。(3)注意到词的语义差别。(4)提出了"转语"的概念。(5)采用调查的方法收集方言材料。

另外,周祖谟《方言校笺序》对《方言》的学术价值也有归纳,没有超出何赵二先生的范围,此不详及。稍加比较,可知何先生和赵先生的观点几乎完全一致,赵先生书只多了一条"《方言》注意到了区分词义"。李恕豪《中国语言学简史》强调了《方言》在训诂学上的价值,这是对的。李恕豪书注意到《方言》和郭璞《方言注》中的方言的区别,反映了从西汉到东晋方言的演变,这是比较有趣的[①]。总体来看,学术界对《方言》学术价值的研究至今没有超越何先生在 80 年代的论述。如果何先生能够稍微叙述一下历代对于《方言》的主要研究文献,列表展示,则作为学术史就更加完美[②]。对于历代的研究论著当然只能放在那个时代来讨论。

5. 何先生对于《说文解字》的阐述相当精要。对《说文》局限性的论述也极为中肯,分为三类(1)有一些字的释义嫌笼统和粗疏;(2)对字的本义解释有误;(3)用意识形态说教代替

---

① 李恕豪撰有论文《从郭璞注看近代的方言区划》,载《天府新论》2000 年第一期。
② 华学诚《扬雄〈方言〉校释论稿》(高等教育出版社 2011 年版)附录二《〈方言〉及其注家研究论著索引》辑录相关文献最完备。

词的释义。这些批评都是正确的,但如果能联系到从甲骨文以来的古文字研究的众多成果,则对《说文》的分析就可以更进一层。这些年的《说文》学论著都紧密联系了古文字学,例如季旭昇《说文新证》①、董莲池《说文解字考正》②,都将《说文》与甲骨文、金文、战国文字相参证。刘钊《谈考古资料在〈说文〉研究中的重要性》③这一长文综述了学术界利用考古资料对研究《说文》的成绩,讨论了64例,对《说文》学很有意义。陆宗达有《说文解字通论》④结合古文字学成果,颇注意《说文》的训诂学价值和研究文化史的价值,也指出了其局限性,赵振铎先生对陆宗达此书颇为赞赏。⑤古文字学家姚孝遂有专书《许慎与说文解字》⑥对《说文》的阐述和研究比较全面具体。祝敏申《〈说文解字〉与中国古文字学》⑦列有十五个图表,资料性很强,一目了然,颇便于学者参考取材。董莲池《说文部首形义新证》⑧、徐复、宋文民《说文五百四十部首正解》⑨、康殷《说文部首诠释》⑩、王彤伟《说文解字五百四十部疏讲》⑪、胡安顺《说文部首段注疏义》⑫,凡此各书专门研究《说文》的部首,都参证了古文字材料,探索字源。张其昀《说文学源流考略》⑬考述《说文》学的历史源流相当明细,且具体评论《说文》的得失,还对历史上的《说文》学论著都有所考察和论评,

---

① 福建人民出版社 2010 年版。
② 作家出版社 2006 年版。
③ 收入刘钊《古文字考释丛稿》,岳麓书社 2005 年版。
④ 中华书局 2015 年版。北京出版社初版于 1981 年。
⑤ 参看赵振铎《中国语言学史》(修订本)第六章《二十世纪》第九节《汉字的研究》675—676 页。略谓:"陆宗达的《说文解字通论》有相当高的学术价值。陆宗达的传统语言学的功底很深,音韵、训诂、文字无所不通,对现代语言学也不隔膜。他研究《说文》,不但很好地继承了传统的理论和方法,并且结合文献语言的实际,集中各种有关的文献资料,进行具体的分析比较,考证核实,使《说文》的研究建立在更为可靠的基础上。他密切结合甲骨金文来研究《说文》,认为没有《说文》作阶梯,识读和研究甲骨文和金文将会遇到许多无法克服的困难,而甲骨文和金文又可以反过来验证《说文》的正误,正是基于这些认识,他对《说文》的研究能够有胜过同时代学者的地方。……在不到十二万字的篇幅中,作者把《说文》的编制体例文字与解说,训释方式、六书、字形演变以及该书的局限性等都讲清楚了。特别是书中对《说文》常用的训释方法,即字形结构、常见的说解以及如何运用训释字与被训释字等作了全面的论述,并且对《说文》中所保存的古代社会文化科学资料详加阐发,加深了人们对这部巨著的认识,重申了它在中国文化史上的地位,作者还写有《介绍许慎的〈说文解字〉》和《〈说文解字〉的价值和功用》都颇有新意。"可谓推崇备至。
⑥ 作家出版社 2008 年精校本。中华书局初版于 1983 年。
⑦ 复旦大学出版社 2011 年版。初版于 1997 年。
⑧ 作家出版社 2007 年版。董莲池还有《说文部首形义通释》(东北师范大学出版社 2000 年版)。
⑨ 江苏古籍出版社 2003 年版。
⑩ 国际文化出版公司 1992 年版。
⑪ 巴蜀书社 2012 年版。
⑫ 中华书局 2018 年版。
⑬ 贵州人民出版社 1998 年版。

用功颇勤,有益于参考。古文字学家黄天树有《说文解字通论》①分类叙述的体例有自己的特色。崔枢华《说文解字声训研究》②上编详细讨论《说文》声训的各种类型和同源词问题,下编《说文声训音谱》详尽排比《说文》的声训资料,颇便于参考。我并不认为何先生在书中要评述这些研究论著,只是觉得可以吸取其中某些研究成果,以体现《说文》学的进展。

何先生对个别例子的批评还可以讨论。例如,《说文》对"一"的解释:"惟初太始③,道立于一,造分天地,化成万物。"先生批评这是用道家的意识形态来解释文字的本义,并联系到《老子》第四十二章:"道生一,一生二,二生三,三生万物。"光华案,《说文》所称的"道立于一",意思是"道"就是"一";《老子》"道生一",即"道"比"一"更加原始。《说文》的"一"相当于"太一",其观念当出于《淮南子》。考《吕氏春秋·君守》:"夫一能应万。"高诱注:"一者,道也。"高诱注"一"是"道",但在《吕氏春秋》原文这层意思还不明显。但在《淮南子》中"一"明显是"道"了。《淮南子·原道》:"所谓无形者,一之谓也。"高诱注:"一者,道之本。"以"无形"为"一",则"一"是"道"。《淮南子·精神》:"一生二,二生三,三生万物。"《淮南子·天文》同。高诱注:"一,谓道也。""一生二"出于《老子》第四十二章:"道生一,一生二,二生三,三生万物。"但《淮南子》只有"一生二",没有"道生一",这个区别非常重要,说明《淮南子》认为"道"就是"一",而不是"一"的根源。《淮南子·诠言》:"洞同天地,浑沌为朴;未造而成物,谓之太一。同出于一,所为各异。"类例甚多。《说文》与《老子》是两种相似而不相同的世界观。从《老子》"道生一"到《淮南子·原道》:"所谓无形者,一之谓也。"这是道家思想的一个发展。《说文》训"一"为"道",正是许慎以"一"为《说文》开端的理据,因为"道"为万物之始,"一"也为数之始。所以《说文》对"一"的解释不可厚非。

如果先生能够涉及一下《说文解字诂林》,将历代《说文》学的主要论著略加列表,似乎更为完璧。董莲池主编了《说文解字研究文献集成》(古代卷)④和《说文解字研究文献集成》(现当代卷)⑤两套颇为广博的丛书,都是重要的文献资料汇编,对于研究《说文》学十分重要。

6. 何先生第九节《汉代词源学》主要研究刘熙《释名》,对《释名》声训的价值有相当正面的评述,也予以了严厉的批评⑥,自有其见地。何先生论述《释名》的四点价值:(1)《释

---

① 北京大学出版社 2014 年版。
② 北京师范大学出版社 2000 年版。
③ 段注本"太始"作"大极",小徐本作"太极"。段注本应该是采用了徐锴《说文解字系传》。
④ 作家出版社 2007 年版。
⑤ 作家出版社 2006 年版。
⑥ 王力《中国语言学史》(复旦大学出版社 2006 年版。山西人民出版社初版于 1981 年)第一章《训诂为主的时期》对《释名》的声训抨击很猛烈,也有所肯定。

名》的声训并不是一无是处,其中也有一些说解精当的例子。(2)《释名》对我们了解东汉的词汇面貌有参考价值。(3)《释名》对考证东汉时期的语音有重要参考价值。(4)《释名》对研究汉代社会文化生活有重要参考价值。这四点评论都是很精确的。

但是何先生书 127 页称:"刘熙对名实关系的看法并没有成套的理论。"这却失之一隅。饶宗颐先生《尼卢致论与刘熙的〈释名〉》[①]一文指出:贯穿《释名》的语言学原理是用动词或形容词来解释名词的语源,即名词的语源是动词或形容词。这个原理也见于古印度的《尼卢致论》。这是非常精辟的见解,学者如果忽视了《释名》的这条原理,就很难深入理解《释名》。赵振铎先生也未能意识到这点。但赵先生评述《释名》是很不错的。濮之珍《中国语言学史》[②]第三章五 157—158 页指出在我国语言学史上很重要的"右文说"是在刘熙《释名》的基础上发展出来的,这个观察很独到,但是没有论证,颇为遗憾。我以为《释名》与"右文说"都是语源学,有相通之处,但二者的区别非常明显,在《释名》中看不出有"右文说"的语源学原理。

7. 本来王力先生《中国语言学史》第一章就命名为《训诂为主的时期》,第三章第十五节《训诂学》专门讨论段玉裁、王氏父子、郝懿行、俞樾、章太炎的训诂学。可见王力先生并不漠视训诂学。赵振铎先生《中国语言学史》第二章《两汉时期》第一节《传注里的语言分析》也是对汉代训诂学的分析研究。李恕豪《中国古代语言学简史》第三章第二节《毛传和郑笺》分析了毛传郑笺的主要内容和学术价值,也是对汉代训诂学的研究。清朝学者训诂学登峰造极,自称是继承了汉代学者的学术传统,其实主要是继承了汉学中的训诂学传统。因此,两汉训诂学是我国重要的语言学成就,学术史万万不可略而不提。何先生《中国古代语言学史》虽然高度重视汉代语言学三书(《说文》《方言》《释名》),但是对汉代训诂学只字不提(其实以上三书也是训诂学名著,我们现在说的训诂学是汉代学者对古书的传注),这实在是一大遗憾。何先生在电话中对我说本来他对郑玄的训诂学有深入研究,但他将训诂学纳入了词义学之中,没有专门阐述汉代训诂学,这是一个不足。我们期待将来何先生对郑玄的训诂学有所论述。王利器《郑康成年谱》[③]、张舜徽《郑学丛著》[④]、钱玄等《三礼辞典》[⑤]、唐文《郑玄辞典》[⑥]、王振民主编《郑玄研究文集》[⑦]、张能甫

---

① 收入饶宗颐《梵学集》,上海古籍出版社 1993 年版。
② 上海古籍出版社 1999 年版。初版于 1987 年。
③ 齐鲁书社 1983 年版。
④ 齐鲁书社 1984 年版。
⑤ 江苏古籍出版社 1998 年版。
⑥ 语文出版社 2004 年版。
⑦ 齐鲁书社 1999 年版。

《郑玄注释语言词汇研究》①、王锷《礼记郑注汇校》②、颜春峰与汪少华《〈周礼正义〉点校考订》③;敦煌文书发现有郑玄的《论语注》部分抄写本,学者们早已整理出来④。这些论著为郑玄的训诂学研究提供了充分的条件。吴辛丑《先秦两汉语言学史略》⑤第八章五《郑玄笺注举例》归纳了郑玄注经的六条凡例:(1)阐明经义,引申发挥;(2)辨析词义,指明异同;(3)标注古今,以今释古;(4)校正文字,注明音读;(5)征引异说,申明己见;(6)考证名物,说明礼制。以上六条虽然正确,但稍嫌浮泛,经学色彩太重,似乎未能充分揭示郑玄注的语言学规律,尚可后出专精。

我以为汉代训诂学研究还不能局限于郑玄,应该以经学为主线,兼顾诸子百家的训诂,例如高诱注《淮南子》(今存13篇,另8篇许慎注《淮南子》)、高诱注《吕氏春秋》、王逸《楚辞章句》、韦昭《国语注》,都不能忽视,应该分别予以专门研究。

在经学中还有很多可以深入挖掘的训诂学专题。例如,清代学者刘文淇《春秋左氏传旧注疏证》⑥专门搜寻杜预以前关于《左传》的解释(到襄公五年止),基本上都是汉儒的,这是非常宝贵的材料。当代学者吴静安《春秋左氏传旧注疏证续》⑦接续刘文淇的未竟之业,从襄公六年做起,完成了《左传》的全部旧注疏证。从中可以梳理出司马迁《史记》对《左传》的训诂学阐释⑧,这是司马迁的训诂学,绝对是汉代训诂学的重要环节。刘文淇的曾孙、近代硕儒刘师培先生撰有《司马迁〈左传〉义序例》⑨这一训诂学的千古名篇,就是研究司马迁训诂学的皇皇巨著,训诂学水准不让高邮王氏父子。

还有司马迁《史记》中的《五帝本纪》《夏本纪》《商本纪》《周本纪》等多训改《尚书》之文,可以看出司马迁对《尚书》的训诂⑩,这也是不可忽视的重要训诂资料,应当专门研究。

---

① 巴蜀书社2000年版。张能甫是赵振铎先生的博士,此书有赵先生写的序。
② 上下册,中华书局2020年版。
③ 中华书局2017年版。
④ 参看王素编著《唐写本论语郑氏注及其研究》(文物出版社1991年版),有详细的校勘记,还收录了罗振玉、王国维等的研究论文,资料较全。王国维《观堂集林》(河北教育出版社2001年版)卷四《书〈论语郑氏注〉残卷后》。
⑤ 广东高等教育出版社2005年版。
⑥ 科学出版社1959年版。
⑦ 东北师范大学出版社2005年版。共四册,135万字。
⑧ 关于《左传》与《史记》的关系,参看刘师培《左盦集》卷二《史记述左传考自序》,收入《仪征刘申叔遗书》第九册,万仕国点校,广陵书社2014年版,第3758—3760页。
⑨ 见刘师培《左盦外集》卷二,收入《仪征刘申叔遗书》第十册,万仕国点校,广陵书社2014年版,第4150—4178页。
⑩ 参看段玉裁《古文尚书撰异》、孙星衍《尚书今古文注疏》、皮锡瑞《今文尚书考证》、王先谦《尚书孔传参正》,这些《尚书》学专著都将《尚书》和《史记》的有关文句做了比照,颇便于研究。程元敏《尚书学史》(华东师范大学出版社2013年版)上册拾叁二《司马迁之尚书学》对《史记》训改《尚书》有所阐述,然而不甚精辟,未能归纳条例。

刘师培先生《毛诗词例举要详本》①,仿照俞樾《古书疑义举例》之体例,探索分析毛传的各种训诂学规律,归纳出毛传的 31 类训诂规则。刘师培《毛诗词例举要略本》归纳出毛传的 25 类训诂规则。这两篇论著虽然称为"详本"和"略本",其实内容完全不同,只是"详本"举例和解说甚详,"略本"举例与分析稍略而已。这两篇论著是研究毛传训诂学的经典论著,壁立千仞,后人难以逾越。张舜徽《广校雠略》②附录《毛诗故训传释例》也分析出了毛传训诂的各种条例,也颇详细,但不如刘申叔先生精湛。尤其是以张舜徽先生之博雅,居然没有读过刘申叔先生的这两篇《毛诗词例举要》③,千虑一失,圣贤所难免。另如刘师培《左盦集》卷一《司马迁述〈周易〉考》④研究了《史记》对《周易》的训诂,要言不烦,是重要研究成果⑤。

孔安国《古文尚书传》是训诂学的精品,本来从汉至唐毫无疑义。宋朝的吴棫、朱熹仅凭直觉怀疑孔传的真实性,妄断为魏晋人伪造,元明清三代学者影响附会者不绝,虽然辨伪之学昌盛,终嫌"鉴而弗精,玩而未核"⑥。终至"琼草隐深谷",学术界根本不敢将今本孔传作为汉武帝时代的训诂材料来对待,白白让西汉十分珍贵的语言学材料《古文尚书传》"与粪土同捐、烟烬俱灭"⑦,孔传完全得不到学术界当作西汉文献来认真研究。我深惧先贤绝学见弃如埃尘,湮灭于后世,乃撰《今本〈尚书·说命〉非伪书新证》⑧七万言,列举二十八证阐明《古文尚书》的三篇《说命》断然是出于西周以前文献(现已增补为 38 证,将出专著),非战国以后所能伪造。不仅《古文尚书》是先秦真本,今本孔传也完全是真实的西汉文献(只有《舜典》的孔传缺失,乃用王肃注填补)。至于为整本《古文尚书》拨乱反正,则俟诸异日。另外,曹魏时代何晏《论语集解》引述孔安国对《论语》的训诂甚多,也可据此研究孔安国的训诂学。

汉代训诂学是我国古代极端重要的学术文化,是研究先秦文化的津梁,研究汉代语言学史是不可忽视的。曹魏的王肃乃一代宗师,学识渊博,遍注群经,多与郑玄为敌,窃以为应该设立《王肃注的语言学研究》一节。

---

① 收入《仪征刘申叔遗书》第三册,万仕国点校,广陵书社 2014 年版,第 1057—1160 页。同书 1165—1180 页是《毛诗词例举要略本》。
② 华中师范大学出版社 2004 年版。《张舜徽集》本。
③ 张舜徽此文没有提到刘申叔的这两篇《举要》。
④ 收入《仪征刘申叔遗书》第九册,万仕国点校,广陵书社 2014 年版,第 3698—3702 页。
⑤ 章太炎《刘子政〈左氏〉说》(收入《章太炎全集》,上海人民出版社 2015 年版)分析了刘向《说苑》《新序》《列女传》所引《左传》六七十条,其间有用训诂字代替本字的,可以看出刘向对《左传》的训诂。但此书主要是分析刘向对《左传》义理的理解,是经学范畴,涉及训诂学的不多。
⑥ 语出《文心雕龙·辨骚》篇。
⑦ 语出刘知几《史通·自叙》。
⑧ 见司马朝等主编《传统中国研究集刊》第 22 辑,2020 年 5 月。

8. 何先生第四章第十节《反切的起源》,与我的观点有所不同。拙著《上古音及相关问题综合研究》[①]主张自先秦就有的合音就是反切的原理,只是合音表示合音词与分音词是一个意思,不专门用于表音。到了曹魏博士孙炎(也许稍前)开始专门用反切来表音,与表意无关,这只是一个运用方法的问题,而不是原理问题。当然,何先生的观点作为一家之言还是有其根据的。何先生指出正是因为反切法的创造,才为韵书的产生准备了条件。反切不仅能够注音,还能够有助于统一读音。反切有助于我们研究古音。这都是很正确的见解。

9. 何先生第十一节《五音和四声》是很有分量的论著,是何先生最新增补的内容,也是各家书都没有的。先生"挥笔如振绮",解决了一些重要的学术问题。先生全面考察了前辈学者对五音四声问题的研究,认为"遗憾的是至今无人做出系统而又可信的结论,猜测推论居多"。先生广征博引,参证音乐史,考证"五音"的实质。先生研究发现"1978年湖北随县曾侯乙墓出土的编钟钟铭所记录的'钧法'与《地员》的下徵调系统完全相同"。先生考证《管子·地员》的五音系统是:

徵	108	最浊	最低
羽	96	次浊	次低
宫	81	清浊中	不高不低
商	72	微清	次高
角	64	最清	最高

先生又构拟出《国语·周语下》《史记·律书》《礼记·月令》及郑注所揭示出的五音系统,反驳了黄侃、詹瑛对《文心雕龙·声律》篇的批评:"我以为黄侃与詹瑛的批评都是不可信的。他们用先秦乐律中的调式来指摘齐梁时代声律中的五声,缺乏历史观念,而且对何谓'声''响'也茫然无知。迄今为止,海内外那么多'龙学'专家以及文学批评史家,无人对此二语做出正确解释,就是《文心雕龙》中其他一些语句,被人误解者亦不少。"

先生指出:"这不等于说李登、吕静的韵书总计只有五个韵部,而应该是在五个声调的基础上,各调再划分出若干韵部。"先生的推断无疑是可信的。

先生发现:"早期'音韵'连用的意思是指五音协和,也就是字音协和。这种协和的要求不只是韵脚,也包括句子中间的字音搭配的协和。"这是十分正确的结论。

先生称:"关于声律学,古今中外研究的文字已相当多,但就鄙见所及,似乎还没有谁指出:所谓的'声律'究竟有哪些'律'。一般的意见都是:声律就是四声八病之学。对于

[①] 暨南大学出版社2015年版。但同样的观点阐述于拙著《论汉语上古音无复辅音声母》(中国文史出版社2005年版)。

'五声'与声律的关系,声律中'五声'的性质,讨论不多。本节首次将齐梁时代的声律学说概括为四个律条：

1. 清浊律(或曰宫商律、宫羽律)；
2. 声响律(或曰前后律)；
3. 双叠律(包括不得'隔字双声''隔越叠韵')；
4. 四声律(不等于平仄律,平仄律始于唐代近体诗)。"

并指出："四个律条来自两个系统,一是乐律中的五声系统,一是齐梁时代产生的声调系统。"先生的这个概括十分精辟准确,是第一次全面科学地阐释了齐梁时代的声律学,超越了往哲。先生此文对四条声律有严密的论述,读者诸君走过路过千万不要错过。

先生指出范晔《狱中与诸甥侄书》："文中用'宫商'指代五声,用'清浊'兼赅次清、次浊、最清、最浊等,不能把'宫商''清浊'看作是二分法,所以不能与'平仄'画等号。"这是完全正确的。

先生163页批评了朱东润、罗根泽、郭绍虞、王力、周振甫对"浮声切响"的解释,称："诸家都把'声有飞沉'等同于'浮切',纯属误解,与上下文也不符。"先生随即展开自己精辟的分析："我认为'切'与'沉、仄'毫无关系,《文心雕龙》中的'切'字基本上是切合、贴切、正确的意思。所谓'切响'就是与'声'相切合的'响',所以'声'必定在'前','响'必定在'后'。'声'与'响'等于倡和关系。但这个'和'就是刘勰说的'异音相从谓之和'。'前有浮声'或'前有沉声',对'后'文的要求都是'后须切响'。区别在于浮声的后响是'沉',沉声的后响是'浮'。不仅'声'有'飞沉','响'亦有'飞沉',否则就不能'异音相从'了。所谓'切响'不是跟'前声'一模一样,而是'异音相从',这是不切之'切'。周振甫说'前用宫商,后用徵羽',这是对的。但他不懂:若前用徵羽,则后须用宫商。'声'与'响'是'异音相从'的关系,所以不能说'切响'就是徵羽,就是仄声。沈约的话只说了一半(即'前有浮声'),而另一半(即'前有沉声')没有说出来。刘勰说'声有飞沉',替沈约说全了。所以沈约极为重视《文心》,尤重《声律》一篇。'约取读,大重之,谓深得文理,常陈诸几案。'(《南史·刘勰传》)而今人把'声有飞沉'与'前有浮声,后须切响'等同起来,这就错了；又认为'声飞'等于'浮声',这当然不错,而说'切响正是沉',这是把两个问题混而为一了。原来注释家们根本就忽视了'响'与'声'是'异音相从'的关系。声的'沉'不等于响的'沉'。《文心雕龙》的材料有助于我们了解声响律。"先生的这些辨析是非常正确的,不能认为"浮声"是平声,"切响"是仄声,而是"异音相从"的关系。何先生167页还论述道："刘勰的本意是:声有飞沉,响亦有飞沉。但不能以飞对飞,以沉对沉,而是前飞对以后沉,前沉对以后飞。如果'声''响'均'飞',则扬而不还；如果'声''响'均'沉',则发而如断。所以说'和体抑扬,遗响难契'。后'响'要'契'合前'声',前抑后则扬,前扬后则抑,这才叫作'和'。如果不'和'就犯了声病。八病中的平头、上尾,就是前后两句之间,'声''响'均'飞',或'声''响'均'沉',不是有抑有扬,乃至'声''响'不'和'。"

先生在164页进一步分析道:"原来在'五音宫调'中'大不逾宫,细不过羽',也就是宫为最浊(最低),羽为最清(最高),二者正好相反;商为次浊(次低),徵为次清(次高),二者亦相反。'声'与'响'为异音相从,也是相反的关系。《韩非子·外储说右上·说三》'疾呼中宫,徐呼中徵'的'疾''徐'也是相反的关系。用五声相反相成的清浊原理来说明'声''响'的高下关系,这是'声响律'的要点所在。"这是很到位的见解,足以击破前人关于声响律的误解。

《文心雕龙·声律》:"抗喉矫舌之差,攒唇激齿之异,廉肉相准,皎然可分。"这数句历来难以解释。何先生166页对此作了精辟的解析:抗喉(张喉),为"宫";矫舌(举舌),为"徵";攒唇(敛唇),为"羽";激齿(发齿),为"商"。如此清晰的辩证发千古之覆盆,功高古人。

何先生166页称:"周(祖谟)先生所论'五音'(喉牙舌齿唇)纯属声母问题,刘勰的喉舌唇齿四音并非单论声母,而是指整个字的发音特点。"何先生的解释非常精准,对周祖谟的批评是完全正确的。

何先生167页解释一向难以理解的"廉肉相准":"就是音的鸿细互相搭配协调。宫商徵羽又可分为鸿细两类,在文中前后搭配协调,这就是'声'与'响'的律条。"这是十分精确的。

何先生167—169页辨析"平头、上尾、蜂腰、鹤膝"十分精湛,令人豁然开朗。"多历年代,而此秘未睹"的"八病"问题终于被何先生破解,功在于秋。

何先生170页解释"双叠律":"关于双叠有两个内容:一是指双声联绵词,叠韵联绵词;一是指凡声母相同的字为双声,凡韵相同的字为叠韵。前者是双音节单纯词,后者可能是双音节词,也可能是词组,也可能意义上毫无关系。"可谓简而能周,后文的举证和分析均博而能要。此文还有许多精彩的论说,难以逐一缕述。

何先生分析了四声学说产生于刘宋萧齐之间的四点原因:1.先秦两汉,汉语的四声尚不完备。其时只有平声、上声、入声(入声又分为长入、短入),去声尚未产生。2.乐律中的五声促进了声律中的四声学说的产生。3.文体的演进与四声学说的产生可以说得上是血肉关系,详细分析了陆机《文赋》四声分用搭配的现象。先生批评隋代刘善经误解《文赋》,指出:"陆氏未立'四声'之名,却能辨别四声之实,未明言'条贯',而创作中已'同条牵属,共理相贯',为百余年后四声说的出现奠定了坚实的基础,这一点是古今研讨四声的人所未注意到的。"4.梵文字音分析知识的启发。佛教东传,悉昙字母之学随之输入,对反切之学、四声之学的产生无疑有很重要的意义。如经师转读的声法中有"高调"

"平调""折调""侧调"等,肯定跟四声有关。这一节还讨论了陈寅恪《四声三问》和饶宗颐对陈寅恪的批评,都有很大的启发性。先生最后分析了四声学说的历史意义,颇为详明,字字珠玑,不再赘述,读者切勿轻易放过。

何先生 206 页做结论道:"本书用好几万字的篇幅来研讨五音与四声的关系,五音、四声与声律的关系,以及研讨四声的产生、四声的发现、四声学说的运用等问题,是因为这些问题从未有人认真解决,从未得到科学的如实的阐述,而这些问题在中国古代语言学史上乃至在文化学术史上都有极其重要的地位和意义。"先生"落笔摇五岳",撰成这篇数万字的宏文,"言必贞明,义则弘伟"①,是对语言学空前的贡献,是先生《中国古代语言学史》最大的闪光点。我国古代语言学之千古秘案,"一旦旷若发蒙",学术界必以为"稽古快事"而欢喜雀跃。先生此文"笔追清风洗俗耳,心夺造化回阳春",定能标美名于千古,流芳泽于九州②。

10. 先生书第十二节《韵书的产生》、第十三节《辞书的发展》虽不能委曲详尽,多所考证,却能叙事该要,议论圆通。先生 224 页称:"近人刘声木《苌楚斋续笔》卷四说:'任大椿所撰之《字林考逸》八卷,实为归安丁杰所撰'乃'盗窃他人'之作(325 页)。此说来自江藩的《汉学师承记》。但江藩说:'然子田似非窃人书者',而刘声木即信以为真。此种厚诬古人的行为,非常错误。"这个批评也体现了先生对学术实事求是的精神。

11. 在第十三节《辞书的发展》中,先生将陆德明《经典释文》当作辞书,恐有异议,音义书是我国学术史的一个类型,与普通辞书的体例和功能有所不同,不好当作辞书看待。先生对《经典释文》的体例和音切未作周密阐发,大概是因为学术界名家赵少咸、罗常培、王力、邵荣芬都有详细的专著,先生故此有所详略,不必再施考论,并非先生不重视《经典释文》③。另外日本学者坂井健一《中国语学研究》④第一部分(前 240 页)《经典释文研究》考证了《经典释文》中的刘昌宗音义、郭象《庄子音义》、徐邈音义、郭璞《尔雅音义》等等诸多代表性的音义,以上各家音义仅为举例,并非全部。后来坂井健一还发表了《魏晋

---

① 语出《文心雕龙·章表》的赞辞。
② 日本学者吉川末喜有《六朝文學評論史上における聲律論の展開——劉勰·鍾嶸を中心に》,1984 年島根大學法文學部紀要文學科編 7。可惜我未能读到此文。
③ 陆志韦有《〈经典释文〉异文之分析》和《〈经典释文〉异文之分析补正》(都收入《陆志韦语言学著作集》(二),中华书局 1999 年版),蒋希文有《〈经典释文〉音切的性质》(收入蒋希文《汉语音韵方言论文集》,贵州人民出版社 2005 年版)。近年来学术界关于《经典释文》颇有专门研究,例如沈建民《〈经典释文〉音切研究》(中华书局 2007 年版);岳利民《〈经典释文〉音切的音义匹配研究》(巴蜀书社 2017 年版);王怀中《〈经典释文〉陆氏音系》(中华书局 2019 年版);毕谦琦《〈经典释文〉异读之形态研究》(上海人民出版社 2014 年版);王月婷《〈经典释文〉异读之音义规律探赜》(中华书局 2011 年版)和《〈经典释文〉异读音义规律研究》(中国社会科学出版社 2014 年版)。
④ 日本东京汲古书院 1995 年版。

南北朝字音研究：〈经典释文〉所引音义考》①这一专著,研究更加详尽,全书分为《研究篇》和《资料篇》,分别整理各家音义,很下功夫。由于这两部书是日语,国内一般音韵学者难以寻觅和阅读②,在我国传播不广。

何先生在本书1985年河南版自序称："语言学又跟文学、哲学、佛学、经学等有密切的联系,把这些联系恰如其分地揭示出来,对研究古代文化史也不无裨益。"先生的这个思想很有启发性,而王启涛《魏晋南北朝语言学史论考》③是讨论研究魏晋六朝的语言学史专著,将语言学与佛学、儒学、玄学、文学、史学相联系予以考察,拓展了语言学史研究的领域,偏重于理论,这正是实践了先生的语言学思想。赵先生书第三章第二节《语言学家郭璞》专门详细阐述郭璞的贡献。这些都值得注意。简启贤《〈字林〉音注研究》④、范新干《东晋刘昌宗音研究》⑤、蒋希文有四篇研究徐邈反切的论文⑥、朱葆华《原本玉篇文字研究》⑦,都是研究六朝语言学的专论,这些研究都能够进一步充实六朝语言学史的内容,以后可以考虑融入语言学史的撰述。

12. 第十四节《〈切韵〉系韵书》既有先生自己的研究,也参考了其他音韵学家的观点,例如张琨的《汉语音韵史论文集》⑧、赵振铎《集韵研究》⑨、邵荣芬《集韵研究简论》⑩。先生曾经撰有《切韵音系的性质及其他》⑪,可与此节合观。先生认为《切韵》不是单一音系,是综合音系,"具有杂凑性的特点"。但249页同时指出："我们说《切韵》音系在性质上具有'杂凑'的特点,而不是说《切韵》这部书是杂乱无章的,也不是说《切韵》没有严密的语音体系。一部韵书有严密的语音体系和这个体系的性质是'杂凑'的,本是两个不同的问题,怎么能混为一谈呢？就是说,一部韵书作为书本子上的体系可以是严密的,若拿这个体系与某一特定的活方音对比则又是'杂凑'的,在中国韵书史上这样的例子难道还少吗？如明代的《洪武正韵》,就具有古今南北杂凑的特点,可是我们不能说《洪武正韵》这部韵书没有严密的语音体系。我们考察中国古代某些韵书,若不懂得书本体系和活语系

---

① 日本东京汲古书院。
② 我在香港城市大学图书馆发现此书。
③ 巴蜀书社2001年版。
④ 巴蜀书社2003年版。
⑤ 崇文书局2003年版。
⑥ 收入蒋希文《汉语音韵方言论文集》,贵州人民出版社2005年版。
⑦ 齐鲁书社2004年版。
⑧ 张贤豹翻译,台北联经出版事业公司1987年版。
⑨ 语文出版社2006年版。赵振铎《集韵校本》(上海辞书出版社2012年版)是赵振铎多年研究《集韵》的结晶,我们正期待赵振铎《集韵疏证》问世。
⑩ 商务印书馆2011年版。
⑪ 见《中国语文》1961年第9期。收入何九盈《音韵丛稿》商务印书馆2002年版。

之间既相联系又相脱节这一重要特点,就难免不失之于臆断。我们说《切韵》音系具有杂凑性的特点,这个结论的全部含义仅在于说明《切韵》非单一性的音系而已,而不能理解为《切韵》音系与当时的实际语音没有任何的一致性。"这段议论是很明通的,毫无破绽。先生此文反驳了以《切韵》为长安音系或东汉时代的洛阳音系的观点。当然这是一家之言,学术到现在还有不同观点。这一节完全不提到陈寅恪先生的《从史实论〈切韵〉》①这一重要文献,似乎不妥。何先生也没有强调指出《切韵》是魏晋六朝以来的读书音,而读书音从来有保守主义的传统,包含了不同时代层次的语音,因此与隋唐时代鲜活的各地方言音系(如长安音系、洛阳音系)都是不能逐一对应的。在这点上,我赞成何先生所论证的《切韵》音系有杂糅的特点,而以吴音为主,而隋唐时代的吴音(金陵读书音),又是西晋从北方的"洛下书生咏"传来的,陈寅恪《从史实论〈切韵〉》已经有精密的论证。当然,章太炎《国故论衡》(上)也主张《切韵》是综合音系。李荣《论李涪对〈切韵〉的批评及其相关问题》②依据李荣《隋韵谱》和六朝韵文,尤其是《庾信诗文用韵研究》③指出了隋代诗文和庾信诗文的东与冬钟分押和全浊声母的上去二声分押,这与《切韵》相合。实则,《切韵》本来是读书音,上去二声在《切韵》本来就不是一个韵母(声调属于韵母),不宜混押。东钟二韵在李涪的方言中肯定已经相混了,但在隋代的读书音中是不相混的。《切韵》是六朝隋唐的读书音,吴音成分较为主要,因为吴音辨音较为精细。这个特征极端重要,因此将《切韵》与隋唐时代任何方言音系相比对,都是无的放矢,在方法上都是错误的。王力《汉语语音史》不提《切韵》为中古音系的代表,这是很正确的。何先生的观点其实比王力先生还要早出,因为王力《中国语言学史》④第二章第七节 55 页还称《切韵》可能是以隋唐的洛阳音为主体。

13. 何先生认为在隋唐宋时代存在实际的雅言,这是可信的观点。先生此节将《集韵》看成是《切韵》系韵书,沿袭了学术界传统的观点,后来有人撰有长篇论文考证《集韵》不属于《切韵》系韵书。这个问题尚待深论。赵振铎先生五十年研究《集韵》,功力深湛,著有《集韵校本》⑤,曾撰《〈集韵〉研究五十年》⑥一文,自道钻研《集韵》的甘苦和心得,颇

---

① 收入《陈寅恪集》(三联书店 2011 年版)之《金明馆丛稿初编》。初发表于《岭南学报》1949 年第九卷第 2 期。何九盈《中国现代语言学史》(修订本)讨论了陈寅恪的《东晋南朝之吴语》(收入《陈寅恪集》之《金明馆丛稿二编》。初发表于 1936 年《历史语言研究所集刊》第七本第 1 分)。
② 收入李荣《方言丛稿》,商务印书馆 2012 年版。
③ 收入李荣《音韵存稿》,商务印书馆 2014 年版。
④ 复旦大学出版社 2006 年版。
⑤ 全三册,上海辞书出版社 2012 年版。
⑥ 载《中国语言学》第一辑,山东教育出版社 2008 年版。

有意义。赵先生正在撰写《集韵疏证》,踵武尊祖赵少咸先生《广韵疏证》①。

14. 要注意的是先生第五章《隋唐宋语言学》,将宋代语言学与隋唐合并为一个时期。赵振铎《中国语言学史》(修订本)是将隋唐五代与魏晋南北朝合为一章,宋元明为一章,李恕豪《中国古代语言学简史》与赵先生相同。濮之珍《中国语言学史》第四章《南北朝至明代的语言研究》虽然是大幅度地混为一章,但在具体分节上也是将隋唐与南北朝合为一节,宋代的韵书独立为一节。我个人趋向于将唐宋学术分为两个阶段,理由如次:

(1) 隋唐学术与宋代学术在很多方面都有显著的区别,唐宋之间存在巨大的学术转型,明显属于学术史上的两个阶段,似乎不应合并为一个学术时期。台湾学者傅乐成《唐型文化与宋型文化》②较早提出唐宋文化是不同类型的文化,虽然其文多有谬误,但是这个宏观的见解还是不错的。

(2) 宋代也是《切韵》系韵书转型的时代,产生了明显不属于《切韵》系统的《五音集韵》《礼部韵略》。《集韵》的性质也不同于《广韵》,在反切上有很多改良,先生 240—242 页分析了《集韵》不同于《广韵》的五个方面,非常中肯。

(3) 等韵学在宋代繁荣,而唐代没有等韵学。

(4) 宋代的吴棫开始有古音学③,先生第十七节《古音学的萌芽》讨论吴棫的古音学,而隋唐没有古音学。

(5) 宋代有"右文说",隋唐没有。

(6) 晚唐五代以后(公元九世纪以后),我国语言进入近代汉语④,宋代汉语正是近代汉语的发展期,与隋唐汉语不同⑤。从音韵学上看,在宋代音系,全浊声母消失(南宋肯定已经消失了,北宋是否有全浊声母还有争论),这是重大的语言变化,而晚唐五代还有整套的全浊声母。宋代喻母与影母合并,泥母与娘母合并,床母与禅母合并,知组与照组合

---

① 巴蜀书社 2010 年版。
② 见台湾《国立编译馆馆刊》1972 年 12 月。
③ 参看张民权《宋代古音学与吴棫〈诗补音〉研究》,商务印书馆 2005 年版。
④ 参看吕叔湘《刘坚〈近代汉语读本〉序》,收入《吕叔湘文集》第四卷《语文散论》,商务印书馆 1992 年版;吕叔湘《江蓝生〈魏晋南北朝小说词语汇释〉序》(收入《吕叔湘文集》第四卷):"这本书的内容又让我想到古代汉语和近代汉语的分期问题。语音方面该怎么分期是另外一回事,以语法和词汇而论,秦汉以前的是古代汉语,宋元以后的是近代汉语,这是没有问题的。从三国到唐末,这七百年往怎么划分?"明确认定宋元以后为近代汉语。
⑤ 江蓝生、曹广顺编著《唐五代语言辞典》(上海教育出版社 1997 年版。1998 年第二次印刷);袁宾等编著《宋语言词典》(上海教育出版社 1997 年版。1999 年第二次印刷)。龙潜庵编著《宋元语言辞典》(上海辞书出版社 1985 年版)。这些断代语言辞典都是将唐五代语言和宋代语言分为两段。另参看董志翘为《唐五代语言辞典》和《宋语言词典》分别写的书评(两文收入董志翘《中古文献语言论集》,巴蜀书社 2000 年版)。

并。另外,学术界有一派观点(例如周祖谟《宋代汴洛语音考》①、耿振生《音韵通讲》② 349—350 页)为宋代的汴洛音构拟了舌尖后卷舌音声母即翘舌音声母,翘舌音有可能在宋代已经产生(一般认为在《中原音韵》才有翘舌音)。麦耘《汉语语音史上的 ï 韵母》③一文经过长篇论述,认为[ʅ]见于庄组字是在庄组与章组声母合流以前,朱翱音中已经有[tʂ、tʂʰ、ʂ]声母。这又是一个语音史上的重大变化,当然宋代是否有翘舌音的问题,学术界还有争论,现在只能作为参考。因此,宋代和隋唐在语言学上最好分为两段。

(7) 宋代的经学、史学、子学和集部(诗、词、文)都明显不同于隋唐,而且在学术水准上超越了隋唐。陈寅恪《邓广铭〈宋史职官志考证〉序》④称:"华夏民族之文化,历数千载之演进,造极于赵宋。"则明是判断宋朝文化远高于隋唐。邓广铭《宋代文化的高度发展与宋王朝的文化政策》⑤继承陈寅恪的观点,称:"宋代文化的发展,在中国封建社会历史时期之内达到了顶峰,不但超越了前代,也为其后的元明之所不能及。"⑥陈寅恪《陈垣〈元西域人华化考〉序》⑦称:"有清一代经学号称极盛,而史学则远不逮宋人。"余嘉锡《古书通例·绪论》⑧称:"清儒经学小学资辟蹊径,远过唐、宋⑨,其他一切考证,则无不开自宋人,特治之益精耳。至于史学,不逮宋人远甚。乾嘉诸儒,鄙夷宋学,窃不谓然。"则宋代史学既然远超清代,则更是超过唐代。陈寅恪《元白诗笺证稿》⑩第二章《琵琶引》论唐宋两代风俗之不同:"考吾国社会风习,如关于男女礼法等问题,唐宋两代实有不同。此可取今日日本为例,盖日本往日虽曾效则中国无所不至,如其近世之于德国及最近之于美国者然。但其所受影响最深者,多为华夏唐代之文化。故其社会风俗,与中国今日社会风气受宋以后文化之影响者,自有差别。"这是表明唐宋两朝社会风俗有较大不同。当然,宋朝也是一个社会风气极端开放的朝代。唐朝因为受到《五经正义》的约束,经学三百年走向低迷。宋代思想自由,朝廷不加管束,《五经正义》没有权威,不是科举的标准答案,导

---

① 见周祖谟《问学集》下,中华书局 1981 年版。
② 河北教育出版社 2001 年版。
③ 见《著名中年语言学家自选集》(麦耘卷),上海教育出版社 2012 年版。
④ 收入《陈寅恪集》(三联书店 2011 年版)之《金明馆丛稿二编》,第 277 页。
⑤ 见《历史研究》1990 年 2 期。收入《邓广铭全集》第七卷,河北教育出版社 2005 年版。
⑥ 见《邓广铭全集》第七卷第 421 页。
⑦ 收入《陈寅恪集》(三联书店 2011 年版)之《金明馆丛稿二编》,第 269 页。
⑧ 见余嘉锡《目录学发微·古书通例》(中华书局 2009 年版。《余嘉锡著作集》本)第 185 页自注。
⑨ 张舜徽《广校雠略》(华中师范大学出版社 2004 年版)卷五《宋人经说不可尽废》条称即使与清儒经学相比,宋代经学也有其可取,其礼学和义理有超越清人之处。见第 96—97 页。同卷《两宋诸儒实为清代朴学之先驱》条称:"有清一代学术无不赖宋贤开其先,乾、嘉诸师特承其遗绪而恢宏之耳。"举证颇详。见第 95—96 页。
⑩ 收入《陈寅恪集》(三联书店 2011 年版),第 53 页。

致了宋代经学的繁荣远远超过唐朝。《宋史·选举志一》:"神宗笃意经学,深悯贡举之弊。"宋神宗重视发展经学。绍兴议和后,秦桧极力主张用经义取士,甚至要专考经义而罢诗赋,虽然后来还是要考诗赋,但是经学在科举中的地位明显极大提升。《宋史·礼志一》:"南渡中兴,锐意修复,高宗尝谓辅臣曰:'晋武平吴之后,上下不知有礼,旋致祸乱。《周礼》不秉,其何能国?'孝宗继志,典章文物,有可称述。治平日久,经学大明。"元祐九年(即绍圣元年,公元1094年)五月,哲宗皇帝诏:"进士罢试诗赋,专治经术。"①这都推动了宋朝经学的昌隆。1177年,宋太学建"光尧石经之阁",以放置《宋高宗御书石经》(即《南宋石经》)。该石经乃南宋初期,宋高宗与吴皇后以正楷所书《易》《诗》《书》《左传》《论语》《孟子》《大学》《中庸》等的刻石,极大地推动了南宋经学的发展。宋高宗、宋孝宗和秦桧对宋朝经学的发展有很大的贡献,直接导致南宋经学的昌盛,这一点常常不被学术界重视。

(8) 宋代出现了古文字学,如《汗简》《古文四声韵》都是尖端的古文字学著作,还有洪适《隶释》专门解释汉魏碑铭的专著。宋朝还有《类篇》这样的文字学巨著,收字最多。隋唐没有这类文字学书。

(9) 宋代流行讲学和辩论之风,《朱子语类》是典型例子,对语言有较大影响。宋代讲学的风气直接产生了"讲义"类书籍,例如宋朝耿南仲《周易新讲义》十卷、宋朝史浩《尚书讲义》、宋朝陈经《诗讲义》。这是宋代学术发展的一个重要形式,而且从此形成一个我国的文化传统。但是"讲义"类书很多水平不是很高,有的更是商业性质比较重,然而对普及经学有很大的作用。隋唐没有《朱子语类》之类大规模的讲学类语录体文献和讲义类论著。考诸历史,宋朝讲学的风气实际上是由皇帝亲自倡导起来的。宋朝皇帝都喜欢学问,在宫廷设置经筵,专门招请学者讲解经书。这种讲学的风气由皇帝开启,上行下效,于是广布民间,成为宋朝一个重要的文化传统,"讲义"类书籍大为流行。这一切在隋唐是没有的。

(10) 宋代的疑古风气很盛②,对宋代学术有巨大影响。宋代官方没有《五经正义》之类标准答案约束学者和考生的思想,与唐代不同,导致宋代学术富有批判精神,每与汉儒立异,致使"先儒传注一切废不用",与唐代严守《五经正义》不同。我们可以说正是唐代的《五经正义》这样的标准答案限制了唐朝经学的发展,使得唐朝学者士大夫不敢自由发挥经义。例如《尚书》学,除了《尚书正义》,整个唐朝没有一本《尚书》学的专著,而宋朝有很多;《诗经》学,唐朝除了《毛诗正义》只有一部成伯玙的《毛诗指说》,而宋朝《诗经》学很

---

① 见吴国武著《两宋经学学术编年》上凤凰出版社2015年版,第340页。
② 参看陈植锷《北宋文化史述论》(中国社会科学出版社1992年版)第二章《宋学及其发展诸阶段》第三节《从疑传到疑经》。杨新勋《宋代疑经研究》(中华书局2007年版)。

繁荣;《周礼》学,唐朝除了贾公彦《周礼注疏》,没有一部关于《周礼》的专著,而宋朝有很多;《礼记》学,唐朝除了《礼记正义》没有一部《礼记》学的专著,而宋朝虽然《礼记》学不算发达,但也有专著;《周易》学,唐朝除了《周易正义》,只有三本关于《周易》的专著,即李鼎祚《周易集解》、史征《周易口诀义》、郭京《周易举正》,而宋朝关于《周易》的专著非常多。我们稍加梳理,就知道唐朝的《五经正义》严重妨碍了唐朝经学的发展。我们可以说宋朝的经学成就远远超过唐朝。《宋史·选举志一(科目上)》:"时方改更先朝之政,礼部请置《春秋》博士,专为一经。尚书省请复诗赋,与经义兼行,解经通用先儒传注及己说。"尚书省主张"解经通用先儒传注及己说",可知在宋朝可以任意发挥"己说",并不据守"先儒传注"。《宋史·王安石传》:"初,安石训释《诗》《书》《周礼》,既成,颁之学官,天下号曰'新义'。晚居金陵,又作《字说》,多穿凿傅会。其流入于佛、老。一时学者,无敢不传习,主司纯用以取士,士莫得自名一说,先儒传注,一切废不用。"王安石的新学对宋学有很大的影响,其精神是怀疑和创新,否定前代权威。《宋史·周葵传》:"平生学问不泥传注,作《圣传诗》二十篇、文集三十卷、奏议五卷。"周葵的学问"不泥传注",这正是宋学的精神。

(11) 宋代科举内容"策论"很重要,允许考生自由发挥,所以宋代思想极为自由,比唐朝的科举有更大的自由,这对宋朝学术有很大的影响。《建炎以来系年要录》卷113载绍兴七年(1137年)宋高宗之言:"诗赋止是文词,策论则须通之古今。所贵于学者,修身、齐家、治国以治天下,专取文词,亦复何用?"《宋史·冯振传》:"拯与王旦论选举帝前,拯请兼考策论,不专以诗赋为进退。帝曰:'可以观才识者,文论也。'拯论事多合帝意如此。"《宋史·王益柔传》:"范仲淹荐(王益柔)试馆职,以其不善词赋,乞试以策论,特听之。"《宋史·鱼周询传》庆历八年,鱼周询对答仁宗诏问:"愿陛下特诏,进士先取策论,诸科兼通经义,中第解褐,无令过多。"《宋史·刘筠传》:"三典贡部,以策论升降天下士,自筠始。"在科举制度中,策论重于诗赋和经义,是从刘筠开始的,可知刘筠对宋朝科举制度的改革发挥了重要作用。《宋史·范仲淹传》:范仲淹向皇帝上书言十事,"三曰精贡举。进士、诸科请罢糊名法,参考履行无阙者,以名闻。进士先策论,后诗赋,诸科取兼通经义者。"《宋史·选举志一》载苏东坡上疏皇帝:"自文章言之,则策论为有用,诗赋为无益";《宋史·职官志四》:宋神宗熙宁元年,"御史吴申言:'试馆职者请策以经史及世务,毋用辞赋。'遂诏:'自今试馆职专用策论'。"神宗朝甚至在试馆职的科举考试中废除了诗赋,专以策论取士。宋朝科举,策论重于诗赋。《宋史·选举志(三)》在宋孝宗朝,"时朱熹尝欲罢诗赋,而分诸经、子、史、时务之年。"理学家朱熹也反感在科举中考诗赋。

陈寅恪《论再生缘》[①]称:"骈俪之文以六朝及赵宋一代为最佳。……六朝及天水一代

---

① 收入《陈寅恪集》(三联书店2011年版)之《寒柳堂集》,第72页。

思想最为自由,故文章亦臻上乘,其骈俪之文遂亦无敌于数千年之间矣。"陈寅恪认为宋朝思想自由与六朝一样。这极大地推动了宋朝的学术繁荣①。邓广铭《宋代文化的高度发展与宋王朝的文化政策》②强调宋朝从来没有实行文化专制主义,科举考试可以从老庄之书出题。在思想、学术、文学、艺术上都采取兼容并包的文化政策。何忠礼《论科举制度与宋学的勃兴》③比较了唐宋科举的三点不同:(一)宋朝科举彻底取消了门第限制,科举不论身份。真正做到了唯才是举。(二)废除一切察举制度的残余,防止考场内外的一切徇私舞弊,力求公平公正。光华案,例如《宋史·冯振传》:"大中祥符初,严贡举糊名法。"(三)考试内容多样化。进士科从诗赋为主,转向经义、诗赋、策、论并重。经义从纯粹的"墨义"改为考试"大义",这就为考生自由思想,随意发挥创造了条件。关于宋朝文化与宋朝科举的关系可参看何忠礼《科举与宋代社会》④李裕民《论宋学精神及相关问题》⑤借用陈寅恪的话,认为宋学的主要精神是"独立精神、自由思想"。宋学各派都抛开汉唐注疏,自寻义理。而且儒家学者多能从佛道二家吸取滋养,表现了宋学开放的精神。李裕民将宋学精神产生的原因分析为四种:1.宋代生产力的空前发展,农业、手工业和商业的发展为更多的读书人提供了经济条件,增强了竞争意识。2.教育事业的发展提高了国民素质。3.科举制度的完善提高了社会竞争的公平公正。4.朝廷对知识分子实行了宽松的文化政策,宰相须用读书人,朝廷不杀士大夫。加强台谏的监督权,使得知识分子敢于放言批评朝政和官府。官员犯颜直谏被罢官反而会使他获得声望。太学生敢于弹劾权臣。这四点分析都很中肯。李此文将宋学分为四个阶段:1.仁宗、英宗时代。2.神宗、哲宗、徽宗、钦宗时代。3.南渡后的高宗、孝宗、光宗、宁宗时代。4.理宗、度宗时代。这个学术分期是很有见地的。当然,宋学的精神是多方面的,在"独立精神、自由思想"这个主要精神之下,产生了怀疑的精神、兼容的精神、创造的精神、理性的精神、内求的精神、新文化精神以及实用的精神。另可参看《漆侠全集》⑥第六卷《宋学的发展和演变》专论宋学。宋学的这些精神创造了与唐朝不同的更加辉煌灿烂的宋朝文化。

(12)宋代产生了《四书》和朱熹的《四书章句集注》,对元明清的科举和民间文化产生了重大影响,地位显赫。在元明清,由于科举重视《四书》而不是《五经》,所以导致自从汉

---

① 另参看陈植锷《北宋文化史述论》(中国社会科学出版社1992年版)第一章第二节《北宋台谏制度和宋学的自由议论》。
② 见《历史研究》1990年2期。收入《邓广铭全集》第七卷,河北教育出版社2005年版。
③ 收入何忠礼《科举与宋代社会》,商务印书馆2006年版。
④ 商务印书馆2006年版。
⑤ 收入李裕民《宋史新探》,陕西师范大学出版社1999年版。
⑥ 河北大学出版社2008年版。

武帝建元五年(前136)立五经博士以来①,一直地位崇高的《五经》反而在元代以后地位下降。隋唐时代《大学》《中庸》《论语》《孟子》的地位不能与《五经》相提并论。《四书》的出现,并受到学术界的推崇,这是唐宋学术转型的一个重要现象。《宋史·理宗本纪(一)》宝庆元年(1225)诏:"朕观朱熹集注《大学》《论语》《孟子》《中庸》,发挥圣贤蕴奥,有补治道,朕励志讲学,缅怀典刑,可特赠熹太师,追封信国公。"从此,朱熹《四书章句集注》得到朝廷的表彰,广传于天下,发生巨大影响。

(13) 在北宋,《孟子》被确立为经书,地位大幅提高,这是宋代文化的重大现象。在隋唐时代,《孟子》不是经书。唐文宗太和七年至开成二年(833—837)完成的《开成石经》有儒家十二经,恰恰没有《孟子》,足见唐文宗时代《孟子》不被列为经学。宋真宗大中祥符七年(1014),国子监上《孟子音义》,此书是孙奭奉敕编撰,《孟子音义》在南宋立为学官。学者多以为是宋真宗提高了《孟子》在宋代的地位。《宋史·选举志一》宋神宗听取了王安石、苏东坡、中书门下的意见,将《孟子》列为为科举考试科目:"于是改法,罢诗赋、帖经、墨义,士各占治《易》《诗》《书》《周礼》《礼记》一经,兼《论语》《孟子》。每试四场,初大经,次兼经,大义凡十道,后改《论语》《孟子》义各三道。"从神宗朝,《孟子》成为科举考试项目,地位空前尊显。《宋史·哲宗本纪(一)》:元年"辛酉,诏颜子、孟子配享孔子庙庭"。《宋史·礼志·吉礼八》:"诏封孟轲邹国公。晋州州学教授陆长愈请春秋释奠,孟子宜与颜子并配。"1083年,诏封孟轲为邹国公。1084年5月,诏春秋释奠以孟配食,与颜回共同配享孔庙②。宋哲宗元祐六年(1091),吴安诗为皇帝讲《孟子》③,足见哲宗皇帝也喜爱《孟子》。1099年,游酢撰《论孟杂解》,将《孟子》与《论语》并列。《宋史·选举志(三)》:"书学生,习篆、隶、草三体,明《说文》《字说》《尔雅》《博雅》《方言》,兼通《论语》《孟子》义。"总体而言,在北宋,宋真宗下诏编撰《孟子音义》,宋神宗、王安石将《孟子》列为科举考试项目,宋哲宗诏封孟轲为邹国公,又与颜回共同配享孔庙,这三件大事极大提高了《孟子》的文化地位。从成为科举考试的科目开始,事实上已经成为经学。《南宋石经》是南宋初期宋高宗与吴皇后以正楷所书,然后刻石。其中有《四书》,与《易经》《尚书》《诗经》《左传》并列。《孟子》由皇帝亲书,又刻入石经,无疑极大提高了《孟子》的身价。1212年(南宋嘉定五年),朝廷从国子司业刘爚请,以朱熹《论语孟子集注》立于学官。南宋又以孙奭《孟子音义》或称《孟子注疏》列为学官。《宋史·王居正传》宋高宗用《孟子》的"邪说"一词来贬斥王安石父子之学,并且将北宋亡国之祸归之于王安石变法,宋高宗还是熟

---

① 参看李梅、郑杰文等著《秦汉经学学术编年》上,凤凰出版社2015年版,第116—117页。
② 见吴国武著《两宋经学学术编年》上凤凰出版社2015年版,第277—278页。
③ 见吴国武著《两宋经学学术编年》上凤凰出版社2015年版,第324页。

读《孟子》的。《孟子》的经学地位已是泰山难移。《宋史·艺文志》所录研究《孟子》书目极多。

(14) 宋代禅宗语录昌盛,对宋代语言有较大影响,导致口语大量记录于文献。

(15) 宋代的史论发达,远超于隋唐①。再加上策论和禅宗的影响,导致宋代文章和诗歌都趋向于议论,抒情文学寄托于长短句,与唐代诗文有较大不同②。

(16) 宋代史学的编年史非常昌盛,成就辉煌,代表作有《资治通鉴》《续资治通鉴长编》《建炎以来系年要录》《续宋中兴编年资治通鉴》《皇宋中兴两朝圣政》《皇宋十朝纲要》及吕祖谦《大事记》③。唐朝没有什么编年史,只有温大雅《大唐创业起居注》三卷,时间范围区区不到一年,以及历代皇帝的实录,哪能与宋朝的编年史相提并论?

(17) 宋朝史学诞生了纪事本末体,这是符合近代史学体例的全新的史书体裁,梁启超、胡适都予以高度评价。代表作有:袁枢《通鉴纪事本末》、章冲《春秋左氏传事类始末》、徐梦莘《三朝北盟会编》。自此以后形成一个强大的文化传统。明清两朝都有纪事本末体史书。唐朝没有纪事本末体。但是唐朝有文化通史的巨著《通典》,宋朝没有。马端临《文献通考》之类书为唐朝所无。唐朝的"会要"初具规模,并不完整,宋朝则有《唐会要》《五代会要》《西汉会要》《东汉会要》,从此"会要"成为重要的一类历史书籍的体例。宋朝的"会要"类书的成就远超唐朝。

(18) 宋代理学发达,影响学术、文学和语言甚多④。

(19) 宋有书院,隋唐没有。宋朝的学校制度与唐代不同,广泛地建设了州学、县学,设置了学田以解决学校经费问题。政府鼓励私人办学,大量书院因此产生。书院制度直接影响了宋代学术和文人精神,因为书院属于私学,不是官办,所以学风自由,言论非常自由开放,可以大胆表达自己的观点。

(20) 宋代金石之学昌盛,出现了一些专著⑤和文献资料,隋唐没有。王国维《〈宋代金文著录表〉序》⑥称:"赵宋以后,古器愈出,秘阁太常既多藏器。士大夫如刘原父、欧阳永叔辈,亦复搜罗古器,征求墨本。复有杨南仲辈为之考释,古文之学勃焉中兴。伯时与叔复图而释之,政宣之间,流风益煽,摘史所载著录金文之书至三十余家。南渡后,诸家

---

① 参看曾枣庄、曾涛编纂《宋代史论分类全编》,巴蜀书社2018年版。
② 参看钱钟书《谈艺录》(三联书店2011年版)一《诗分唐宋》。
③ 收入黄灵庚等主编《吕祖谦全集》第八册,浙江古籍出版社2008年版。
④ 参看侯外庐、邱汉生、张岂之主编《宋明理学史》,人民出版社1997年版(1987年初版)。张立文《宋明理学研究》,人民出版社2002年版。宋朝理学对文学的影响可参看钱钟书《谈艺录》(三联书店2011年)。
⑤ 参看《王国维全集》(浙江教育出版社、广东教育出版社2010年版)第七卷《宋代金文著录表》;刘昭瑞《宋代著录商周青铜器铭文笺证》,中山大学出版社2000年版。
⑥ 收入王国维《观堂集林》卷六。

之书犹多不与焉,可谓盛矣。今就诸书之存者论之,其别有三:与叔考古之图、宜和博古之录,既写其形,复摹其款,此一类也;《啸堂集录》、薛氏《法帖》,但以录文为主,不以图谱为名,此二类也;欧、赵金石之目,才甫古器之评,长睿东观之论,彦远广川之跋,虽无关图谱,而颇存名目,此三类也。国朝乾嘉以后,古文之学复兴,辄鄙薄宋人之书,以为不屑道。窃谓《考古》《博古》二图,摹写形制,考订名物,用力颇巨,所得亦多。乃至出土之地,藏器之家,苟有所知,无不毕记,后世著录家当奉为准则。至于考释文字,宋人亦有凿空之功。国朝阮、吴诸家不能出其范围。若其穿凿纰缪,诚若有可讥者,然亦国朝诸老之所不能免也。"这段文章概观宋代金石学颇为简明。林欢《宋代古器物学笔记材料辑录》[①],搜寻笔记中的关于宋代古器物学的材料,颇下功夫,值得参考。

(21) 宋代的俗文学"话本"文学很发达[②]。这成为元代戏曲和明清长篇演义小说的先驱,例如已经有了讲三国故事的《三国志平话》。由于是面对一般庶民的文学,所以其语言的口语化得以发展。唐朝有俗文学变文,但是没有发展为宋朝的话本。宋朝的讲史平话的代表作有《全相平话五种》(包括《武王伐纣平话》《乐毅图齐国春秋平话后集》《秦并六国平话》《前汉书平话续集》《三国志平话》)《新编五代史平话》《大宋宣和遗事》。除了长篇的讲史话本外,还有宋朝的《醉翁谈录》辑录了一些宋朝的话本,明朝的《清平山堂话本》保存了几篇宋代的话本小说。话本小说是宋朝开始才有的俗文学[③],对明清小说有重大影响。唐朝没有讲长篇的讲史话本文学,也没有话本小说这样的市民文学。《太平广记》汇编了很多唐五代的神仙鬼怪的传奇,却没有讲史话本之类的俗文学。

(22) 宋词是宋代抒情文学的杰作,唐朝虽有长短句,但是远远没有宋朝繁荣。在唐诗之外,五代北宋的词与音乐密切结合,抒情性和表现性更强于唐诗,是中国文学史上的重要成就。有唐圭璋编撰的《全宋词》。

(23) 宋代的诗话、词话等文学评论大发展,隋唐没有诗话、词话[④]。

(24) 宋金时代产生了戏曲[⑤],已经有了杂剧。隋唐没有杂剧这样的戏曲,梨园子弟的戏曲与宋元不同。

(25) 在宋朝自由包容的文化氛围下,才有了真正的儒释道三教融合。宋代的新儒家

---

① 上海人民出版社 2015 年版(2013 年初版)。
② 参看郑振铎《中国俗文学史》,东方出版社 1996 年版。浦江清《中国文学史稿·宋元卷》,北京出版社 2018 年版。
③ 参看胡士莹《话本小说概论》,中华书局 1982 年版(1980 年初版);李剑国主编《中国小说通史·唐宋元卷》第七编《宋元话本小说》,高等教育出版社 2007 年版。
④ 已经出版了《宋诗话全编》,吴文治主编,凤凰出版社 2006 年版。初版于 1998 年。
⑤ 参看王国维《宋元戏曲史》,收入《王国维全集》第三卷,浙江教育出版社、广东教育出版社 2010 年版。

就是融合了佛教和道教的思想文化。陈寅恪《冯友兰〈中国哲学史〉下册审查报告》①称："凡新儒家之学说,几无不有道教,或与道教有关之佛教为之先导。如天台宗者,佛教宗派中道教意义最富之一宗也。……其宗徒梁敬之与李习之之关系,实启新儒家开创之动机。北宋之智圆提倡中庸,甚至以僧徒而号中庸子,并自为传以述其义。其年代犹在司马君实作《中庸广义》之前,似亦于宋代新儒家为先觉。……至道教对于输入之思想,如佛教摩尼教等,无不尽量吸收,然仍不忘其本来民族之地位。"陈先生阐释宋代的三教融合甚为清晰。宋孝宗皇帝《原道辨》："以佛治心,以道治身,以儒治世。"这是宋朝皇帝三教合一的重要思想和精辟的表述。隋唐时代并没有真正的三教合一,三教常常相互辩论和排斥。由隋入唐的傅奕站在儒道和华夏的立场抨击外来的佛教,撰写了很有文采的《请废佛法表》和《请除释教疏》②这两篇骈文上奏朝廷,明确排斥佛教,远在韩愈之前。初唐名臣狄仁杰在《谏造大像疏》③已经有攻击佛教的言论。韩愈以儒家道统反佛,于唐宪宗元和十四年(819)撰《论佛骨表》④,称："宋齐梁陈元魏已下,事佛渐谨,年代尤促。"韩愈嘲笑梁武帝佞佛,结果"饿死台城,国亦寻灭"。他说信佛根本不可能有福报："事佛求佛,乃更得祸。由此观之,佛不足事。"因此他反对将法门寺的佛骨迎入宫廷供奉,甚至主张将佛骨"投诸水火,永绝根本,断天下之疑,绝后代之惑"。结果几乎招致杀身之祸。晚唐名臣、公认的唐代杰出政治家李德裕830年在蜀中拆毁私家佛庙数千座,禁止民众剃发如僧人。845年,唐武宗信任道士赵归真、邓元起、刘玄靖等,同时在李德裕的主持下,发起灭佛运动,是为会昌法难。李德裕坚决执行武宗毁佛政策,随后上呈《贺废毁诸寺德音表》⑤,报道了灭佛的成果："拆寺兰若共四万六千六百余所,还俗僧尼并奴婢为两税户共约四十一万余人,得良田约数千顷,其僧尼令隶主客户大秦穆护祆二十余人并令还俗者。"李德裕此文是骈文,气魄不如韩愈,文采反在《论佛骨表》之上。李德裕还有《武宗改

---

① 收入《陈寅恪集》(三联书店2011年版)之《金明馆丛稿二编》。284页。另参看许尚枢《唐宋时期天台山三教关系刍论》(见《东南文化》1994年2月);潘桂明《从智圆的〈闲居编〉看北宋佛教的三教合一思想》(见《世界宗教研究》1983年1月);彭琦《宋元时期的三角调和论》(见《北京社会科学》1999年2月);凌慧作《宋代"三教合一"思潮初探》(见《安徽大学学报》1998年5月);贾顺先《儒释道的融合和宋明理学的产生》(见《兰州大学学报》1982年4月);王煜《北宋德洪觉范禅诗融合儒释》(见《世界宗教研究》1992年4月)。韦政通《中国哲学辞典》(吉林出版集团有限责任公司2009年版)还有54页《三教合一》条叙述各时代关于"三教合一"思想的典型代表。
② 收入《全唐文》卷133,山西教育出版社整理本,2002年。第二册第808—809页。
③ 收入《全唐文》卷169,山西教育出版社整理本,2002年。第二册第1036页。
④ 见马其昶注、马茂元整理《韩昌黎文集校注》第八卷第683—688页,上海古籍出版社2018年版。
⑤ 见傅璇宗等《李德裕文集校笺》卷二十,第470页。中华书局点校本,2018年。又见李德裕《会昌一品集》卷二十。

名告天地文》①称:"释氏之教,兴于戎狄,悖君臣之礼,废父子之亲。耗蠹蒸人,殉竭物命。宣尼垂训,不语怪神,因而渐除,咸一于正。"也有明显的排佛的思想。晚唐杜牧《杭州新造南亭子记》②《书处州韩吏部孔子庙碑阴》等,均是反佛思想。其《杭州新造南亭子记》攻击佛教火力甚猛,抨击因果报应为虚妄,颇为深刻:"梁武帝明智勇武,创为梁国者,舍身为僧奴,至国灭饿死不闻悟,况下辈固惑之。为工商者,杂良以苦,伪内而华外,纳以大秤斛,以小出之,欺夺村间憨民,铢积粒聚,以至于富。刑法钱谷小胥,出入人性命,颠倒埋没,使簿书条令不可究知,得财买大第豪奴,如公侯家。大吏有权力,能开库取公钱,缘意恣为,人不敢言。是此数者,心自知其罪,皆捐己奉佛以求救。……有罪最美,无福福至。"杜牧此文与众不同的是愤怒指出信佛的人很多是有罪之人,包括奸商和贪官污吏,知道罪恶太深,于是捐钱奉佛以求佛消灾。杜牧反佛的立意是独到的,很有趣。晚唐刘蜕崇拜扬雄,以儒家道统自任,所撰《移史馆书》③痛斥佛教的危害,仿佛孟子辟杨墨,谓:"伏以释氏之疾生民也,比虞禹时,曷尝在洪水下?比汤与武王时,曷尝在夏政商王下?比孔子、孟轲时,曷尝在礼崩乐坏杨墨邪道下?然而圣主贤臣,欲利民而务除民害,如此其勤也。今释氏夷其体而外其身,反天维而乱中正。自晋以来,相率诡怪而往之,半天下而化其衣冠。"将佛教比为洪水猛兽。因此,唐朝的儒家和道教有机会就攻击佛教,唐代的三教并没有真正融合,主要原因是佛教危害国计民生。而且在唐朝人看来,佛教并不能给人带来福报。唐宪宗在元和十四年迎佛骨,元和十五年就发生陈洪志之祸;唐懿宗咸通十四年(873)迎佛,仅仅数月就驾崩。韩愈曾说:"奉佛以来,享年不永。"佛教在历史上多次遭遇灭佛,也与佛教在中国自东晋以来就逐渐世俗化,佛门戒律松弛,腐败严重有关系。参看钱锺书《管锥编》④第四册177《全宋文卷四八》"僧侣丑行"。

(26)唐代审美喜欢肥硕,所以爱牡丹花;宋代审美喜欢纤瘦,所以爱梅花。例如,南宋杨无咎有《四梅图卷》,南宋林椿有《梅竹寒禽图页》。

(27)宋代书法与唐代书法不同。冯班《钝吟书要》:"晋人尽理,唐人尽法,宋人多用新意,自以为过唐人,实不及也。"⑤徐用锡《字学札记》:"魏晋人多生动,唐人多平正,宋人多嚣张,元人多颓唐。"⑥梁巘《评书帖》:"晋尚韵,唐尚法,宋尚意,元明尚态。"⑦梁巘《评书帖》:"晋书神韵潇洒,而流弊则轻散;唐贤矫之以法,整齐严谨,而流弊则拘苦;宋人思

---

① 收入傅璇宗等《李德裕文集校笺》卷二十,中华书局2018年点校本。
② 收入《樊川文集》卷十。参看吴在庆《杜牧集系年校注》,中华书局2011年版,第792—798页。
③ 见董诰主编、孙映逵等点校《全唐文》第六册卷七八九,山西教育出版社2002年版,第4864页。
④ 《钱钟书集》,三联书店2011年版,第2061页。
⑤ 见毛万宝、黄君主编《中国古代书论类编》第五编《书法鉴赏论》安徽教育出版社2009年版,第518页。
⑥ 见毛万宝、黄君主编《中国古代书论类编》第五编《书法鉴赏论》第519页。
⑦ 见《清前期书论》湖南美术出版社2003年版,第176页。

脱唐习,造意运笔,纵横有余,而韵不及晋,法不逮唐;元明厌宋之放软,尚慕晋轨,然世代既降,风骨少弱。"①明朝董其昌《容台集·论书》:"晋人书取韵,唐人书取法,宋人书取意。"②清朝姚孟起《字学臆参》:"唐人严于法,法者左顾右盼,前呼后应,笔笔断,笔笔连,修短合度,疏密相间耳。"同书又曰:"苏书左伸右缩,米书左缩右伸,皆自出新意,不落唐人窠臼。"③苏东坡、米芾的书法与唐人不同。朱熹《晦庵论书》评米芾书法:"米老书如天马脱衔,追风逐电,虽不可范以驰驱之节,要自不妨痛快。"④米芾书法完全不讲法度,随心所欲,这正是宋朝艺术的创新。清朝翁振翼《论书近言》:"书尚古拙,宋人各出新意,所以不及唐人古拙也。"⑤清朝王澍《论书剩语》:"唐以前书,风骨内敛;宋以后书,精神外拓。"⑥康有为《广艺舟双楫》:"唐人之书,固多不善执笔者矣。宋人讲意态,无施不可,东坡乃有'把笔无定法要使虚而宽',以永叔指运而腕不知为妙,盖爱取姿态故也。"⑦宋徽宗以帝王之尊,创造了书法的瘦金体,这代表了宋代的审美趣味,与唐朝书法的风格大不相同。唐宋书法美学风格上的不同可参看金开诚、王岳川主编《中国书法文化大观》⑧第二编《千秋一脉》。

(28)宋画与唐画不同。明朝高濂《燕闲清赏笺》:"然唐人之画,庄重律严,不求工巧而自多妙处,思所不及。后人之画,刻意工巧,而物趣悉到,殊乏唐人天趣混成。余自唐人画中赏其神具画前,故画成神足。而宋则工于求似,故画足神微。宋人物趣迥迈于唐,而唐之天趣则远过于宋也。"⑨明朝张泰阶《宝绘录》卷一称:"古今之画,唐人尚巧,北宋尚法,南宋尚体,元人尚意,各各随时不同,然以元继宋,足称后劲。……盛唐之画,大都婉丽秀润,巧法相兼,宋初之画一变而为苍老,如董、巨与郭河阳其选也。"⑩清朝钱杜《松壶画忆》:"白石瓮师吴道子作衣褶有古厚之致;子畏师宋人衣褶如铁线;衡山师元人,衣褶柔细如发。三君皆具士气,洵足传世。"⑪郑午昌《中国画学全史》⑫第九章《宋之画学》135页称:两宋"共凡三百十余年。期间图画之情形,与前代殊异:道释人物画法,比较衰退,

---

① 见《清前期书论》第193页。
② 见毛万宝、黄君主编《中国古代书论类编》第五编《书法鉴赏论》第515页。
③ 见毛万宝、黄君主编《中国古代书论类编》第五编《书法鉴赏论》第503页。
④ 见毛万宝、黄君主编《中国古代书论类编》第五编《书法鉴赏论》第511页。
⑤ 见毛万宝、黄君主编《中国古代书论类编》第五编《书法鉴赏论》第520页。
⑥ 见毛万宝、黄君主编《中国古代书论类编》第五编《书法鉴赏论》第522页。
⑦ 见毛万宝、黄君主编《中国古代书论类编》第五编《书法鉴赏论》第93页。
⑧ 北京大学出版社2003年版。初版于1995年。
⑨ 见周积寅《中国画论辑要》增订本第217页,江苏美术出版社2007年版。
⑩ 见周积寅《中国画论辑要》增订本第292页。
⑪ 见周积寅《中国画论辑要》增订本第297页。
⑫ 江苏文艺出版社2008年版。

南宋尤甚；花鸟、山水，则并称盛；凡有制作，往往与诗文为缘，盖已入文学化时期矣。"这是很精辟的论断。我另作归纳如下：(一)唐朝除了王维，几乎没有文人兼善绘画，而宋代的文人画非常昌盛，诗人文学家往往擅长绘画，苏东坡、黄山谷等都是例子。(二)唐朝的绘画题材主要还是人物画和牛马画，没有花鸟画。但自从五代的黄筌《写生珍禽图》开创了花鸟画的先例，宋朝花鸟画非常繁荣，与唐朝大不相同。(三)唐朝几乎没有山水画，展子虔《游春图》是隋朝画迹，与唐朝无关。然而自五代关仝、荆浩等以来，山水画异军突起，到了宋朝，山水画空前繁荣，这与唐朝不同。(四)宋朝人喜欢画竹、画树木、画松鼠和兔子，例如文同《墨竹图轴》、苏东坡《古木怪石图卷》、郭熙《窠石平远图轴》、北宋无名氏《雪竹图轴》、金朝王庭筠《幽竹枯槎图卷》、金朝李山《风雪松杉图卷》、南宋吴炳《竹雀图页》。唐朝画没有这样的题材。《宋史·选举志(三)》在理宗朝，"画学之业，曰佛道，曰人物，曰山水，曰鸟兽，曰花竹，曰屋木。"唐朝绘画只有佛道和人物，没有山水、鸟兽、花竹、屋木。(五)宋朝有历史题材的故事画，如金朝宫素然《明妃出塞图》，金朝还有《文姬归汉图》。而唐朝没有历史故事画。阎立本的《步辇图》是当朝的事情，不是历史故事画。佛教画除外。(六)宋朝有生活风俗画，最有名的是张择端《清明上河图》。还有王居正《纺车图卷》。唐朝没有此类生活风俗画，但是唐朝有宫廷画《捣练图》，这是唐朝难得的宫廷生活图。(七)宋朝有依据儒家经典来制作图画的创意。例如据说是南宋马和之《豳风图卷》、南宋无名氏《孝经图卷》、宋代还有《女校净土》。而唐朝没有此类图画。(八)宋朝人有的依据唐朝著名诗人的诗画成图，例如南宋赵葵有《杜甫诗意图卷》。这是唐朝没有的题材。(九)宋朝有历史风俗画，例如南宋无名氏《大傩图轴》。唐朝没有这类绘画。(十)宋朝有历史人物风情图，例如南宋刘履中有《田畯醉归图》。唐朝没有这类绘画。(十一)具体比较唐朝阎立本的《步辇图》中的唐太宗，造型丰满壮硕，颇显富贵态，九个女人环绕伺候。而宋徽宗《听琴图》[①]中的徽宗皇帝作寻常人家打扮，在松下悠闲抚琴，气定神闲，没有从侍，一副与世无争的姿态。左右两位也似乎是客人或朋友，不是臣僚。从这两幅图可以看出唐朝人物故事画的精神的不同。唐朝审美倾向繁缛艳丽，宋朝审美倾向清素简淡。凡此都是唐画与宋画的不同风尚，而且宋朝的绘画成就远远超过唐朝。

(29) 宋朝的法医学比唐朝发达，产生了宋慈的《洗冤录》，这是世界上第一部法医专著。还产生了第一个铜铸的人体经穴模型，这是隋唐没有的，标志着宋代医学大发展。宋朝的建筑学理论很发达，产生了建筑学名著李诫《营造法式》，明显超过唐朝的建筑学。宋代的造船技术、航海技术都比唐朝发达。宋朝发明了指南针，推动了航海业的发展。宋代雕版印刷盛行，还发明了活字印刷术。宋朝发明了火药，并用于兵器。宋代在农学、

[①] 我以为题作《抚琴图》更合适。

数学、天文学都比唐朝有发展。

（30）宋朝产生了沈括的《梦溪笔谈》这样百科全书式的巨著，唐朝没有。

（31）宋朝文献目录学发达。唐朝只有一部官修的《隋书·经籍志》，而宋朝除了仁宗官修的《崇文总目》①等以外，还有《旧唐书·经籍志》、《新唐书·艺文志》，有私撰的晁公武《郡斋读书志》②、陈振孙《直斋书录解题》③、尤袤《遂初堂书目》。整体远远超过唐朝的目录学。晁公武《郡斋读书志》、陈振孙《直斋书录解题》至今是研究学术史和古文献极为重要的参考书。唐朝的佛教目录学倒是相当有成就，有高僧道宣在初唐编撰的《大唐内典录》、高僧智升编于开元十八年（730）的《开元释教录》等等，这是佛教的重要文献学和目录学④。宋朝的佛教目录学的成就不如唐朝。

（32）宋朝类书非常发达，远远超过唐朝。唐朝的类书代表作是《北堂书钞》《艺文类聚》《初学记》《白孔六帖》。另有《元和姓纂》这样的姓氏书。而宋朝的类书在规模和质量上极大地超越了唐朝。其类书代表作是《太平御览》《太平广记》《册府元龟》《玉海》，都是规模极大的类书。《文苑英华》接踵《文选》，水平很高，保存了大量唐代文学作品，成为清代《全唐文》的主要源泉。《太平广记》作为古小说类书，极为珍贵，是五代以前古小说的渊薮，魅力无穷。

（33）宋朝的方志学远远比唐朝发展进步。宋代有方志40部，失传35部，现存5部，即《太平寰宇记》《元丰九域志》《舆地广记》《舆地纪胜》《方舆胜览》。还有地方志976种，失传947种，现存29种。这是辉煌的成就，比唐朝有质的飞跃。

（34）宋朝的陶瓷技术水平远远超过唐朝，这是学术界公认的。参看中国硅酸盐学会主编《中国陶瓷史》⑤第六章和第七章。

（35）最后，我要特别强调隋唐的政治经济文化中心在陕西长安，是西周秦汉的古都，在三国时为曹魏重镇，在北朝也是京城，关中地区的文化绵延上千年，地位显著，在隋唐继续发展。然而长安在唐末战乱中损坏严重（黄巢起义军撤退时火烧长安城），再加上关中作为历代帝都，开发过度，生态受到破坏。而江南地区长期享受和平安宁，未经战乱。所以从五代开始，都城定在河南开封，通过大运河与江南沟通极为方便。开封地处中原，与郑州毗邻，四通八达，与各方的经济文化交流都非常方便，从而有利于经济文化大发展，尤其是商业的繁荣。宋代学术的繁荣与宋代商业的繁荣有密切关系，例如书籍的印

---

① 参看王欣夫《文献学讲义》第二章《目录》第七节《官家目录》上海古籍出版社2007年版，第44—45页。
② 参看晁公武撰、孙猛校证《郡斋读书志校证》，上海古籍出版社2011年版。
③ 参看徐小蛮等点校本，上海古籍出版社2006年版。
④ 参看姚明达《中国目录学史》之《宗教目录篇》，上海古籍出版社2005年版。
⑤ 文物出版社2006年版。

刷业很发达,书籍众多,而且宋人重视校勘,现在人多以宋版书为贵。从政治经济文化中心从西向东的转移这点上说,唐宋文化也应该分为两个阶段,日本学者很重视这个问题,例如日本著名汉学家内藤湖南《中国史通论》①之《中国近世史》第一章《近世史的意义》。

其他类例甚多。我举此三十余证,阐释唐宋二代的学术文化有很大的不同。政治制度(例如宋朝废除了唐朝的三省制度,宋朝实行台谏制度)和经济制度(例如宋朝实行了"以税代管"制度,极大地推动了宋朝的商业繁荣。唐朝无此)的不同还不在其内,所以,我主张将宋代语言学也独立为一章,也是独立为一个时期。鄙见如此,不知先生是否认可?

15. 第十五节《字母之学》258 页指出"三十字母可能是在《切字要法》的基础上发展起来的。"同页又称:"把《切字要法》看作是三十字母的前身是很可信的。"先生 259 页在魏建功文章的基础上,称:"《归三十字母例》虽为唐写本,其产生时代应在隋唐以前,应当早于《切韵》,这是个人近来的新认识。"这是何先生新颖的观点,相当可信。此节还讨论了字母的产生与佛学的关系,这是非常必要的,而赵振铎先生书没有涉及这个问题。

16. 第十六节《等韵学的兴起》、第十七节《古音学的萌芽》都叙述该练,条理分明,其中的不少诠释是很到位的,足为音韵学者指示门径。例如先生在《古音学的萌芽》292 页批评吴棫的古音学:"从韵目上看,吴棫似乎是分古韵为九部:东、支、鱼、真、先、萧、歌、阳、尤。实则这九个部也是一团乱麻。戈载批评它:'其所注"通""转",颇多疏舛,如文曰古转真,是以"通"为"转"也;魂曰古转真,痕曰古通真,是同一类而一作"通",一作"转"也。……'问题实不止此。他连 m、-n、-ŋ 三尾的大界限都打通了。如耕、清、青、蒸、登古通真,是混-ŋ 尾与-n 尾,侵通真,盐通先,覃、咸、衔通删,是混-m 尾于-n 尾。他的九部中根本就没有闭口韵。就归字来说,往往一个字归好几个部,如一东所收之'东'字、'登'字,均见于十阳;所收之'分'字又见于十七真,还见于一先。所以我说它是集'叶音'之大成。吴棫的分部、归字,都有韵文材料为证,似乎是有根据的,实际上这些材料既无严格的时代界限,更谈不上具体的韵例了。他不惟疏于考古,也完全不懂得审音,怎么能建立起一个科学的古音系统呢!"何先生的这些学术性批评严厉而中肯。但是何先生也实事求是地赞赏吴棫的功劳,在钱大昕所举的两大功劳外,先生在 293 页还补充了一条:"我

---

① 夏应元、钱婉约等翻译,九州出版社 2018 年版。乃日文本《内藤湖南全集》第十卷。另参看内藤湖南《概括的唐宋时代观》,收入《日本学者研究中国史论著选译》第一卷,中华书局 1993 年版(1992 年初版)。内藤湖南此文称:"唐和宋在文化的性质上有显著差异:唐代是中世的结束,而宋代则是近世的开始,其间包含了唐末至五代一段过渡期。"(见前揭书第 10 页)日本学者竺沙雅章《独裁君主的登场:宋太祖和宋太宗》,日文本,清水新书,日本清水书院出版,昭和 59 年版(1984)。宫崎市定《东洋的近世》,砺波护编,张学锋等翻译,中信出版社 2018 年版。小岛毅《中国思想与宗教的奔流:宋朝》,广西师范大学出版社 2014 年版。

认为吴棫还有一条功劳,他所说的'或转入'已具有离析今音的倾向。书中提到'或转入'的只有'江或转入东''庚耕清古或转入阳',这两条材料很值得留意。他把'江杠'等归入一东,'京庆卿行'等归到十阳,都符合上古语音特点。"这是很敏锐的观察。先生此节也论述了为《韵补》写序的徐蒇,赞赏其谐声分析法是清儒的先驱。先生还论述了项安世的古音学,表彰他的音学成绩,这是赵先生书所没有涉及的。《古音学的萌芽》295 页评论南宋程迥的古音学:"他总结《韵补》的义例'不过四声互用、切响同用二条'。"先生在注解中说:"杨慎《答李仁夫论转注书》。盈按,关于'切响'二字,朱熹已'不审义例如何'。其实就是为了协韵而临时改变音读。"何先生的注释十分精审。

17. 何先生第十八节《唐宋文字学》主要讨论四个方面的内容:1.正字形之学;2.《说文》之学;3.右文说。4.金石之学。这四部分论述相当周详。我稍作补充:

(1) 正字形之学全面收集了当时的俗字、通字、正字,对于研究汉字字形的演变有重大功用,对于研究隋唐以来的俗字有非常大的积极作用,极大地推动了俗字学的发展。这个是应该强调的。刘中富《干禄字书字类研究》①对《干禄字书》的"俗字、通字、正字、易混字"做了详细的疏证。

(2) 在大小徐的异同上,我以为可以强调一下小徐本有《通论》多卷,尤其是有《祛妄》卷第三十六、《类聚》卷第三十七、《错综》卷第三十八、《疑义》卷第三十九、《系述》卷第四十,这都是关于《说文》的全局性的和规律性的研究,是很重要的参考,这是大徐本没有的,是小徐本独到的贡献。

(3) 大小徐本在认定形声字和会意字上有分歧。例如:《说文》:"元,始也。从一兀声。"这是大徐本。而徐锴《系传》说:"俗本有'声'字,人妄加之也。"则徐锴认为'元'是会意字,不是形声字②。类例甚多。徐锴《说文解字系传·祛妄》卷第三十六也说:"六书之内,形声居多,其会意之字,学者不了。鄙近传写,多妄加声字,笃论之士,说宜隐括。"这是说会意字的问题比形声字要复杂。胡朴安《中国文字学史》③引卢文弨之言曰:"鼎臣于许氏本书,有难晓处,往往私自改易,而楚金独否。盖谐声读若之字,锴多于铉。学者可由楷书以达形声相生、音义相转之理。即其于形声诸字,求之不得者,虽删去声字,然犹著疑词于其下。"卢文弨实际上是指出了徐铉和徐锴都曾怀疑《说文》中的许多形声字都应该是会意字。钱大昕《十驾斋养新录》卷四《二徐私改谐声字》条批评徐铉、徐锴常常不明古音,擅自删去作为形声字标记的"声"字。

---

① 齐鲁书社 2004 年版。
② 此说为钱大昕所驳斥。但是杨树达《积微居小学述林》卷二《释元》也释"元"为会意字。论证坚确,足以反驳钱大昕之说。
③ 第二篇《徐锴之系传》章。

（4）何先生对宋代的金石之学主要介绍了郭忠恕《汗简》和夏竦《古文四声韵》，引述李学勤的文章阐述了二书的重要性，尤其是对研究战国文字的重要性（因为其中有的字形与郭店楚简相合）。我觉得"金石之学"这题目似乎过于宽泛，因为欧阳修《集古录》、赵明诚《金石录》①、吕大临《考古图》②、王黼《宣和博古图》③这些书是宋代金石学的正宗，《汗简》《古文四声韵》与那些书性质不大相同，不如就叫"古文字学"。郑珍有《汗简笺证》④，现代学者黄锡全有《汗简注释》⑤，王丹有《汗简古文四声韵新证》⑥。如果取宋代"金石之学"这个题目，那么洪适《隶释·隶续》⑦还是要介绍一下的，这是研究汉魏碑铭的重要资料汇编。赵振铎先生《中国语言学史》（修订本）第三章《义疏和孔颖达〈五经正义〉》阐述了《五经正义》中的语法性质的成分；第四章《宋元明时期》第二节《笔记里的语言学问题》讨论了宋元明大量笔记中的语言学问题；第五节《语法的研究》讨论了宋代和明代学者关于名词动词和虚词的研究等语法问题，这都是赵先生独到的撰述。

（5）关于"右文说"，无论如何要提一下集大成的著作是台湾学者黄永武《形声多兼会意考》⑧，这是关于"右文说"最详尽的论述和竭泽而渔似的资料汇编，应该说是论述"右文说"的权威著作。曾昭聪《形声字声符示源功能述论》⑨是研究"右文说"的专书，其书第五章《现当代词源学中的声符示源功能研究》综述了黄侃、沈兼士、杨树达、黄永武、王力的相关研究，还综述了近二十年（2002年前）学术界对声符示源功能的研究。

何先生关于元明清三朝语言学的叙述都很清晰明了，材料丰富，博及群书，议论公允，见解精辟。先生的所有撰述都能知人论世，将历史文化与语言学相结合，富于人文精神，卓见迭出。

18. 第六章第二十节《〈中原音韵〉系韵书》334—335页论入声在北方的消失："入声的消失必然有一个漫长的过程，就地区而论必然是不平衡的。大概唐末北宋时代，入声已经开始起变化了，戈载《词林正韵》指出：'惟入声作三声，词家亦多承用。如晏几道、柳永、晁补之、黄庭坚……此皆以入声作三声而押韵也。'（《词林正韵·发凡》第7页）夏承焘《"阳上作去""入派三声"说》，认为唐宋词中已有'入派三声'之例，透露了入派三声的

---

① 参看赵明诚撰、金文明校证《金石录校证》，广西师范大学出版社2005年版。
② 参看吕大临撰、廖莲婷整理点校《考古图》（外五种），上海书店出版社2016年版。
③ 重庆出版社2020年版。
④ 收入王锳、袁本良点校《郑珍集·小学》，贵州人民出版社2002年版。
⑤ 武汉大学出版社1990年版。
⑥ 上海古籍出版社2015年版。
⑦ 中华书局1986年版。
⑧ 台湾文史哲出版社1984年版。初版于1965年。
⑨ 黄山书社2002年版。

一点消息。元代韵书《中原雅音》也提供了入声已经消失的旁证材料(见李实《蜀语》引文)。元末明初浙江人陶宗仪也说:'今中州之韵,入声似平,又可作去声。'明末清初的李实,在谈到四川方言中一些入声字的变化时,也追溯到《中原音韵》。他说:'玉读若遇,蜀人皆读为去声'。'十读若诗,杨升庵曰十,宽执切入声,亦可作平声。'《历代小史》录虞集(1272—1348)一诗,以术、蜀同鱼字押韵,《中原音韵》驳沈约(盈按:他以为《广韵》即沈约《四声谱》)颇多,然则今俗之声亦有所本矣。'李实的话,可证西南官话入声的消失是受中原北音影响的结果,他提到的这位虞集(字伯生,号道园,江西崇仁人,文宗时官奎章阁侍书学士),正是给《中原音韵》写序的人,他的诗中以'术、蜀'同鱼部字押韵,跟《中原》的归字完全一样,当不是偶然的。明代万历、天启间,福建人姚旅曾客居京师,且'卒于燕'。他在《露书》卷九中说:'北人多读入声作平声。燕中有谚云:马快船进东进西,光禄寺宰鹅宰鸡,翰林院作文作诗,中书科写诰写敕,这都是天下有名的,谁知道有名无实。'敕、的、实三字皆入声,今与西一韵,其一验也。'(221页)在《中原音韵》里,西、鸡、敕、的、实均归齐微韵,诗归支思,音近陆先生所谓的'无稽之谈',其实是有史可稽的。"这一段畅论入声在北方的消失,征引广博,非常精辟。

19. 何先生在335—336页明确表示《中原音韵》代表了元代的大都音系:"大都,即后来的北平、北京,元明清三朝都是全国政治中心,从大都音到北京音,一脉相承,如果我们能从大处着眼,而不去纠缠个别语音演变上的问题,这种性质的讨论几乎就是多余的了。周德清把清入声派入上声,而现代汉语这类字却分别归入四声,这种不一致并不能证明北京音的来源非大都音。一则周德清的归字不见得都很正确;再则当时入声字的消失可能只是基本定局,口语还不统一,或变平,或变上,或变去,很不稳定,这是极为正常的,一变就定位了,反而不可能;另外,也不能排斥这类字的归类是以北方另一种方言作为依据的,但这种可能性极小。总之,这个问题不影响《中原音韵》是大都音的根本结论。"这段话十分通达,指出入派三声规律的复杂性。我只补充李清照《词论》①:"本押仄声韵,如押上声则协,如押入声,则不可歌矣。"这几句话很重要,表明宋词有的押入声,则不能歌唱。元曲也是如此,如果押入声,则不可歌②。此节可与先生《〈诗词通韵〉述评》③合观。

20. 何先生在336页称:"周德清稍后,燕山卓从之著有《中州乐府音韵类编》,这部书刊在元代杨朝英的《朝野新声太平乐府》中,1958年中华书局出版了隋树森的校订本,质量较高。"何先生坚持了传统的学术观点,但是耿振生先生《〈中原音韵〉的原始著作权和

---

① 见徐北文主编《李清照全集》(济南出版社1990年版)第245页。
② 方环海《二十世纪中国大陆〈中原音韵〉研究述评》(载《汉语史研究集刊》第五辑,巴蜀书社2002年版)对《中原音韵》研究的综述比较全面。
③ 收入何九盈《音韵丛稿》,商务印书馆2002年版。

它的基础方言问题》①参考了明代程明善《啸余谱》、清代朴隐子《诗词通韵》、戈载《词林正韵》以及陆志韦《释〈中原音韵〉》②的观点，经过考证认为燕山卓从之《中州乐府音韵类编》的成书年代在《中原音韵》之前。《中原音韵》的"韵谱"不是周德清所撰，是从卓从之那里直接取来的。周德清依据了某个底本编写《中原音韵》，这个底本可能是卓从之《中州乐府音韵类编》，但是没有搞清楚它的现实依据。《中原音韵》的许多矛盾来自周德清自己没有真正理解"韵谱"。燕山卓从之是北曲韵书的原始作者。由于卓从之是燕山地区的北人，所以其书所依据的方言应该是大都音。耿先生认为周德清没有去过大都，其交游范围局限在江西，不可能在大都搞过语音调查。《中原音韵》是在周德清的家乡江西编撰成的，周德清没有参加过大都的音韵论争。"天下都会之所"可能是九江，不是大都。耿先生将《中原音韵》的问题引向了深入讨论。耿先生此文明确赞成《中原音韵》的基础方言是大都音，这与何先生观点一致。

21. 第二十一节《元明等韵学》评述元明时代的11种等韵学著作，简而能周，疏而能要③，解释等韵学中的专业术语往往一语破的，使人豁然开朗，非厚积薄发者不克臻此。何先生所作的评价都是客观公正的，摆脱了传统学术的偏见。此文可与何先生《中国语言学史的研究方法》④合观。

22. 第二十二节 389 页，何先生解释杨慎《答李仁夫论转注书》："杨慎所说的义与理，实际上是指有无证据，如果有语言文字资料为证，就符合义理，否则就不能'互'，不能'通'。他这个话是针对宋人'四声皆可转，切响皆可通'的理论而发的。"何先生的解释很通达。

23. 第七章《概况》432—433 页，何先生论述了清朝语言学繁荣的三大原因，针针见血，并强调指出："关于清代的文化政策，过去只讲文字狱，只讲镇压的一面，甚至认为清代语言文字学的兴起，是清廷实行高压政策的产物，这样的看法不能说毫无道理，但具有一定的片面性，与实际情形不完全相符。清代顺、康、雍、乾四朝，的确不断大兴文字狱，也禁毁了一批书，后果极为严重。但在恢复和整理汉民族的传统文化方面也做了不少工作。康熙开博学鸿词科，开《明史》馆，乾隆接受朱筠的建议，纂辑《四库全书》，不论他们的动机如何，在客观上促进了学术事业的发展。尤其是开四库馆，从全国各地征集图书资料，这就使一些学者能有机会接触到大量的古典文献，并有机会交流学术思想，作为政治中心

---

① 载《语言学论丛》第 31 辑，商务印书馆 2005 年版。其文第八《结论》对全文的观点做了总结。
② 收入《陆志韦近代汉语音韵论集》，商务印书馆 1988 年版。又收入《陆志韦集》，中国社会科学出版社 2003 年版。
③ 宁忌浮著有《汉语韵书史》的《金元卷》（上海人民出版社 2016 年版）和《明代卷》（上海人民出版社 2009 年版），阐述金元明三代的韵书颇详，可以参考。耿振生著有《明清等韵学通论》（语文出版社 1992 年版。），不以等韵学专书为线索，而是通论各韵书的等韵理论和等韵音系，颇有特色。
④ 收入何九盈《语言丛稿》，商务印书馆 2006 年版。

的北京,也成了语言文字学的研究中心。清代一些著名的语言学家,都跟北京有直接关系。"这些评论都是客观公道的,世俗多以清代文字狱而抹杀清朝崇文的业绩,何先生并不附俗。何先生的观点与陈寅恪《陈垣〈元西域人华化考〉序》①相合,陈寅恪称:"有清一代经学号称极盛,而史学则远不逮宋人。论者辄谓爱新觉罗氏以外族入主中国,屡起文字之狱,株连惨酷,学者有所畏避,因而不敢致力于史,是固然矣。然清室所最忌讳者,不过东北一隅之地,晚明初清数十年间之载记耳。其他历代数千岁之史事,即有所忌讳,亦非甚违碍者。"可见陈寅恪不主张夸大清代思想禁锢和文字狱对学术的危害。陈寅恪解释清代史学的成就不如宋代是有另外的学术自身的原因,不能过分归罪于文字狱之类的思想钳制。

24. 对于学术界公认的清朝学者的巨大成就,何先生也能指出其缺点,例如先生在434页称:"清代语言学的成就很突出,问题也很突出。首先,他们有严重的复古主义倾向。具体表现在:对汉以后的语言文字学没有采取分析态度。顾炎武就开了这个不好的风气。但是,顾炎武的批判主要是针对明末的士人,他心怀亡国之痛,对明朝的士人很有情绪,认为这般人不务实学,空谈性命,把国家也给'谈'没了。这样的认识显然不完全正确。我在上一章已经讲了,明万历年间的语言学取得了很好的成就,不可一概否定。到了戴震、钱大昕,不仅批判明朝人,对明朝语言学的成就否定过多,就是对晋唐宋的语言学成就也否定过多。"何先生对清儒的这个批评是实事求是的。

25. 何先生439页批评毛奇龄:"他的《古今通韵》一书,也是'巧于颠倒',是大倒退,无'开始之功'可言。"440页称:"毛奇龄完全是开倒车,他不仅要倒回到吴棫、郑庠的老路上去,而且比吴、郑还要荒谬。他把自己的古韵体系概括为一句话,叫作:五部三声两界两合。"但也肯定其说有合理的地方:"阴声韵的去声与阳声韵的入声'互合',有一定的根据,后来段玉裁主张古无去声,与毛奇龄的'两合'说有相似之处,二人都注意到去入关系密切。"441页引述黄季刚之言肯定毛奇龄的贡献:"他的古韵学说不可取,而《通韵》全书也有可称道之处。黄侃指出:毛奇龄主五部三声两界两合之说,言虽唐大,而音之区分音、声、韵三者则自毛氏始。"这是一分为二的辩证态度,可谓持论公允。

26. 何先生在462—463页评论段玉裁和孔广森对上古音声调的研究:"段、孔二人的意见正好相反:前者认为古无去声,后者认为古无入声。但二者都把去入合为一类来考察,这是有原因的。因为这两个调类的字在上古韵文和谐声系统中,关系非常密切。我们认为:古无入声的说法是不可信的,孔是山东曲阜人,在他的口语中入声已经消失,就误以为上古也根本不存在入声。不过,他承认上古去声有长短之别,还是注意到了中古的去入二类在上古是有别的。"这个评论很敏锐,且中正公道。

---

① 收入《陈寅恪集》(三联书店2011年版)之《金明馆丛稿二编》,第269页。

27. 第三十节《清代词源学》虽然笔墨无多，却是何先生独到的取材和贡献，各家语言学史都没有论述到。

28. 第三十一节《清代语义学》537页评论郭璞的反训："同词相反为义就是一般训诂著作中所谓的'反训词'。齐佩瑢曾经指出：'反训只是语义的变迁现象而非训诂之法则。'我很赞同这个说法，所以我主张不用'反训'这个术语，改为'同词相反为义'。"又称："郭璞举的这些例子是否都属于'义相反而兼通者'，后人有不同看法，有人还以此为理由来否定语义中有'相反而兼通'的事实，这也是徒腾口说，自以为是。我以为即使郭璞举的这些例子均不确，他提出的'义相反而兼通''义有反复旁通，美恶不嫌同名'，也是一个颇为重要的发现。清代语言学家如王念孙、段玉裁、钱绎等都列举了许多语义材料证实了这个理论的正确性。"①这是肯定了郭璞"反训"理论的贡献，真正做到了客观公允。此节可与何先生《古汉语的特殊词汇》②一文、何先生与蒋绍愚先生合撰《古汉语词汇讲话》③二《词汇的历史发展》合观。

29. 何先生在《全书结语》归纳了中国古代语言学的五个特征都非常精确到位，非高屋建瓴、通观全局者不能有此见地。

30. 任何一部语言学史都不可能面面俱到，只能揭示历史语言学的发展线索和各家论著的主要观点、主要价值和缺陷。清代训诂学极为昌盛，对各家训诂学的详细论评只能由专书去做。但我以为对于王念孙《读书杂志·淮南内篇弟廿二》后所归纳的训诂学义例64条，语言学史则是非讲不可的，这是王念孙对自己毕生训诂学研究的心得之言，是我国训诂学原理和方法最高成就的集中展现。对于段玉裁《说文解字注》的研究④，舒

---

① 郭锡良《反训不可信》《反训问题答客难二文》都是批判郭璞的反训观点。收入郭锡良《汉语史论文集》增补本，商务印书馆2005年版。赵振铎《中国古代语言学史》（修订本）第三章第二节《语言学家郭璞》没有讨论郭璞的反训问题。章太炎《小学答问》、刘申叔《古书疑义举例补》、董璠《反训纂例》、徐世荣《反训探元》都承认有反训存在。郭在贻《唐诗中的反训词》（收入《郭在贻文集》第一卷，中华书局2002年版）讨论了唐诗中确实存在的反训词。赵振铎《训诂学纲要》（巴蜀书社2003年修订本）第九章《反训》具体研究了反训的几种类型，如"美恶同辞、施受同辞、正反同辞"等。王宁《训诂学原理》（中国国际广播出版社1996年版）第110—125页讨论了反训的问题，并没有否定反训的存在，王宁还对反训试图作理论上的解释。孙雍长《训诂原理》（语文出版社1997年版）反而没有讨论反训。有趣的是梁启超1912年12月给女儿梁令娴的信《与娴儿书》（收入《梁启超家书校注本》，漓江出版社2017年版）称"康有为"的名号"南海"为"北江"，这是利用了反训的原理。其书注(3)称：北江，指康有为。古汉语训诂学中，有反训释义或表达方法，即以反义词解释词义：这里以性质相同，词义相反的方位词互训："北"训"南"；又以性质相同，词义相近的名词互训："江"训"海""北江"即"南海"。康有为是广东南海人，称康南海《长编》引梁启勋的注解"北江，乃指南海"，即康有为。（《长编》第338页，页下注）

② 收入何九盈《古汉语丛稿》，商务印书馆2016年版。

③ 中华书局2010年版。

④ 何九盈通读过段玉裁的《说文解字注》，见何九盈《我的阅读历程》，收入何九盈《抱冰庐选集》（中华书局2021年）。

怀主编《〈说文解字注〉研究文献集成》①网罗资料最为详尽,且加点校,可省学者寻检之劳。郭在贻《训诂丛稿》②中有五篇研究段注的论文,合起来可以见出段注的价值和缺失。《清代语义学》一节对《说文》四大家的成就和不足采用通论的方法来撰述,这是不得已的,实在是因为要做各书的专论,确实篇幅太大,与学术史的体例难以融合。只是我以为讲述清代《说文》学,无论如何要提到王筠的《说文释例》二十卷,此书通论《说文》的各种规律,作宏观研究,又能据实考据,对于综合理解《说文》有很大的贡献,至今所有的《说文解字通论》类型的书都不能望其项背。王筠对自己《说文》学的成就颇有信心,以为可以夺段注首席,虽言过其实,却自信可钦,因为有《说文释例》,不仅有《说文解字句读》而已。

吕叔湘先生在1953年《中国文法要略》第六版题记称:"希望读者了解这部书的性质,在里面找着他所能找着的东西,而不求全责备,这是我诚恳的愿望。"这应是我们对待任何学术论著的态度。何先生的《中国古代语言学史》是富有先生个性和特色的学术史专著,前后历时三十年,精钢百炼。先生"摇笔而散珠,动墨而横锦"③,核要而不失于浅,博赡而不患于烦,事义该练,议论明达,笔锐干将,思呈异彩,有巨大的学术成就,亦富于人文之美,展现了先生浩瀚的学识和精湛的功力。先生敦崇实学,言必有据,"学无所遗,辞无所假"④,"下笔如宿构",绝不"吐峥嵘之高论,开浩荡之奇言"⑤,我读后受无穷教益。本书注重点面结合,每个阶段都有《概况》作通论性描述,然后展开重点研究。因此,本书各处的详略是何先生有所为的取裁,详其所应详,略其所当略。何先生在本书的《85年河南版自序》中已经表明了这个立场:"怎么写跟为谁而写是分不开的,本书是为大学生和具有同等水平的语文工作者而写的,这些同志一般都学过'音韵学''汉语史'这样一些课,所以我要力避重复,凡是在这些课程中已经解决得很透的问题,本书就少谈或不谈,如《广韵》是古代语言学史中第一流的名著,本书只用不多的篇幅就交代过去了,就是基于以上的考虑。"读者诸君能够从中"酌奇而不失其贞,玩华而不坠其实"⑥。一卷在手,我国二千五百年之语言学宛在目前!

1.2 《中国现代语言学史》(修订版)

《中国现代语言学史》(修订本)⑦是何先生的又一力作,也是迄今为止唯一的一部全面阐述中国现代语言学的专著,本书荣获"北京市第四届哲学社会科学优秀成果一等奖"

---

① 湖北教育出版社2018年版。
② 收入《郭在贻文集》第一卷,中华书局2002年版。
③ 语出《文心雕龙·时序》。
④ 语出曹丕《典论·论文》。
⑤ 语出李白《大鹏赋》。
⑥ 语出《文心雕龙·辨骚》。
⑦ 商务印书馆2008年版。

"教育部普通高校第二届人文社会科学研究成果二等奖",这足以彰显出先生"下笔有光焰"。何先生在书前自题两句宋人诗:"水流万折心无竞,月落千山影自孤。"这完全是夫子自道,前一句说自己无意与世俗争名利,后一句说自己甘愿书斋寂寞,远离尘俗的喧嚣。

赵振铎先生《中国语言学史》(修订本)①第五章是叙述二十世纪语言学,贯穿整个二十世纪,然而篇幅仅仅 160 页左右,未能充分展开论述,许多问题浮光掠影,语焉不详,尤其是不能有所评骘,让人看不出现代语言学学术水平的发展和每个时代的主要成就,很多地方像是流水账。缺少学术性批评是赵先生论述二十世纪语言学的主要不足。何先生《中国现代语言学史》(修订本)取材限于 1898—1949 年,则是多达 800 页的专著。何先生在 731 页初版《后记》称:"这部书稿的正式写作始于 1990 年 7 月,1992 年 10 月 5 日脱稿,历时两年有余。其间还有教学和别的写作任务(如编写(《王力古汉语字典》),今夏住院开刀也耽误不少时日,实际用来写这部书的时间也就很有限了。我只有用'夸父逐日''跟时间赛跑'的精神,日夜兼程,努力搏击而已。现在,此时此刻,望着堆在案头 10 大本手稿,犯酷暑冒风雪奔走图书馆的情景,犹历历在目也。"何先生为写此书而"犯酷暑冒风雪奔走图书馆",真是"草木结悲绪,风沙凄苦颜"②。其艰苦卓绝,磨砺功深,"寂寞缀道论,空帘闭幽情"③,不是苦行求法之人难以体会。然而区区两年有余,就能成此巨构,没有"虚负凌云万丈才",也可知何先生"下笔如有神",慧性与天通。

何先生此书不仅对现代语言学各领域有相当具体细致的阐述和描写,而且有何先生的价值判断,有学术性的批评。例如,第二章《语法学》151 页充分肯定王力先生《中国现代语法》:"《中国现代语法》在探索汉语句法特点方面作出了重大贡献,取得了辉煌的成就。它的谓语三分法得到语言学界的广泛肯定,八种单句句法结构特点的揭示对汉语句法学的发展有重要意义。还有一点值得称道的是,《中国现代语法》的取材只是一部《红楼梦》。在此以前,还没有任何一部语法著作进行过专书语法描写。《新著国语文法》虽然研究的也是现代语法,但取材不成系统。对专书语法进行描写的好处是,既可以保证系统的完整性,又便于进行历史比较研究,也便于进行方言语法的比较研究。"这样的正面评价是很中肯的。同时何先生也指出其有两个缺点:"一是忽视词类划分的意义;二是不成功地运用了西方某些语法理论。"这也是一语破的批评。邵敬敏《汉语语法学史稿》(修订本)④第三章第三节对《中国现代语法》的批评更加细密。赵振铎先生《中国语言学史》(修订本)对王力《中国现代语法》的叙述和评论都很简单,完全没有批评,这就缺乏学术性。

---

① 商务印书馆 2017 年版。
② 语出李白诗《禅房怀友人岑伦》。
③ 语出李白《古风》十三《君平既弃世》。
④ 商务印书馆 2010 年版。

何先生在第188页高度赞赏吕叔湘先生《中国文法要略》在文言白话的语法比较方面的成就:"我们至今还没有见到,有任何一部讲汉语语法的书,在文白比较方面下过如此深的工夫。"同时也指出了《要略》存在五个方面的缺点,对《要略》的缺点分析得很全面。(1)"存在的第一个问题是采纳了三品说。关于这一点,1942年10月严伯常在《介绍一本讲文法的新书》中作了较为全面公正的评论。"(2)"《要略》的第二个问题是分析句子成分时设立了两套名目,即主语、宾语之外,又有起词、止词之类。这种分别是过于看重逻辑意义的结果,缺点是抽象概括不够。"引述了朱德熙先生的意见。(3)"《要略》全书不空发议论,不在概念术语上兜圈子,这是优点。缺点是没有对书中运用的名词术语进行'界说',甚至连'词句论''表达论''范畴''关系'这样一些在书中占有重要地位的用语,都没有作出必要的说明。吕氏似乎不太重视概念模式。"(4)"《要略》对文言与白话的比较多着重于具体语法事实的研究,着重于具体规律的比较,而整体性、系统性似嫌不足,历史演变的说明更嫌不足。"(5)"《要略》的修订本存在一些技术性的问题,某些地方前后失去照应。"这五点批判性分析是切中要害的。赵振铎先生《中国语言学史》(修订本)第六章对在现代语言学史上非常重要的《中国文法要略》只有十分简略的介绍,过于粗线条,完全没有做出学术性的批评。而且赵先生书645页评论《中国文法要略》时称:"是迄今为止对汉语句法进行全面分析的唯一著作。""全面分析"应该是"全面语义分析"之误[①]。邵敬敏先生《汉语语法学史稿》(修订本)[②]也提出了五点批评,与何先生的批评有的不一样,也多能中肯。

何先生在第七节《古今语法比较研究》中讨论吕叔湘《中国文法要略》,殊具卓识,这完全符合吕叔湘先生本人的意愿。考《中国文法要略》(1942年版)上卷"初版例言":"要明白一种语文的文法,只有应用比较的方法。拿文言词句和文言词句比较,拿白话词句和白话词句比较,这是一种比较。文言里一句话,白话里怎么说,白话里一句话,文言里怎么说,这又是一种比较。一句中国话,翻成英语怎么说;一句英语,中国话里如何表达,这又是一种比较。只有比较才能看出各种语文表现法的共同之点和特殊之点。假如能时时应用这个比较方法,不看文法书也不妨;假如不应用比较的方法,看了文法书也是徒然。谨以此语献于读者。"可知吕叔湘正是强调要用比较的方法来研究语法,何先生的布局是最合理的[③],而一般语言学史大都没有"比较语法学"这一节[④]。

[①] "全面语义分析"是朱德熙先生《汉语语法丛书序》中的话。各家所言都是出自朱德熙先生此文。
[②] 商务印书馆2010年版。
[③] 另参看《中国现代语言学史》(修订版)第88—89页。高名凯《汉语语法论》(商务印书馆2011年版)第五章第二节《研究汉语语法的新途径》第60—61页也非常强调用比较的方法来研究汉语语法。
[④] 邵敬敏《汉语语法学史稿》(修订本,商务印书馆2006年版)第二章第六节《古今比较语法的研究》没有列入《中国文法要略》,与何九盈先生不同。

第二章《语法学》第九节《汉语语法理论研究》255页在详细阐述了高名凯的《汉语语法论》的主要内容之后,何先生评论道:"《汉语语法论》在写法上有一个很突出的特点是书中不少章节都可以当作单篇论文来读。著者注意追溯某些虚词、某些语法形式的源头,对国外的有关说法以及国内的有关研究成果进行介绍、评论,读者可以从中获得有关专题的较为全面的知识,无论是对入门者还是研究者来说都有意义。只是书中'标新立异'的地方较多,著者又喜欢使用一些与众不同的概念,读起来要有点耐心才行。上半世纪真正称得上纯理论性的极有个性的语法著作只有这一部《汉语语法论》,它的价值就在于创立了一个完整的体系,而且有不少具体的新发现,还提出了许多有争议的问题。何先生的理论勇气,探索精神,永值得后人学习。缺点还是理论与实践结合得不好,某些观点(如词类问题)缺乏健全的经验的基础。"既有高度的肯定,也指出其缺点:1.标新立异很多,过多使用独自的概念,造成阅读理解的困难。2.理论与实践结合得不好。这些批评都是很中肯的。可惜后一个缺点讲得太笼统,未能作更加精细的分析。何先生用短短11页(244—255页)的篇幅来概述《汉语语法论》(正文共618页)的精华,穿插论评,明畅精当,非有高深涵养不能为,在整体上超过了邵敬敏《汉语语法学史稿》(修订本)①对《汉语语法论》的阐述。例如,高名凯针对有学者主张汉语实词有形态而提出了四点批评,非常精辟,十分到位,我完全赞同高名凯的观点。何先生简要阐述了这四点批评,是非常必要的。当然,高名凯《汉语语法论》第一编《构词论》第二章《汉语的词形变化》第二节和第三节也阐述了汉语存在形态的观点②,并非完全没有形态,只是没有印欧语那么丰富。邵敬敏先生书完全不提《汉语语法论》对汉语实词有形态观点的批评,似乎不妥。赵振铎先生《中国语言学史》(修订本)647—648页对《汉语语法论》的阐述过于简略,而且毫无学术性批评,颇令人失望。

但是邵敬敏书这一节有两点值得称道:1.在阐述《汉语语法论》语法体系时使用图表来概括,似乎更加清晰明了,比单纯的文字表述容易理解,在方法上值得称道。2.邵敬敏134—135页批评《汉语语法论》在理论上的两点错误和在分析上的六个缺点都很鲜明,在学术批评上更加具体。

第三章《音韵学》第十一节《上古音研究》在清晰阐述了黄侃的古本音学说后,引述了林语堂和齐佩瑢的评论。何先生对古本音问题十分慎重,不轻下断语。虽然师尊王力先

---

① 商务印书馆2010年版。
② 《马氏文通》已经有这样的论述。例如,《马氏文通读本》(《吕叔湘全集》第10卷,辽宁教育出版社2002年版)第一章《名字》1.4《名字辨音》、第五章《动字》5.11《动字辨音》。

生有《黄侃古音学述评》①对黄侃的古本音理论猛烈抨击为"循环论证",几乎全盘否定,何先生却没有选边站队。这是何先生"独立的精神、自由的思想"。第三章《音韵学》是何先生很专精的领域,写得非常精彩,是全书的亮点,"乃一篇之警策"②。

第三章第十一节《上古音研究》324页批评李方桂主张对上古之部收-g的观点和论证方法:"我们说,李方桂说的这些理由都很牵强、武断,仅仅因为'来'字同入声字有过押韵关系,就把他定为入声字,又进一步把与'来'字押韵的阴声字也定为入声字,再进一步把同这类字的谐声字也算做入声字。蛛丝马迹,捕风捉影,实在是主观得很。入声字是一个有明显语音特征的集团,从现代保存入声的方言到《切韵》音系到上古音,这个集团的整体格局是清楚的,也就是说它③跟阴声韵的界线是清楚的。上古阴、入相押的字占一定的比例,这类字的性质须要研究,但不可随意扩大化,以至于将阴声韵字全部入声化。"何先生的这个学术批评至今有重大学术意义,因为现在的音韵学者有的还在走李方桂的那条老路。

第三章第十一节《上古音研究》340页批评了黄侃、钱玄同否定"旁转"的观点:"我们认为'旁转'属于'合韵'范围,如幽宵合韵,支歌合韵,真文合韵,古书不乏其例。从根本上否定'旁转',也就是否定合韵,钱、黄之说不可从。事实上黄侃本人有时也大谈旁转。应当肯定。"何先生的批评显然是正确的。同时何先生也赞扬钱玄同对"对转"解释得很精当。这完全是实事求是的评论,不作笼统之言。

第四章《方言学》482—483对陈寅恪《东晋南朝的吴语》的批评也很科学:"陈氏的论证对于说明北音南渐的规律很有意义,但他的判断带有极端性。一点是'士人皆北语阶级,庶人皆吴语阶级',近乎用阶级地位的不同来区分方言,似乎方言也有阶级性。我们只能说江东士族不少人能操两种方言,除了母方言吴语之外,还会讲以北方方言为基础的共同语。另一点是流行于金陵地区的共同语是否就是'西晋末年洛阳近傍之方言',还有待于进一步论证。陈氏的这一结论是与他对《切韵》音系的基础方言的看法相一致的。"这个分析相当公允,不能说东晋士族阶级都只讲北方共同语,不会讲吴语。俄国的彼得大帝开国后,沙俄贵族曾崇洋媚外,有一段时间俄国贵族阶级流行说法语,以显示自

---

① 收入《王力语言学论文集》,商务印书馆2000年版。又收入《王力文集》第17卷,山东教育出版社1989年版。何九盈先生在《中国语言学史的研究方法》(收入何九盈《语言丛稿》,商务印书馆2006年版)一文称:"80年代初王力发表了《黄侃古音学述评》,这是中国语言学史上一篇很重要的论文,王力对黄侃的古音学体系进行了详细的剖析,论据确凿,说理透彻,有高屋建瓴之势。我以为通过这篇文章可以看出传统音韵学家和现代音韵学家在理论上和方法上的一些根本分歧。"另参看郑远汉主编《黄侃学术研究》(武汉大学出版社1997年版)所有的多篇研究黄侃古音学的论文。

② 语出陆机《文赋》。

③ 原文作"他",径改。

己很时尚,有文化品位,但这并不意味着这些贵族不能说俄语。我自己无论在北京还是在广州,与人交流都说普通话,但是我说得最流畅自然的还是我的家乡话重庆话。

第八章综述少数民族语言的研究,虽然这不是何先生的专业领域①,但他博览群书,对非汉语语言文字学的主要方面的阐述都很到位,有对专业学术的述评,并不亚于民族语言学的专业工作者,尤为难能可贵。

全书阐述并讨论了中国现代语言学的各个方面,"充实而有光辉"②,皆是来自对第一手资料的研究,绝无辗转稗贩。何先生告诉我为了写作此书,两年的时间整天寝馈于北大图书馆,在大年三十北大图书馆闭馆之时,最后一个离开图书馆的人往往是他。从此可知何先生艰苦力学绝不亚顾炎武。何先生对于现代语言学的各个领域都有专门研究,对汗牛充栋的文献了然于心,才能以一己之力完成这部巨著。书末《中国现代语言学史散步》广征博引论述了中国现代学术应该反思过度"欧化"的趋向,要将西方学术理论与中国的学术文化特征相结合,建立中国特色的语言学和语言学史乃至各领域的学术史,反对盲目膜拜外国的学术理论,确实是针砭时弊,对那些一味高唱与世界接轨的人当头一棒。这一篇论述充满了人文精神,是何先生人文关怀的肺腑之言,"篇终接混茫",足以引发学术界的深刻反省。我对此抱有同感,我明确认为西方语言学中的"语言年代学"将碳十四测年的考古学方法生搬硬套到语言学③,这是毫无科学根据的伪科学。

金无足赤,何先生此书个别地方似乎也可以有所讨论。请述刍荛,聊为献曝:

1. 何先生在第五章《汉字学》第二十节《古文字研究》讨论甲骨文学的时候,甲骨学四堂只介绍了三堂,不提董作宾的《甲骨文断代研究例》④,也不提第一部甲骨文资料书《铁云藏龟》和第一部研究甲骨文的专著孙诒让《契文举例》⑤,还有孙海波 1934 年出版了第一部《甲骨文编》。这是不应有的疏漏。综述方面应该参考王宇信、杨升南主编《甲骨学一百年》⑥、宋振豪主编《百年甲骨学论著目》⑦、陈梦家《殷虚卜辞综述》⑧,这些都是文献

---

① 参看何九盈《中国语言学史研究刍议》(收入何九盈《语言丛稿》,商务印书馆 2006 年版,第 270 页)三《团队精神与学术个性》。
② 语出《孟子·尽心下》。
③ 参看徐通锵《历史语言学》(商务印书馆 1996 年版)17《语言年代学》。
④ 裘锡圭、胡振宇编校《中国现代学术经典》之《董作宾卷》,河北教育出版社 1996 年版。书前有裘锡圭撰写的《董作宾先生小传》,书末有《董作宾先生学术年表》和《董作宾先生著述要目》。台湾出版了《董作宾先生全集》甲乙两编共 12 册,台湾艺文印书馆 1977 年版。
⑤ 楼学礼校点,齐鲁书社 1993 年版。《裘锡圭学术文集》(复旦大学出版社 2012 年版)6《杂著卷》有裘锡圭为《中国大百科全书》写的《孙诒让》条。
⑥ 社会科学文献出版社 1999 年版。
⑦ 语文出版社 1999 年版。
⑧ 中华书局 1992 年版。

性很强的必备参考书。我将《古文字研究》节中的"于省吾"条和裘锡圭先生为《中国大百科全书》所撰的"于省吾"条相对照,如果何先生能够多介绍一些于省吾考释古文字的原则和方法,就更加完善。我总觉得应该专门介绍一下杨树达的《积微居甲文说》等①,因为此书在古文字学界常常被学者引述。何先生在叙述郭沫若甲骨文的贡献时,还可以谈谈郭沫若在甲骨文通读上的贡献,对郭沫若《甲骨文字研究》《卜辞通纂》《殷契粹编》②都应该专门介绍。在《金文研究》节无论如何要专门介绍罗振玉的《三代吉金文存》③和容庚《金文编》,事实却并没有。应该说《古文字研究》是全书比较薄弱的一节。如果何先生参考过董作宾《甲骨学六十年》④和裘锡圭、沈培合撰的《二十世纪的汉语文字学》⑤和其他资料,这一节可能更加完美。

2. 何先生在532页评钱玄同时称:"钱氏本人所作的《说文部首今读》《说文段注小笺》都有一定的价值。"实际上,钱玄同的《说文段注小笺》⑥很可能是利用了黄侃的手稿《说文段注小笺》,当作大学的文字学参考书。黄侃也有《说文段注小笺》⑦,与钱玄同的《说文段注小笺》大面积雷同,很多地方一字不差,绝不可能如此"英雄所见略同"。郭万青《黄侃、钱玄同〈说文段注小笺〉比勘》⑧全面比勘二者,虽有差异,不妨碍其有共同来源,很可能钱玄同抄黄侃的手稿而稍施改订,这重公案不是小事。畏友萧旭先生认为,不是钱抄黄,而是钱去世后,钱的后人误以为他的存稿是钱的遗著而出版。萧兄的推测事实上也是认为《说文段注小笺》原本主要是黄侃的书。

3. 第二十四节《训诂理论的建立》专谈训诂学的定义、性质、范围和原理,并且称训诂学成为学从黄侃开始,重点介绍了王力先生《新训诂学》。我对此稍有不同看法。训诂学在我国从《尔雅》算起也有两千多年历史,其中一定是有贯穿某些训诂学理论的,例如在先秦就有广泛的"声训",将动词形容词视为名词的语源(刘熙《释名》为集大成);汉儒的"读为、读若"也是训诂学的原理和方法。清朝训诂学权威学者王念孙《读书杂志》在最后总结出64条训诂学法则,俞樾《古书疑义举例》所讨论也涉及训诂学的条例,刘师培《司马迁〈左传〉义序例》是训诂学的名篇,揭示了训诂学的许多重要方法,

---

① 收入《杨树达文集》,上海古籍出版社2006年版。
② 这三部书分别收入《郭沫若全集·考古编》的一、二、三卷。
③ 中华书局1983年版。初版于1937年。
④ 收入裘锡圭、胡振宇编校《中国现代学术经典·董作宾卷》,河北教育出版社1996年版。
⑤ 收入《裘锡圭学术文集》4《语言文字与古文献卷》(复旦大学出版社2012年版)。此文原载于《二十世纪的中国语言学》(北京大学出版社1998年版)。
⑥ 收入《钱玄同文集》第五卷,中国人民大学出版社1999年版。
⑦ 见黄侃《说文笺识》,收入《黄侃文集》,中华书局2006年版。
⑧ 载《台北大学中文学报》第15期,2014年。司马朝军按:钱玄同在1914年拜黄侃为师,帮助黄侃抄录过手稿,此种当是此际过录,后来居为己有。铁证如山,无法抵赖!

有极大的启发性。段玉裁《说文解字注》既是文字学名著,也是训诂学名著。朱骏声《说文通训定声》和朱珔《说文假借义证》①专门研究《说文》中的字在典籍中的通假问题,是典型的训诂学。而且训诂学与语源学、文字学、古文字学、古文献学、校勘学、语法学、版本学密切关联,与纯粹的语义学或解释学不同。黄侃的《说文》学更多是关注本字和俗字、通行字的问题,与正宗训诂学有区别。因为正宗训诂学是要解释古书中的疑难字词,以帮助阅读理解古书,训诂学与古籍整理关系密切,考本字只是训诂学的一小部分,而且不是重要的部分。王念孙《读书杂志》、王引之《经义述闻》根本就不怎么考本字。严格来说,黄侃是音韵学家、文字学家和校勘学家,不是训诂学家,因为他没有真正训诂过一部典籍②。《黄侃国学文集》③中只有一篇《春秋名字解诂补谊》可称训诂学论文,恰恰与训诂学理论无关,其方法只是沿袭了清代训诂学泰斗王引之《春秋名字解诂》④。赵振铎《训诂学纲要》(修订本)⑤、王宁《训诂学原理》⑥、孙雍长《训诂原理》⑦所阐述的各种训诂学方法和原理都是汉儒和清儒已经广泛使用过的,并无任何新创。何先生详细概括了王力《新训诂学》六个方面的内容,其实这六点在清朝的训诂学家都已经娴熟运用。当然王先生强调训诂学要与语法学、汉语史相结合,这是对的,但不能说清朝的训诂学就没有结合语法学与汉语史。例如,孙良明《清人训诂考据中的句式类比分析法》⑧详细调查了清朝训诂学著作中出现了众多的"句法、文法"这两个术语,可知清朝训诂学与句法、文法紧密关联,训诂中惯用句式类比分析法:依据句式类比分析分析词序,依据句式类比分析句读,依据句式类比分析实词虚词,依据句式类比分析实词类聚,依据句式类比分析虚词用法,依据句式类比分析句法结构关系,依据句式类比分析语义结构关系,依据句式类比分析结构成分完整,依据句式类比分析句式特征。⑨张先坦《读书杂志句法观念研究》⑩详细研究王念孙《读书杂志》的语法观念,条

---

① 余国庆、黄德宽点校,黄山书社1997年版。畏友萧旭兄告诉我:朱珔《说文假借义证》价值不高,里面许多是别人的说法。朱去世后,其孙把他抄别人说的纸条,都误作朱珔自己的了。朱珔《文选集释》(收入许逸民主编《清代文选学名著集成》15—17册,广陵书社2013年版)才是他最好的书。我自己参考《说文假借义证》,也觉得精义不多,但还是有价值。
② 黄侃《文选评点》(中华书局2006年版)不是训诂学书,与《读书杂志》《经义述闻》有明显区别。
③ 中华书局2006年版。
④ 收入王引之《经义述闻》。
⑤ 巴蜀书社2003年版。
⑥ 中国国际广播出版社1996年版。
⑦ 语文出版社1997年。
⑧ 载四川大学汉语史研究所编《汉语史研究集刊》第3辑,巴蜀书社2000年版。
⑨ 另参看孙良明《"文法"术语的出现及其频繁使用——兼谈清人的文法观》,载《烟台师范学院学报》1996年2期。
⑩ 巴蜀书社2010年版。

分缕析,颇为详密。可知清朝训诂学与语法学广泛结合。王引之《经传释词》是训诂学和语法学的紧密结合的著例,以训诂学的方法研究虚词。吕叔湘《中国文法要略》1956年版《修订本序》称:"这是一本不很成熟的书,并没有能够建立一个严密的语法体系,主要还是类集用例,随宜诠释,稍加贯通,希望对于读者的理解和运用各种语法格式能有一些帮助。这也就是前人写书讲虚字和句读的精神,在书成十年之后我才觉察自己无意之中继承了这个传统,虽然在全书的组织上比前人多费了点心思,因而面貌很不相同。"可见吕叔湘先生承认被学术界公认为中国现代语法学最高成就的《中国文法要略》是继承了古代训诂学讲虚字的精神,这是完全正确的。因此古代训诂学讲虚字就是和语法相结合。相反,我们却看到很多古汉语语法学者由于不通训诂学,而错误分析了古汉语的语法。傅懋勣是民族语言学家,一生未专治训诂学,却发表《中国训诂学的科学化》①,仿佛传统训诂学不够科学,他要为训诂学更加科学化而斗争。他指出传统训诂学的五个缺点,都是无的放矢,这些缺点在王氏父子的《读书杂志》《经义述闻》《经传释词》《广雅疏证》中都不存在,在马瑞辰《毛诗传笺通释》、郝懿行《尔雅义疏》、钱绎《方言笺疏》、孙诒让《周礼正义》《墨子间诂》、王先谦《荀子集解》中也不存在。他自己讨论的一些例子倒是莫名其妙,文不对题,例如在《忽略意义的时地性》②一条中举例"走"训"趋、跑",这是非常清晰的训诂,是训诂学常识。他却说:"现在'走'的意义已经变慢了,而字典中还差不多都作'走,趋也',就是忽略了意义的时间性。"这与传统训诂学的缺点哪有半点关系?傅懋勣同文三《现有的训诂原则》称中国训诂有两条极重要的原则是"右文说"与"音近义通"③。这实在是误解。"右文说"与"音近义通"④是语源学的原则,主要不是训诂学的原则。翻检《读书杂志》和《经义述闻》,哪有几条"右文说"与"音近义通"(不是完全没有)?傅懋勣之文一字不提传统训诂学的最高经典《读书杂志》和《经义述闻》而谈训诂学的科学化。折之私衷,未敢苟同。要批评传统训诂学,就必须批评训诂学的最高成就的论著《读书杂志》《经义述闻》《说文解字注》《广雅疏证》《古书疑义举例》⑤。仅仅举出俞曲园、章太炎的几个训诂学错

---

① 收入《傅懋勣先生民族语文论集》,中国社会科学出版社1995年版。
② 参见《傅懋勣先生民族语文论集》中国社会科学出版社1995年版,第34页。
③ 参看《傅懋勣先生民族语文论集》中国社会科学出版社1995年版,第25—27页。
④ 注意:"音近义通"不是训诂学中的通假。详细的研究参看张其昀《〈广雅疏证〉导读》(社会科学文献出版社2009年版)第一章第七节《"声义相近"类》。
⑤ 许威汉、金申《俞樾〈古书疑义举例〉评注》(商务印书馆2012年版)对《古书疑义举例》推崇备至,《后叙》称其"慧眼独到,俱见匠心,发蒙百代,梯梁来学,嘉惠学林,功垂不朽"。因而为之作注,绝无抨击。另参看许威汉《论晚清一部重要的训诂学著作:俞樾〈古书疑义举例〉研析》(收入《许威汉语文研究文存》,中华书局2008年版)。

误①,而从根本上抨击传统训诂学不科学,犹如在纽约看到了几个穷人就说整个美国都很穷,在伦敦抓了一个小偷就说所有英国人都是贼。

训诂学与汉语史的结合在清人的训诂学和古书辨伪中体现得尤为显著。宋元明清学者在辨伪古书中使用的一个重要方法就是汉语史的方法,考辨某些语词或文体风格出现在什么年代,不可能在先秦两汉产生,从而辨认伪书。《四库提要》也擅长用汉语史的方法来辨伪。略举数例:

1.《四库提要》卷142《博异记》条:"《师旷镜铭》一条,不似三代语尔。"明显是汉语史的观念。

2.《汉书·高惠高后文功臣表》:"使黄河如带,泰山若厉。"王念孙《读书杂志·汉书第二》"黄河"条:"念孙案:'黄'字乃后人所加,欲以'黄河'对'泰山'耳,不知西汉以前无谓'河'为'黄河'者,且此誓皆以四字为句也。《北堂书钞》《艺文类聚·封爵部》引此皆有'黄'字,则所见本已误,《汉纪》及《吴志·周瑜传》有'黄'字,亦后人依误本《汉书》加之,《史表》无'黄'字。如淳注《高纪》引《功臣表》誓词云'使河如带,大山若厉',此引《汉表》,非引《史表》也,《史表》作'如厉',《汉表》作'若厉'。而亦无'黄'字,则'黄'字为后人所加甚明。"②王念孙称"不知西汉以前无谓'河'为'黄河'者",这是典型的汉语史的观点。

3.《汉书·礼乐志》:"音声足以动耳,诗语足以感心。"王念孙《读书杂志·汉书第四》"诗语"条称:"念孙案:自汉以前无以'诗语'二字连文者,'诗语'当为'诗歌',字之误也。"③王念孙称"自汉以前无以'诗语'二字连文者",这是正宗的汉语史的观念。

4.连纪晓岚在辨析《文心雕龙·隐秀》篇是明朝人伪作的时候也使用过汉语史的方法。纪晓岚批注《隐秀》篇④称:"呕心吐胆,似摭玉溪《李贺小传》'呕出心肝';'煅岁炼月',似摭《六一诗话》周朴'月煅季炼'语。称渊明为彭泽,乃唐人语,六朝但有征士,不称

---

① 本来章太炎自称其训诂学代表作《春秋左传读》十仅得五,并没有自诩为杰作。据《太炎先生自定年谱》,《春秋左传读》成书于1896年,章太炎29岁。据《章太炎全集·书信集》(下)(上海人民出版社2017年版)第1200页,1932年10月8日章太炎《与徐哲东》章太炎自称:"《春秋左传读》乃仆少作,其时滞于汉学之见,坚守刘、贾、许、颖旧义,以与杜氏立异,晚乃知其非。"可见章太炎并不满意此书,做了自我批评。此书是其青年时期所撰,难免有不成熟。当时其师傅俞樾就批评此书"立说纤巧"。另参看汤志钧编撰《章太炎年谱长编》增订本(中华书局2013年版)第16—21页。朱兆虎《章太炎〈春秋左传读〉成书时间考》(载《传统中国研究集刊》第22辑,上海社会科学院出版社2020年版)考定《春秋左传读》成书于光绪十九年,即1893年,他才26岁,怎么可能有成熟完善的训诂学著作?不能依据一些不成熟的训诂学书而轻易抨击传统训诂学。只能批评传统训诂学的最高成就,才能见出传统训诂学的缺陷。
② 见王念孙《读书杂志》江苏古籍出版社2000年版,第197页。
③ 见王念孙《读书杂志》江苏古籍出版社2000年版,第217页。
④ 见黄霖整理集评《文心雕龙》(上海世纪出版社集团、上海古籍出版社2010年版)第82页。

其官也①。称班姬为匹妇,亦摭钟嵘《诗品》语。此书成于齐代,不应述梁代之说也。"这明显有汉语史观念。纪晓岚最后认为今本《隐秀》是明朝人所撰。

事实上,即使在二十一世纪的今天,我们的训诂学也没有超越乾嘉诸老,很多方面反而退步,例如现在出版的当代学者关于十三经和诸子百家的校释的专著,在训诂上实在不能踵武清人。他们在抉择前人的多种训诂时,往往拾其粗而遗其精。出土文献大量问世和古文字学的巨大进展只是扩展了训诂学的材料范围,并没有产生出比清朝训诂学更高明的训诂学理论。无论是前辈学者杨树达、于省吾、高亨,还是蒋礼鸿、郭在贻、董志翘,在训诂学方法上只是继承了乾嘉诸老的衣钵,都没有超越王氏父子。这实在是因为训诂学的方法和原理在清朝已经登峰造极了。王怀祖《读书杂志》的64条、俞曲园《古书疑义举例》②、刘申叔《司马迁〈左传〉义序例》就是训诂学方法的最高经典,后来学者尚不能望尘先贤,遑论凌驾古人？正如《文心雕龙·才略》所谓:"璿璧产于昆冈,亦难得而逾本矣。"

《中国现代语言学史》(修订本)没有专门的《词汇学》一章,那是因为在1949年以前的词汇学问题实际上包含在了语法学的论著中,没有一部专书研究词汇学,并非何先生的疏忽。词汇学的专门研究发端于陆志韦在五十年代发表的《北京话单音词汇》和《汉语的构词法》③两书,时间范围已经在此书之外。

通观《中国现代语言学史》(修订本),有几大亮点应该注意:第一,中国现代语言学文献浩繁,寻访唯艰,先生博考搜求,几无遗憾,仅有个别落网之鱼。览此一卷,可纳须弥入芥子,融万卷入寸心,授人以渔,金针度人,乃非常之人著非常之功。第二,对所有文献潜心研究,爬疏别裁,条分缕析,"尽得脉络曲折之详"④。提要钩玄,表彰精华,抉摘舛谬,"捃选精切,除削疏缓"⑤,昭学术之至公,示后来以法门。《四库提要》乃万人筑长城,先生以一人建高楼,其考镜学术源流不能说功高古人,至少可比肩先贤。第三,何先生胸有成竹,目无全牛,使本书结构严谨,布局高明,条理清晰,阐述周详,目光锐利,评骘精密。第四,驾驭材料游刃有余,如王良御马,匠石运斤,非功力深厚者不能为。此书既出,群才搁笔,《中国现代语言学史》之类专著至今只有先生之书孤星朗耀,普照学界。

---

① 光华案,这一条是典型的汉语史方法。
② 见《古书疑义举例五种》,中华书局2005年版。
③ 均收入《陆志韦语言学著作集》(三),中华书局1990年版。参看晁继周《二十世纪的现代汉语词汇学》(收入《二十世纪的中国语言学》,北京大学出版社1998年版)。
④ 语出《四库提要》之《水经注提要》。
⑤ 语出《切韵序》。

1.3 何先生这两部《语言学史》"曜联璧之华,标二俊之采"①,可以照见何先生"标心于万古之上,送怀于千载之下"②。何先生博极万卷,浩浩无涯,"笔追清风,心夺造化",堪称"妙极生智,睿哲惟宰。精理为文,秀气成采。鉴悬日月,辞富山海"③。不仅语言学专业学识蔚然大观,而且视野宏达,酷好博览,贯穿文史,仿佛仙人"浩荡弄云海"④,终能"庾信文章老更成,凌云健笔意纵横",断然不同于现在的一些"专家"狭隘的鼠目寸光,除了自己的蜗角专业外一无所知,谈不上人文素养,哪能期望他贯穿群籍?我从这两部学术史中领略到磅礴气象,难怪他在学术界"白日悬高名"!

学术史有多种写法,很多大家撰写学术史都主要是写自己的研究心得,并不是综述学术界已有的成果,这类学术史往往富于创见和个性,并不面面俱到,但恰恰有独到的魅力和永久的生命力,例如罗素《西方哲学史》只从自己独特的角度讲述自己的观察和研究,文笔优美,获得诺贝尔文学奖。陈寅恪《唐代政治史述论稿》区区八万言,完全阐述个人的研究见解,几乎没有称引当代学者的任何著作,只提到了沈曾植的一个观点,此书获得国民政府颁发的优秀学术成果一等奖。鲁迅《中国小说史略》、王国维《宋元戏曲考》、刘申叔《中古文学史》、萧公权《中国政治思想史》、汤用彤《汉魏两晋南北朝佛教史》都是自开园地,空诸依傍,成为一家之杰作,后世之楷模,留名青史。朱光潜《西方美学史》对传统西方美学的研究和介绍并非巨细不遗,有自己的选择和研究的心得,很少提到学术界的其他研究成果,但此书论述精辟,学风严谨,早已成为学术经典,后来的"美学史"论著虽多,都难以追风朱先生。王瑶《中国新文学史稿》也主要是个人的研究,并不综述学界对新文学作家作品的研究,后来的现代文学史著作多受其熏陶。此书奠定了王瑶作为新文学史家的地位。何先生的这两部《语言学史》也是大木自运,别具洞天,并不综述别人的研究成果,但凡是参考其他学者的研究都有详细的标注。我相信这两部《语言学史》也将与上述各家学术史名著一样"文质相炳焕,众星罗秋旻"⑤。

何先生对语言学史的研究除了以上两部学术专著外,还有多篇重要的专题学术论文也值得高度重视。

(1.4.1)《中国语言学史的研究方法》⑥。他指出研究要"从史实出发"。他考察中国古代语言学文献,认定中国古代有"语言学",同时"语文学"也很发达。我完全赞成这个

---

① 语出《文心雕龙·时序》。
② 语出《文心雕龙·诸子》。
③ 语出《文心雕龙·征圣》的赞辞。
④ 语出李白《送王屋山人魏万还王屋》诗。
⑤ 语出李白《古风》五十九首之(一)。
⑥ 收入何九盈《语言丛稿》(我觉得应该命名为《语言学丛稿》才贴切),商务印书馆 2006 年版。原载《语文导报》1987 年第 1—2 期。

观点,要说"等韵学"不是语言学,而是语文学,我打死也不认可。何先生指出:"清代人从顾炎武到《四库全书》的编者们,对明末的语言学基本上持否定的态度。他们看得起的只有一个陈第。明末出现了那么多的音韵学著作,正式列入《四库全书总目·小学类》的只有陈第的《毛诗古音考》和《屈宋古音义》,其他的只配列入'存目',而且评价很不公正。"先生对《四库提要》的批评是完全正确的。先生强调研究语言学史要网罗材料,研究第一手材料,并且批评当时的学术界:"用'网罗'二字来衡量,差距还不小。已出版的《中国语言学史》和《中国古代语言学史》,在材料方面都谈不上齐全。"这是很中肯的学术批评。先生建议要加强语言学史的宏观研究,要探索中国语言学发展的规律,要运用比较研究法。先生强调要克服封闭式的研究方法,主要包括三点:第一,关起门来谈"师承、家法",墨守旧说,拒绝接受不同意见,甚至排斥、贬低不同意见;第二,信息上的封闭。从事语言学史的研究,必须及时获取各种新的信息,而我们在这方面是做得很不够的。从1949年到现在,我们对台湾有关中国语言学史的研究情况,对美国、日本、苏联等有关中国语言学史的研究情况,都知道得不多。这对我们提高研究水平是非常不利的。第三,专业分工过细,也是造成封闭的原因之一。搞语法的不管音韵方面的问题,不研究音韵学的文章;搞音韵的不了解语法研究中的问题;搞训诂的往往也不注意语法研究中的情况。各自封闭,隔行如隔山。在这种情况下,如果有人愿意对中国语言学史的发展情况进行系统的、创造性的研究,难度自然很大。我尤其喜欢先生谈比较研究的一段论述:"比较应该是多层次、多侧面的。《方言》与《尔雅》的比较,《玉篇》和《说文》的比较,《七音略》与《韵镜》的比较,《集韵》和《广韵》的比较,《古今韵会举要》和《中原音韵》的比较;明代语言学和清代语言学的比较,清代训诂学和汉代训诂学的比较,现代音韵学和传统音韵学的比较,现代语言学和古代语言学的比较,中国古代语言学和外国古代语言学的比较等等,都是研究中国语言学史的人应当考虑的。这种比较工作前人也做过一些,如清代的语言学历来被称为'汉学',至今还有人把戴、段、二王当作汉学家。梁启超通过比较,认为戴、段、二王诸家所治,亦并非'汉学',其'纯粹的汉学',则惠氏(栋)一派,洵足当之矣(《清代学术概论》55页)。"先生的这些思想确实是痛下针砭,对于语言学史研究无疑有很大的指导意义。全文列举了很多历史语言学的具体实例,至今有启发性,绝不是在纸上谈兵法,在岸上讲游泳。

(1.4.2)《中国语言学史研究刍议》①。此文主要讨论了正确认识语言学史的性质和意义,研究和写作语言学史的态度和方法,以及应该遵守的一些原则问题。全文分别论述了下列问题:语言学史的性质;语言学史的意义;团队精神与学术个性;创建体系与重

---

① 收入何九盈《语言丛稿》,商务印书馆2006年版。原载于《语言科学》创刊号,2002年。

新改写;关于国外的汉语研究史。对研究语言学史有相当大的指导意义。要注意的是何先生明确表达到了对学术个性的宽容和赞美:"好的学术史都是有个性的,学术史的个性差异,正是某一种学术史得以存在的理由,也是学术史研究得以繁荣的必要条件。现在已出版的中国语言学史著作,凡是有一定影响者都有自己的个性,让把各种不同的学术个性在竞争、在比较中张扬自己的特色。"① 我完全拥护这一段的观点。通读何先生的两部语言学史,就明显可以感到他的学术个性,我认为他的学术个性的一个重要体现是将语言学史的专门研究和人文精神相融化。阅读其论著者当能心领神会。钱钟书的《管锥编》和《谈艺录》都有鲜明的写作个性,初读其书或感觉其病于繁冗,疏于别裁,条理模糊,布局粗陋,事多错杂,言喜狡狯,"虽志存该博,而才阙伦叙"②,非学术论著之体,然而不害其为世界学术名著。《宋诗选注》的小序都写得很有学术个性,恰恰是此书的魅力所在,与社科院文学所编注《唐诗选》、俞平伯撰《唐宋词选释》的小序在风格上完全不同。《陈寅恪集》的各篇论著的学术个性非常明显,其写作方法也受到胡适、钱穆、钱钟书等大学者的批评③,但无损其学术成就。《经传释词》和《古书疑义举例》的写作方法完全不同,但正如《文心雕龙·才略》所谓:"竹柏异心而同贞,金玉殊质而皆宝。"

(1.4.3)《乾嘉时代的语言学》④。这是何先生评述乾嘉学术的重要论文,他对清朝语言学了然于心,在《中国古代语言学史》(第四版)第七章分九节来做详密的精彩述评,再加上《概况》,篇幅达150多页,洋洋大观,当与此文合览。这篇论文发表于1984年,是他

---

① 见《语言丛稿》第271页。
② 语出刘知几《史通·补注》。
③ 曹伯言整理《胡适日记全编》(安徽教育出版社2001年版)第六册(657页)1937年2月22日,胡适写道:"读陈寅恪先生的论文若干篇,寅恪治史学,当然是今日最渊博、最有识见、最能用材料的人。但他的文章实在写的不高明,标点尤赖,不足为法。"钱穆批评陈寅恪文章不如王国维,"冗沓多枝节,每一篇若能删去十之三四始为可诵,且多临深为高,故作摇曳,此大非论学文字所宜。"(见余英时《钱穆与中国文化》附录一《钱宾四先生论学书简》,这是1960年5月21日写给余英时的信。上海远东出版社1994年版,第231页)。钱钟书也曾批评陈寅恪文章写得不高明(见汪荣祖《陈寅恪评传》附录三《陈寅恪与胡适》,百花洲文艺出版社1992年版,第255页)。另参看刘大年《一个历史学家的地位》:"陈寅恪先生怀抱高尚的志向,多才多艺,秉有大学问家的风范,但我们不应凭这些就给以过分的称誉。例如把作者一再申明、自认的某些繁琐冗长,其实际意义微小的考辨,冠上博大精深评语,加以推荐,未免太不切实际。从整体上看,他谈不上建立了一个体大思精的体系。"王季思《我们如何借鉴陈先生》:"先生的考证文章也确有一些过于繁琐之处,如《论〈再生缘〉》中为了证明'乐志堂主人野苹'即是陈端生的丈夫范炎,连举《毛诗正义》《植物名实图考》等七条史料来证明;《韦庄〈秦妇吟〉校笺》中为证明'一斗粟'应作'一升粟'的一字之差,连举《旧唐书》《唐会要》等二十条史料来证明。这就未免多务博,也影响了文笔的清畅。胡适在1937年2月22日的日记里说'寅恪治史学,当然是今日最渊博、最有识见、能用材料的人。但他的文章实在写得不高明。'这话是确有见地的。"(刘大年、王季思文均收入《纪念陈寅恪教授国际学术讨论会会论文集》,中山大学出版社1989年版)。
④ 收入何九盈《语言丛稿》,商务印书馆2006年版。原载《北京大学学报》1984年第1期。完稿于1983年。

比较早的研究乾嘉语言学的专题论文,固然没有《中国古代语言学史》(第四版)第七章那么详尽,在当时也是尖端的综述性论文。二者相比较,可以看出他对于学术研究"又日新、日日新"地深入推展。此文的有些论述是《中国古代语言学史》(第四版)所没有的,例如:"有人说:是清代经学的发展推动了小学的发展,故清代小学只不过是经学的附庸。笔者认为应当反过来说:是小学的发展有力地推动了经学的发展,清代经学水平之所以超越前代,在很大程度上得助于小学。清代的小学,人才辈出,著作如林,自成体系,蔚为大国,怎么能说它是经学的附庸呢!"这是完全正确的笃论。清代的很多语言学与经学没有直接的关系,例如关于《广韵》《集韵》的研究,关于《方言》《释名》的研究,都与经学没有直接关联。清代《说文》学昌盛,是相当独立的文字学和训诂学研究,不能说与经学无关,但不是经学的附庸。清代的训诂学不仅仅解释经学,也训诂诸子百家和史书,例如关于《国语》《逸周书》《战国策》《史记》《汉书》《荀子》《墨子》的训诂之类。清代训诂学的最高成就王念孙《读书杂志》是训诂子书和史书,不是经学的训诂。我们稍微阅读托名张之洞《书目答问》①就知道清代语言学大致的成就。另如,此文有邵晋涵、郝懿行和王念孙的比较,这是《中国古代语言学史》(第四版)所没有的。何先生此文辨析了皖派和吴派的不同精神,全文充满了论辩的写作风格。由于二者的思路和写作方法都不同,所以《中国古代语言学史》(第四版)第七章并不能代替《乾嘉时代的语言学》,虽然前者要晚出将近三十年。

(1.4.4)《乾嘉传统与20世纪的学术风气》②。这是何先生反思学术史的重要论文,代表了他的学术价值观。他高度评价乾嘉学术:"这是一个真正为学术而学术的时代,出现了一批专门学术家,他们对古代语言文字的研究达到了很高的水平,有些巨著至今还是高等学校最基本的教学用书。"而且现代学术深受其影响。他愤怒地批判盲目否定祖国文化传统的历史虚无主义:"五千年的文明史没有任何一个时代像20世纪这样,一心要摧毁自己的传统文化,在世界文化史上也没有任何一个民族如此自己动手横扫自己的传统。"于此可见何先生的人文精神。但是他的个别提法可能先生自己已经有所变更,例如:"章、黄不能及时调整自己的学术方向,株守传统的学科分类,缺乏新的学识和新的理论体系,学理资源单调陈旧。"这个比较笼统的提法可能需要扬弃了。何先生说:"一个食古不化,一个食洋不化,新潮派与国故派各有是非。"如果说刘申叔、章太炎、黄季刚这些国故派都是"食古不化",显然是不公正的。《刘申叔先生遗书》既是国学宝典,是整理国故的尖端学术,也融化了西方学术思想,是结合中西学术的

---

① 学术界或以为是清末著名文献学家缪荃孙所撰。
② 收入何九盈《语言丛稿》,商务印书馆2006年版。原载《汉学研究国际会议论文集·语言文学卷》,2000年。

典范,具有鲜明的现代性,彰彰可考,安得以为"食古不化"？黄侃的音韵学、训诂学至今为学术界所敬重,又怎能称为"食古不化"？也许何先生的意思是"新潮派批评国故派'食古不化'"。他其实对新潮派颇有不满:"新潮派以虚无主义的态度对待民族文化、东方文化,盲目崇拜欧美,今天看来很幼稚,在当年却有很大的蛊惑力。他们对国故派的批评也很不公正,缺乏学理上与事实上的根据,其水平跟大字报差不多。"这是何先生很明确的学术史论断。何先生概括了现代学术对乾嘉传统的继承并取得很大成就的四个主要方面:第一,以语言文字学为根基。第二,以考据为治学方法。第三,以学术为目的,不以学术为手段。第四,以实事求是为学鹄,重证据,为学术而学术,保持学术的独立,终极目的是为了实事求是。这样的概括非常精准。何先生最后批判了20世纪的学术通病是:第一,形式主义的绝对;第二,学术过分政治化;第三,华而不实、急于求成的学风。这些批评颇能切中要害,至今令人深思。

(1.4.5)《20世纪的汉语训诂学》①。这篇长文是何先生梳理和综述二十世纪的训诂学的学术史,下了很大的功夫。他开宗明义指出训诂学在现代衰落的原因:"有的人甚至把鸦片战争的祸根,把太平天国的兴起,都归罪于考据训诂之学,这跟顾炎武等人把明朝覆灭的原因归罪于王阳明的心学一样,都是号错了脉,诊断失误。考据训诂只不过是少数学人从事的一种传统文化,文化并不是行动的主体,它不能对一个王朝的盛衰负任何责任,行动主体是王朝的统治集团和王朝所规定的制度。了解这一点很有必要,因为两千多年以来,中国的知识分子总是把政治与学术混为一谈,把意识形态与人文知识混为一谈,使学术发展经常丧失自己的独立性。乾嘉而后,本世纪八十年代以前,训诂学就一直面临这样的厄运。"这是要挽回训诂学的声誉,洗雪训诂学蒙受的不白之冤。何先生此文的重点是在综述八十年代以后的训诂学,还对一些训诂学的概念区分和方法论的问题做了理论上的讨论,并非浮泛地介绍而已,这些都是极有意义的。

此文有的地方可以讨论,我们分四层来阐述:

(1) 何先生谈到了国学泰斗刘申叔和章太炎,称:"'国学'并不就是训诂学,而训诂学是国学的基础,人称为'二叔'(章炳麟字枚叔,刘师培字申叔)的国学大师都是本世纪第一代训诂大家。论继承与发扬传统文化之功,刘不如章。章氏坚苦卓绝,以振兴国学为己任。"我看不能这样说,《刘申叔先生遗书》广博精湛的国学研究和卓越的成就绝不在《章太炎全集》之下,我以为是超过了《章太炎全集》。黄侃、刘文典、罗常培等名家都是刘申叔先生的学生。

---

① 收入何九盈《语言丛稿》,商务印书馆2006年版。原载刘坚主编《二十世纪的中国语言学》,北京大学出版社1998年版。原文作"二十",《语言丛稿》本作"20",今论文名依据《语言丛稿》。

（2）何先生又称："在这样的思潮笼罩下，加之刘师培、黄侃等人又不能及时地将训诂学从'国学'中剥离出来，所以文字学、音韵学、语法学均已独立成科，而训诂学仍然成不了严格意义上的'学'。"这个提法是不科学的。我国的国学始终是以训诂学为基础的，训诂学也是国学的重要成分，永远不能剥离。而且在二十年代，清华大学研究院有国学门，导师王国维、梁启超都重视训诂学。北京大学1918年成立了文科研究所，1921年改名为研究所国学门，沈兼士、刘复先后担任所长，后来历任所长有胡适、傅斯年、汤用彤、罗常培，都是杰出的国学家，没有任何一人蔑视训诂学。几个新文化运动的先锋鼓吹白话文和新文化，实在没有贬低训诂学的意思。胡适《中国哲学史大纲》卷上①是用西方哲学体系的模式来写作的第一部中国先秦哲学史，蔡元培在《序》中称赞胡适有汉学修养："留学西洋的学生，治哲学的，本没有几人。这几人中，能兼治'汉学'的，更少了。先生生于世传'汉学'的绩溪胡氏，禀有'汉学'的遗传性；虽自幼进新式的学校，还能自修'汉学'，至今不辍。又在美国留学的时候兼治文学哲学，于西洋哲学史是很有心得的。所以编中国古代哲学史的难处，一到先生手里，就比较的容易多了。"并认为胡适通汉学，这是《中国哲学史大纲》获得成功的重要条件。而汉学的主体就是训诂学。梁启超《评胡适之〈中国哲学史大纲〉》②："总说一句，凡是关于知识论方面，到处发现石破天惊的伟论；凡关于宇宙观、人生观方面，什有九很浅薄或谬误。"阅读胡适此书，可知梁启超先生说的"知识论方面"就是以训诂学为主的考据。在1919年8月的《再版自序》中胡适称："我做这部书，对于过去的学者我最感谢的是：王怀祖、王伯申、俞荫甫、孙仲容四个人。对于近人，我最感谢章太炎先生。北京大学的同事里面，钱玄同、朱逖先两位先生对于这书都曾给我许多帮助。"可见胡适认为他的《中国哲学史大纲》能够写成是多亏了训诂学大家王氏父子、俞曲园、孙诒让、章太炎的训诂学（章太炎可能还有其中国学术史研究）。钱玄同是音韵学家和文字学家，朱希祖是明史专家，尤其精通南明史，二人都是章太炎的学生，也是汉学家。可知新潮人物胡适非常重视训诂学，哪有半点轻蔑之意？胡适后来自称有"考据癖"③，明显是汉学的传统。梁启超、蔡元培、胡适之都非常重视训诂学（即清朝的汉学）。我还没有发现有一个新派名流真正攻击过训诂学。鲁迅先生有极端的反传统文化的言

---

① 商务印书馆1987年版。初版于1919年2月。
② 收入《梁启超全集》第十五卷，中国人民大学出版社2018年版，第342页。这是一篇非常精彩的论文式书评。
③ 考《胡适文集》（北京大学出版社1998年版）第二册第三卷《〈水浒传〉考证》379页称："我最恨中国史家说的什么'作史笔法'，但我却有点'历史癖'；我又最恨人家咬文啮字的评玩，但我却又有点'考据癖'！因为我不幸有点历史癖，故我无论研究什么东西，总喜欢研究他的历史。因为我又不幸有点考据癖，故我常常爱做一点半新不旧的考据。现在我有了这个机会替《水浒传》做一篇新序，我的两种老毛病历史癖与考据癖——不知不觉的又发作了。"这是胡适自称有"考据癖"的出处。

论,同时嘲笑了庸俗的"国学",讽刺商人借国学之名牟利①,但鲁迅从来没有攻击过训诂学和正宗国学。他的《中国小说史略》还是用文言文写作的国学论著。二十世纪前三十年似乎没有人将"国学"与"传统文化"等同起来,根本没有认为训诂学是陈腐的传统文化。新潮人物反传统,是反对在新时代下继续践行传统文化(如裹足、纳妾、吸鸦片、搞迷信等),尤其是反对极端的传统道德(如愚忠愚孝、妻子殉夫当烈女、三从四德、贞节牌坊等)。而真正的"国学"尤其是"训诂学"只是研究传统文化,是学术活动,并不是要继续履行传统文化,反对西学。恰恰相反,研究国学的学者很多都有西学的学养,如刘申叔、王国维、梁启超、陈寅恪、李济、吴宓、汤用彤、杨树达。胡适、鲁迅、李方桂深通西学,都研究国学。反传统很激进的傅斯年和毛子水也还是国学家。鲁迅抨击庸俗国学,却从来没有轻视训诂学的。打孔家店的胡适有汉学修养,办《新青年》的新文化急先锋陈独秀著有《小学识字教本》②,这是专业的文字学和同源词研究。陈独秀还有《陈独秀音韵学文集》③。梁启超1923年5月《与思成书》④称:"《荀子》颇有训诂难通者,宜读王先谦《荀子集解》。"梁启超的弟弟梁启雄《荀子柬释》⑤常常引述其兄梁启超的训诂,梁启超关于《荀子》的训诂因此保留于此书。胡适1916年12月有篇日记《论训诂之学》⑥称:"考据之学,其能卓然有成者,皆其能用归纳之法,以小学为之根据者也。王氏父子之《经传释词》《读书杂记》,今人如章太炎,皆得力于此。吾治古籍,盲行十年,去国以后,始悟前此不得途径。辛亥年作《诗经言字解》已倡'以经说经'之说,以为当广求同例,观其会通,然后定其

---

① 参看《鲁迅全集》第一卷《热风》中的《所谓"国学"》:"现在暴发的'国学家'之所谓'国学'是什么? 一是商人遗老们翻印了几十部旧书赚钱,二是洋场上的文豪又做了几篇鸳鸯蝴蝶体小说出版。"《热风》的《题记》:"只记得1921年中的一篇是对于所谓'虚无哲学'而发的;更后一年则大抵对于上海之所谓'国学家'而发,不知怎的那时忽而有许多人都自命为国学家了。"《热风》的《"以震其艰深"》:上海租界上的'国学家',以为做白话文的大抵是青年,总该没有看过古董书的,于是乎用了所谓'国学'来吓唬他们。……国学国学,新学家既'薄为不足道',国学家又道而不能亨,你真要道尽途穷了!"《坟》之《未有天才之前》:"我们和古董商人谈天,他自然总称赞他的古董如何好,然而他决不痛骂画家、农夫、工匠等类,说是忘记了祖宗:他实在比许多国学家聪明得远。"《热风》之《估"学衡"》:夫文者,即使不能"载道",却也应该"达意",而不幸诸公虽然张皇国学,笔下却未免欠亨,不能自了,何以"衡"人。这实在是一个大缺点。鲁迅在二十年代的这些文章中经常嘲笑挖苦庸俗的国学家,尤其是上海地区的海派庸俗国学家。鲁迅嘲讽的国学家与真正的国学家如梁启超、王国维、陈寅恪、陈垣等当然不是一回事。《热风》之《不懂的"音译"》称:"中国有一部《流沙坠简》,印了将有十年了。要谈国学,那才可以算一种研究国学的书。开首有一篇长序,是王国维先生做的,要谈国学,他才可以算一个研究国学的人物。"可见鲁迅很敬重国学家王国维。而且从鲁迅的文章来看,当时提倡国学的人倒是非常多,像鲁迅这样挖苦嘲弄国学的是少数派。
② 刘志成整理校订,巴蜀书社1995年版。另收入《陈独秀著作选编》第六卷,上海人民出版社2010年版。
③ 中华书局2001年版。
④ 收入《梁启超家书校注本》,漓江出版社2017年版。
⑤ 中华书局点校本,2009年版。1983年初版。
⑥ 见姜义华主编《胡适学术文集·语言文字研究》,中华书局1998年版。

古义。吾自名之曰'归纳的读书法'。其时尚未见《经传释词》也。后稍稍读王氏父子及段(玉裁)孙(仲容)章诸人之书,始知'以经说经'之法,虽已得途径,而不得小学之助,犹为无用也。两年以来,始力屏臆测之见,每立一说,必求其例证。"这是胡适崇敬清代训诂学的铁证①。要写《现代训诂学史》,这篇小文章还得提一下。

（3）清朝的训诂学极为昌盛,训诂学理论和方法非常成熟完备,不能说没有"学"。我以为何先生过分看重黄侃的《训诂学讲词》,以为是训诂学理论的开端,这是不符合事实的。我在上文述论《中国现代语言学史》时甚至认为黄侃不是一个真正的训诂学家。真正的训诂学家没有一个人看重玩理论的训诂学小册子。我认为何先生对"训诂学通论"性质的作品评价太高了,若起王氏父子于九原,也未必认同。中国古典学术其实一直遵循孔子的传统:"我欲载之空言,不如见之于行事之深切著明也。"②《史记·高祖本纪》刘邦称:"空言虚语,非所守也。"王念孙的训诂学理论和方法散见于《广雅疏证》,张其昀归纳而撰成《〈广雅疏证〉导读》,不能因此说《广雅疏证》不是训诂学,而《〈广雅疏证〉导读》才是训诂学。段玉裁文字学和训诂学的理论和方法散见于《说文解字注》,闵元召《说文段注摘例》③将其归纳为四卷,不能说《说文解字注》不是训诂学,只有《说文段注摘例》才是训诂学。不能说王筠《说文解字句读》不是训诂学,只有王筠《说文释例》才是训诂学（当然此书是研究《说文》的名著）。不能说王念孙《读书杂志》不是训诂学,只有孙雍长《训诂原理》④才是训诂学。训诂学实践与训诂学理论在我国的训诂学史上从来没有分割过,厚此薄彼是不应该的。更何况,八十年代后的训诂学理论从来没有超越清儒。

（4）我认为何先生对训诂学有所误解。因为训诂学自先秦以来就是一门实践性的学问,训诂学理论从《尔雅》以来就一直贯穿于训诂学实践之中。而且训诂学条例在民国以前早已有丰富的总结,断然不能将训诂学的成立归功于写了一两部谈训诂学理论小册子的人,这是对训诂学的误解。例如,何先生此文在评述五十年代以前的训诂学时一字不提训诂学大家杨树达（只在语源学上提到杨树达⑤）,大概是因为杨树达先生没有专门谈训诂学理论的文章或专著。然而陈寅恪《杨树达〈积微居小学金石论丛续稿〉序》⑥称:"寅恪尝闻当世学者称先生为今日赤县神州训诂小学之第一人。今读是篇,益信其言之不诬也。"可知,四十年代的学术界公认杨树达为训诂学第一大家,其《积微居小学金石论丛》

---

① 另参看胡适《〈诗经〉中的"于"、"以"字》,见姜义华主编《胡适学术文集·语言文字研究》,中华书局1998年版。
② 见《史记·太史公自序》。
③ 收入舒怀主编《〈说文解字注〉研究文献集成》（下）,湖北教育出版社2018年版。
④ 语文出版社1997年版。
⑤ 另参看卞仁海《杨树达文字语源学研究述评》,见《中国文字研究》第二十一辑,上海书店出版社2015年版。
⑥ 见《陈寅恪集》之《金明馆丛稿二编》260页,三联书店2011年版。此文作于1942年。

《积微居小学述林》就是正宗的训诂学,《论语疏证》也是训诂学的一种方法,乃是仿效阮元《诗书故训》①。更何况,杨树达并非不研究训诂学理论。考杨树达《积微居小学述林全编》②之《补编》有《与沈兼士论字音义通读书》《声训举例》《训诂学大纲》《训诂学小史》《汉字声统序例》;杨树达《积微居小学金石论丛》③卷五《释名新略例》(撰于1925年)。这些文章都是专谈训诂学的方法、理论和条例以及训诂学史。另外,《刘申叔先生遗书》中研究训诂学的论著甚多,不仅仅是语源学研究,刘先生校释群书有辉煌的业绩,研究《毛诗》《荀子》《史记》的训诂学极为精湛。刘申叔、杨树达、于省吾、高亨校释汉代以前古书,就是正宗的训诂学。刘文典《庄子补正》《淮南鸿烈集解》也是训诂学。章太炎《春秋左传读》《膏兰室札记》也是训诂学专书。类例尚多,难以枚举。何先生文章谈到了古书的"今译",例如《论语译注》《孟子译注》《左传译文》《诗经直解》《庄子今注今译》《尚书今注今译》《礼记今注今译》《周礼今注今译》《吕氏春秋译注》《古文观止译注》《白话史记》,注释古书的《春秋左传注》,全都归于训诂学,那么二十世纪以来训诂学家刘申叔、杨树达、高亨、刘文典、杨明照、王利器、王叔岷等等校释古书,更应该归入训诂学范畴,何先生对此绝口不提,似乎不妥。我以为先生将"训诂"与"训诂学"过分割裂,可是又将古书今译(还有专书词典、古书新证)这种与理论不沾边的书也当做训诂学来介绍,这显然是不能自圆其说的。训诂学理论和训诂学实践是密不可分的,二者都是训诂学,具体的训诂研究是更加重要的训诂学。仅仅读了《训诂学通论》之类小册子不能作训诂,犹如只是读了翻译理论不能从事翻译工作。但何先生此文确实下了很大的功夫,有一些理论上的辨析,虽然未能尽善,至今依然是研究二十世纪训诂学史最好的论文。

(二) 音韵学研究

何先生是音韵学专家,对古汉语音韵学有全方位的精湛研究,在音韵学研究学术史上贡献甚大。

1.《古韵通晓》

由何先生主撰的《古韵通晓》④"瑰颖独标"⑤,是他呕心沥血的代表作之一,深得学术界好评。李学勤先生撰文评论,颇为赞誉:"《古韵通晓》是一本难得的好书。"⑥李家浩先生当面对我说:"何先生此书有考证,体例有特色,水平很高。"今略述如下:

---

① 可惜陈寅恪《论语疏证·序》未能指出这点,只是强调了《论语疏证》的方法与宋代史学家编撰史料长编考异的方法相雷同。
②③ 上海古籍出版社2007年版。
④ 与陈复华合撰,中国社会科学出版社1987年版。
⑤ 语出《文心雕龙·才略》。
⑥ 见李学勤《〈古韵通晓〉简评》,载《中国社会科学》1991年第3期。

最早编撰上古音韵表的是董同龢《上古音韵表稿》①,此书体例颇为科学严密,利用了等韵学的原理,以上古音的韵部为经,区分声调,以声母为纬,最能见出声韵调的组合。前半部分是关于上古音系的研究,考论详密,构拟出自己的声母系统和韵部系统,在此基础上制作表稿。此书在我国上古音学界有很高的令誉,音韵学者莫不人手一编。然而考镜学术源流,这种利用等韵学原理描写语言的最早经典却是赵元任的《现代吴语研究》②。此书初版于1928年,1935年再版,是第一部用现代语言学方法研究吴方言的科学著作。第一表《声母表》将33处吴方言的声母与古音三十六字母(分文白与开合)、国语音相配合。第二表《平上去韵母表》和第三表《入声韵母表》已经全然是声韵紧密配合和《广韵》音、国语音、吴语33处方言相对应的音韵表,非常清晰,声韵的搭配和古今音的对照,一目了然。韵母表中还没有使用四等的方法来区分音值。第四表是《声调表》,编制也很科学。但全书没有33处吴方言点的字音表。作为第一部严密科学的方言学名著,我们也无需对先贤求全责备。罗常培先生1930年出版《厦门音系》,其《厦门单音字表》的体例虽然也是声韵调的配合,但是没有分开合与四等,也没有与《广韵》音和国语音的对照。1940年出版的《临川音系》③有《临川韵镜》《临川同音字表》明显与等韵学有紧密结合,以四声为纲,与《广韵》相关各韵相对照,与声母相搭配,类聚同音字,这已经是相当完善的方言学《同音字表》。1948年出版的《湖北方言调查报告》④是赵元任先生主编的一部现代方言学名著,不仅在湖北64各方言点的音系描写上充分利用了等韵学的方法,《韵母表》分开合四等,详细排比各摄与声母的搭配,而且制作了各方言点的《同音字表》。《同音字表》以四声为纲(这是古代韵书的惯例),下列方言的"今韵",相应《广韵》的韵母(注明开合口),然后标出与各声母的搭配。这样的体例成为后来方言学中《同音字表》的通例,是《湖北方言调查报告》创造了这个体例,比罗常培《临川音系》的《同音字表》还要严密。而董同龢先生是本书的编撰者之一,所以对方言学的《同音字表》的体例非常熟悉,因此《上古音韵表稿》的各表的编制方法实际上是借鉴了《临川音系》和《湖北方言调查报告》的《同音字表》的方法⑤,也就是利用了等韵学的原理⑥。

---

① 见《历史语言研究所集刊》第十八册。商务印书馆1948年版。
② 参看商务印书馆2011年版。
③ 《厦门音系》《临川音系》皆见《罗常培文集》第一卷,山东教育出版社1999年版。
④ 收入《赵元任全集》第七卷,商务印书馆2012年版。
⑤ 何九盈《中国现代语言学史》(修订本)第三章《音韵学》的上古音部分没有专门介绍董同龢《上古音韵表稿》,实在讨论声母和韵母的构拟时提到的。我觉得还是要为此书立专节,因为这是一部划时代的上古音韵表。
⑥ 何九盈《中国现代语言学史》(修订本)第四章《方言学》第十九节《方言调查》在评述赵元任的《现代吴语研究》和《湖北方言调查报告》时没有强调指出这两本名著与等韵学的关系。

《古韵通晓》直接受到董同龢此书的启发,对全书有科学的设计和布局。第一章叙述古音学的成立和发展历程,第五节制作《各家古韵分布异同对照》,方便读者比对。第二章《谐声异同比较》依据段玉裁《六书音韵表》"同谐声必同部"的理论,采用列表的方法将古字的声符部首分别归入段玉裁、孔广森、严可均、朱骏声、江有诰、王力、周祖谟七家的上古音韵部系统,是一个比较性的谐声谱。有了这个至关重要的谐声谱,第三章《古韵三十部归字总表》是水到渠成,顺理成章的事情。因此第二章《谐声异同比较》是全书的枢纽,这是何先生独立完成的,只是请陈复华校勘过一半的内容。何先生独自撰写的第四章《归字总论》举例分析了各家对归字问题的分歧,具有极强的考证性质,学术性非常浓厚。此章分析了各家产生分歧的五点原因:一是谐声方面的原因,这一条又分为三种情况,逐一详细辨析。二是诗韵方面的原因。三是声调方面的原因。四是等呼方面的原因。五是异文异读方面的原因。何先生对以上五点均有具体深刻的阐释,确实能够启人疑窦,有很高的学术价值。第五章《上古韵母的构拟》对上古音系的介音、主元音、韵尾都有全面的研究和构拟,许多讨论非常深入。

　　何先生此书第三章《归字表》体例完善,以韵部为经,声母为纬,每个韵字的声韵搭配一目了然。同时附录每个字的中古音的反切和音韵地位,按照"声母、韵母、声调、等、开合、摄"的顺序排列,一目了然,对音韵学者开启无数法门。最后一栏是现代读音,附有汉语拼音,以方便一般读者。这一章的体例可以说是尽善尽美,无懈可击。《上古音韵表稿》的归字还区分了四声和开合,何先生此书没有采取这个体例,可能是因为他在每个字后面附录了中古音的音韵地位,已经不需要董同龢的这个体例了。全书唯一的白圭之玷是只有繁体字的笔画索引,没有拼音检索,于读者稍嫌不便。

　　此书不仅体例至善,而且在韵部归字上有独到之处。我们举"搅"字的古韵问题为例:

　　郭锡良先生《汉字古音手册》增订本① 259 页,《王力古汉语字典》405 页都将"搅"的上古音归为觉部入声的;但何九盈等《古韵通晓》觉部不收"搅"字,而是归入幽部。二者谁更合理呢?考古文献可知至少在西晋时代"搅"就已经是阴声韵了,在《广韵》音"古巧切",上声,巧韵。考《昭明文选》卷十六陆机《叹世赋》:"然后弭节安怀,妙思天造。精浮神沦,忽在世表。寤大暮之同寐,何矜晚以怨早?指彼日之方除,岂兹情之足搅?感秋华于衰木,瘁零露于丰草。在殷忧而弗违,夫何云乎识道?将赜天地之大德,遗圣人之洪宝。解心累于末迹,聊优游以娱老"②。注:"言既寤之,则彼死日之方除,岂能乱我情乎?

---

① 商务印书馆 2010 年版。
② 又见《艺文类聚》三十四,严可均《全晋文》卷九十六。

言不足乱也。毛诗曰：日月其除。又曰：祇搅予心。毛苌曰：搅，乱也。"根据李善注可知原文确实是作"搅"，而不是其他字。陆机此文的用韵是"造、表、早、搅、草、道、宝、老"相押。因此陆机此文的"搅"一定是阴声韵，而不是入声韵。如果将"搅"的上古音归为入声觉部，那么就必须承认觉部入声在西晋甚至更早的年代就演变为阴声韵，失去入声韵尾。这显然不符合汉语音韵学的音变规律。我们只有承认"搅"的上古音就是阴声韵，或者其上古音有阴声和入声两读才合理。其他稍晚的押韵材料如齐梁时代的刘勰《文心雕龙·杂文》："赞曰：伟矣前修，学坚才饱。负文余力，飞靡弄巧。枝辞攒映，嘒若参昴。慕颦之心，于焉只搅。"其中以"饱、巧、昴、搅"押韵，必是阴声韵无疑。从文字学上考察，"搅"就是"搞"的古字，而"搞"只能是阴声韵，从无入声韵。因此，何九盈先生的观点比王先生[1]、郭先生更合理。

此书由于采用了等韵学的原理制作归字表，所以很容易看出上古音中的声韵搭配，对于研究上古音系的诸多问题有很大的启发作用，也提供了很多的方便，绝不仅仅是查阅汉字的上古音的工具书而已。郭锡良先生《汉字古音手册》（增订本）[2]、唐作藩先生《上古音手册》（增订本）[3]都没有利用等韵学的方法来编制古音手册，所以在音韵学研究的功能上较之《古韵通晓》未免逊色。刘博平《说文古音谱》[4]虽然有意识地注意声韵的搭配，但是没有充分利用等韵学的方法，体例颇嫌粗疏，方法未能尽善，且对音韵学各家的分歧未能比较折中，纯粹依据黄侃之说制作，此书使用起来有诸多不便，各方面的学术价值都不能与《古韵通晓》相提并论，尤其不能说《古韵通晓》受到《说文古音谱》的启发。

《古音通晓》初版于1987年，其体例今天看来也是"毫发无遗恨，波澜独老成"[5]，虽然没有用国际音标直接标注上古音和中古音，但并不影响读者使用。直到整整31年之后，郭锡良先生模仿董同龢《上古音韵表稿》的方法，并加以增补完善，出版了《汉字古音表稿》[6]，才与《古韵通晓》双峰并秀。在古音学史上，《古韵通晓》独领风骚31年。周法高主编《汉字古今音汇》[7]收录高本汉、董同龢、周法高三家的上古音和《切韵》音，附录粤语音和国语音。虽然以三家拟音相对照并列，却完全没有利用等韵学原理和方法，在体例上较之董同龢《上古音韵表稿》反而退步。且因为出版时代较早，各种音标排印困难，全书采用手写，阅读不便，也是一个缺点。

---

[1] "搅"字在《王力古汉语字典》收入《卯部》，是王力先生亲自撰写。
[2] 商务印书馆2010年版。北京大学出版社初版于1986年。
[3][4] 中华书局2013年版。
[5] 语出杜甫诗《敬赠郑谏议十韵》。
[6] 中华书局2018年版，2020年修订版。
[7] 香港中文大学出版1973年版。另参看严承钧《周法高〈上古音韵表〉之部字匡谬》，载《音韵学研究》第二辑，中华书局1986年版。

《古韵通晓》在韵部系统上主张上古音系是六元音系统,没有复合元音,与王力《汉语语音史》相同。但是何先生关于上古音的韵部音值的拟测,幽部、宵部、支部、脂部这四个韵部(以阴声赅阳声和入声)的主元音音值构拟和王力先生不一样。这个问题比较专业,只有另撰论文来研究。《古韵通晓》没有讨论复辅音声母的问题,但在其《上古音》一书却有比较详细的论述。

(2.2)《上古音》

何先生独撰的《上古音》①是《汉语知识丛书》的一种,带有普及音韵学的性质,是《古韵通晓》的姐妹篇,却是一本有特色的音韵学专著,其中的论述有相当的学术性。《上古音》的出版晚于《古韵通晓》四年,其上古音系与《古韵通晓》完全一致,但增加了对复辅音声母的论述。

《上古音》第一章《上古音研究简述》,与《古韵通晓》第一章《古韵分部的历史概述》差不多,也可与他的两部《语言学史》的相关章节合观,在后者也有细致的阐述,而且后出专精。第三章《上古声母系统》采用了王力先生《汉语语音史》的构拟。第四章《上古声调系统》简要介绍了关于声调的各家观点,最后采用王力先生长入短入之说,主张古无去声,去声古读长入。

《上古音》五《余论》93页先概括了认定有复辅音的三个主要根据:"(1)谐声资料;(2)合音词;(3)汉藏语系的同源词或借词。"关于"汉藏语系的同源词或借词"一段,利用了严学宭《周秦古音结构体系》②。本书《二校后记:复辅音问题》称:"我在《余论》中说'远古汉语有可能存在复辅音'。现在我认为:不是'有可能',而是肯定有。因为不仅某些谐声资料证明远古汉语曾经有过复辅音,就是在周秦文献中某些联绵字、又音、异文、假借也需要追索复辅音的历史才能得到合理的解释。"口气相当坚决。他接着说:"但我又不赞同上古汉语(指《诗经》时代,包括战国时期在内)仍然存在复辅音。我认为在上古汉语中留下了许多远古汉语复声母的遗迹,但复辅音声母作为一个系统已经消失。我们既不可把'遗迹'当作系统来看待,也不应该无视这些'遗迹',以为汉语中从来就不曾有过复辅音。"随后先生从七个方面论证了远古有复声母:复辅音与连绵词、复辅音与同源词、复辅音与异文、复辅音与又音、复辅音与读若、复辅音与声训、复辅音与假借字。何先生显然是在着意论证复声母的存在,在98—99页还采取了梅祖麟关于复声母的观点。何先生还有论文《商代复辅音声母》③,此文举出很多谐声字、同源字、假借字的例子论证商代汉

---

① 商务印书馆1991年版。
② 载《音韵学研究》第一辑,中华书局1984年版。
③ 发表于《第一届国际先秦汉语语法讨论会论文集》,岳麓书社1994年版,后收入何九盈《音韵丛稿》(商务印书馆2002年版)。

语存在复辅音声母。他后来又发表主张古有复声母的论文《sr-新证》①,此文主要是依据"李"字的形声结构来推论上古有复声母 sr-。②

音韵学界主张上古汉语有复声母,这是一股强大的音韵学学术思潮,并非何先生一人如此提倡③,学者们证据多端,如此主张不为无因。我在 2005 年完成的博士论文《论汉语上古音无复辅音声母》已经全面论证上古不可能有复声母。2015 年,我的《上古音及相关问题综合研究》(151 万字)进一步完善我的研究,全面反击支撑复声母观点的各种证据,并且否定了汉语上古音与藏缅语族的关系,从而否定了汉藏对音。我在拙著中阐释了上古音的来母分为舌尖边音和舌根边音两系,凡是与见母谐声和通假的来母都是舌根边音 L-,凡是与舌尖塞音谐声和通假的来母都是舌尖边音 l-。没有同一个来母字既与见母谐声,同时又与舌尖塞音谐声或通假,二者纹丝不乱。汉代以后舌根边音并入舌尖边音。这是我在《上古音及相关问题综合研究》第三章第一节论证的重大音韵学问题,如此可以在单辅音框架内合理解释见母与来母谐声和通假的问题,希望引起学术界的关注。

我与何先生在复声母问题上各自坚守立场,而他始终爱护我,我始终敬重他,这可能只有在北大才能做到。当然,我曾经一再恳请他为我的代表作《上古音及相关问题综合研究》撰写序文,他明确表示不写,大概是我们在复声母问题上的不同立场难以调和。直到 2021 年 1 月,我决心全力以赴撰写本文,何先生还对秦淑华师姐说,他不赞成我对古有复声母观点的抨击,但是欣赏我的学问。我很理解他的学术思想,也常常想起他对我说:"学术观点是不能含糊的。"这重公案,只有留待后世来论说了。④

(2.3)《汉语古音韵学述要》

何先生《汉语古音韵学述要》(修订本)⑤是一部普及音韵学的读物,但是有自己的特

---

① 发表于《中国语文》2007 年第 6 期;后收入何九盈《古汉语丛稿》,商务印书馆 2016 年版。但没有收入先生《抱冰庐选集》。
② 我在没有注意到先生此文的情况下,发表了《"李"字形声结构新考》(见华东师范大学主办的《中国文字研究》第 18 辑,上海书店出版社 2013 年版),此文收入我在 2015 年出版的《上古音及相关问题综合研究》(暨南大学出版社)。拙文依据甲骨文等古文字资料指出"李"字不是从"子"得声,而是从"来"得声,《说文》对"李"的形声结构分析有误,因此"李"字不能作为上古音有复声母的证据。何九盈在《〈声韵语源字典〉读后记》(收入何九盈《书山拾梦》,商务印书馆 2010 年版,第 424 页)一文在评论齐冲天《声韵语源字典》时专门谈到了齐冲天利用复辅音来确认同源词,先生似乎表示赞成。
③ 最主要的论文资料汇编参看赵秉璇、竺家宁编《古汉语复声母论文集》,北京语言文化大学出版社 1998 年版。我的《上古音及相关问题综合研究》收集相关资料较全。
④ 我反复思考了到底要不要在本文提到复声母问题,最后觉得还是要实事求是地摆明问题。相信何先生能够理解我的做法。
⑤ 中华书局 2010 年版。浙江古籍出版社初版于 1988 年。

色。正如唐作藩先生在《序》中所评论的,这本书有几大特色:第一,体系新颖。各章"从标题到内容,都给人以新的认识和启迪"。第二,重点突出,差不多用一半的篇幅专谈等韵学。唐先生指出,江永的古音学之所以能突破顾炎武,主要是由于他精通等韵学。所以何先生的做法很有见地。第三,材料丰富,内容充实。第四,融入了何先生自己的研究成果,例如将字母的发展分为三个阶段,对《中原音韵》无入声之说的补充意见,对《青郊杂著》和《字学元元》两部等韵书的分析及肯定,吴棫不自觉离析《唐韵》,对《韵镜》归字例的诠释,都体现了何先生自己的学术见解。我认为唐先生以上对本书的论评是十分中肯的,应是学术公论。我自己补充的是这本书可与他的两部《语言学史》关于音韵学的部分及《古韵通晓》《上古音》合观,这五部书很多方面是相通的。对初学者来说,当然应该先读这本书,再读《上古音》,然后读两部《语言学史》,最后研读《古韵通晓》。

(2.4) 音韵学论文

何先生发表了音韵学的三部专著,其中以《古韵通晓》为最高水平的代表作。此外还有很多音韵学的专题论文,主要收入先生的两部论文集《音韵丛稿》和《语言丛稿》,我总觉得这两部论文集应该定名为《音韵学丛稿》《语言学丛稿》,少了一个"学"字是不大好的。先生如此命名,大概是受到了李荣的《方言丛稿》《音韵丛稿》的影响。择要简述如下:

(2.4.1)《上古并定从群不送气考》①。考证上古音的全浊声母不送气,批评了高本汉、罗常培、李方桂等学者关于上古音系全浊声母送气的观点,证据充分,讨论深入,足以成一家之言。

(2.4.2)《上古音节的结构问题》②。考证上古汉语的音节结构的阴声韵不是CVC,而是CV,反驳了李方桂、陆志韦的观点,与王力先生观点相合。何先生称:"我们现在构拟《诗经》时代的语音系统,很重要的一个依据就是拿《切韵》音系往上推。而《切韵》音系的音节结构是阴阳入三分的,有辅音+元音+辅音(阳、入)这样的结构,也有以元音收尾的阴声韵。如果《诗经》时代阴声韵收-b、-d、-g等辅音,那么,它们是什么时候脱落的呢?为什么脱落得这么彻底,连一点残存的痕迹也找不出呢?中国地区这么大,汉民族的方言又这么复杂,许多早已消失的古音现象都可以得到某种方言资料的印证,为何这-b、-d、-g却找不到证据呢?如果对这些问题不能作出认真的回答,作出合理的解释,那么,CVC学说就无法令人信服。"何先生的这个批驳是很有说服力的。我在拙著《上古音及相关问题综合研究》第四章三十二《上古音中的浊塞音韵尾的商榷》也论证了上古汉

---

① 收入何九盈《音韵丛稿》,商务印书馆2002年版。原载《第一届国际先秦汉语语法研讨会论文集》,岳麓书社1994年版。
② 收入何九盈《音韵丛稿》,商务印书馆2002年版。原载《音韵学论丛》第14辑,商务印书馆1984年版。

语的阴声韵不存在浊塞音尾。

（2.4.3）《古无去声补证》①。主要是对王力先生《古无去声例证》一文增补简帛材料的例证，利用出土文献的大量资料来证明古无去声，论证非常绵密，开拓了音韵学材料的新领域。以出土文献材料论证音韵学问题，何先生蔚为首创。当然，在学术界对这个问题还有不同看法，江有诰、周祖谟、孙玉文都主张古有去声。孙玉文收集了大量的材料，详细论述了"四声别义"的问题，似乎上古音存在去声，去声似乎并不读为长入。这牵涉到至关重要的阴声韵的去声与入声押韵和谐声的问题。段玉裁首创的"古无去声"说，后来的章太炎、黄侃、王力、何先生都表示赞同。我以为此说可信。考《切韵序》："秦陇去声为入。"则是自古以来陕西甘肃的方言要将去声读为入声，到了《切韵》时代的陕甘方言都是如此。春秋战国时代的东方各国应该是有去声的，并不读为入声。由于关中地区是西周和秦汉的政治文化中心，所以"秦陇去声为入"的语音现象作为强势音有所扩散，波及了广大的中原地区，造成了陕甘地区以外的区域也有去声和入声相通相谐的现象，这确实是去声读为入声的音变，但并不表示春秋战国时代的东方各国和南楚北燕都没有去声。我在拙著《上古音及相关问题综合研究》第四章三十《去声为入问题》对此有所讨论。

（2.4.4）《〈切韵〉音系的性质及其他——与王显、邵荣芬同志商榷》②。何先生发表此文时刚刚大学毕业留在北大当助教，这是何先生的本科毕业论文（指导老师是魏建功先生）。审阅人周祖谟先生在评语中称本文："不为前人成说所囿，能从纷繁的材料中看出问题，提出自己的看法，有分析，有判断，具有一定的创造性。成绩：优。"何先生此文批评了王显、邵荣芬两位学者认为《切韵》代表了隋唐时代的洛阳音系的观点，主张《切韵》是杂糅南北的综合音系，有杂凑的性质。此文当与其《中国古代语言学史》（第四版）第十四节《〈切韵〉系韵书》合观。我后来注意到董志翘先生有《〈切韵〉音系性质诸家说之我见》③一文，赞成周祖谟的观点，主张《切韵》音系不是综合音系，是西晋南渡以前东汉以来的洛阳的读书音，即"洛下书生咏"。"洛下书生咏"在东晋以后逐渐演变为金陵雅言，成为江南地区的士大夫的读书音（标准音）④。董志翘先生称："从外部证据来看，仅本人所接触到的陆德明《经典释文》、玄应《一切经音义》、空海《万象名义》、何超《晋书音义》、慧琳《一切经音义》的反切音系，无一能和《切韵》音系完全密合。这中间可能有诸多原因。如：有些反切系统本身就是兼收并蓄，不属于一个音系。有些反切系统本身就代表了某一个方

---

① 收入何九盈《音韵丛稿》，商务印书馆2002年版。写成于1982年，原载《语言文字学术论文集》，知识出版社1989年版。
② 收入何九盈《音韵丛稿》，商务印书馆2002年版。原载《中国语文》1961年第9期。
③ 收入董志翘《中古文献语言论集》，巴蜀书社2000年版。
④ 见董志翘《中古文献语言论集》380—382页，巴蜀书社2000年版。

面。由于时代上的差异,语音变化所致。也可能是因为《切韵》照顾了南北某些音类。唯《隋韵谱》的韵部系统倒是和《切韵》比较贴近。这也可能说明了隋时文人用韵正是采用了当时的雅言(读书音)。"① 董先生注意到了《隋韵谱》②的韵部系统与《切韵》贴近,这一点是值得学者高度注意的③。只是董先生所同情的"洛阳古音"说是发端和论证于陈寅恪先生的《从史实论〈切韵〉》④,不是创自周祖谟先生。黄典诚《汉语语音史》⑤第一章第二节《中古声韵调系统》赞成陈寅恪之说。张建坤《齐梁陈隋押韵材料的数理分析》⑥排比和分析齐梁陈隋押韵材料颇为周详,其书第五章《总结》三《从押韵论〈切韵〉的性质和语音基础》对各家说法有所综述,涉及的文献较详,对何先生的论述有所商榷,可以参看。其结论称(181页):"以此来看,《切韵》所记录的是一个单一音系,但不能排除综合因素。"此书材料做得很扎实,值得称道。⑦

(2.4.5)《〈中原雅音〉的年代》⑧。此文赞成蒋希文关于《中原雅音》早于《中原音韵》的观点,并列举三种证据来支撑蒋希文之说,批评了邵荣芬的《中原雅音》晚于《中原音韵》的观点。此文可与其《中国古代语言学史》(第四版)第六章第二十节合观。

(2.4.6)《〈中州音韵〉述评》⑨。这是何先生对王文璧《中州音韵》全面研究的一篇重要论文。何先生指出:"根据笔者对《中州音韵》(据西吴张汉重校本)的反切进行全面考察的结果,认为此书所反映的并非元代的北方音系,它是为了适应南曲的需要而编撰的一部南曲韵书。"这是何先生对此书的重要研究成果。何先生论述道:"《中州音韵》的声母系统接近《洪武正韵》,韵母系统接近《中原音韵》,声调系统别具一格,这是它在音系方面的根本特点。根据我的归纳,《中州音韵》有二十九个声母。这就是:帮、滂、并、明、非、奉、微、端、透、定、泥、来、精、清、从、心、邪、照、穿、床、审、禅、日、见、溪、群、

---

① 见董志翘《中古文献语言论集》383页。
② 《隋韵谱》是李荣1961—1962年所撰,收入李荣《音韵存稿》(商务印书馆2014年版)。
③ 但是董志翘先生并没有在文章中指出《隋韵谱》和《切韵》吻合的地方。李荣《隋韵谱》没有指出与《切韵》贴近。倒是李荣《论李涪对〈切韵〉的批评及其相关》(收入李荣《方言存稿》,商务印书馆2012年版。原载《中国语文》1985年第1期)依据李荣《隋韵谱》和六朝韵文,指出了六朝和隋代诗文的东与冬钟分押和全浊声母的上去二声分押,这与《切韵》相合。
④ 收入《陈寅恪集》(三联书店2011年版)之《金明馆丛稿初编》。初发表于《岭南学报》1949年第九卷第二期。何九盈《中国现代语言学史》(修订本)讨论了陈寅恪的《东晋南朝之吴语》(收入《陈寅恪集》之《金明馆丛稿二编》。初发表于1936年《历史语言研究所集刊》第7本第1分),但没有注意到陈寅恪的《从史实论〈切韵〉》这篇论证更加绵密的长文。
⑤ 安徽教育出版社1993年版,第11页。
⑥ 黑龙江大学出版社2008年版。
⑦ 关于《切韵》的研究综述,最详细的是龙庄伟《切韵研究史稿》,河北教育出版社2006年版。
⑧ 收入何九盈《音韵丛稿》,商务印书馆2002年版。原载《中国语文》1986年第3期。
⑨ 收入何九盈《音韵丛稿》,商务印书馆2002年版。原载《中国语文》1988年第5期。

晓、匣、影。……跟《洪武正韵》一样,照二与照三合并,知彻澄娘与照穿床泥合并,敷与非并。疑母在《洪武正韵》和《中原音韵》中都还保存,而《中州音韵》疑母已经消失。"并分别构拟了声母系统的音值。中古的禅母字,《中州音韵》分为两类:一类混同于床(澄),一类与船合并。影母和喻母的关系跟《诗词通韵》近似,并不相混,二者仍然存在对立关系,但这种对立似乎只是阴阳的不同。影喻(疑)二母的字平上去三声都存在阴阳对立关系,这是南派曲韵书的一个特点。《中州音韵》的韵母系统大体上与《中原音韵》一致,略有不同。何先生还重点讨论了着全浊声母的性质和演变,并比较《中州音韵》与《中原音韵》在小韵方面有哪些不同。他赞同张世禄先生的看法,所以为《中州音韵》构拟了清浊两套声母,分析了浊上变去的四种类型。他的论述察见渊鱼,十分精辟深刻。他最后作结论称:"《中州音韵》虽然是《中原》系统的韵书,但《中州音韵》并不等于《中原音韵》,用《中州音韵》来'了解元代的语音系统'是不恰当的。《中州音韵》是曲韵南化的产物,它以后产生的南曲韵书,都曾受到过它的深刻影响。因此,弄清楚《中州音韵》的语音系统,对于研究南曲韵书发展的历史,具有重要意义。"这些论述十分精到。此文是研究《中州音韵》的经典之作。

(2.4.7)《〈中国字例〉音韵释疑》[①]。这是何先生疏证台湾文字学者高鸿缙的文字学著作《中国字例》中的音韵问题的长篇论文,疏证的疑难字音多达 126 条,有理有据,多所释疑,功力非凡。先生在此文坚持和发挥了自己关于复辅音声母的观点。何先生评论道:"《字例》有不少创见,无论是六书分类还是具体字的归类,或是甲、金文之考释,古今形体关系的分析,常发人之所未发。故此书问世至今,一直见重于学林。然综观全书,高氏于音韵之学,似未得其门径。书中涉及大量音韵问题,或结论正确,而音理不明;或结论错误,理据模糊。高氏未能利用清代古音学的研究成果,也完全无视现代音韵学的研究成果。"何先生的评论深中肯綮,全文辩驳和阐释有关的音韵学疑难问题非常到位。

(2.4.8)《上古元音构拟问题》[②],这是何先生研究上古音的一篇重要论文,对音韵学研究的各种错误的方法和有局限的理论予以了批评。何先生开篇就说:"汉藏音系的比较研究对《诗经》音系的修补、完善无疑有重要价值,但是在目前条件下,何谓'汉藏音系'说法尚且不一,何况我们所掌握的所谓'汉藏音系'的资料与《诗经》音究竟是一种什么样的时间关系、可比性如何、可信程度如何,有谁作过严密的考证?甚至连汉语形成于何时、《诗经》以前的汉语是什么样子,我们都没有一个像样的说法,匆匆忙忙作'比较',未

---

① 收入何九盈《音韵丛稿》,商务印书馆 2002 年版。原载《国学研究》第四卷,1997 年。
② 收入何九盈《语言丛稿》,商务印书馆 2006 年版。原载《纪念王力先生百年诞辰学术论文集》,商务印书馆 2002 年版。

免有些太性急了。至于梵汉对音资料的使用,问题更多,用这类资料来证明的《诗经》音系尤应慎之又慎。"这种研究的态度是非常严谨科学的。我在拙著《上古音及相关问题综合研究》①第一章第八节已经彻底批判了汉藏对音的错误做法,否认汉藏对音对汉语上古音研究有任何价值。何先生明确表达了对在上古音研究中滥用空格理论的质疑,足以唤起只玩西方理论的专家的猛醒。何先生严肃批评了郑张尚芳的上古音系的元音系统:"这样的元音系统破坏了几百年来多少代人建立的古韵部组织结构,也破坏了相邻韵部的区别性特征,韵部的划分全然失去了意义。而且,o、a、e共居一部,u、ɯ、i别户同门。前后合一,高低混同,佥侈难分,一部之内三种元音的距离比相邻韵部元音的距离还要远,构拟本身同样也失去了意义。"这个批评可以说击中了要害,郑张先生将无辞以解。文章讨论了三个专题:第一,元音构拟的三种类型。举《诗经》为例,深刻批评了郑张尚芳上古元音构拟的错误。第二,韵部不是韵摄。引述王力先生《先秦古韵拟测问题》(1964年)一文,批判了将上古一个韵部构拟多个主元音的错误理论,批评了俞敏和郑张尚芳的观点,坚持了一个韵部一个主元音的正确理论。反对将十三辙与上古韵部相比附。第三,开合、洪细与上古音。讨论了开合口与声母、韵母的关系问题。批评了李新魁将开口韵与合口韵分属不同韵的观点,批评了郑张尚芳将上古元部合口构拟为 on 的观点,逐一剖析了郑张尚芳所列举的各项主要证据,甚为精辟。何先生作结论道:"现在,主张一部多元音的人,将'偶有相涉'之音、五方不同之音、'间有数字借协'之音、'只取双声为声'之音,乃至音读'沿讹'之音,通通纳入一个音系之中,用元音不同来加以解释,这实际上是变相的叶音说。叶音说是以今律古,主张一部多元音的人,除了以今(指中古音)律古(指上古音)之外,还要以'五方之音'律《诗经》音系,这样的元音系统看起来是照顾了方方面面,消除了各种例外,实际上使古韵部经界由密变疏,由整齐变为支离,不能不说是一个大倒退。"这个总结是完全正确的。第四,重韵、重纽与上古音。何先生指出不能将中古音的概念"重纽"运用于上古音,上古音不存在所谓的重纽问题,批评了董同龢的观点。这是非常正确的。总之,上古音韵学关于元音构拟的各种错误方法和理论都是"人用己私,是非无正,巧说邪辞,使天下学者疑"②,何先生在此详加批驳,"以理群类,解谬误,晓学者,达神旨"③。

(2.4.9)《〈说文〉省声研究》④,这是何先生研究《说文》学的名篇。根据他的统计,大徐本共有省声材料 310 条,经过逐条考察,发现不可信的省声有 158 条。这些不可信的省声是怎么产生的呢?何先生归结为以下四个方面的原因:第一,不明秦汉古音而误改;

---

① 暨南大学出版社 2015 年版。
②③ 语出《说文叙》。
④ 收入何九盈《语言丛稿》,商务印书馆 2006 年版。原载《语文研究》1991 年第 1 期。

第二,因字形问题而误改;第三,因版本、传写讹误而误改;第四,许书原本有误;每个方面又分为若干类型,贯穿甲骨文金文,考辨精切,阐释周详,洵为许书之功臣,乃王念孙所谓"盖千七百年来无此作矣"①。非精通《说文》者不为功。

该文个别例子可以讨论。如:"彬("份"之古文):从彡、林。林者,从焚,省声。按:小徐无'林者'二字。王筠说:'林者,从焚省声。此句盖后人增。彼以'彬、林'声异,遁词于焚省,又忘《说文》作燓也。'《说文》有'燓'无'焚'(段注改篆文'燓'为'焚')。'燓、彬'均文部字,故误改为焚省声。原书应作从彡林声。林,侵部字,与文部之'彬'主要元音同,侵与文通转。"光华案,何先生这个事例可能搞错了,不能取王筠之说。"彬"应该是从"焚"省声,"焚、彬"不仅均是文部字,而且声母都是唇音(焚是并母,彬是帮母),二者可以谐声。而"林"是来母,与唇音难以相通。侵部与文部韵尾不同,在《诗经》《楚辞》都没有合韵之例,在"彬"字的形声结构中不应看成是谐声关系。所以"彬"应该是从"焚"省声。

(2.4.10)《〈说文〉段注音辨》②。这是何先生研究段注音韵学问题的长篇论文,是其《说文》学的又一名篇。他表彰了段注在古音学上的五大贡献(不包含《六书音韵表》),然后指出其段注在音韵方面的八类问题,归纳非常全面该要,然后依卷次分条考辨,有的不是指出其错误,而是诠释或疏证,擘肌分理,发幽掘微,足见他对段注精熟如流,研究深湛,功力极为深厚。

以上两篇关于《说文》学的论文绝对是高水准的力作,可称"双悬日月照乾坤"。

(2.4.11)《汉语语音通史框架研究》③。这是长篇论文,含金量很高。何先生详细讨论了语音史研究中的从高本汉《中国音韵研究》和《汉文典》以来的三点一线式的研究框架和王力《汉语语音史》开创的九点一线式的研究框架。综述了音韵学界关于《切韵》音系和《切韵》性质的研究,以及音韵学家关于重要的音韵学问题的各种分歧意见。本文是音韵学有争议问题的综述性论文,各家观点收集分类相当有代表性,表述简明扼要,他的综述颇能击中问题的核心,对学者了解音韵学中存在的各种问题有很大的帮助。何先生还详细介绍了王力先生《汉语语音史》探索九点一线式语音史框架的开创性贡献,同时表明了自己对这种研究框架的批评性意见。然而他可能忽视了《汉语语音史》的各个音系是指各个时代的读书音,并不是可以包括当时各地的方音,所以他的一些批评还不能难倒王力《汉语语音史》的研究格局。但是他提出了古代方言音系的问题,这确实是非常重要而敏锐的历史音韵学问题。最后,他提出"散点多线式框架",主张将汉语语音史分为

---

① 语出王念孙《〈说文解字注〉序》。
② 收入何九盈《语言丛稿》,商务印书馆 2006 年版。原载《国学研究》第一卷,1993 年 4 月。
③ 收入何九盈《语言丛稿》,商务印书馆 2006 年版。

五期"先秦秦汉—魏晋南北朝—隋唐五代—两宋辽金—元明清",这是颇有见地的研究,他对此有详细的论述。有趣的是他介绍了1960年自己参与编撰《汉语发展史》:"该书建立了六个音系,从西周至西汉,以《诗经》为据;东汉韵部系统以乐府民歌、古谣谚和文人诗文用韵为据;魏晋南北朝也是以民歌和文人诗文用韵为据;唐代韵部以变文中的韵文及白居易的诗歌为据;宋代以辛弃疾、李清照的词韵为据。"表明先生在50年代末就已经有意识要打破三点一线式的研究框架,堪称先知先觉。总之,这是他的一篇关于语音史宏观研究的重要论文,值得学术界高度关注。

(2.4.12)《〈诗词通韵〉述评》①。此文研究清朝的王朴隐所撰的《诗词通韵》这部韵书,首先考证王朴隐的籍贯是江苏,主要活动在康熙年间,与阎若璩、潘耒、刘献廷等是同辈人,比顾炎武、毛先舒要晚一些。何先生解析其《例说》的那些专业语句十分精辟:"世传诗韵"指的是平水韵。"韵目"即106韵的标目。"稍删僻赘"是指旧韵中的僻字,今悉删去。"改用通音"是指用"通音"认可的中州音作反切。"不叶于词者别为一韵"是指按曲韵离析诗韵,如支韵、鱼韵、虞韵、佳韵、灰韵、寒韵、麻韵、庚韵、青韵、蒸韵,各分为二,元韵一分为三。"词曲循音合用"是指把相同的韵合为一音。合起来之后,共有二十个音。这二十个音就是离析诗韵后归并的二十个曲韵部。朴隐子只是在诗韵目下面分别注明二十音的读音,并未确立这二十个音的韵部名称。以上的阐释十分清晰而专业。何先生按照通行的曲韵名称为二十韵分别命名。他接着论道:"我认为:《诗词通韵》并非单一音系,它是取舍于《中原音韵》和《洪武正韵》之间的一部曲韵书,也不是'词韵专书'。明末清初人所谓的'词',并不一定都是指'诗余',有些时候指的是曲。'词曲'连用时,'词'是指歌词,'曲'是指曲调。朴隐子所说的'词曲'就是指南曲。"这个推断完全正确,而且非常精辟。先生随后构拟了《诗词通韵》的声母系统和韵母系统,并详细讨论了所构拟的音值。在其声调演变上,先生指出《通韵》没有完全"浊上变去",绝大多数是变去声了,与《中原音韵》不同。入声消失,以两种方式并入阴声韵:"《通韵》入声变为阴声之后,分布在十五个韵母之中(见下表)。这十五个韵母有两种不同的类型:一类是与原有的阴声韵合流,如[i][uei][u][a][ia][ua]等十个韵母属于这种类型;还有一类是没有相同的阴声韵,这些韵母的字全部来自入声,是入声韵尾脱落之后新产生出来的阴声韵,[ei][io][yu][yɛ][iuɛ]等五个韵母属于这一类型。"这是非常精确的。他详细分析了《通韵》第二类入声字辅音尾脱落后的归韵和音值问题,并与《中原音韵》做了比较。全文论述非常专精透辟,《诗词通韵》的音系从此大白于天下。

以上各篇音韵学的重要论文大致代表了何先生对音韵学的专题研究,包含了上古

---

① 收入何九盈《音韵丛稿》,商务印书馆2002年版。原载《中国语文》1985年第4期。

音、中古音、近代音、音韵学方法和理论、《说文》学的音韵问题等尖端的学术问题。"落笔惊风雨",论证广博,阐发深刻,"文章彪炳光陆离"①。唐作藩先生在为何先生《古汉语音韵学述要》撰写的《序》赞叹他的学术成就:"他已后来居上了。他不仅在汉语音韵学方面有深厚的功底,而且对古汉语词汇学、中国古代语言学史都有较深的研究。他治学勤奋严谨,精进不已,我是十分钦佩和赞赏的。"

(三) 古汉语研究

何先生关于古汉语教育和研究的诸多论文收集于其《古汉语丛稿》②一书,收录先生各类论文51篇,尚有不少挂漏。所收论文以词义训诂为主,兼及古音、古书标点、古书辨伪、古汉语语法、诗词格律、汉语史学习、《切韵》音的构拟、诗词语言、文体学等等,研究内容极为广博。另与蒋绍愚先生合著《古汉语词汇讲话》一书。略举数例如下:

(3.1) 何先生和蒋绍愚先生合撰的《古汉语词汇讲话》③,对于词汇学诸多方面的问题都有所论述,这是他在词汇学方面的专著。此书内容比较全面,论述精辟,篇幅不大,分量不轻,至今是了解古汉语词汇的最佳入门书。本书主要讨论了:词汇的历史发展、词的构成、词的书写形式、词的本义、词的引申义、同义词、反义词、同源词、固定词组和特殊词汇、句中词义、如何学习古汉语词汇等等,列举丰富的例证,予以简要的分析,与一般词汇学书的构思确实不同。与著名语言学家张永言先生《词汇学简论》(增订本)④的体系相比较,此书也是有特色的,很多内容是张永言先生书没有的,二者各有千秋。虽然此书的性质是学术指引性的入门读物,有的词汇学内容没有涉猎,诸如"外来词、词汇与文化、词汇的系统性、方言词、词的音义关系、词汇与语法的关系、词汇与训诂学、同形词、字与词的关系、词汇化、造词法、词义的义位分析、佛经词汇、道教词汇、出土文献词汇"等等重要词汇学问题,本书都没有讨论。后来蒋绍愚老师在此书的基础上,不断完善自己的古汉语词汇学研究,终于写成了《汉语历史词汇学概要》⑤,研究更加全面深入,成为古汉语历史词汇学的经典之作。

我们选取《讲话》19—20页关于反训词的论述为例,可以看出其特色,并不是一般的官样讲话所可及的:"这种反训词,有人称为'反义词'。我们认为这是一个词的内部存在相对立的两种意义,不应看做反义词。这类词有观、丐、删、寡、学、视、饮、食等。观:'以此视彼曰观,故使彼视此亦曰观'。这是两个义项。第一个义项至今还保存。第二个义

---

① 语出李白《酬殷明佐见赠五云裘歌》诗。
② 商务印书馆2016年版。
③ 中华书局2010年修订本。北京出版社初版于1980年。
④ 复旦大学出版社2015年版,收入《张永言先生著作集》。
⑤ 商务印书馆2015年版。

项(给人看)如《左传》中的'观兵'(显示军威给人看)①就是。这后一义项后来消失了。丐:乞求叫做丐,给予也叫做丐。《广雅·释诂三》:'丐,予也。'《汉书·西域传》:'我匄(丐)若马。'《后汉书·窦武传》:'及载肴粮于路,匄施贫民。'给予的意义容易引起混乱,后来也被淘汰了。删:在汉代,有删取、删掉两个相对立的意义。《说文》:'删,剟也。'段玉裁注:'凡言删剟者,有所去即有所取。如《史记·司马相如传》曰:'故删取其要,归正道而论之。'删取犹节取也。……既录其全赋矣,谓之'删取',何也?言录赋之意在此不在彼也。《艺文志》曰:'今删其要,以备篇籍。'删其要,谓取其要也。不然,岂刘歆《七略》之要,孟坚尽删去之乎!''删取'的意思后来也被淘汰了,只保留了删掉的意思。寡:从上古到中古,妻子死了丈夫叫寡,丈夫死了妻子也叫寡。不单有寡妇,而且有寡夫。《左传·襄公二十七年》:'齐崔杼生成及强而寡。'杜注:'偏丧曰寡。'柳宗元《与杨京兆凭书》说自己'寡居十余年'。寡夫的意义后来也不存在了,寡专指寡妇。"这一段论述确实很精彩,张永言先生《词汇学简论》第三章《词的意义》就没有类似的研究。

同书20—21页论词汇的选择性消亡也很有启发性:"'胡须'这个词,在古代原是用三个词来表示的。上嘴唇的胡子叫'髭',下巴颏儿的胡子叫做'须',络腮胡子叫做'髯'。把胡子分得这么细,反映了古人对胡子的重视。自从留胡子的习惯不风行之后,人们就选择了'须'这个词来代表整个胡子。'须'的前面要加一个'胡'字作为修饰语,这是因为汉人已经没有了留须的习俗,而'胡人'还是满脸胡子,所谓'胡须',就是像胡人样的须。属于语法上差异的可拿第一人称代词余、朕、吾、我为例。'余'一般用来作主语和宾语,'朕'一般用来作定语,'吾'字多用作主语,很少作宾语,'我'字可以用来表复数。这些词后来只保存了一个'我',吾、余、朕都消失了。"在讨论历史词汇消亡时,联系了语义分析,辨析同义词,这样的讲话就很生动。

本书21页《统一性》节讨论了词汇扩散的问题:"但从发展趋势看,方言词汇总是慢慢地向通语靠拢,而不是分歧越来越大,这也是一种积极规范。方言词汇进入通语的例子历代都有。如:蓝缕:本是春秋时的楚方言。《左传·宣公十二年》:'筚路蓝缕,以启山林。'从那时起,这个词就进入了通语,至今还保存在普通话中。璞:原是战国时代的郑方言。《战国策·秦策三》:'郑人谓玉未理者璞。'这个词一直保存在书面语中。老子:作为'父亲'的同义词,本是宋代陕西南郑的方言词。陆游《老学庵笔记》卷一:'南郑俚俗谓父曰老子。虽年十七八,有子亦称老子。'这个词后来也进入了通语。"这是方言词扩散进入通语。当代最典型的例子是东北方言的"忽悠"进入了普通话。

23页:"同一个字,可以代表几个毫无关系的词。例如'咳'字,它可以念ke,意思是

---

① 光华案,先秦书的"观兵"就是举行阅兵式的意思。

咳嗽,《三国志·华伦传》:'军吏李成苦咳。'但也可以读 hai,意思是小儿笑。《老子》:'如婴儿之未咳。'又如'胄'字,它的一个意义是甲胄,《左传·成公十三年》:'躬擐甲胄。'另一个意义是胄裔(后代)。《三国志·诸葛亮传》:'将军帝室之胄。'这是两个毫无关系的词。其实,在篆文中,它们不仅是两个词,而且是两个字。……从小篆发展到隶书,由于字形变化,才混而为一了。"这其实是裘锡圭《文字学概要》的"同形字",黄侃常说的"异字同形"。本书第四《词的书写形式》也讨论了"异字同形"。

28—29页论联绵词可以拆开分用和变形使用也很到位:"联绵字一般是不能拆开的,但是在某些特殊场合,比方说在诗歌或其他韵文中,却可以拆开来用。例如上面所说的'玄黄'就是一例。又如《老子》:'豫兮若冬涉川,犹兮若畏四邻。''犹豫'在这里也拆开用了。《老子》:'道之为物,惟恍惟惚。惚兮恍兮,其中有象;恍兮惚兮,其中有物。''恍惚'也拆开用了。而且前后两句颠倒着说,这显然是为了押韵。联绵字有时候也可以倒着说。如'踌躇'也可以说成'躇踌','犹豫'也可以说成'夷犹','玲珑'也可以说成'珑玲','狼戾'也可以说成'戾狼'。屈原的诗篇名《离骚》其实也是个联绵字,就是牢愁或牢骚的意思,这个词也可以倒过来说成'骚离',如《国语·楚语》:'德义不行,则迩者骚离,远者距违。'当然,并不是所有的联绵字都能倒着说的。哪些能颠倒,哪些不能,要看语言习惯。"这一段论述十分圆通,无懈可击。

第七节《同义词》有些论述非常有启发性。例如,65页第二类《语音相近》指出:有的语音相近的词可能是同义词,这就是一般论著没有注意到的问题。例如:

但:特(定母。)

隄:塘(隄属端母,塘属定母,二者为旁纽)

零:落(来母)

聊:赖(来母)

软:弱(日母)

讙:哗(晓母)

(以上为声母相同或相近的同义词)

忧:愁(幽部)

阯:基(之部)

斯:析(斯,支部。析,锡部。主要元音同)

夸:奢(鱼部)

虑:图(鱼部)

命:令(耕部)

贪:婪(侵部)

伥:狂（阳部）

愤:懑（文部）

（以上为叠韵同义词）

66页论词性相同可能构成同义词，也是很独特的学术视角，例如：

仓:廪　　府:库　　薪:蒸

坟:墓　　堂:殿　　舟:船

棺:柩　　传:遽　　窗:牖

豕:彘　　券:契　　符:节

（以上为名词类）

闻:听　　趋:走　　逃:亡

哭:泣　　刘:杀　　违:离

堕:坏　　陟:登　　追:逐

谤:讥　　观:察　　恐:惧

（以上为动词类）

美:艳　　危:急　　快:遄

渺:小　　促:迫　　儇:慧

傍:近　　猛:健　　朱:赤:红

（以上为形容词类）

吾:我　余:朕

谁:孰　若:乃　女:尔

（以上为代词类）

安:焉　奚:何:胡

设:使

（以上为虚词类）

69页从汉语史的角度论述同义词，非常精彩："囹圄:狱。二者原本不是同义词。《礼记·月令》：'命有司省囹圄，去桎梏。'郑注：'囹圄，所以禁守系者，若今别狱矣。''狱'作为监狱的意思比'囹圄'要晚。《诗经》《易经》《左传》《论语》等书中的'狱'字都不能理解为监狱。先秦时的'狱'字一般都是打官司、案件的意思，'狱'与'讼'有时倒是同义词。"区分了一般人容易误解的同义词，强调了同义词的时代性问题（囹圄和狱，在上古不是同义词，'狱'与'讼'是同义词）。

另外，阐述"反义词""同源词"都动人极了，读起来简直是审美。全书精彩之处不一而足，难以缕述，真可说"遍地是黄金"。全书行文简净，没有一句多余的话，绝不牵扯任何大而空的理论。读者可以不折不扣地开卷有益,一旦阅读就不忍放手。至今没有任何古汉语词汇学的论著可以完全取代这本小巧玲珑的讲话。名家手笔,不落俗套,就是不一样。

(3.2)《唐写本〈说文·木部〉残帙的真伪问题》《再谈〈说文·木部〉残帙的真伪问题》①。二文详细考辨了《唐写本〈说文·木部〉残帙》②是清代伪书,同时梳理了《唐写本〈说文·木部〉残帙》的出现流传和前人辨伪的源流,可信其为王宗祈家乡(安徽歙县)一位懂点小学的人所伪造,而且反驳了有的学者对这个问题的质疑。这两篇论文属于何先生的辨伪学,主要是文献学考辨,涉及语言学不多,他的观点主要是继承了孙衣言、孙诒让判定残卷是伪书的观点。这个问题还可以继续讨论。现在,学术界的主流意见认为《唐写本〈说文·木部〉》是真的。清朝的莫友芝对之做了鉴定和《笺异》,他举出的理由还是要正面回击一下才行。例如:第一,唐朝残卷的纸张尺度和质地难以伪造。第二,残卷有宋代书法家米友仁鉴定为唐人书篆法的题记。含缝有绍兴小玺跋。后有宝庆初俞松题记,可知南宋犹在内府。可知宋朝人确信其为唐朝真迹。第三,篆体似美源神泉诗碑,楷书似唐写佛经小铭志。因此,从书法上不像是伪造。第四,其中的"旦"字上作"囗",明显是避唐睿宗李旦的讳。"栝"缺末笔,当是避唐德宗李适的嫌名讳。"恒声"的"恒"缺下横,当是避唐穆宗李恒的讳。这样富有时代特色的避讳后人难以伪造。第五,书写的行款是唐人样式,后人难以伪造。此书出后,学术界都深信不疑,如张文虎、方宗诚、刘毓松、周祖谟等著名学者都认为此书非伪造。周祖谟《唐本说文与说文旧音》③对之有长篇考论,结论是"确为唐本无疑",又说"或疑其为赝品,非也"。周祖谟后来补充了三证说明唐写本是真实的。第一,残卷还有明朝人的题记和杨守敬的鉴定。杨守敬跋称:"此卷黄麻坚韧,墨光如漆,与守敬所藏唐人书《左传》无异。"第二,书法是唐人笔法,清朝人难以伪造。第三,有三个方面的内容可以证明此卷不是清人伪造。A.木部的字次与二徐本有很多不同。B.唐写本的说解比二徐本好很多。C.反切与《字林音义》是一个系统,这是唐以前《说文》传本的旧音,清朝人不可能伪造。④李家浩先生《唐写本〈说文解字〉木部残卷为李阳冰刊定本考》⑤考证残卷是唐朝李阳冰刊定的版本,反驳了周祖谟先生的观点,文章考证很详细,将残卷的字形与二徐本保存的李阳冰改写的篆文逐一比对,发现残卷的篆文字形多与李阳冰改篆的字形相合,也解释了周祖谟先生指出的不合的现象。李宗焜

---

① 收入何九盈《古汉语丛稿》。
② 参看莫友芝撰,梁光华注评《唐写本〈说文解字·木部〉笺异注评》,贵州人民出版社1998年版。
③ 收入周祖谟《问学集》,中华书局1981年版。
④ 参看恽天民、周祖谟《关于唐写本〈说文〉的真伪问题》,载《中国语文》1957年第5期。
⑤ 收入《安徽大学汉语言文字研究丛书·李家浩卷》,安徽大学出版社2013年版。

《唐写本〈说文解字〉辑存》①是研究此残卷的最新专著,收集材料很全面,讨论很详细。其书《唐写本〈说文解字〉残卷研究》五《真伪问题》比较详细综述了学术界对其真伪问题的研究,并增补自己的若干证据,结论是"木部残卷之为唐写本应无可疑"。李宗焜的书在注解提到了何先生的两篇论文以及梁光华、李中华、沈之杰的论文。我觉得在周祖谟、李家浩、梁光华、李宗焜等论证以后,唐写本残卷似乎可以判定是真的。我注意到罗振玉《眼学偶得》②二十三《今本〈说文〉"桶"注文脱"十"字》:"《说文》'桶,木方,受六升',唐本《木部说文残本》作'木方器也,受十六升'。案:《玉烛宝典》引《月令》'角斗甬'章句'十六斗曰甬'(原文小字注:斗疑升之误。古斗字别作什,与升相似)③,与唐本同,今本夺'十'字。"残卷与二徐本《说文》不合,而与隋代类书《玉烛宝典》所引《月令章句》相合,《月令章句》是东汉学者蔡邕所撰④,最晚在南宋已经失传⑤。清人马国翰《玉函山房辑佚书》⑥第二册辑录《月令章句》逸文,并无《玉烛宝典》所引此条。清代人如何伪造得了?此例可证唐写本残卷确实是真的。据罗振玉《长物簿录》⑦戊之四《藏书目录题识》,柯劭忞撰有《唐本说文

---

① 中西书局 2015 年版。
② 收入《雪堂类稿》甲《笔记汇刊》,辽宁教育出版社 2003 年版。萧立文编校。第 99 页。
③ 段玉裁《说文解字注》"桶"字条(中华书局本 267 页)称"方斛受六升"当作"方斛受六斗"。当以段注为确。因此,《玉烛宝典》引《月令章句》作"斗"保存了古本之真,弥足珍贵。唐写本的"升"也应该是"斗"之误。在唐朝的写本中"斗"与"升"字形很容易相混。更考陈寅恪《韦庄〈秦妇吟〉校笺》(收入《陈寅恪集》之《寒柳堂集》,三联书店 2011 年版),《秦妇吟》:"一斗黄金一升粟。"罗振玉校本"升"作"斗"。陈寅恪(145 页)案语称:"考唐人以钱帛估计米粟之价值时,概以斗言。故斗粟或斗米值若干,乃当时习用之成语语。"列举《唐会要》《旧唐书》《新唐书》《野客丛书》等众多资料为证(只是《寒柳堂集》此处原文可能有误:"寅恪案,作斗粟虽亦可通,作升粟者疑是端己之原文。"可是陈寅恪下文全是论述应该是作"斗",而不应作"升"。因此,原文此处的"升"与"斗"应该互换,作"斗"是韦庄原文。应该是《陈寅恪集》排印之误,不是陈先生原文的失误)。最早指出"斗"容易错成"升"的,是南宋的王楙《野客丛书》(中华书局 2007 年点校本,83 页)卷八《种田养蚕》条。贺昌群《升斗辨》(收入《贺昌群文集》第一卷,商务印书馆 2003 年版)考辨最为详尽。升、斗互讹,类例不胜举。曾良《俗字及古籍文字通例研究》(百花洲文艺出版社 2006 年版)120—121 页举有大量中古文献的用例。更考公序本《晋语八》韦注:"鸢肩,肩井升出。""升"当从明道本作"斗"。《淮南子·齐俗》"故糟丘生乎象,炮烙生乎热升",《御览》卷 712 引"升"作"斗"。《淮南子·天文》:"以日冬至数[至]来岁正月朔日,五十日[满]者,民食足;不满五十日,日减一斗;有余日,日益一升。"《齐民要术·收种》引《淮南术》"升"作"斗"。《吴越春秋·阖闾内传》"臣能还之,不用尺兵斗粮",《御览》卷 479 引"斗"作"升"。《韩子·外储说右上》"升概甚平",《白氏六帖事类集》卷 5、《后汉书·孔融传》李贤注、《意林》卷 1、《类聚》卷 94、《御览》卷 905 引作"斗"。《抱朴子内篇·仙药》"得其生花十斛,干之才可得五六斗耳",《御览》卷 989 引"斗"作"升"。又《仙药》"其根有大魁如斗",《上清道宝经》卷 4"斗"作"升"。《抱朴子外篇·酒诫》"管辂倾仰三斗",《书钞》卷 148 引"斗"作"升"。《韩诗外传》卷 7"三斗之稷",《治要》卷 8、《长短经·论士》引"斗"作"升"。
④ 参看姚振宗《隋书经籍志考证》第一册 181 页,清华大学出版社 2014 年版。
⑤ 南宋的目录学名著《直斋书录解题》和《郡斋读书志》都没有提到此书。
⑥ 江苏广陵古籍刻印社 1990 年版。
⑦ 收入《雪堂类稿》,辽宁教育出版社 2003 年版。萧立文编校。第 1043 页。

· 254 ·

木部笺异质疑一卷》稿本,未见①。

(3.3)《实用文言词典·序》②。何先生在《序》中标举本词典的五大优点:第一,分析字头的形体结构。第二,义项能分则分,释义力求反映新的研究成果。第三,标明词性。第四,注明中古韵、调。第五,在三分之一的词条后面设有"备考"一栏。本《序》讨论了一些具体的训诂问题,可以看成是先生的一篇训诂学论文和编撰理想词典的大纲蓝图。此文未收入先生《古汉语丛稿》,而收入了《抱冰庐选集》。

(3.4)《"不立诸部"新解》③。考证封演《闻见记》记载李登《声类》的"不立诸部"的"部"不是韵部,而是"部首",批评了赵诚的观点④。何先生的新解与台湾著名学者龙宇纯先生的观点暗合。

(3.5)《〈曝书杂记〉标点商榷》⑤。何先生分类指出其标点错误:第一,书名号错乱之例;第二,误断人名之例;第三,因不明韵语而误之例;第四,当断不断、不当断而断之例;第五,当属下而属上、当属上而属下之例;第六,误用逗号、句号之例;第七,引号当用不用、不当用而用之例。先生这篇论文明显模仿俞樾《古书疑义举例》的成例,条理分明,对标点古书、整理古籍、研究古代汉语都有指导意义。何先生《〈汉唐方志辑佚〉标点商榷》⑥指摘了《汉唐方志辑佚》数十条标点错误。这两篇论文是非常见功力的。在标点勘误上取法俞樾《古书疑义举例》的体例,此前还有吕叔湘先生《〈资治通鉴〉标点斠例》⑦,吕叔湘此文归纳了三十种标点错误类型。何先生或许也受到了吕叔湘先生的启发。

(3.6)《〈庄子〉札记》(一)、(二)⑧。两篇是何先生对《庄子》所作的训诂学研究,显示了他对先秦典籍的训诂学功力。且举两例:

1.《庄子·应帝王》:"犹涉海凿河而使蚊负山也。"何先生曰(454页):《庄子内篇译解批判》257页将"涉海凿河"释为"于大海之中凿河"。认为"这与庄子精神相合"。《庄子今注今译》也取此说,译为"就如同在大海里凿河"。此说甚谬,与原意大相径庭。涉海、凿河、使蚊负山本是三件事情,都是无法办得到的。涉海、凿河都是动宾结构。"涉"的本义是"徒行濿水"(见《说文》),即不要舟桥徒步从水中蹚过去。这里正是用的本义。徒步不能蹚过大海,比喻事情无法办得成。凿河也是不可能的,"河"不宜泛解为一般的河流,应是特指黄河。黄河源远流长,非人力所能开凿。这个训释非常精确。

---

① 承蒙畏友萧旭兄提供李宗焜《唐写本〈说文解字〉辑存》,特致感谢。萧旭兄还指出《玉烛宝典》作"斗"是古本,不当校改为"升"。殊具卓识。
② 广东高等教育出版社1994年版。
③⑤⑥⑧ 收入何九盈《古汉语丛稿》。
④ 其实也是批评了周祖谟的观点。周祖谟是何九盈的老师,何九盈为尊师讳。
⑦ 收入《吕叔湘全集》第九卷,辽宁教育出版社2002年版。初发表于1979年的《中国语文》。

2.《庄子·人间世》："无门无毒。"何先生曰：分歧主要在"毒"字。古人早已指出，"毒"是个错别字，《庄子》原文应该是"每"字。《庄子浅注》及《庄子释译》《庄子今注今译》等仍然就"毒"字立训，使一个已经解决了的问题至今纠缠不清。判断"毒"为"每"之误，有如下据：第一，以版本为据。《经典释文·庄子音义》："崔本作'每'，云：贪也。"崔即东晋人崔譔，一说为晋初人。第二，"每"之所以误作"毒"，乃形近所致。小篆"每"与"毒"字形相近。《说文》："每，从屮母声。""毒，从屮毒声。"第三，清人姚鼐已指出："止、每、已为韵。"即"入则鸣，不入则止。无门无每，一宅而寓于不得已，则几矣"为韵。"几"字也应看作韵脚。"止、每、已"均之部字，"几"属微部，之微通韵。若是"毒"字则不叶，"毒"为入声字。第四，何谓"无门无每"？焦竑的解释最为精确："广大无门，澹泊无每。"广大无门，不开一隙，则对方无可乘之机；心志澹泊，不存贪欲，才能做到"一宅"。以上四点理由都是能成立的，所以朱骏声在注《说文》"每"字时就引《庄子》的"无门无每"为证，马其昶的《庄子故》也作"无门无每"。他们都将"毒"字径改为"每"，一扫无稽之谈。每，又作"挴"，《方言》十三："挴，贪也。"《广雅·释诂》："挴，贪也。"王念孙的《广雅疏证》、钱绎的《方言笺疏》在引用《庄子》"无门无毒"时，均以崔譔本作"每"为是云云（光华案，我的引文有删节）。

依据何先生的征引和讨论，《庄子》原文的"毒"应为"每"之误，可作定论。而方勇《庄子》①63页注"毒"为"药味"，显然没有读过何先生《〈庄子〉札记》。王叔岷《庄子校诠》②上133页注解16称："无门无毒，亦取通达无碍之义。"没有训诂学根据。《庄子校诠》号称校注《庄子》的名著，却不引"毒"有"每"的异文，十分令人惊讶。王叔岷、方勇皆不及何先生之训诂精确。可以说，先生的这两篇《庄子札记》是先生训诂学的代表作，水平很高。

（3.7）《古汉语语法札记一则："动·之·名"与"动·其·名"》③。这是何先生研究古汉语句法的论文，文章虽短，却用实证的方法解决问题。他经过考证称："我们的结论是：在上古汉语中，'动·之·名'一般是双宾式，只有当'动·之·名'可以转换为'动·其·名'时，其中的'之·名'才可看作偏正结构，不宜作双宾语处理。"这是非常精确的。他列举《吕氏春秋》《文子》的材料，与《管子》《贾谊新书》相比对，得出结论："我认为'其'作间接宾语在战国末期就产生了。"从而批评了"其"代替"之"作间接宾语产生于晋代的观点。

---

① 《庄子》，方勇评注，商务印书馆2018年版。
② 中华书局2007年版。
③ 收入何九盈《古汉语丛稿》。原载《中国语文》1993年第3期。

(3.8)《"家人"解诂辨疑:兼论女强人窦太后》①。这是何先生训诂学和词汇史论文的代表作之一,考论非常详密,且与文化史相结合,讨论了中国历史上的女性文化以及男性社会对女性的偏见与不公。何先生首先指出:"综览各种资料,对某些句中的'家人'究竟应作何解,往往互相抵牾;甚至'家人'到底有几个义项,各义项产生的时代,四种辞书的处理也同中有异。也就是说,'家人'一词的解诂,至今仍是诸说纷纭,莫衷一是。原因之一是颜师古等人对'家人'的注释就欠准确,后人亦多受其误导;但最根本的原因是注家及辞书编撰者往往因循旧说,未考镜源流,进行系统探求。'家人'作为一个具有社会、伦理意义的常用词应该有三个不同的来源。三个来源之间既有联系,又有性质上的差别。解诂者往往将来源不同的'家人'混为一谈,加之又不明白'家人'与'庶人'也是既有联系又有区别这样的事实,于是错解文句,扞格难通,即使是通人大家之言,或亦非的诂也。"这就提出了词汇和词义的时代性和系统性问题,以及前人混淆"家人"一词的三种来源所造成的错误。不同来源就是不同的语义系统,这在训诂学上是必须高度重视的。他接着考辨"家人"的语义。"家人"可训为"一家之人",引申为"人家",即"凡人之家"。但"凡人之家"并不是在一切情况下都等于"庶人之家"。批评杨树达《盐铁论要释》:"汉人谓庶民为家人。"将此"家人"与"庶民"画等号,甚为不当。他指出"家人"的第二个来源是《周易》中的"家人"卦。他批评了朱熹《周易本义》"家人者,一家之人"这个释义与此卦的精神实质全然不符,不可信,认为这里的"家"已非家庭之家,乃特指妇、妻。"家人"就是妇人、妻子,举有《左传》《离骚》为证。他说:"从《家人》卦的内容来看,也不是对'一家之人'而言的,所言全属妇女问题。"他的分析显然是正确的。他注意到:"欧阳修撰《新五代史》,将宗室后妃传称之为《家人传》,其理论根据就来自《周易·家人》。"他接着批判了从《易经·家人》以来的男尊女卑和女祸论的思想。只是他顺便提到唐太宗发动玄武门之变,杀戮兄弟、威逼父皇,以为这是"行同禽兽"。这就忽视了历史的复杂性和政治斗争的残酷性,过于用人伦道德来评价历史人物和历史事件,较为单纯化。唐太宗杀兄囚父,却开创了贞观之治。武则天大杀唐朝皇族,却推动了唐朝的进一步发展,为开元盛世奠定了基业。雍正皇帝迫害骨肉同胞,却严惩贪腐,为随后的乾隆盛世做了贡献。唐玄宗强娶儿媳杨玉环,乃《新台》之丑,乖戾人伦,而大诗人白居易《长恨歌》却歌颂其坚贞凄美的爱情。

何先生批评了颜师古的《汉书》注、俞正燮《癸巳存稿·家人言解》、杨树达《汉书窥管》、钱钟书《管锥编》对《汉书·儒林传》"此是家人言耳"的解释,指出"家人"不是僮隶之属或匹夫匹妇的庶民,而是《易经·家人卦》的"家人",是"女人"的意思,所以辕固生才触

---

① 收入何九盈《古汉语丛稿》。原载《民俗典籍文字研究》第12期,2013年。

怒了窦太后。他说:"我认为这个'家人'未必不是指妇道人家。……这里的'家人言'就是指妇人之言,即妇道人家的见解。"

他附带对于相关古书的解释颇新颖:《周易·归妹》"女承筐",《诗·豳风·七月》"女执懿筐","筐"也可以是妇女盛衣物的箱子。这里"筐箧"连用,喻老庄书为妇女所用衣物,"故不可扬于王庭也"(《魏书·崔浩传》812页)。他的这段阐释很有启发性。

何先生为传统中国的女性受到不平等待遇抱打不平,多有议论。评论和批判了应劭《汉书》注"礼,妇人不豫政事"。我以为中国文化不准女人干政,不是直接来自《易经·家人》,而是来自比《易经》地位更高的经典《尚书·周书·牧誓》。周武王在牧野发表了讨伐商纣王的战争宣言,其中列举了商纣王的主要罪过:"王曰:古人有言曰:'牝鸡无晨;牝鸡之晨,惟家之索。'今商王受惟妇言是用,昏弃厥肆祀弗答,昏弃厥遗王父母弟不迪,乃惟四方之多罪逋逃,是崇是长,是信是使,是以为大夫卿士。俾暴虐于百姓,以奸宄于商邑。今予发惟恭行天之罚。"明确指出商纣王的一大罪孽是"惟妇言是用",纣王因此而导致了一系列严重的政治后果。孔传:"雌代雄鸣则家尽,妇夺夫政则国亡。"《诗经·大雅·卬》:"妇无公事,休其蚕织。"毛传:"妇人无与外政,虽王后犹以蚕织为事。"郑笺:"今妇人休其蚕桑织纴之职,而与朝廷之事,其为非宜亦犹是也。"不管《诗经》的原文是什么意思,至少毛传郑笺已经有明确的"妇人无与外政"的思想。春秋时代的齐桓公在著名的葵丘会盟上,也与诸侯约定不准女人干政。刘勰《文心雕龙·史传》概括传统文化不准女人干政和警惕女祸的观点甚为精辟:"及孝惠委机,吕后摄政,班史立纪,违经失实,何则?庖牺以来,未闻女帝者也。汉运所值,难为后法。牝鸡无晨,武王首誓;妇无与国,齐桓著盟;宣后乱秦,吕氏危汉:岂唯政事难假,亦名号宜慎矣。张衡司史,而惑同迁固,元平二后,欲为立纪,谬亦甚矣。寻子弘虽伪,要当孝惠之嗣;孺子诚微,实继平帝之体;二子可纪,何有于二后哉?"刘勰批评《史记》《汉书》为吕太后设立《本纪》,列举了坚强的证据有"牝鸡无晨,武王首誓;妇无与国,齐桓著盟;宣后乱秦,吕氏危汉"。西汉流行的儒家经典《春秋谷梁传》尤其厌恶女人干政。例如:《谷梁传·隐公二年》:"妇人在家制于父,既嫁制于夫,夫死从长子。妇人不专行,必有从也。"这是后来儒家纲常倡导的女人要"三从四德"的"三从"的来源。《穀梁传·僖公九年》:"葵丘之会,陈牲而不杀,读书加于牲上,壹明天子之禁,曰:'毋雍泉,毋讫籴,毋易树子,毋以妾为妻,毋使妇人与国事'。"①齐桓公葵丘会盟,明确不准女人干政,"毋使妇人与国事"。《穀梁传·庄公二十四年》:"大夫,国体

---

① 《孟子·告子下》记载齐桓公葵丘之会,没有"毋使妇人与国事"一句。廖平《谷梁古义疏》(中华书局点校本,2012年版)248页仅仅称:"《传》与《孟子》语有详略也。"我以为可能是因为《孟子》不完全否定女人参政,因为《诗经》并不一概否定女人参政,而孟子熟读《诗经》。

也,而行妇道,恶之。"①刘向《列女传》②卷七是《孽嬖传》,专门汇集历史上祸国殃民的女人,如夏桀末喜、殷纣妲己、周王褒姒、卫宣公姜、鲁桓文姜、鲁庄哀姜、晋献骊姬、陈女夏姬等等。要讨论中国历史文化不准女人干政,这些重要的文献史不能不引述。

何先生据《妒记》一书记载,议论了晋代谢安的刘夫人反对谢安"立妓妾"之事。我认为这一段应该参考引述钱钟书《管锥编》的相关论述。考《管锥编》③第一册《周易正义》八《大过》条:"九五:枯杨生华,老妇得其士夫,无咎无誉。象曰:枯杨生华,何可久也!老妇士夫,亦可丑也"一事也,皆"过以相与"也,而于老夫则奖之,于老妇则责之。恒之六五:"恒其德,贞;妇人吉,夫子凶。象曰:妇人贞,吉,从一而终也;夫子制义,从妇凶也。"《诗·卫风·氓》:"士之耽兮,犹可说也;女之耽兮,不可说也。"皆乖平等之道,假典常以逞男子之私便,古谑语所谓:"使撰诗、制礼、定律者为周姥而非周公,当不如是"(《艺文类聚》卷三五引《妒记》《谢太傅、刘夫人》条、《绿窗新话》卷上《曹县令朱氏夺权》条引《青琐高议》通行本《高议》无、《醉翁谈录》丁集卷二《妇人嫉妒》条、《广笑府》卷六《周公诗礼》条、《活埋庵道人识小录》卷一《戏贻客柬》)。明王文禄《海沂子·敦原》篇曰:"制礼者为男子,不免为己谋",一语道破。以上是钱钟书的相关论述,可与何先生此文相映衬。另如,《管锥编》④第一册《左传正义》三七《襄公二十一年》(353页)条称:程敏政《新安文献志》卷二四程文《书〈春秋色鉴录〉后》:"许君少渊取《左氏传》凡女祸类为一编。"其书未睹,想勿外叔向母之旨,特不知于成公元年申公巫臣之谏楚庄王及子反纳夏姬,作何弥缝。沙张白《定峰乐府》卷六《四美人咏》为嫫母、无盐、孟光、及诸葛亮妇"阿承丑女"而作;盖既臆断有貌即无德,推之则以为无貌即有德,更进而昌言有德即有貌,故四妇皆被"美人"之号矣。"女祸"之说亦所谓"使周姥制礼,决无此论";盖男尊女卑之世,口诛笔伐之权为丈夫所专也。钱先生的这段议论也是对男权主义的抨击,慨叹女人在历史上遭遇不公。

何先生论述了"家人"的第三个意思是奴仆,称:"'家人'的奴仆义在整个古代社会也一直存在。"先生分析了僮奴的四个来源。

何先生这篇长文是将训诂学与文化史研究相结合的典范,文章区分"家人"三个意思的不同来源,其中对《易经·家人卦》的论述最精彩,对于正确解释有关古文献中"家人"

---

① 因为受到《公羊传》学者的打压,《谷梁传》在汉武帝未能立于学官,只在民间传授。但是汉武帝的卫太子喜欢《穀梁传》。汉宣帝重视《穀梁传》,专门选派十人研习。详见《汉书·儒林传》。也可能是因为汉武帝前期,窦太后和王太后都在垂帘听政,执掌大权,所以反对女人干政的《穀梁传》不被汉武帝所立,这个政治原因应该予以考虑。
② 参看清朝王照圆撰《列女传补注》,华东师范大学出版社2012年版。
③④ 收入《钱钟书集》,三联书店2011年版,第43—44页。

的语义有重要的启发。此文行文潇洒,笔锋纵横,贯穿文史,引人入胜。

何先生古汉语研究的学术论文相当多,"笔下自有云烟飞",难以缕举。以上只是东海一滴水,太仓一粒粟,远不足以遍观其大雅。

(四) 汉字文化研究

何先生对汉字文化学有广博而深入的研究,其代表作是《汉字文化大观》和《汉字文化学》。

(4.1)《汉字文化大观》

何先生主编的《汉字文化大观》[①]是《中国文化大观》中的一部。该丛书中还有金开诚、王岳川主编《中国书法文化大观》,段宝林、江溶主编《中国山水文化大观》等。《汉字文化大观》论述了汉字的起源、汉字形体的演变、汉字的书写工具和载体、汉字的特点(表意性、字族系统、构词力、艺术造型)、汉字的规范、注音和简化、汉字的研究和应用、汉字与民族文化的关系、汉字与汉语、汉字与方言、汉字与女书、汉字与兄弟民族文字、汉字与年号、姓氏、避讳;汉字与意识形态、汉字与思维方式、汉字与家族宗法制度、汉字与神话、汉字与文学艺术;汉字与兵、法、吏;汉字与衣食住行;汉字与经济活动;汉字与动植物;汉字在海外。这样的框架和构思布局可以说是比较完美,照顾了汉字各方面的文化。有此一卷,可以掌握系统的汉字文化。此书得到政府的表彰,被官方评为优秀文化学著作。本书流传于海外,发生了国际影响。何先生作为第一主编,为此书付出了很大的心血,亲自撰写了部分章节。此书的部分内容可与先生独撰的《汉字文学化》合观,例如关于汉字与避讳、汉字与姓氏等节。

学术界有人称解释一个汉字就是做一部文化史,虽然有些夸大,却不无道理。从语言文字本身来研究文化是一种很重要的研究视角。例如汉字中的"帝、皇、王、天、地、道、术、德、仁、义、礼、信、智、武、文、威、猛、诚、圣、贤、孝、敬、真、伪、奢、俭、中、庸、常、经、传、性、爱、情、理、心、物、为、欲、水、土、神、仙、鬼、祀、人、民、君、公、精、怪、妖、灵、魂、家、后、谷、社、刚、柔、势、风"等等,这些文化关键字的每一个字都可以利用文化史的材料写成一本书,每本书都是一部《汉字文化史》,任何"汉字文化学"的书都应该对这些字重点介绍,因为这些字和中国文化史关系非常密切。然而本书对这些富含重要文化观念的汉字的阐述未能尽如人意,尚待后出转精。

《尔雅》既是先秦时代的一部训诂学工具书,也是一部战国时代的文化大观,要研究先秦文化非通读《尔雅》不可,而且《尔雅》除了前三篇之外,本来就是按照文化类别来分类布局的,就是一部文化百科全书。东汉刘熙的《释名》体例与《尔雅》接近,探索名物之

---

① 人民教育出版社 2009 年版。

源,也是一个文化大观园,是了解我国东汉以前文化的百科全书。《说文》五百四十部的每一部都是中国文化史的一个章节。五百四十部就是五百四十节中国文化史。刘申叔《左盦外集》卷十二《中国古用石器考》①主要是阐发《说文》石部字和玉部字所包含的古代石器文化,同时贯穿群书,厥功甚伟,刘申叔先生此文是"汉字文化学"的先驱。

　　郭沫若《甲骨文字研究》②通过对甲骨文中的某些汉字的分析,贯穿群书和文化史,很有启发意义。《甲骨文字研究》其实也是一本《汉字文化学》,其中的《释祖妣》《释臣宰》《释干支》《释岁》都是"汉字文化学"的好论文。

　　杨琳《汉语词汇与华夏文化》③讨论古汉语词汇与古代文化的关系,但是范围有限,没有构建出一个"汉语词汇文化学"的体系或大纲,除第一章《方位词的文化蕴涵》外,其余论述稍嫌零碎。本书题名《汉语词汇与华夏文化》,第四章却是《汉字文化与仓颉传说的考察》,主要是讨论汉字文化的起源,与"词汇"无关了。

　　日本学者藤枝晃《文字的文化史》④主要是对汉字的文化史作宏观考察,并不深入研究每一个重要汉字的文化内涵,与正宗的"汉字文化学"有别。例如其书第一章讨论殷人的图画文字,第二章《与神的对话》是谈甲骨文的概况,第三章《饕餮的北面》是谈殷周金文的概况,第四章《皇帝的文字》是谈秦始皇统一文字和小篆、秦代刻石文字的概况,第五章谈简牍文字,第六章谈印章文字,第七章谈帛书文字,第八章谈书于纸上的文字。诸如此类只是一部汉字书写的简史,谈不上有学术深度。

　　我自己近年来参加张玉金教授主编的《汉字与文化》⑤的编撰,撰写了《汉字与宗教》一节凡数万言,也是从《说文》的"示"部字探索我国先秦时代的宗教文化,当然也有所扩展,不限于"示"部字,例如拙文有关于"尧、舜、帝"的语言学考证,为诸家书所无,还讨论了"巫、鬼"等字的文化内涵。我将拙文与《汉字文化大观》第十三章《点画解民生》(一)《汉字与民俗》5《汉字与民间俗信》节和6《汉字与祭祷祈禄》颇有相通之处。但我当时是独立写作,没有参考何先生此书,论述也不尽相同,读者自能明断。

　　我觉得《汉字文化大观》在讨论"汉字与宗教"时,只有《汉字与佛教》,似乎不圆满。因为佛教是外来宗教,在东汉才传入我国,东汉以前我国固有的宗教文化是如何体现在汉字上的? 这是一个非常有趣的课题。不仅甲骨文时代的殷商文明充满了鬼神的观念,就是两汉时代也充满了鬼神文化。鬼神文化与我国固有的道教文化有密切关联,似乎应

---

① 收入《仪征刘申叔遗书》(万仕国整理,广陵书社2014年版),第11册第4852—4862页。
② 收入《郭沫若全集·考古编》第一卷,科学出版社1982年版。
③ 语文出版社1996年版。
④ 日文本,日本讲谈社学术文库1999年版。
⑤ 暨南大学出版社2021年版。

该有《汉字与道教》一节。道教在文字上经常大做文章,创造了很多独特的汉字,以自神其说。要注意的是道教似乎特别专注于用会意造字法,而不是形声造字法。例如,道教合"青气"二字为"天",合"多年"二字为"久",合"万丈"二字为"长"。这些怪癖的造字并不复杂,都是会意造字法,可以借此了解道教的观念。道教还常常玩弄拆字的把戏,例如,道教徒自称"山人",乃是因为"山、人"二字合为一个"仙"字,就是自称为神仙。本书忽视了汉字和道教的关系,这是一个遗憾。

民间文化有"白水真人"。本书 68 页称:"新莽时期民谣中有人把'货泉'二字拆成'白水真人',预言刘秀将出。"光华案,这个解释不稳妥。王莽篡位后厌恶"刘"字,改"钱"为"货泉",民间又称"白水真人",体现了对金钱万能的崇拜,并非"预言刘秀将出"。我国西晋有文学家鲁褒撰写了《钱神论》①一文,正是说钱的能量不亚于神。"白、水"二字合为"泉"字,而"泉"正是战国以前的货币的通称,用"钱"是秦国文化,开始于秦惠文王。考《史记·秦本纪》:"惠文王生十九年而立。立二年,初行钱。""真人"是《庄子》和《楚辞·远游》创造的概念,是神仙的意思,应该属于先秦的楚文化。儒家说的"真"和道家道教说的"真"有很大的不同,这都是汉字文化学的好材料。

秦始皇称皇帝以后有造字,如以"罪"代替"皋",因为"皋"与"皇"字相近;王莽篡汉以后有造字,如"星"本从三个日,王莽说"天无二日",更不能有"三日",于是"星"所从的三个日就省略为一个"日"。武则天改唐为周,也有武周造字,如改"照"字为"曌"②。但是本书对武周造字没有作详细的专题研究,有关论述不够细致。

此书个别地方还需要增补,例如《汉字与序数》一节,对许多重要的数的文化未能作深入的剖析,收集的材料也不充分。例如,《水浒传》中的 36 天罡星,72 地煞星,这 36 和 72 有什么文化内涵,这是要解释的。《西游记》中的孙悟空有 72 般变化,孔子有 72 弟子为贤人。72 到底包含了什么文化观念? 70 只是 72 的整数的说法。我自己曾收集有关数字 72 或 70 的材料如下:考《庄子·天运》:"孔子谓老聃曰'丘治《诗》《书》《礼》《乐》《易》《春秋》六经,…以奸者七十二君。"《庄子·外物》:"知能七十二钻而无遗策"。《鹖冠子》卷中《王铁》:"天子七十二日遣使"。《韩非子·五蠹》曰:"海内说其仁、美其义,而为服役者七十人。"《淮南子·说林》:"黄帝生阴阳,上骈生耳目,桑林生臂手,此女娲所以七十化也。"《韩非子·外储说左上》:"昔秦伯嫁其女于晋公子,令晋为之饰装,从衣文之媵七十人"。《汉书·郊祀志上》:"于是从齐鲁之儒生博士七十人。"《汉书·郊祀志上》谓李少君"常自谓七十"。《汉书·郊祀志上》:"黄帝上骑,群臣后宫从上龙七十余人。"马王堆

---

① 见《晋书·隐逸列传·鲁褒传》。
② 参看张勋燎《武周新字研究》(收入张勋燎《古文献论丛》,巴蜀书社 1987 年版)。这是长篇专题论文,研究颇详。

帛书《易之义》："龙七十变而不能去其文。"《吕氏春秋·下贤》："周公旦……所朝于穷巷之中、甕牖之下者七十人。"《吕氏春秋·察今》："是故有天下七十一圣,其法皆不同。"《史记·乐书》："使僮男僮女七十人俱歌。"①《论衡·自纪》："人面色部七十有余。"司马迁《史记》有七十列传。刘向《列仙传》有仙人七十二人。《述异记》卷上："有蚩尤氏兄弟七十二人。"②《风俗通义》序曰："七十子丧而大义乖。"汉乐府《相逢行》："但见双鸳鸯,鸳鸯七十二。"古传登泰山封禅的圣君有七十二人。孔子有七十二弟子。孙悟空有七十二般变化。《白虎通·谥》："为谥有七十二品"。《尚书纬》曰："初,尧在位七十载矣。"《春秋文耀钩》："女娲以下至神农七十二姓。"《盐铁论·相刺》："丘疾之,不能伏,是以东西南北七十说而不用。"《说苑·尊贤》："昔在周公旦,制天下之政,而下士七十人。"《新序》卷二《杂事》曰："稷下先生淳于髡之属七十二人皆轻忌。"《太平御览》卷七十八《炎帝神农氏》引条《尸子》曰："神农氏七十世有天下,岂每世贤哉,牧民易也。"《淮南子·修务》："古者民茹草饮水,采树木之实,食蠃蚌之肉,时多疾病毒肠之害。于是,神农氏乃始教民播种五谷,相土地之宜,燥湿、肥浇、高下,尝百草之滋味、水泉之甘苦,令民知所避就。当此之时,一日而遇七十毒。"神农氏有天下七十世,神农氏尝百草而一日七十毒,与女娲一日七十化都是同样的情形。《六韬》卷三《龙韬·王翼》："故将有股肱羽翼七十二人,以应天道,备数如法。"李石《续博物志》称皇甫谧《高士传》有七十二人。宋人周密《癸辛杂识》前集《牛女》条:"然以星历考之,牵牛去织女,隔银河七十二度。"《玉篇》走部"趣"字引《诗》"来朝趣马"③。又引郑玄注曰："马七二匹也。"④取其整数则说七十,取其精确则说七十二。据此知七十或七十二是上古文化中的一个神秘数字,有学者称其为一个天文历法上的数字,不无根据。⑤女娲七十化而不是八十化、九十化只是沿袭了一个古老的传统。这个神秘数字"七十"或"七十二"显然是一个很吉祥的数字。

另外,"五行"的观念在我国文化史上至关重要,不能不阐述相关的文化。从"五行"衍生出来的"五"文化非常多:五土、五才、五大、五山、五尸、五色、五音、五味、五刃、五天、五木、五元、五五、五厄、五牙、五日、五内、五脏、五体、五牛、五公、五方、五火等等,太多了,都是从"五行"这个根本的观念生发出发来的。

---

① 另可参见《春秋繁露·治水五行》篇。
② 纬书《龙鱼河图》："黄帝之初,有蚩尤兄弟七十二人。"
③ 今本《毛诗·緜》趣作走。
④ 今本《毛诗》郑笺无此文。
⑤ 另参看闻一多《七十二》(收入《闻一多全集》第 10 册,湖北人民出版社 2005 年版(1993 年初版);又,见闻一多《神话与诗》,上海人民出版社 2006 年。此书版本甚多,内容都一致)。闻一多称"七十二"这个数字与我国传统的五行思想和农业关系密切。杨希枚《先秦文化史论集》(中国社会科学出版社 1995 年版)中的《论神秘数字七十二》一文。

《易经》的"八卦"是文化史的重要内容,不能仅仅是介绍,要多发挥一下,因为由"八卦"衍生出来的"八"文化太多了。

关于"七"的文化也非常丰富,主要是因为在古代天人合一的观念下,"北斗七星"对我国文化有巨大的影响。《论语·宪问》子曰:"作者七人矣。"东汉末年有"建安七子",西晋有"竹林七贤"。文学名篇有东方朔的《七发》,并且形成一个文化传统类型,参看《文心雕龙·杂文》。连《水浒传》第十六回智取生辰纲之前的第十四回有晁盖梦见北斗七星,第十五回有"公孙胜应七星聚义"。这些历史文化是应该阐述的。

该书对"神"和"仙"没有做详细的辨析,似乎是疏忽。中国人虽然经常使用"神仙"一词,但是"神"与"仙"有着完全不同的文化内涵,而且二者产生的年代也有早晚的不同。"神"是商代以前就有的观念,来源于"闪电";"仙"是战国时代才有的字,本作"僊",与"遷"同源。"神"重在"怪力神通","仙"重在"延年益寿,长生不死"。

古称天神地祇,因此最早与"神"相对的是"祇",而不是"鬼"。人死为鬼,是与活人相对,不是与神相对。本书在每个细节当然还可以挖掘更深,打磨更精,但整体上已经很了不起了。

该书汉字文化的信息量真是大极了,各节都出自专家手笔,论述很专业,也很简明。我自己在大学要开设"汉字文化学"的选修课程,主要就是用此书为教学参考书。此书对于向世界传播汉字文化有极大的贡献。

(4.2)《汉字文化学》

何先生独撰《汉字文化学》[①],此书1999年出第一版,2016年出第二版,他做了相当的增补修订,初步构建了自己的文化语言学的框架和理论体系。他对相关问题的论述是很全面的,要注意的是本书与他主编的《汉字文化大观》在理论体系和全书框架上有很大的不同,有各自的重点,二者正好互补。全书分为"总论、本体论、关系论"三大板块。《总论》又分为七节,分别论述汉字文化学的性质、研究史、理论背景、方法论以及汉字与文明、文化的关系,尤其是详细尝试了"文明、文化"这两个概念的源流,汉字在世界文明中独特的地位。他在此表现出了高度的文化自信,有力批判了"汉字落后论",反击了"要革汉字的命"这样的歪理邪说。《本体论》主要研究"汉字形体的文化功能"和"汉字音读的文化功能"。《关系论》主要研究"汉字与汉语的关系""汉字与精英文化的关系""汉字与大众文化的关系""汉字与汉文化传播的关系"。全书材料非常丰富,各节的论述都能密切结合文化史,行文流畅,结构严密,论述精确,异彩缤纷,常有他的文化学观点。此书被翻译为韩文,产生了国际影响。先生在《后记》中称:"书虽然写得很艰苦,心里却深感快

---

① 商务印书馆2016年版。

慰。"这是著作家的甘苦之言,不足为外人道。我觉得他穷尽一生的心血来写作那么多那么好的学术著作,给人间留下了珍贵的文化遗产,而"所失重山岳,所得轻埃尘。精魄渐芜秽,衰老相凭因"①。何先生没有任何彷徨踌躇,义无反顾,献身于学术。他曾对我说,他一生研究学问,就是为振兴中国学术而拼搏,并无所求。这是圣贤的精神!此书有极强的人文精神,先生广征博引,无书不窥,充分展现了一个醇真读书人和学问家的人格魅力和广博学识。阅读此书,我们会有很多意外的知识和文化的收获。

何先生在43—45页批评了著名历史学家刘起釪先生《古史续辨》和马叙伦对"尧"的考证,批评刘起釪、马叙伦先生缺乏正确的音韵学知识,导致了错误的结论。我自己有对"尧、舜"这两个远古圣王名号和至上权力者名号"帝"的考证②。

第一章第五节《汉字文化研究史》是很精彩的一节。何先生详细论述了汉字的忌讳文化和吉祥文化,分类研究,十分明细:(1)地名改字;(2)改元用字;(3)因讳改字,这一节又细分为:因字形近似而讳、因字形不祥而讳、因帝王名字而讳等等很多类型。"因帝王名字而讳"下又分为多种情况,先生逐一加以讨论,阐述十分周详。

何先生介绍了关于"中国文化西来说"的论争。他称:"陈钟凡对人种起源的研究没有取得满意的成绩,而利用字形研究'初民之习性',颇有创意。"这是很正确的学术评论。

何先生此书是宏观考察和微观研究完美结合的典范,从大处着眼,从小处着手。既有文化学的通论和汉字文化的理论阐发,也有汉字文化的细微的考证和分析,高屋建瓴和精密考证融化无间,这种学术境界可不是凡夫所能为。此书文化信息量非常大,含金量极高,本文难以逐节述评,读者诸君亲自阅览,如入昆山,到处是美玉。此书流传于世界,良有以也。

(五) 亲属语言和华夷语系研究

(5.1)《重建华夷语系的理论和证据》③。这是何先生近几年的精心撰论,要在陈旧的汉藏语系之外尝试建立"华夷语系",是何先生最新的理论创造。何先生在《序》中称:"百余年来,汉语和亲属语言关系的研究未能走上正轨,主要原因有四:一、疑古;二、崇洋;三、概念不切实际;四、方法尤为不切实际。"有鉴于此,他要从这四重困境中奋力挣脱出来,上下求索,自铸概念。他决心放弃"汉藏语系"这个过时的概念,提出"华夷语系"的理论。他从《淮南子·齐俗》中受到启发,提出的"华夷语系"包括了四大语族:苗蛮语族、百越语族、羌戎语族、华夏语族。这四个语族并不是同一个时代产生的,是在新石器时代晚期最后形成的,可称华夷语系的四大家族。他从历史文献、口传历史、亲属语言、考古

---

① 语出李白《颍阳别元丹丘之淮阳》诗。
② 参看庞光华《上古音及相关问题综合研究》第一章第六节第94—95页,暨南大学出版社2015年版。
③ 商务印书馆2015年版。

学文化各个方面大量举证,论证了"华夷语系"及其四大家族确实存在过,华夷原本是一家。从他列举的海量证据中,我们可以看到他对"华夷语系"这个理论构想下了很大的功夫,看看此书的《参考文献选目》就可知道先生要从跨学科来论证这个理论。何先生对我说,今后还要继续加大论证的力度,要从民族语言学多所举证。我们期待他的最新理论能够得到学术界的高度重视,并引起学术界的热烈讨论。无论如何,"汉藏语系"这个概念确实已经十分陈旧。何先生在耄耋之年,披荆斩棘,以大无畏的勇气进行理论创新,而且有大量的证据,确实令我们感到无限的钦佩!当然,在具体的论证细节和材料运用上,学术界有充分讨论的自由。何先生绝不会将严肃的学术争鸣看成是"不友好的调子"。

我仔细探究了何先生"华夷语系"的理论实质,其内涵包括四大语族:苗蛮语族、百越语族、羌戎语族、华夏语族。我觉得在理论上似乎与李方桂对汉藏语系的描述内容几乎是一样的。李方桂《中国的语言与方言》(1937年)提出"汉藏语系"分为汉语、侗台语族、苗瑶语族、藏缅语族。在1973年,李方桂发表的同名论文《中国的语言与方言》依然坚持这样的分类①。罗常培、傅懋勣《国内少数民族语言文字的概况》②(1954年)提出了汉藏语系的分类表,与李方桂的分类基本相同。从此,大陆民族语言学者主流认为壮侗语族、苗瑶语族和汉语、藏缅语族不仅在现状上有很多共通的特征,而且有语言发生学上的同源关系,属于同一语系。马学良主编《汉藏语概论》③在汉藏语系的框架上依然将汉语、藏缅语族、苗瑶语族、壮侗语族都纳入汉藏语系。孙宏开等主编《中国的语言》④第二编《汉藏语系》依然包括汉语、藏缅语族、侗台语族、苗瑶语族,并没有将侗台语族归入南岛语。欧阳觉亚、孙宏开、黄行主编《中国少数民族语言文字大辞典》⑤也是坚持汉藏语系分为四大家族,并没有动摇。邢公畹《汉台语比较手册》⑥对于上古汉语和侗台语族古语进行了全面的比对,结论是汉语和侗台语有发生学上的同源关系。也就是我国的民族语言家和汉藏语系的相关论著从来都是汉语和藏缅语族、侗台语族、苗瑶语族有发生学上的同源关系,没有将侗台语族排斥在汉藏语系之外。孙宏开、江荻《汉藏语言系属分类之争及其源流》⑦从十九世纪初开始梳理学术界对这个问题的研究史,有详细的综述,第 18 页和

---

① 重刊本只是增加了注释,论文的主体内容与 1937 年本一样。收入《李方桂全集》1《汉藏语论文集》,清华大学出版社 2012 年版。
② 收入《罗常培文集》第 9 卷,山东教育出版社 2008 年版。原载《中国语文》1954 年 3 月号。
③ 民族出版社 2003 年版。
④ 商务印书馆 2007 年版。
⑤ 中国社会科学出版社 2017 年版。
⑥ 商务印书馆 1999 年版。
⑦ 见《当代语言学》1999 年第 2 期。

22页的谱系表颇为明晰。此文也指出:"20世纪也并非李氏观点的一统天下。一些断断续续的歧见火花逐渐汇聚起来。例如早在1902年施莱格尔(Schlegel)就表示过台语和南岛语的关系。奥德利古尔利用戴维斯对苗瑶语和孟高棉语的论证,主张苗瑶语属于南亚语系(Haudrircourt,1948)。1940年中国学者闻宥就强调过越南语和台语的关系,后来,1957年在《台语和汉语》一文中也通过比较基本词汇而认定台语和汉语没有同源关系(闻宥,1940,1957)。1955年谢飞(Shafer)提出了汉藏语的一种分类,他虽然将台语放入汉藏语中,但明确表示台语与汉语的关系是很远的,较之藏语跟汉语的关系更远,并且放弃和藏缅语族并立的汉台语族。谢飞的分类,还将苗瑶语从汉藏语系中掷出了局。"关于李方桂理论的质疑和反对,也不是只有白保罗,一直有学者主张侗台语族归属于南岛语,苗瑶语族归属于南亚语。此文当然也提到了白保罗"他的一篇最重要的论文《台语、加岱语和印度尼西亚语——一个新发现的东南亚语言联盟》早在1942年就已在《美国人类学家》杂志问世,这篇文章是本氏'澳泰假设'的奠基石。本氏主张中最重要的一点就是,把壮侗语和苗瑶语从传统的汉藏语系中清理出去,他最基本的观点是无论汉语还是壮侗语,其所共有的根词都不过是早期的借词,反之,壮侗语与印度尼西亚语却有着真正的同源词对应关系(Benedict,1942)。至于原来界说汉藏语系的标准,如单音节性,声调和语序等,则都可以证明是语言接触影响造成的,或者更多的是类型关系而不是发生学关系(Beneidct,1972)。"该文提到:罗美珍、倪大白、董为光等结合壮侗先民的历史和语言的具体情况对本氏观点予以支持。1996年陈保亚发表了他的博士论文《论语言接触与语言联盟》①,该书根据词阶理论论证侗台语与南岛语有同源关系。既然壮侗语和南岛语同源,那么就与汉语不同源。虽然后来法国的沙加尔提出了汉语和南岛语同源这种惊世骇俗的假设。

何先生在书中提出了自己要创立"华夷语系"这个概念的三个理由:

"20世纪80年代考古寻根也取得了前所未有的好成绩,中国文明起源的研究进入了一个崭新的阶段。口传历史由于得到考古文明的印证,早已被埋没的资料重新显示其应有的价值。对于研究史前语言史的人来说,不应该对颇有影响的基因寻根的语言起源论再保持沉默了,这是我提出重建华夷语系的第一个原因。

"因为《汉藏语概论》所建立的汉藏语系不仅排除了壮侗语,也排除了苗瑶语。在2007年的一次'关于藏缅语研究的对话'中,马提索夫仍然坚持:汉语和苗瑶语之间的关系是接触关系,非亲缘关系。我很不赞同这样的观点,这是我提出重建华夷语系的第二个原因。

---

① 语文出版社1996年版。

"李方桂最早将汉藏语系分为四个语族,马学良主编的《汉藏语概论》继承和发扬了这个四分格局,我个人也很赞同这样的分类。《重建》的分类看似和李氏一样,实则有两点原则性的不同。一是出发点不同。李氏的分类是从当代各族语言的现状着眼,我的分类是从原始时代各族的分合着眼。前者在于描写、对比,后者的目的是语言寻根。由于出发点不同,对语系、语族的命名也随之而别。'汉藏'作为语系名称实有欠缺,'汉'与'藏'是两个族称,它们并不能代替苗瑶、壮侗。我用'华夷'作为语系名称,因为从古以来,凡是与'华'文化、语言、习俗、制度有别的族群,不论中外,全都可以称之为'夷'。'夷'原本无贬义,而且'华''夷'可以互变,故中国内部的'华''夷'的的确确原本是一家。至于语族名称,我用'华夏''羌戎''苗蛮''百越',都含有深远的历史感,与寻根的目的正好相应。另外,'汉语'和'华夏语'虽说一脉相承,二者却不能等同;'羌戎'与'藏缅'更不可等同,而'羌戎'的丰富历史内涵以及对国内与之相关族群的全面覆盖,都是比较理想的。语系、语族研究,原本属于史前语言史的范畴,属于语言寻根性质的研究。基于这一立场,我提出了重建华夷语系,这是第三个原因。"何先生的这三点理由非常鲜明,在学理上也很充分。何先生认为:"国外某些研究史前中国语言的专家,大谈苗瑶、侗台与汉语只是接触关系,而非亲缘关系,缺乏起码的历史证据,只立足于片面的语音对比,完全昧于历史事实,结论当然不可信。"

何先生提倡的"华夷语系"中的"羌戎语族"相当于藏缅语族,"苗蛮语族"相当于苗瑶语族,"百越语族"相当于壮侗语族。从此可知,何先生的"华夷语系"的理论似乎与传统的"汉藏语系"在系属分类上没有本质的分别,只是"华夷语系"这个概念从表述上比"汉藏语系"这个概念的范围更广,更有包容性,因为"汉藏语系"这个概念从字面上看只有汉语和藏语。然而理论的创新应该有理论实质的创新,不能仅仅是变换一个概念而已,我们期待何先生能够为学术界提供更多的"华夷语系"特有的理论内容或更加坚实有力的科学论证。

何先生在《口传历史》中认为羌族和姬姓说的是一种语言,这种语言还不等于后来的华夏语,应属于原始华夷语的初步分化阶段,所以羌人"听话不用翻译"。他最后推论道:"从炎黄时代的同一母语到商末周初的'两个方言',再到春秋时代的两语'不达',这中间起码有两千年的演变过程。"这确实是理论创新。但还需要进一步考证。最好是历史文献的记载能够与考古学的材料密切结合,确定炎黄时代到底相当于考古学上的那个时代,这是很重要的。羌族语和周族语是否真的是一种语言的两个方言,这需要多方考证。在他列举的四大类证据以外,我以为还需要民族史的证据。

从历史文献和民族史考察,似乎周族本来就是华夏民族,后来才与羌族有文化交流,看不出羌族和周族的语言本来是同源的。略考如下:

第一，考《史记·周本纪》："弃为儿时，屹如巨人之志。其游戏，好种树麻、菽，麻、菽美。及为成人，遂好耕农，相地之宜，宜谷者稼穑焉，民皆法则之。帝尧闻之，举弃为农师，天下得其利，有功。帝舜曰：'弃，黎民始饥，尔后稷播时百谷。'封弃于邰，号曰后稷，别姓姬氏。后稷之兴，在陶唐、虞、夏之际，皆有令德。后稷卒，子不窋立。不窋末年，夏后氏政衰，去稷不务，不窋以失其官而奔戎狄之间。不窋卒，子鞠立。鞠卒，子公刘立。公刘虽在戎狄之间，复脩后稷之业，务耕种，行地宜，自漆、沮度渭，取材用，行者有资，居者有畜积，民赖其庆。百姓怀之，多徙而保归焉。周道之兴自此始，故诗人歌乐思其德。公刘卒，子庆节立，国于豳。"这段文献有几个要点：（1）周族的始祖后稷喜欢农业种植，培植的农作物主要是"麻、菽"，这应是周族最早的农作物，没有大麦小麦和水稻。（2）后稷在帝尧时代做官为农师，即主管农业的最高长官。可见后稷在帝尧时代应该是华夏民族人。《尚书·尧典》也有关于后稷的记载。（3）后稷族在陶唐、虞、夏之际，皆有令德，有很好的发展，对华夏民族有贡献。《左传·昭公二十九年》："周弃亦为稷，自商以来祀之。"可见商朝人都祭祀后稷。（4）在夏朝后期，朝政凋敝，忽视农业，疏远后稷一族。后稷之子不窋已经到了晚年，被朝廷罢免官职，并遭到流放，于是"不窋以失其官而奔戎狄之间"。这句话非常重要。周族的祖先不窋是在夏朝后期被夏后氏免官并流放到了西部的戎狄之间，从而与西方的藏缅语族的戎狄民族有了接触和交流，这是在夏朝后期和不窋晚年，是在周族兴起至少百年后的事情。通过梳理《周本纪》，我们知道了在夏朝的华夏民族已经有了戎狄是外族的民族意识。而周族的祖先从帝尧时代就在中央政府做官，管理全国的农业事务，明显是华夏民族，此后一直做官到夏朝政衰，周族的掌门人不窋被夏后氏罢官，并流落到了戎狄之间，与藏缅语族混杂。因此，似乎不能说周族与羌戎族原本是说一种语言。白保罗诸人称周朝人本来操藏缅语，完全是无根之谈。

第二，《尚书·周书》中凡是周初所作的几篇，明显是承袭了《商书》的文化传统并有所变异，其变迁是汉民族内部文化思想和语言的变迁，与异民族无关。这说明周族和华夏民族的商族肯定是使用同一种语言和文字，并不是与羌戎族相同的语言。更何况羌戎族长期都没有文字。1980年，俞敏发表《汉藏两族人和话同源探索》[①]一文，何先生高度评价为"堪称典范之作"。何先生认为：该文"得出了几个重要的结论。如：姜（羌）跟姬两个部族说的是一种语言的两个方言。用姜（羌）、姬做骨干，吸收了别的部、姓的血液，形成一个统一的'华夏族'"。俞敏文章举了一个证据：武王伐纣时，在军队面前做了一个演说（《尚书·牧誓》）在当时听讲的联军里就有羌人……而且他们听话不用翻译。我们认

---

① 收入《俞敏语言学论文集》，商务印书馆1999年版。

为俞敏的推测过于大胆。《尚书·牧誓》确实提到了周武王面前有包括羌兵在内的少数民族军队,而且不仅仅是羌兵,还有其他种族的军队,但是没有说这些军队是没有翻译的。俞敏先生凭什么说"他们听话不用翻译"?甲骨文研究显示出,商朝和羌族这些藏缅语族有长期的战争,彼此势不两立,至少有几百年的敌视,彼此各有胜负①。甲骨文五期的每个时期,从武丁开始直到帝辛(纣王),都有对羌人的战争②。因此,商朝的汉民族人在战争中被俘虏,或在商朝内部的斗争中遭到迫害而投奔羌族,或者羌族常常骚扰商朝边疆,抓走汉人,这应该不是个别的事情,汉语因此而传入羌族。但是商朝最终在军事抗争上占上风,羌人被俘后往往被处以极刑,死得很惨。商朝军队攻破羌人后,也是大肆杀戮。详细参看董作宾《甲骨文断代研究例》③五《方国》、董作宾《殷代的羌和蜀》④、蔡哲茂《逆羌考》⑤、王慎行《卜辞所见羌人考》⑥、陈福林《试论殷代众、众人与羌的社会地位》⑦。因此,羌人痛恨商朝,听说周王起兵伐商,羌人马上趁火打劫,参加了周武王的军队联盟,这并不意味着羌人和周族人是说同一种语言,不能说周武王训话,羌人不用翻译就能听懂。举一个后世的例子。康熙年间,大清帝国与沙皇俄国签订《尼布楚条约》,双方谈判是通过在大清朝的西洋天主教传教士用拉丁文为中介进行。如果有人不知道这个细节,似乎就会说沙皇俄国与清朝的官员彼此能听懂对方的话,因此俄语和汉语原本是一家。考《礼记·王制》:"中国、夷、蛮、戎狄,皆有安居、和味、宜服、利用、备器。其事虽异,各自足。五方之民,言语不通,嗜欲不同。达其志,通其欲,东方曰寄,南方曰象,西方曰狄鞮,北方曰译。"郑玄注:"皆俗间之名,依其事类耳。鞮之言知也。今冀部有言狄鞮者。"孔疏:"此一节论中国及四夷居处言语衣服饮食不同之事,各随文解之。"《王制》是战国时代的儒家之作,当时的汉语和周边异族的语言不能沟通,必须要有翻译。因此,战国时代的四方民族语言和汉语有本质的不同,是完全不同的语言,当时的民族语言对于构拟汉语上古音已经无用。因此,我坚决反对立足于汉藏同源的汉藏对音,依据七世纪以后的藏语的语音来构拟春秋时代的汉语语音,这无异于怪力乱神,君子所不语。

---

① 参看王宇信、杨升南主编《甲骨学一百年》(社会科学文献出版社 1999 年版)第 11 章《商代社会结构和国家职能研究》第七节《商代的对外战争》;军事科学院主编《中国军事通史》第一卷《夏商西周军事史》(罗琨、张永山著,军事科学出版社 2005 年版)第五章《商代后期的对外战争》第三节《康文武前后对羌人的战争》。
② 参看《甲骨学一百年》498—501 页,材料丰富,论述清晰。
③ 见裘锡圭等编校《中国现代学术经典·董作宾卷》,河北教育出版社 1996 年版,第 58—60 页。
④ 原载《说文月刊》第 3 卷 7 期《巴蜀文化专号》,1942 年 8 月。
⑤ 载台湾《大陆杂志》第 52 卷第 6 期,1976 年 6 月。
⑥ 收入王慎行《古文字与殷商文明》,陕西人民教育出版社 1992 年版。
⑦ 载《社会科学战线》1979 年 3 期。

第三，从先周的考古学来看，周文王时代的丰镐遗址出土的典型器物有汉民族文化才有的器物类型。例如，在张家坡和客省庄发现了联裆鬲、乳状袋足鬲，还有周式簋。纹饰如菱文乳钉纹、网底乳钉纹①，都是汉民族文化所有。在陕西宝鸡地区的斗鸡台墓地发现了先周时代的锥足鬲，明显是汉民族文化。在周公庙遗址和庙王村遗址都出土了甲骨文。甲骨文有"周公"二字，学者认为就是周公旦②。先周考古发现有甲骨文，这是先周是汉民族文化的重要证据，也表明先周已经与商文化有密切交流。关于周族的甲骨文，详细研究可参看王宇信、杨升南主编《甲骨学一百年》③第八章《甲骨学研究的新发展—西周甲骨分支学科的形成》，综述有关研究颇详。氐羌民族从来没有用过甲骨文，虽然羌族和商族经常发生战争，有很多接触，甲骨卜辞文化没有传入羌族。

第四，学术界公认《易经》与周文王关系密切。《史记·太史公自序》所谓："文王拘而演《周易》。"《易经》八卦相传是伏羲所作，周文王将八卦演为六十四卦。如果在伏羲时代存在汉藏民族共同体，为什么古代的藏缅语民族完全没有八卦的文化传统？如果周文王时代是周人和羌人的语言仅仅是方言的不同，而拥有历史文化共同体，那为什么古代的氐羌民族没有周文王的八八六十四卦？只有对汉字文化和华夏民族的历史文化都非常精通的人才能创作《易经》，因为《易经》中有很多汉民族的文化内涵。例如《既济》九三："高宗伐鬼方，三年克之。"高宗是殷高宗武丁，是商朝的中兴之主，一代明君，曾出兵讨伐鬼方。甲骨文中有鬼方。《泰》六五："帝乙归妹。"帝乙是商王，文丁之子，是纣王之父。"归妹"是嫁出了自己的妹妹。《明夷》六五："箕子之明夷，利贞。"箕子是商朝王族，商朝亡后，逃亡辽东，建立箕子朝鲜。类例甚多。操藏缅语的人断无可能制作《易经》。商朝末年的氐羌族人绝对不可能熟悉《易经》这种正宗的汉民族文化。

第五，先周人必定已经有了"明德、圣人"的文化概念，用以代替商朝的神道文化。参看郭沫若《先秦天道观之进展》④。周人克殷后，周公很快制礼作乐，并且创作多篇《尚书·周书》和《逸周书》的周初的几篇，这是有很深汉文化修养的人才能做得到的，怎么可能是来自藏缅语族的文化？这时候之前的周族例如武王克商时在牧野发表的《牧誓》，克商后作了《逸周书》的《世俘》⑤，商朝传给周武王的《鸿范》，周公东征三年，平定三监叛乱后作的《大诰》、周公作的《无逸》和《多士》等等，这难道是说藏缅语的人所能懂的嘛？如果说藏缅语，怎么可能这么快就有如此深厚的汉文化造诣？简直不可思议。

---

① 参看《中国考古学·夏商卷》第八章《夏商王朝周边地区的考古学文化》四《沣镐遗址发现的商代末年先周遗址》，第533—535页。
② 参看雷兴山《先周文化探索》(科学出版社2010年版)第四章《先周文化辨析》第271—272页。
③ 社会科学文献出版社1999年版。
④ 收入《郭沫若全集·历史编》第一卷《青铜时代》，人民出版社1982年版。
⑤ 这就是《孟子·尽心》所说的原本《尚书》的《武成》，是周初文献。

第六,如果在先周的周族与藏缅语民族的羌人只是方言的不同,那么为什么周族在周文王甚至甚至之前已经广泛使用汉字,而羌族几千年与汉字无缘？这是何道理？只能认为周族在古公亶父以前就是说汉语,与羌族早已是不同的语言。周族东迁后,深受商文化影响,文化日益昌盛。羌族无论怎样与商族接触,始终没有学会汉字文化。这是因为周族在先周时代本来就是汉民族,周族学习商文化,犹如陕西人学习北京文化,周族和商朝才是方言的不同,与羌族是语言的不同。先周的周族与羌族是不同的民族,说不同的语言,不仅仅是方言不同而已。如果仅仅是方言不同,那么一定有共同的书面语。犹如重庆人与广东人、福建人说不同的方言,但是有共同的书面语。这是判断是方言的不同还是语言的不同的重要标准。古代羌族人从来没有用汉字作为书面语,只有在汉化后才用汉字。先秦的羌族和周族不可能仅仅是方言的不同,因为周族人有书面语的汉字,而羌族没有。这是铁证。

第七,《国语·鲁语上》:"稷勤百谷而山死,文王以文昭,武王去民之秽。故有虞氏禘黄帝而祖颛顼,郊尧而宗舜;夏后氏禘黄帝而祖颛顼,郊鲧而宗禹;商人禘舜而祖契,郊冥而宗汤;周人禘喾而郊稷,祖文王而宗武王。"这段春秋时代的文献非常重要,记述的都是华夏民族所崇拜和祭祀的祖先,"周人禘喾而郊稷,祖文王而宗武王"。从来没有听说藏族人有关于"黄帝、颛顼"的传说和崇拜,羌人从来没有崇拜过"帝喾"。这是因为藏缅语族人根本不承认本民族的远祖是"黄帝、颛顼、帝喾"。藏族人关于民族起源的神话是藏族的远祖女性和一个猕猴交配而生育繁殖了藏族人。这与华夏民族的起源神话毫不沾边。从比较神话学也可以看出藏民族和华夏民族是不同系统的民族,不可能有共同的语言起源。

第八,春秋秦穆公时代的由余就是由晋国而入西戎,后来由戎王派遣而出使秦国,反而得到秦穆公的青睐,在秦国受到重用,助力秦穆公称霸西戎,向西开拓十二国(一说二十国)。但是先秦和汉代人常常将由余看成是戎人①,所以在戎人中有懂得汉语的人,这些人往往本来华夏民族,因为各种原因避难西戎,从而将汉语传入西戎。关于"由余"的史料,马非百《秦集史》②之《人物传五之三·由余》条收集最为详备,可以参看。今略考《史记·秦本纪》:"戎王使由余于秦。由余,其先晋人也,亡入戎,能晋言。闻缪公贤,故使由余观秦。……三十七年,秦用由余谋伐戎王,益国十二,开地千里,遂霸西戎。"《正义》称"由余"是"戎人姓名"。"由余,其先晋人也,亡入戎,能晋言",这几句话包含几层意思:(1)由余的祖先是晋国人,所以能晋言,这表明由余所在的西戎人是不能晋言的。

---

① 例如《史记·李斯列传》:"是以秦用戎人由余而霸中国,齐用越人蒙而彊威、宣。"同篇又曰:"昔缪公求士,西取由余于戎,东得百里奚于宛。"
② 中华书局1982年版,第267—270页。

(2)称由余能"晋言"而派遣由余出使秦国,则晋言和秦国方言能够相通,只是方言的区别。也可见西戎的藏缅语族是不能与秦晋的语言沟通的。不然戎王为什么偏偏派遣能"晋言"的由余出使秦国呢?(3)从秦穆公和由余的问答来看,由余深通圣贤之道,对华夏族的历史文化非常了解。由余明显是对汉语和西戎语都很精通的人。(4)《史记》强调由余能"晋言",就是为了要突出西戎语言与华夏语言是不能直接沟通的,不是方言的区别问题。秦晋之间的语言区别才是方言的区别,这是可以沟通的。因此,《史记》此言表明春秋时代的西戎语与华夏语是本质不同的两种语言。但是有由余这样的华夏贤人逃亡入西戎,从而为西戎沟通华夏民族。古人的语言能力是不能低估的,不能说两个民族可以沟通,就以为二者的语言同源,他们其实是通过翻译沟通的。这样的翻译在古代有很多,下面提到的春秋时代的《古越人歌》就是将古代壮侗语的歌词翻译为华夏方言之一的楚语(其实就是当时通行的汉语)。唐朝的西域人安禄山通晓多国语言,活跃于唐朝的边境贸易。唐朝的王玄策出使印度,一定带有梵语翻译,这种翻译可能是来华的印度和尚,他们本来通晓自己的母语梵语,来华后又学了汉语,于是可以出任翻译。

第九,《史记·匈奴列传》:"匈奴,其先祖夏后氏之苗裔也,曰淳维。"《集解》引《汉书音义》曰:"匈奴始祖名。"《索隐》引张晏曰"淳维以殷时奔北边。"绝对不能依据《史记》此文以为"匈奴"在上古与夏后氏同源同种。现在民族语言学者已经非常清楚匈奴语是阿尔泰语系,绝对与汉语不是同一种系属语言。所谓"匈奴,其先祖夏后氏之苗裔也,曰淳维",意思只能解读为匈奴的先祖淳维是夏后氏当君王时代的一个诸侯或部族,其父王可能与夏后氏有婚姻关系,夏朝的公主嫁与匈奴的先祖,所生儿子淳维继承了匈奴的王位,这只是夏朝拉拢匈奴民族的一种策略,所以可以说"匈奴"是夏后氏的苗裔(其实只是匈奴王淳维是夏后氏的苗裔)。犹如汉朝与匈奴的和亲政策,汉朝公主与匈奴单于所生之子可能在匈奴继承王位,于是可以说汉代以后的匈奴是汉朝后代。唐朝的文成、金成公主入藏和亲,生下的儿子继承吐蕃赞普的职位,因此,可以说吐蕃有的赞普是唐朝皇室之后。这与语言的同源毫不沾边。千万不能依据《匈奴列传》就说"匈奴语"和华夏语原本是一家。但是可以从此看出,在夏朝,华夏族人已经与匈奴民族有很多的接触和交流,这时华夏语和阿尔泰语已经有接触。对古文献的正确读解是万分重要的。俞敏《汉藏两族人和话同源探索》①称:"姜(羌)跟姬两个部族说的是一种语言的两个方言。请想想,弃学话不是跟姜嫄学么?姜嫄跟弃的父亲说话,古公跟太姜说话还用翻译么?在北美印第安人那里,凡是从一个母系氏族分出来的部落,都说一种话的方言,彼此听得懂。姜、姬的

---

① 收入《俞敏语言学论文集》,商务印书馆1999年版,第213页。

情况也正一样。"俞敏完全是主观臆测。古代不同民族通婚是为了优生优育,也是为了政治联盟,后来的满族和蒙古族长期联姻,也是如此,这与语言同源绝对不沾边。难道王昭君嫁到匈奴可以与匈奴单于自由交谈而不通过翻译?难道文成公主嫁到西藏可以与松赞干布自由交谈而不通过翻译?照此臆测,唐初画家阎立本《步辇图》中表现的唐太宗坐在美女台的步辇上接见西藏的两个使臣,似乎没有翻译,是不是可以就此推断唐太宗和西藏使臣可以自由交流,彼此听得懂,因此在唐朝的汉语和藏语只是方言的不同?这样的推论太荒唐。俞敏此文的论述随意性很大,论证很散漫,不像是严谨的学术论文,而像是一篇漫谈。例如,其书214页称:"就有周武王姬发当统帅,姜姓的吕尚,也就是姜太公,当参谋长。"这样讲历史很不严肃。周武王伐商,姜子牙是"师"或"太师",即军队总司令,古书称姜子牙为"师尚父","师"是姜子牙的官位,带兵的长官。考《诗经·大明》:"维师尚父,时维鹰扬。凉彼武王,肆伐大商,会朝清明。"①毛传:"师,大师也。"大师即太师。《经典释文》:"大音泰"。郑笺:"尚父,吕望也。"《太平御览》卷209引《博物志》:"文王乃拜太公为大司马。"大司马是汉武帝所设的最高军事长官。后代以姜子牙的官职是军队长官,相当于"大司马",所以有此称谓。《逸周书·世俘》:"武王在祀,大师负上商王纣悬首白旂。"孔晁注"大师"为"乐师"。陈逢衡注以为"大师"是太公望②。顾颉刚取孔说,我取陈说。《左传·僖公二十六年》:"昔周公、大公股肱周室。"杜注:"大公为大师,兼主司盟之官。"顾炎武《补正》、杨伯峻《春秋左传注》反对杜注,顾颉刚也不取杜注。但是至少杜注认为"太公"是担任"大师(太师)"这个官职,这是符合历史的。

第十,俞敏《汉藏两族人和话同源探索》③最后称:"语言跟氏族血缘不必吻合,因为没一个民族不和别的族混血。血缘跟名称也不必吻合。"这倒是对的。其实萨丕尔《语言论》④第十章《语言、种族和文化》早已经有详细的论述;"一群语言完全不必和一个种族集体或一个文化区相应,这很容易举例证明。"文烦不录。所以将种族和语言同源参合在一起,是要小心谨慎的。近年有学者在国际著名刊物《自然》发表论文从基因角度论证汉藏语同源。这在方法上是完全站不住的。因为蒙古族、满族、朝鲜族等阿尔泰语系民族和汉族在人种上都是蒙古人种东亚类型,在体质人类学上都是铲形齿,没有人说阿尔泰语和汉语同源。日本人和中国人从体质人类学上很难分别,毫无疑问是一个人种,但日语和汉语绝对不同源。

以上的考证应该是有启发性的,如果深挖下去,还可以举出可多证据。

---

① 《韩诗外传》卷三引《诗经》此文。
② 见黄怀信等《逸周书汇校集注》第440页,上海古籍出版社2013年版。
③ 收入《俞敏语言学论文集》,商务印书馆1999年版,第217页。
④ 陆卓元翻译,商务印书馆2003年版。萨丕尔此书初版于1921年。

我对民族语言学没有专门研究,平素研究只是参考利用学者们的研究成果,对侗台语族与汉语是否同源不敢发表意见。但是我提出两个问题供民族语言学家思考:

第一,《说苑·善说》篇的《古越人歌》,幸亏《说苑》明说了是有翻译在场做了翻译,就证明在春秋时代不同的语言沟通是需要翻译的。《古越人歌》的原文音译和汉语翻译具在,断无可能只是方言的不同。这证明在春秋时代,古代壮侗语和汉语是不能沟通的,完全没有对应关系,绝对不是方言的不同而已,明显是两种不同的语言。春秋时代已经是两种不同的语言,2500 年后要证明汉语和壮侗语同源,这可真不容易。希望专家们认真考证。郑张尚芳先生在韦庆稳等学者论文的基础上发表了《〈越人歌〉解读》①,完全依据自己的上古音系的构拟来对应《古越人歌》的音写古壮侗语和泰语,非常不科学,主观性、随意性太大。此文的研究完全不可信。而且,我看出郑张先生对《古越人歌》的高度文学性完全没有理解。例如:郑张先生(《论文集》647 页)称:"拿'山有木兮木有枝'来说,它在意义上与上下文没有直接联系,只不过用'枝'(klje)来跟下行的'知'(te)押韵。"这是完全错误的解读,而且就是他自己的这段话就可以攻破他自己对汉语上古音的声母的构拟。我分析如下:《古越人歌》的关键性名句"山有木兮木有枝",绝不是与上下文没有意思上的关联,而是有非常密切的关联。只是郑张先生没有读懂而已。其美妙的艺术在于"山有木兮木有枝"的"枝"与下一句"心说君兮君不知"的"知"不仅押韵,而且谐音。意思是:山上的树木尚且有"枝"(谐音"知"),我在心中爱慕你,你却无"知"(谐音"枝"),含蓄地表达了"你连木头都不如"呢,太不解风情,太不懂我的心,树木还有"枝(知)",你这个大活人却无"知(枝)"。正因为如此,我说"山有木兮木有枝,心说君兮君不知"是绝妙好辞,郑张先生居然说此二句在意思上全无关联,显然没有看懂原文的奥妙。由于此二句不仅是押韵,而且以"枝"与"知"谐音,犹如"春蚕到死丝方尽"的"丝"与"思"谐音,所以"枝"与"知"二字的上古音必然字音相同或非常相近,而郑张先生对此二字的上古音构拟是"枝"(klje)与"知"(te),"枝"是复声母 kl-,这万不可能与单声母的 t-构成谐音字。而依据王力先生的上古音系,"枝"是支部章母,章母上古音为舌面清塞音,与舌尖清塞音的端母音近相通,"知"为支部端母(即钱大昕所说的"古无舌上音"),二者正好可以谐音,不仅仅可以押韵而已。按照郑张尚芳的构拟,"知"与"枝"只能押韵,不能谐音,从而只好说"山有木兮木有枝"与上下文没有关系。从此可以看出郑张尚芳的上古音的构拟肯定不可信,经不住古汉语材料的检验。郑张尚芳将二等韵的"枝"构拟为复声母 kl-,应该是轻信了雅洪托夫的谬论。

---

① 收入《郑张尚芳语言学论文集》,中华书局 2012 年版,本文为英文发表于法国的《东亚语言学报》20 卷第 2 分册,中文翻译本载《语言研究论丛》第七辑,1997 年版。

第二,我曾提过壮侗语存在内爆音,而且这种内爆音在南方的壮语民族汉化的过程中带入了松江吴语、潮州闽语、海南闽语、吴川粤语等多地的汉语方言①。可是,汉语上古音的各家构拟都没有内爆音。那么语言学家就要面对两个问题:一是壮侗语的内爆音如果是壮侗语的远古形态,那就只能表明汉语和壮侗语不同源,因为上古汉语从来没有过内爆音,这是各家都公认的,没有一家的上古音系构拟过内爆音。也没有学者主张远古汉语有内爆音,因为没有证据。二是壮侗语的内爆音如果是后起的,那么专家还是要解释一下是怎样后起的?受到了什么样的外力影响而兴起?必须有力地证明内爆音是晚起的,不是壮侗语的原始形态,这样壮侗语才可能与汉语同源,因为汉语方言的内爆音绝对是晚起的。

这两个问题是语言学家要认真对待的。如果不能解决,那就不能完全否定侗台语和南岛语可能有亲缘关系。

何先生在《亲属语言》中列举了几个"化石词"详加讨论,例如"华胥、嫘祖、黄帝女魃、海神若、卤盐、咸醝",考论周详,思路独特,可供学术界讨论。在《考古文化》中更是列举了众多的考古材料和研究作为证据。这些论证都是前辈学者如李方桂等人所没有提供的。希望引起学术界的关注和讨论。先生的"华夷语系"即使在语言系属分类上与李方桂是一致的,但是论证的方法是不同的。先生这本专著的重大意义在于:第一,创建了"华夷语系"这个新的学术概念,取代陈旧的"汉藏语系"这个旧观念。第二,从历史文献、口传历史、亲属语言的化石词、考古学材料多个方面为"华夷语系"及其四大家族的存在做出广泛深入的论证。我们热烈期待更多的学者加入讨论。

(5.2)《汉语和亲属语言比较研究的基本原则》②。这是何先生研究汉语和亲属语言进行比较研究的基本原则的长篇论文,他做了很详细的梳理和论辩。他开篇提出问题:"从 1974 年马蒂索夫批判李方桂到 2001 年有人批判王力,这两个事件前后呼应,一脉相承,有明显的内在联系。这不是门户之争,也不是个人意气之争,而是各人所选择的构拟原则不同。在台湾语言学界,这种争论似乎早已成为过去,而大陆内地,白保罗、马蒂索夫、奥德里古尔、蒲立本的某些主张仍被少数人奉为'新说',奉为'主流',所以我们有必要对他们的主张作一次梳理。我们所得出的结论是,这不是什么'新''旧'之争,也不是什么'主流'与'非主流'之争,而是基本原则的论争。也就是在汉语和亲属语言的比较研究中,我们应当坚持什么样的基本原则。是用假设剪裁事实还是用事实验证假设,是尊重李方桂、张琨等人所开创的传统还是从根本上否定这一传统。"

---

① 关于内爆音的介绍和语音学系统研究,参看寸熙《中国境内内爆音的语音学研究》(高等教育出版社 2019 年 12 月版)。这是寸熙在香港科技大学的博士论文。书末有中国境内的内爆音分布示意图。
② 收入何九盈《语言丛稿》,商务印书馆 2006 年版。原载《语言学论丛》第 29 辑,2004 年。

他随后论述了几个原则问题:基本原则之一:远程构拟应与层级构拟相结合,应以层级构拟为基础。先生详细梳理了汉藏语系的提出和学术界讨论的源流。从学理、逻辑和方法上严厉批判了白保罗、马蒂索夫的远程构拟。先生明确称:"白保罗的系属分类是建立在沙滩上的大洋楼。白保罗用远程构拟法建立了两座'大洋楼':一座是澳泰语系,认为台语、加岱语和印尼语(南岛语)有发生学的关系;一座是汉藏语系,认为汉语族、藏—克伦语族有亲属关系,而苗瑶语、侗台语不在其中。"先生严肃地批评马蒂索夫的文风:"我读马蒂索夫的那篇'评论',明显感觉到他是那样盛气凌人,自以为是。"

他直截了当地批评白保罗、马蒂索夫:"白保罗、马蒂索夫所犯的大忌,就是没有把'近距离'和'远距离'很好地结合起来。澳—泰语系的失败就是没有坚实的'近距离'作为基础,不是'从平地垒起,一块砖一块砖地砌,一层一层地加高',所以成了沙滩上的大洋楼。具体来说,就是没有解决亲属语言之间语音上到底有什么样的对应规律这一根本问题。"这个抨击无疑是非常科学的,是纯学术批评,绝无半点"民族主义倾向"。

他继续批评国际学术界的远程构拟:"事实上,不仅澳—泰语假设是不成功的,迄今为止,在中国内地远程构拟法还没有构拟出一个成功的范例。相反,倒是制造了一批豆腐渣工程。我们若问:汉语有多少亲属语言?从远程构拟者那里得到的回答是:溥天之下皆亲属也。在南美,我们和玛雅人五千年前是一家;在北方,我们和叶尼塞语、北高加索语是一家,和通古斯、蒙古、突厥语也是一家;在西方,我们和巴斯克语是一家;在南方,我们和南亚语、南岛语是一家。在世界范围内,我们和印欧语系是一家。白保罗似乎早已预见了这一点,他说:'不加鉴别地使用远程构拟可能导致语言学的灾难。'他的话不幸而言中。我们现在正面临着这样的'灾难'。这种'灾难'的制造者,他们既没有白保罗那样的人类学视野、语言学视野,又没有白保罗那样丰富的田野调查经验,而他们的'大胆和冒险'却远远超过白保罗。他给汉语建立了那么多'八竿子打不着'的亲属关系,凭什么?在非汉语那边,就凭几本字典,或几份不全面的调查报告。在汉语这边,就凭高本汉或李方桂或王力的上古音系。这就大成问题。以元音系统为例,高、李、王三家的元音系统很不一样。用高的元音系统来比较说得通,用王的元音系统就根本无法比。而且,上古元音有特定的时空制约,各种非汉语语言也不是直线发展,直线分化,也都有自己的方言,也都与周边语言有各种各样的接触关系。任何语言都有漫长的历史,要一个一个研究才能说得清。总之,上古音万能论是错误的,非汉语一成不变论也是错误的。"他的批评十分尖锐和辛辣,也十分科学,完全是正常的学术性批评,指出了远程构拟法给汉语亲属语言的比较研究带来的严重后果。

何先生对学者的学风和学术素养提出了要求,指出很多搞远程构拟的国际学者根本不具备相应的学术涵养:"更何况,由于比较者对汉语和非汉语的知识有各种各样的缺陷,对古今音义及语法结构没有全面深入的研究,甚至只能利用第二手材料,比较的结果会是一个什么样子,可想而知。两种或几种语言的比较研究,是语言学中最精密最复杂的一门学问,即使像李方桂这样的语言学大师也不敢轻言比较。巨观语言学把复杂的问题简单化,为'好高骛远,好大喜功'者大开谬误之门,这已经是有目共睹的事实。在这种情况下,我们呼唤李方桂的构拟原则,应当是很有意义的一件事情。……白保罗跟蒲立本一样,连商周是否操同一语言的问题都不清楚,说什么'周民族也许被认为是操藏汉语者,此语言融合或渗入于商民族所操之非汉藏语中'。他们对汉语的知识基本上是来自书本,来自一些似是而非的零零碎碎的介绍,对汉民族历史的了解也很肤浅。知道得越少,胆子就越大,他们可以毫无根据地说'泰语对汉语必定也有巨大的影响'。"他这个批评打中了七寸。学问不渊博而妄谈远程构拟,只是"用赠缴之说而徼幸其后"①。他们以小本钱做大买卖,空做发财梦。他作结论道:"在构拟路线上我们可以肯定地说,白保罗、马蒂索夫是错误的,李方桂、张琨是正确的。"他的论断是完全正确的。那些滥用远程构拟和乱搞同源词的人真的该醒醒了,没有必要在学术界留下笑柄。他主张将"远程构拟"和"层级构拟"相结合,以'层级构拟'为基础;将"比较构拟"和"内部构拟"相结合,以"内部构拟"为基础。这是完全正确的科学方法,无懈可击,必须遵循。

何先生此文引证了李方桂、张琨、朱德熙、张光直、诺贝尔奖得主魏惜理·李昂迪夫的意见,批评美国学风浮躁,在学术研究上乱造假设,缺乏科学研究应有的严谨。

此文有非常重大的历史意义,是所有反击滥用远程构拟的论文中最经典的名篇,逻辑谨严,论必有据,气象宏大,学理精深,论证严密,盛水不漏,足以驳得白保罗、马蒂索夫、蒲立本之流汗颜羞惭。他也善意批评国内某些人的学风:"改革开放以来,西方学术像潮水般涌入中国,白保罗、马蒂索夫、蒲立本等人的一些主张,乃至他们的学风,对某些缺少传统训练的人,对某些既不搞田野调查又不认真钻研文献的人,简直如获至宝,奉若神明,这对中国历史语言学的独立发展是极为不利的。"此文一出,摧陷廓清,"玉宇澄清万里埃",国际上的那些惯于大言欺人的冒牌学者和国内的应声虫应该就此缄口。

此文还有很多精辟的论述,有极大的启发性,读者千万要留意。文章虽长,却"繁而不可删",乃如《庄子·骈拇》所言:"鹤胫虽长,断之则悲。"此文还体现出了何先生极高的人文学养和人文精神,引证广博,行文潇洒,令人叹奇。阅读此文是一种审美享受,这是我要特别强调的亲身体验。

---

① 语出《韩非子·五蠹》。

马蒂索夫两年后发表《历史语言学研究不是奥林匹克竞赛——回复何九盈〈汉语和亲属语言比较研究的基本原则〉一文》①,分四点对何先生的论文做了回应:第一,中西方汉学研究的合作历史;第二,学术批评的规范;第三,历史语言学的一些原则;第四,语言的类型演变和声调发生学的一些原则。此文开篇声称:何先生"这篇文章具有不友好的调子,同时它的论证也有严重的问题"。那么马蒂索夫是怎样驳论的呢? 完全是东拉西扯,毫无学术性论证,牵扯一些与上古汉语本身毫无关系的语言演变现象,对其汉藏语研究的观点和方法没有任何支撑,其文没有任何说服力,我们也看不到他如何指出了何先生的论证有任何严重问题。我将马蒂索夫之文的要点做出分析与归纳,并作辨正,拟另文加以批驳。

何先生在为高永安博士《明清皖南方音研究》撰写的《序》②对马蒂索夫的答复做出了初步的回应:"我以为像白保罗那种所谓的'远程构拟',就是一团乱蓬蓬的'茅草',而大搞偶像崇拜,下大力气点燃这团'茅草'的马蒂索夫先生又出来为之辩护。他在《语言学论丛》第34辑'回复'我的那篇文章,从题目到内容几乎谈不上有什么学术含量,极不严肃。他并没有从学术上正面回答我对他的批评,相反,只不过是尽情发泄对批评者的不满,其手法是:玩弄概念,转移话题,节外生枝,歪曲事实,制造不和,想以威胁的语言来堵住批评者的嘴,将学术争鸣引入歧途。他是如此容不得不同声音,对自己的不良学风毫无反省之意,仍然是那副装腔作势、盛气凌人的架子。"

何先生2015年的专著《重建华夷语系的理论和证据》③的长篇《序》中,也对马蒂索夫的《回复》做出了比较详细的回应,引述了张琨的学术演讲、《李方桂先生口述史》、邢公畹《我和汉藏语研究》,对老马予以坚决的反击。他说:"读了他的《回复》之后,深感失望。从文章的题目到通篇的内容,毫无学术含量可言,却有一股轻浮骄矜之气。他没有拿出任何一个汉语或与汉语有关的具体事实来反驳我们提出的两个'结合'、两个'基础'。他有意歪曲矛盾的性质,挑拨离间,企图将学术争鸣引入歧途。……把明明是学术上的分歧歪曲成'是中国学者与非中国学者的分歧',真是逻辑混乱。胡搅蛮缠。我的文章只是我个人的意见,不代表任何其他'中国学者',你马蒂索夫,再包括白保罗、蒲立本等人就能代表整个'西方学者'吗?何况,我也与蒲立本教授有过接触,很敬重他的探索精神,他的学风似乎与你马蒂索夫先生大不相同。说到底,你们可以任意评判李方桂、王力先生,

---

① 见《语言学论丛》第34辑,商务印书馆2006年版。这篇文章的翻译有严重问题。例如,347页马蒂索夫称受到赵元任教授的"亲炙"。这是完全乱用"亲炙"一词。照原文的表述,其意思是赵元任向马蒂索夫本人学习。历史的真实是马蒂索夫向赵元任学习。348页称高本汉是瑞士学者,应该是瑞典学者。
② 收入何九盈《书山拾梦》,商务印书馆2010年版。此文撰写于2007年。
③ 商务印书馆2015年版。

而我的文章批评了白保罗,你马蒂索夫就沉不住气了。为什么?……老马同志的这一表白颇有江湖意识,不幸的是他把这种浓厚的江湖意识引进了学术研究,以致连李方桂都'不太明白他的研究'。"何先生以其渊博的学识和昂扬的学术自信继续反驳老马的拙劣学风:"其实,只要不是头脑过于简单的人就可看出,老马表面上气壮如牛,实则学术底气严重不足呀!只有靠大帽子来压人了!他甚至忘记了这样的基本事实:严厉指斥白保罗的李方桂、张琨也是美国国籍,也在美国任教呀!真正的学术是不分国籍的,拿'中美学者的关系'来说事,太拙劣了!玩弄概念也是老马的强项,如什么'远程构拟、超级构拟、超级比较'之类,谁要盲目地跟着这类'概念'跑,肯定要'误入歧途',因为这种缺乏史实联系和系统关系的所谓'构拟、比较',正如季羡林所言:'美国学派提倡的平行研究,恍兮惚兮,给许多不学无术之辈提供了藏身洞'①。"他最后表明与马蒂索夫不同的严正立场:"马教授的认识论与我大不相同。他是概念重于事实,从先验的立场出发,把不同层次的未经严格检验的语言事实聚集在一起,建立所谓的'谱系';他甚至还向我们鼓吹什么'偶像',简直到了不可思议的地步。他批评我的'文章具有不友好的调子',因为我根本就藐视'偶像';又说我的'论证也有严重的问题',是因为我否定了他的先验模式。这就是'分歧'的实质所在。如果我也向他的'偶像'三鞠躬,那当然就太'友好'了;如果我也鼓吹他的先验模式,那当然就什么'问题'也没有了。可我的认识论不允许我这么做。真对不起啊,我的马教授,我可不是'唯马首是瞻'的人!更不是傍'远来和尚''以自衒的'的'牛后'之徒!"何先生明确表示在对待科学的态度上和学术作风上,要坚决与老马划清界限,显示了我国当代学人的崇高风范和中国科学家的学术自信。何先生的这些锐利的抨击都是坚强有力的,掷地有声,响彻大洋彼岸。国内还有一些人敲锣打鼓作应声虫,只是如《文心雕龙·知音》所言:"俗鉴之迷者,深废浅售,此庄周所以笑《折扬》,宋玉所以伤《白雪》也。"何先生如同扬子云"心好沉博绝丽之文","不事浮浅,深识鉴奥"②,对伪学予以迎头痛击,导引在学术上迷途的羔羊,功在中华。何先生此文还做了很详细的学理分析和答客难。老马这回只有低头俯首,缴械投降,别无出路了。何先生的这两篇重要论文为中国学者扬眉吐气,坚定了文化自信,必定会"披金石而德广,流管弦而日新"③。老马则表示自己会改正错误,服从真理。

(5.3)《所谓"亲属"语言的词汇比较问题》④。何先生此文从六个方面广举例证,科学

---

① 季羡林《痛悼钟敬文先生》,《病榻杂记》94页,新世界出版社2007年版。
② 语出《文心雕龙·知音》。
③ 语出陆机《文赋》。
④ 收入何九盈《语言丛稿》,商务印书馆2006年版。原载董琨、冯蒸主编《音史新论》,学苑出版社2005年版。

辨析，批判了法国汉学家沙加尔《论汉语、南岛语的亲属关系》这篇长篇论文，一是"将后起字当上古汉语"；二是"把假借字当本字"；三是"把联绵字当单字"；四是"双方意义不能对比"；五是"照抄有错误的原文"；六是"不可思议的条目"。先生此文的重要意义是通过对沙加尔此文各类错误的剖析，强调了在考证同源词时必须要有严谨而科学的方法。像沙加尔这样的外国学者，其古汉语的专业学识毕竟有限，难有驾驭古汉语语言文字学和汉语古文献的能力，妄谈历史比较语言学。先生此文对于当今学术界那些高唱汉藏语同源和汉藏对音的人，是当头棒喝，应该引起他们的反省。

以上是何先生的主要学术撰述，然而挂一漏万，遗珠实多。例如，何先生还著有《汉语三论》①，此书后来修订为两本书《中国现代化进程中的语文转向（外一种）》②，外一种《普通话的历史发展》，以及《全球化时代的汉语意识》③，展现了他对汉语发展与我国现代化进程的关系的研究，分析了汉语在全球化时代的地位和影响，以及汉语向全世界的传播。这三部书有独特的价值，体现了他对汉语的人文关怀。《普通话的历史发展》尤其有学术价值。他和夫人李学敏老师共同编撰有《实用文言词典》④，颇有特色，至今是一部实用的古汉语词典。《书山拾梦》⑤是他的散文集，以及为许多书撰写的序文和书评汇编，其中颇有独到见解和真情实感。《语言丛稿》《音韵丛稿》中还有一些论文和书评没有评述，这些都是很有分量的学术著作。他临文不苟，每一篇论著都是精心结撰，都是有的放矢。限于篇幅，本文不能对以上各论著有所提要钩玄，然而读者诸君不可不认真对待这些精心的论著。学者"掇拾片言，莫非金玉"。

他的论著多能"吐言贵珠玉，落笔回风霜"⑥。他的浩繁撰著，使我惊叹其学"无穷如天地，充实如太仓，浩渺如四海，眩曜如三光"⑦。他的渊博学术和光辉著作必能"不假良史之辞，不托飞驰之势，而声名自传于后"⑧。

他在《抱冰庐选集·自序》称："我的文章有自己的风骨与气象。我面临的是一个须要重新评价传统文化、重建学术话语体系的新时代，我没有重复任何一位先贤，任何一位先贤也没有在我开拓的领地上作'鹈之先鸣'。这些领地如'中国现代语言学史'、如'汉字文化学'、如'汉语意识'、如'华夷语系'、如'散点多线式'框架、如'家人'解诂、如'五音

---

① 语文出版社 2007 年版。
②③ 语文出版社 2015 年版。
④ 广东教育出版社 1994 年版。
⑤ 商务印书馆 2010 年版。
⑥ 语出李白《赠刘都使》诗。
⑦ 语出《三国演义》第一百回。
⑧ 语出曹丕《典论·论文》。

与四声'研究、如'谐声比较'研究、如古韵'归字'研究。此时此刻,当我列举这些新概念、新方法、新学说时,回首六十余年,一介终身北漂,牛衣岁月,鸡鸣风雨,衣带渐宽,生死相许。梦里幽州,台高千古,野云孤飞,古人何处?呜呼,天地悠悠,谁是来者?"他对自己能够开拓语言学研究的新领域而颇为自信,这是当之无愧的!

(六) 主持修订《辞源》

(6.1) 身担重任。《辞源》是研究古汉语和古代文化的重要工具书,但是自 20 世纪 80 年代以后长期没有修订,在诸多方面都未能与时俱进。商务印书馆于 2011 年聘请何先生为第一主编,主持修订《辞源》。何先生参与《辞源》的工作实际上在 2010 年已经开始,商务印书馆要求一定要在 2015 年出书。工作量和难度非常大,在一般学者看来,真是"头白可期,汗青无日"①。他提出"一切为了 2015"的口号,"爰召学人,共成胜业",激励近二百名有关学者全力以赴,攻坚克难。他作为第一主编,与人谋而忠,尽职尽责,事必躬亲,呕心沥血,宛如诸葛孔明。"高人坐卧才方逸,援笔应成六出词"②,在长达五六年的时间里,他放弃了个人的一切学术研究,以年近八十的耄耋高龄,"翱翔乎书圃"③,每日为修订《辞源》工作八小时,经常是审稿盈尺,全面审查文字的形音义、词语的释义、书证的年代,提出各种修订意见,常常为审慎研究各种疑难而长时间"含毫不断"。《史记·太史公自序·论六家之要旨》有曰:"夫神大用则竭,形大劳则敝。"工作过于繁剧,案牍劳形,伤身伐性,他在 2014 年终于病倒,头晕难忍,颈椎病痛,且手长疱疹,笔耕为难。但工作进度不能耽误,他锲而不舍,口授要旨,由夫人代劳写成文稿,他对文稿再度审查,确保严谨。日月遄迈,寒暑屡迁,"道不虚行,弘在明德"④,在他的督导下,修订《辞源》这件浩大工程如期克竣。《辞源》浴火重生,"法云再阴,慧日重明"⑤,成就恢弘,功不唐捐!学者欢抃,好评如潮。何先生及众多学者的心血终成正果,嘉惠学林,岂曰浅鲜!

(6.2) 呕心沥血。何先生作为第一主编担负总责,为修订《辞源》制定详细的工作条例和工作标准、组织全国相关专业学者、建立各个分工的专业团队,为新版撰写前言《〈辞源〉:通往传统文化的桥梁》⑥,此文可以见出他编撰大型辞书的思想。他指出:"从《辞源》自身而言,有诸多问题、缺失,亟待改进,如字头要适当增加,语词条目要限量增加,百科条目要大幅度增补,插图也要重点增补。须新增的内容还有音项、义项、书证等。修旧也很艰巨,如释义是否准确,如何保持价值中立;音项、义项的或分或合;书证的全

---

① 语出刘知几《史通·忤时》。
② 语出方干《叙雪寄喻凫》。
③ 语出司马相如《上林赋》,又见《文心雕龙·丽辞》。
④⑤ 语出辩机《大唐西域记·记赞》。
⑥ 收入何九盈《抱冰庐选集》,中华书局 2021 年版。

部核实;异文、标点的斟酌;书名、篇名、卷次、作者的查对;人物生卒年涉及新旧纪年的换算;古地名与今地名的对应;书名线、地名线、人名线的落实;参见条目的照应、沟通;凡此种种,都有可修可补之处。辞书无小事,标点之微,一线之细,都关乎信息、知识的准确性问题。修旧的最大难点还不在此,而是所谓'《辞源》无源'的问题。此说虽言过其实,但'源'的问题的确非常复杂,故此次修订的重点在正本清源。"这些意见深中肯綮,针针见血,不是功力深厚的大家,难以做出这样精湛的学术评论。何先生随后阐述了新版《辞源》必须注意的"形源问题、音源问题、义源问题、典源问题、证源问题"。何先生论述到:**形源问题**,有造字之源、用字之源,《辞源》讲究用字之源,原则上不涉及造字之源[①];**音源问题**,作为《辞源》,不注上古韵部,乃系统上的缺失。至于今音与反切的对应关系,总体而言是正确的,可往往一个今音与多个反切相对应,今音与反切的匹配很不严格,散漫无纪,殊乏裁断。另外,对反切上字声类的标注,内部也不统一。此次修订伊始,即规定了《辞源》第三版审音注意事项二十条。总的原则是:音义契合,古今贯通。同时,设立审音组,专司其职。**义源问题**,每一个字都有自己的意义系统,本义就是"源"。不能离开书证说义源,也不必涉及造字理据和事物得名之由之类的问题。**典源问题**,力求搜寻记载该典发生时的原著,尽量不用后起的类书代替第一手资料。**证源问题**,书证力求用"始见"例,可以借助计算机来搜寻。这中间有两点要注意:一是"始见"必须要可信,宜排除伪书的干扰;一般不应舍经典名句而用时代虽早却很冷僻的作品中的例子来作证。二是书证提前,宜以大的历史时期为断限。从南宋提前到北宋,意义就不大,而从隋唐提前到秦汉,意义就不一样了,这是由中古提前到上古,字头的音韵地位也变了。先生的这些论述是其编撰大型辞书的重要思想,对今后各种辞书的编撰和修订创立了乾坤大法!

---

① 光华案,李学勤主编有《字源》(天津古籍出版社、辽宁人民出版社 2012 年版)三册,专门分析汉字演变的源流。日本学者前田富祺监修《日本语源大辞典》(日本小学馆 2005 年版)对日语词汇的语源研究很重要,汇编各种观点,有相当大的学术性和资料性,方便学者使用。何九盈提出新版《辞源》不搞形源,只搞用源,这固然是一种学术取向,也许是因为李学勤先生已经主编了《字源》,为了避免重复,这并非说形源不重要。从前的《汉语大字典》已经尽可能地排比了从甲骨文到隶书的字形,只是没有分析。在古文字学中,各种文字编非常多,对于研究形源已经夯实了坚固的基础。综合性的有徐无闻主编《甲金篆隶大字典》(四川辞书出版社 2005 年版);高明等编撰《古文字类编》(上海古籍出版社 2008 年增订本);上海古籍出版社还出版了黄德宽主编、徐在国副主编的"古汉字字形表系列",包括《商代文字字形表》、《西周文字字形表》、《春秋文字字形表》、《战国文字字形表》。还有于省吾主编《甲骨文字诂林》、周法高主编《金文诂林》和《金文诂林补编》、何琳仪《战国古文字典》、刘志基等主编《古文字考释提要总览》(4 册)。李圃主编《古文字诂林》(12 册,上海教育出版社 2004 年版)。黄德宽主编《古文字谱系疏证》(4 册,商务印书馆 2007 年版)。作为新版《辞源》完全不顾形源,从而放弃了百年来古文字学研究的巨大成就,可能会有争议。

三、余 音

何先生在中华书局出版自己的学术论文选《抱冰庐选集》,选辑了先生部分学术论著,只是阆苑一枝花,泰山一片石,殊不足以探囊先生之学。先生将自己的书斋取名"抱冰庐"①,出典于《吴越春秋》卷八《勾践归国外传》"冬常抱冰,夏还握火"。这个典故是描写勾践归国后卧薪尝胆的"愁心苦志"。先生当是以素志坚韧、精励克勤、苦身劳心以自励。先生"深居绝送迎",尘俗不能染其心,艰蹶不能损其志,终能"道风昭著,德行高明,学蕴三冬,声驰万里"。先生六十多年游心书圃,"摈落尘滓,艺殚坟素",以出世的精神做入世的事业,求仁得仁,无怨无悔。

何先生对我说,他从1976年结束"文革"以来,直到今天,整整45年,一直珍惜寸阴,博览群书,潜心学术,从来没有节假日,元旦春节照常笔耕不辍。先生从来不去参加会议趁机旅游,任何时候都不去人多的地方凑热闹。先生今年89岁高龄,而"好道心不歇"②,还有宏大的研究计划,"先生之志气,薄汉如鸿鹄"③。我在动笔以前,先生鼓励我放开了去写,不限字数,不要受任何拘束,他不会告诉我怎样写一个字,也不会改动我写的一个字。我未曾受业于先生,竟蒙先生无比的信任和关爱,决心要"闭关草《太玄》"。

先生撰著宏富,学术浩瀚,"博矣,精矣,几若无涯岸之可望,辙迹之可寻"④,道术渊深,学理精微,势难探赜,述论匪易。我束于末教,褚小怀大,绠短汲深,难言大道,自忖夏虫不可语冰,井蛙不可语海,只有"重点中抓重点",评泊考镜,尘黩圣贤。我"收视反听,耽思傍讯,精骛八极,心游万仞"⑤。然后笔端振风,任性直书,"成绩说够,问题说透",终不免繁词缛说,"下笔不能自休"⑥。这篇作文虽然"铨贯有叙",然而"属辞枝繁"⑦,牵引葛藤;烦辞未剪,膏腴害骨;难云简要,汩没性灵。更况"气无奇类,文乏异采,昏睡耳目"⑧,难为披览。不知先生看了,能否批个及格呢?拙文也许只如《红楼梦》第七十八回贾政评论贾宝玉的《姽婳词》:"虽然说了几句,到底不大恳切。"

2021年2月完稿

---

① 清末两湖总督张之洞的生祠名为"抱冰堂"(1909年建于武汉);近代大学者和思想家梁启超取名书斋为"饮冰室"(1924年建于天津),出典于《庄子·人间世》:"今吾朝受命而夕饮冰,我其内热与。"
② 语出李白《天台晓望》诗。
③ 语出皮日休《吴中苦雨因书一百韵寄鲁望》诗。
④ 语出陈寅恪《王静安先生遗书序》,见《陈寅恪集》(三联书店2011年版)之《金明馆丛稿二编》247页。
⑤ 语出陆机《文赋》。
⑥ 语出曹丕《典论·论文》。又见《文心雕龙·知音》。
⑦ 语出《文心雕龙·议对》。
⑧ 语出《文心雕龙·丽辞》。

附录：何九盈先生主要学术著作简目

1. 《中国古代语言学史》（第4版）商务印书馆2013年版。
2. 《中国现代语言学史》（修订版）商务印书馆2008年版。
3. 《语言丛稿》，商务印书馆2006年版。
4. 《音韵丛稿》，商务印书馆2002年版。
5. 《古韵通晓》（与陈复华合撰），中国社会科学出版社1987年版。
6. 《古汉语丛稿》，商务印书馆2016年版。
7. 《重建华夷语系的理论和证据》，商务印书馆2015年版。
8. 《古汉语音韵学述要》（修订本），中华书局2010年版。
9. 《上古音》，商务印书馆1991年版。
10. 《汉字文化学》，商务印书馆2016年版。
11. 《汉字文化大观》，第一主编，人民教育出版社2010年版。
12. 《古汉语词汇讲话》（与蒋绍愚先生合撰），第一作者，中华书局2010年版。
13. 《抱冰庐选集》，中华书局2021年版。
14. 《全球化时代的汉语意识》，语文出版社2015年版。
15. 《中国现代化进程中的语文转向》（外一种），语文出版社2015年版。
16. 《实用文言词典》（与夫人李学敏合撰），第一作者，广东教育出版社1994年版。
17. 《王力古汉语字典》（撰写金部至隶部），中华书局2000年版。
18. 《汉语三论》，语文出版社2007年版。
19. 《书山拾梦》，商务印书馆2010年版。
20. 《辞源》第三版，第一主编，商务印书馆2015年版。
21. 《古代汉语》（大学教材），参与编撰，商务印书馆1999年版（初版系北京出版社1981年版）。

图书在版编目(CIP)数据

　　传统中国：经学专辑 /《传统中国》编辑委员会编
. — 上海：上海社会科学院出版社，2021
　　ISBN 978 - 7 - 5520 - 3597 - 1

　　Ⅰ．①传…　Ⅱ．①传…　Ⅲ．①经学—中国—文集
Ⅳ．①Z126 - 53

　　中国版本图书馆 CIP 数据核字(2021)第 113104 号

传统中国：经学专辑

《传统中国》编辑委员会　编
责任编辑：章斯睿
封面设计：黄婧昉
出版发行：上海社会科学院出版社
　　　　　上海顺昌路 622 号　邮编 200025
　　　　　电话总机 021 - 63315947　销售热线 021 - 53063735
　　　　　http://www.sassp.cn　E-mail:sassp@sassp.cn
照　　排：南京理工出版信息技术有限公司
印　　刷：上海信老印刷厂
开　　本：787 毫米×1092 毫米　1/16
印　　张：18.25
字　　数：345 千
版　　次：2021 年 8 月第 1 版　2021 年 8 月第 1 次印刷

ISBN 978 - 7 - 5520 - 3597 - 1/Z・073　　　　　定价：88.00 元

版权所有　翻印必究